国家社科基金后期资助项目 (18FZX005)

古典实用主义推理论研究
重估人类推理的观念
及其论争

张留华 著

中国财经出版传媒集团
中国财政经济出版社

国家社科基金后期资助项目
出版说明

后期资助项目是国家社科基金设立的一类重要项目，旨在鼓励广大社科研究者潜心治学，支持基础研究多出优秀成果。它是经过严格评审，从接近完成的科研成果中遴选立项的。为扩大后期资助项目的影响，更好地推动学术发展，促进成果转化，全国哲学社会科学工作办公室按照"统一设计、统一标识、统一版式、形成系列"的总体要求，组织出版国家社科基金后期资助项目成果。

全国哲学社会科学工作办公室

目 录

第一章 导论：为何诚实对于理性是重要的？ ……………………（ 1 ）
    本章小结 …………………………………………………………（ 21 ）

第二章 古典实用主义推理论的定位：何从何去？ ………………（ 22 ）
    第一节　从概念论到推理论 ……………………………………（ 22 ）
    第二节　为什么是"古典实用主义推理论"？ ………………（ 33 ）
    第三节　古典实用主义论科学与常识 …………………………（ 42 ）
    第四节　诚实推理：古典实用主义的推理观 …………………（ 53 ）
    本章小结 …………………………………………………………（ 61 ）

第三章 推理的描述：怎样才算在推理？ …………………………（ 62 ）
    第一节　何谓真正的推理？ ……………………………………（ 63 ）
    第二节　数理逻辑缺省的"推理描述" ………………………（ 74 ）
    第三节　推理心理学家的实证描述 ……………………………（ 86 ）
    第四节　古典实用主义论推理的开展及其要素 ………………（ 99 ）
    本章小结 …………………………………………………………（116）

第四章 推理的评估：如何推理才是好？ …………………………（117）
    第一节　现代逻辑学家的"权威" ……………………………（117）
    第二节　实证心理学家论"推理规范" ………………………（132）
    第三节　古典实用主义论推理何以可靠 ………………………（145）
    第四节　科学时代的普通人在日常生活中应该如何推理？ …（169）
    本章小结 …………………………………………………………（186）

第五章　推理的语言：何以表达我们的"理"？……………………(187)

    第一节　从日常语言到理想语言……………………………(188)

    第二节　定义，还是规约？…………………………………(198)

    第三节　"推理"的元语言问题：名何以符实？……………(210)

    第四节　术语伦理：来自古典实用主义的贡献………………(219)

    本章小结………………………………………………………(230)

第六章　超越笛卡尔主义理性观：我们可以追求什么？………(231)

    第一节　笛卡尔主义理性观……………………………………(231)

    第二节　若干"非笛卡尔主义"趋向：另种"现代"逻辑……(243)

    第三节　回归诚实：古典实用主义之作为"新方法谈"………(257)

    第四节　回应与展望：分析哲学视域中的古典实用主义………(270)

    本章小结………………………………………………………(295)

参考文献……………………………………………………………(297)

后记…………………………………………………………………(316)

第一章　导论：为何诚实对于理性是重要的？

"最大的不理性莫过于伪称。"

——皮尔士《为何研究逻辑?》(1902)①

表达的欲望，往往驱使人要声称什么。人所声称的东西可能是真命题，也可能是假命题。除了此种命题层面的真假区分外，"声称"(pretending)本身首先就存在真伪之别：坦言可谓是"真实的声称"，是基于实际认知能力的谨慎断言；而伪称则可谓是"虚伪的声称"(false pretense)，是超越实际认知能力的夸大断言。② 相对于命题之真假区分而言，声称之真伪问题通常被认为处在知识论的边缘，甚至只是道德伦理或言语表达上的"琐事"。但是，如果我们承认知识的主体间性，如果知识的发现或生产是一种花费时间和精力的实践过程，那么，是坦言还是伪称，将直接关系我们能否以及如何高效地区分命题之真假。事实上，很多人做出的断言之所以成为一种假命题，并非主体没有事先的调查研究基础，往往也不是有意想要表达一种假命题，而是主体超出实际认知能力，伪称认识结果所致。关于坦言伪称之分所包含的认识论上的重要性，实用主义哲学家皮尔士（Charles Sanders Peirce）曾用一句话给出精辟概括："最大的不

---

① CP 2.192. 本书采用皮尔士文献的标准记法，CP 代表 Collected Papers of C. S. Peirce, v. 1-6 ed. Charles Hartshorne and Paul Weiss, v.7-8 ed. Arthur Burks, Harvard University Press, 1931-1958；同时，考虑到该书独特的编排方式，我们以圆点前面的数字表示卷数，后面的数字表示小节数（而非页码）。

② 需要指出，我们在利用反证法、归谬法或思想实验时的那种"假设 A"并不属于这里的"伪称"。因为严格说来，这时我们并没有相信 A，也不是假设相信 A。自知 A 不为真却相信 A，那才是伪称。关于"假设 A"与"相信 A"之间的区分，参看 Mark Sainsbury. *Logical Forms: An Introduction to Philosophical Logic*. second edition, Malden, MA: Blackwell, 2001, P.143.

理性莫过于伪称。"①

"最大的不理性莫过于伪称。"这句话蕴涵着古典实用主义推理论（theory of reasoning or inference）的主基调。在本书一开始，我们将先通过列举哲学探究中种种暗藏的"伪称"现象，分析揭示其中的"不理性"所在，进而引出"真诚探究"这一古老论题。"最大的不理性莫过于伪称"，相当于是以一种负面的表达形式重申和强调了"真诚探究"这种在正面说法中容易被淡化的主题思想：在理性诸要求中，"诚实"优先于"逻辑性"。逻辑性本身乃诚实品质在理性上的一种表现，但理性并不只是从逻辑学上发现和使用推理规则，倘若违背"诚实"，在推理开展之前以及认识到推理规则之后同样也会存在"不理性"之陷阱。我们将看到，这些基本思想在古典实用主义推理论中得到了贯彻和发挥。不过，在正式步入古典实用主义和推理论的语境之前，先让我们对"真诚探究"及"伪称现象"有一个概览，也算是为全书各章的论证铺设一种理论场景。

一、伪称怀疑

由威权社会步入科学时代的现代人，② 一方面经常讲"知识源于惊奇（wonder）"或"怀疑（doubt）是进步的动力"，另一方面也会谈到"要相信科学（science），常识（common sense）总是欺骗人的，不可轻信"。这似乎是说，常识是肤浅的东西，需要经过怀疑的"洗礼"才有资格被科

---

① 皮尔士所谓的"不理性"是指"不是理性的"，而不是"属于非理性的"。前者大致对应于英语中的 irrational，即 being not rational；后者对应于 non - rational 或 arational，即不在理性关注范围内的。正如"科学的"（scientific）、"不科学的"（unscientific）和"非科学的"（non - scientific）之间的区分那样，如果"理性"是表达某种"好"的褒义词的话，"不理性"当然是表达某种"不好"的贬义词，而"非理性"则是中性的，譬如我们说"欲望、感情、本能、信仰等属于非理性因素"时。一个人喜欢吃榴莲，另一个人感觉到恶心，这些好恶无所谓理性不理性（否则就是"范畴谬误"），其实它是无关理性的。我们不确定所有英语文献都在此种意义上区分 irrational 和 non - rational，也不确定汉语文献中其他作者也一定总是区分使用"非理性"与"不理性"二词，但本书中将坚持这样的区分法。事实上，我们后面提到"逻辑性"并不等于理性时，其中有一种隐含之意便是：一个理性的人应该不会只考虑思维是否合乎某种逻辑规范理论，还会同时考虑实际思维过程中非理性因素（譬如本能）所造成的可能影响。

② "现代"并不只是一种历史分期，重要的是所谓"现代性"的文化特征。西方社会的"现代"时期，一般认为是从"文艺复兴"或 17 世纪开始。至于终结于什么时间，未有定论，主要取决于"后现代"社会的界定。有人认为，20 世纪是现代社会的结束，此后便进入后现代社会了；更多人则认为，我们至今依然处在现代时期。在汉语世界，曾把"modern"译为"近代"；而汉语文献中的"近代哲学"或"近代科学"往往特指"现代早期"（the early modern）的哲学或科学。本书中的"现代"一词是对于英语中"modern"的直接翻译，包括但并不限于"现代早期"。

学接受；相比之下，怀疑则是明显的褒义词，常常让人联想到"启蒙""科学""创新""革命"等伟大的事情。

的确，人类的探究往往开始于我们信念动摇、疑问产生之处，因而设法去消除怀疑，也成为大多数人学习与探究的内在动因。正如杜威（John Dewey）所指出的那样，认识到"怀疑"的此种地位，可以帮助我们理解学习与探究何以可能，从而克服苏格拉底对话中所呈现的那种"学习者悖论"。① 这正是原本意义上作为探究之源头、惊奇之代名词的怀疑。但是，随着"怀疑"精神在现代社会不断高扬，"怀疑"一词逐步被滥用，"怀疑主义开始成为受教育人士的标志甚至是伪装"。② 在"怀疑"日渐成为时尚的文化环境中，"伪怀疑"（feigned doubt）已悄然成为哲学上一种新的风险。

面对笛卡尔（René Descartes）所提出并被世代颂扬的"普遍怀疑"原则，皮尔士不禁感慨："哲学脱去童真而开始变成一位自负的年轻人。"③ 作为较早认识到"伪怀疑"之危害的一位哲学家，他提醒我们要对流行的笛卡尔主义观念保持警觉："我们不可能开始于完全怀疑。当我们踏上哲学研究时，我们必须以我们实际上已经拥有的所有前见（prejudices）开始。这些前见不能以一种准则而被驱逐，因为我们并没有意识到，它们可被质疑。因此这种原初怀疑论只是自欺欺人，并不是真正的怀疑；追随笛卡尔方法的人，没有人曾感到满意，直到他正式地重新获得所有那些他曾在形式上予以抛弃的信念。因此，那是毫无用处的一个预备行为，就像为了沿子午线逐渐到达君士坦丁堡，而跑到了北极去。的确，有人可以，在其研究过程中，找到理由来怀疑他开始时所相信的东西；但在此情形下他怀疑是因为他对于它拥有了一种实在理由，而不是根据笛卡尔主义原理。让我们不要在哲学上假装怀疑我们内心并不

---

① 这种悖论所制造的两难境地是：我们在学习时，要么已经知道在追求什么，要么还不知道在追求什么。如果已经知道在追求什么，我们就不是在学习，也不需要学习。而如果还不知道在追求什么，我们便无法学习，因为我们压根儿不知道要学什么。参看 John Dewey. *The Essential Dewey*. Vol. 2, edited by Larry A. Hickman and Thomas M. Alexander, Bloomington and Indianapolis: Indiana University Press, 1998, P. 149 以及 Plato. *Meno*. 80d – 80e, as translated by G. M. A. Grube, in *Plato: Complete Works*, edited by John M. Cooper, Indianapolis/Cambridge: Hackett Publishing Company, 1997, pp. 879 – 880.

② John Dewey. "What I Believe". in *James and Dewey on Belief and Experience*, edited by John M. Capps and Donald Capps, University of Illinois Press, 2005, P. 224.

③ CP 4.71.

怀疑的东西吧!"①

也就是说,我们在哲学上,至少在笛卡尔之后,需要强调真怀疑与伪怀疑之分。所谓真怀疑,不会像笛卡尔那样一开始就怀疑一切,因为我们知道,怀疑实际上是一种必须努力面向经验情境方能达到的状态。"真实的怀疑总是要求有外部源起,通常源于惊异(surprise);一个人足可以用一种意志行为设想数学定理的条件,但是他不可能单凭这样的意志行为就为自己创造一种真实怀疑,这就像他不可能单凭意志行为就能给自己带来真实惊异一样。"② 而"普遍怀疑原则"则属于典型的伪怀疑。除笛卡尔本人之外,我们还能发现,"许许多多的哲学家似乎都认为,只要拿一张纸写下'我怀疑什么什么'就等于在怀疑了,或者认为,怀疑这种事只要他决定想要怀疑什么,一分钟之内就可以做到。"③ 但是,很显然,如此轻而易举的"随意怀疑"只是停留在口头或纸张上的单纯意志行为,已经严重脱离了古希腊哲人所谓"哲学始于惊奇"④ 意义上的真实怀疑。皮尔士之外也有其他实用主义哲学家认识到了"伪称怀疑"的危害,甚至将其描述为理智上的病态。譬如,詹姆斯(William James)指出:有一种病态的怀疑可称为"质疑癖"(德国人所谓的 Grübelsucht),是指"不能够信赖任何想法,总是要求它被证实或解释"。⑤ 杜威也说道:"凡是未有某现存情境唤起或与某现存情境无关的个人怀疑状态都是病态的;当它们走向极端时,就患上了怀疑癖(the mania of doubting)。"⑥

事实上,如果承认"伪称怀疑"的合法性,我们可以设想一位绝对的怀疑主义者,他宣称怀疑一切。不少哲学家习惯于批评此种绝对怀疑主义是自相矛盾的,但我们永远无法在论证的意义上驳倒一位绝对怀疑主义者,因为他可能连矛盾律这样的基本逻辑规律也怀疑,因而并不认为自相

---

① C. S. Peirce, *The Essential Peirce: Selected Philosophical Writings*, Volume 1 (1867 – 1893) edited by Nathan Houser and Christian J. W. Kloesel, Bloomington and Indianapolis: Indiana University Press, 1992, pp. 28 – 29.

② CP 5. 443.

③ CP 6. 498.

④ 参见 Plato. *Theaetetus*. 155d, as translated by M. J. Levett and revised by Myles Burnyeat, in *Plato: Complete Work*s. edited by John M. Cooper, Indianapolis/Cambridge: Hackett Publishing Company, 1997, P. 173 以及 Aristotle. *The Complete Works of Aristotle*. the revised Oxford translation, vol. 2, edited by Jonathan Barnes, Princeton: Princeton University Press, 1984, P. 1554.

⑤ *James and Dewey on Belief and Experience*. edited by John M. Capps and Donald Capps, University of Illinois Press, 2005, pp. 60 – 62.

⑥ John Dewey. *The Later Works*, 1925 – 1953. Vol. 12. edited by J. A. Boydston, Carbondale: Southern Illinois University Press, 1986, P. 109.

矛盾的命题有什么不妥。① 当然，绝对怀疑主义往往只是一种逻辑可能性而已，现实中极少有人是"怀疑一切的"。不过，它的可设想性及其无法驳斥性，足以让我们认清一个事实，那就是，任何严肃的哲学探究开始之前，都有一些信念是不受怀疑的，譬如，哲学家及其读者都认为自相矛盾的命题不能同时成立。忽视这一事实而进行的任何所谓怀疑，要么只是"伪称怀疑"，要么是让哲学探究返回到某种坚不可摧但却无所追求的绝对怀疑主义。正如英国哲学家斯泰宾（Susan Stebbing）所言，我们的一些信念并不需要任何论证辩护，它们只有后果却没有根据，那就是"非衍生信念"。② 因此，"为我们所有信念去寻求根据"只是一种"学究式的要求"。③

幸运的是，没有严肃的哲学家甘愿做一位绝对怀疑主义者，也没有哪位哲学家公开声称无视矛盾律。然而，如果我们在"怀疑一切"的意义上来理解其笛卡尔的"普遍怀疑原则"，笛卡尔显然就是在伪称怀疑了。因为他在自己的哲学著作中不仅从一开始就未曾怀疑矛盾律，而且其所有论证的出发点正是对于"我思"之真实性的深信不疑。由此，显而易见，尽管提出了所谓的"普遍怀疑原则"，笛卡尔本人在实际行动中并没有走向完全的怀疑，而是将"我思"之类的东西当作"明确而清晰的观念"直接接受下来。皮尔士在研究笛卡尔的哲学论证时也发现，其中最为本质的一点与其说是"普遍怀疑原则"，毋宁说是"接受对我们看起来非常明显的命题，是一件不管是否合乎逻辑我们都不能不做的事情。"④

需要指出，我们在做哲学探究时不得不从一开始便接受的命题远不止于逻辑上的矛盾律或笛卡尔明确提到的"我思"。类似的东西在我们的常识中有很多，它们最集中地体现在我们的知觉判断（譬如，"这是我的一双手"）以及各式各样的生活经验（譬如，"火能产生热""大自然是有秩序的""乱伦是不好的"）。这些常识性的东西（由于尚未分析）往往在言语表达上趋于模糊（尽管并无歧义），也不是（经过分析后）永远不可错

---

① 参见 C. S. Peirce. *The Essential Peirce: Selected Philosophical Writings*. Volume 1 (1867 – 1893) edited by Nathan Houser and Christian J. W. Kloesel, Bloomington and Indianapolis: Indiana University Press, 1992, P. 56.

② L. Susan Stebbing. *Logic in Practice*. London: Methuen & Co. Ltd, 1954, P. 80.

③ L. Susan Stebbing. *Logic in Practice*. London: Methuen & Co. Ltd, 1954, P. 84.

④ C. S. Peirce. *The Essential Peirce: Selected Philosophical Writings*. Volume 1 (1867 – 1893) edited by Nathan Houser and Christian J. W. Kloesel, Bloomington and Indianapolis: Indiana University Press, 1992, P. 126.

的命题，但它们却至少是在我们探究当时不存在疑问的。① 正如经验情境中所激起的真实怀疑成为我们探究的动因一样，这些"常识"构成了作为我们探究之出发点的"初始信念"。我们对于这些信念的持有是探究者"不得不做的事情"，就像一个人在问路时总是要相信指路人的话，否则他就不是在问路了。必须承认，它们并非我们经过什么严格的推理论证后所接受下来的东西，它们也是不可能经过精确证明而来的，因为"我们无法对于我们无法怀疑的东西展开论证；而任何精确的经验论证都无法使得其结论完全免于理性怀疑。"② 那些信念，本质上，就是人类心灵的一种缺省值设置。

回到前面提到的现代人常说的那句话，"要相信科学，常识总是欺骗人的，不可轻信"。依照我们这里通过区分真怀疑与伪怀疑之后所作的分析，可以说，那些在作为探究出发点之意义上的常识，可能并不够精确，但绝不是"骗人的"，毋宁说它们为科学活动的开展提供了最初的、别无他选的出发点或信念。譬如，物理科学家告诫我们不要被自己的双眼迷惑，要善于用精确的科学仪器来替代人笨拙的双手，但是，一个经常被忽视的基本事实是：一个人在运用计算器时可能因为按错键而出现计算结果错误，他凭借常识判断要按下所应该按下的输入键，但后来发现自己实际按下的却是另一个键。类似的错误也可能源于他看错显示屏信息。对于此种"按错键"或"看错显示屏"现象，没有人会责怪说"之所以出错是因为太信任人的肉体感官了"，因为按键或看屏活动是（对于使用计算器这一工具来讲）无法消除的肉体工作，人对于按键动作或显示屏信息的知觉判断也是无法替代的。若想减少出错的可能性，我们可以训练人的肉体感官敏锐性，也可以通过重复操作来实现纠错，但最终还是要信任人的感知。再如，心理科学家经常以大量实验告诉我们：人的记忆经常会欺骗人。就某一具体的记忆行为而言，人的记忆的确时有出错，但那丝毫不意

---

① 正如皮尔士所讲的那样，"我们并不是伪称它是抽象而言绝对不可错的，不过我们的确要说，它对于某一个体而言是实际上不可错的——这是'不可错性'一词具有的唯一清楚的意思——也就是说，他应该听从它而不是他的个体理性。"（CP1.633）摩尔在《确定性》一文中，也有类似的看法："正如你们看到的那样，我现在处在房间里而非户外；我正站着，既非坐着，也没躺着；我穿着衣服，并不是一丝不挂；……我不认为，我刚才那样斩钉截铁地断言这些事情，有谁就可以正当指责为我教条主义或过度自信。对于在某些场合下做出的某种断言来说，我们可以正当地指责一个人因为肯定地断言某种事情而犯了教条主义。但是，就我前面所做出的那些断言而言，教条主义指责将是荒唐的。"（G. E. Moore. "Certainty". in *G. E. Moore: Selected Writings*, Thomas Baldwin (ed), London: Routledge, 1993, P. 171.）

② CP 5. 515.

味着人的记忆是一种不值得信赖的骗人把戏。我们无法因为"记忆的可错性"便不信任人凭借记忆所获得的一切判断。即便是心理学家,他在实验过程中或是论文写作过程中,总是要大量依靠自己的短时记忆。他不会怀疑他所记得的之前数秒所发生的事件或所观察到的现象,并信心满满地将此种记忆作为科学事实记录下来。事实上,除了知觉判断的无法消除性外,人类科学还建立于一系列其他的"常识"信念之上。譬如,皮尔士曾指出,科学工作的前提之一就是自然与人的心灵具有某种相合性,"每一种对于自然现象的科学解释都包含一种假说,即,在大自然中存在某种与人类理性相似的东西;所有关于科学成功为人类实现便利的事实,都证明了的确如此"。① 而且,科学家之所以对自然万物的某种异常表示好奇,往往都是因为科学家对于"自然的规律性"有一种常识判断,"若没有对特定规律的期待,单纯的不规律是无法创造任何惊奇或激发任何好奇心的"。② 因此,在今天的"科学时代",绝不是"常识"没有在起作用;毋宁说,人们在理论话语中对于常识的强调,"可惜太稀罕了"③。

需要再次强调,我们说这些常识是最初的信念,意思是指我们无法把当前的探究推进到它们之背后,它们对于我们的当前探究而言是无关批判和论证的。因此,这种说法并不会把我们引向任何形式的基础主义认识论。另外,我们说"要避免伪怀疑",重点是要引导人们认识到任何探究都存在由以出发的"初始信念",并不是要拿"好奇害死猫"之类的话来阻挠人们基于对经验生活的观察思考而对某某具体的情境产生怀疑。必须承认,在今天我们还坚信不疑的一些东西,很有可能在今后的探究过程中被严重怀疑。正如皮尔士所提醒我们的那样,"从事科学研究的人以为他们怀疑他们实际上在相信的东西,这对于科学来说是灾难性的,如果他们怀疑的是他们所应该相信的东西,那就更加糟糕了。然而,比起上述两种情况,科学家们相信它们应该加以怀疑的东西甚或以为他们相信他们实际

---

① CP 1.316.

② Charles S. Peirce. *The Essential Peirce*. vol. 2, edited by the Peirce Edition Project, Bloomington and Indianapolis: Indiana University Press, 1998, P. 88.

③ L. Susan Stebbing. *Thinking to Some Purpose*. Middlesex: Penguin Books, 1939, P. 117. 在学术文献中之所以难觅"对于常识的强调",或许是因为这似乎有悖理论学者不同于大众的特殊身份;不过,笔者的确"稀罕地"发现有当代哲学家竟如此强调了"常识"之地位:"偏离常识,通常表示你已经犯下了错误。或许可以说,常识就是哲学的与料,哲学家不应该忽视常识,就如科学家不应该忽视观测结果一样。"参看"Metaphysical Kit". Kit Fine interviewed by Richard Marshall, 3: *AM Magazine*, Friday, March 23rd, 2012, available at http://www.3ammagazine.com/3am/metaphysical-kit/.

在怀疑的东西,这更加不利于科学。"① 但是,承诺科学上的这种可错论,并非是要我们把"今后被怀疑的单纯可能性"当成"现实的怀疑"。纯粹设想出来的、将来或许会出现的"可能怀疑",② 那是脱离现实情境的、不伴有任何惊异的"伪怀疑",不可能成为反倒会抑制科学探究的动力。因为,"比起无用本身更坏的是无用的怀疑"。③

二、伪称推理

从根本上看,脱离经验而只在口头上或纸张上伪称怀疑,其危害性在于阻碍探究:它使得我们无法弄清哪些命题才是我们的推理出发点、哪些问题才是我们的探究主题。而当伪称的怀疑被禁止之后,我们总是可以发现,在某个时候有某些东西是不存在疑问的。这种东西的存在使得我们可以在探究中找到出发点从而展开推理。须知,"推理只是由一种认识过渡到另一种认识,并不会创造认知。"④ 伪称怀疑一切,不承认(哪怕是暂时)有什么东西是不存在疑问的,等于是阻断了任何推理的可能性。然而,值得注意的是,即便在禁止了伪称怀疑从而让推理变得可能之后,另一种形式的"伪称"又在威胁着哲学探究,那就是,伪称推理。

推理,是人最基本的理性思维形式之一。正因为如此,很多人把推理当作人之作为理性动物的一种不可能不会的本能。这里所谓"会不会推理",是指"是否真正在进行推理",而不是说"推理是否正确"。但是,什么是推理呢?简单来讲,推理总是从既有信念依据一定的推理形式达到新的信念。也就是说,推理必须至少涉及两个不同的命题,其中之一作为推理的结论,其余的则是作为理由的前提命题。单就这一点而言,我们可以发现,尽管我们可以在某种意义上说"人是推理动物",然而,在概念

---

① CP 5.498.

② 当代哲学家维尔曼在《挑战与回应:伦理学上的证成》一书曾强调"可怀疑的"(dubitable)与"有怀疑的"(doubted)之间的不同。他认为:我们用作论证前提的东西不需要是笛卡尔所追求的那种"不容置疑"(the indubitables),只要对于它们"没有怀疑"(undoubted)即可。参见 Carl Wellman. *Challenge and Response: Justification in Ethics.* Carbondale and Edwardsville: Southern Illinois University Press, 1971, pp. 144–168.

③ C. S. Peirce and Welby – Gregory Victoria (Lady Welby). *Semiotic and Significs: The Correspondence between C. S. Peirce and Victoria Lady Welby.* edited by Charles S. Hardwick with the assistance of James Cook, Bloomington and Indianapolis: Indiana University Press, 1977, P.141.

④ C. S. Peirce. *The Essential Peirce: Selected Philosophical Writings.* Volume 1 (1867–1893) edited by Nathan Houser and Christian J. W. Kloesel, Bloomington and Indianapolis: Indiana University Press, 1992, P.60.

认知上，仍然存在有些人把本来并非推理而来的东西当作推理结论的现象，此即"伪称推理"。

伪称推理，首先体现在把感知混同于推理之知。感知，对于人的认知而言是必不可少的重要途径，但这并不意味着感知能取代理性之知，也不意味着感知能成为某种严格推理的产物。譬如，我看到有一朵红花，我感到很冷。这些都是我们的知觉判断。但是，我们不能为了表明那是确信无疑的事实，而宣称它们是经由某种有效推理而得来的理性结果。因为，实际上，我只是看到了一朵红花或感到很冷，这是我在当时所形成的第一命题，在此之前，没有任何其他命题。而既然从当时情境来说只有一个命题存在，也就分不出前提与结论，因而也不存在任何推理。推理存在有效与无效之分，而此种区分并不适用于感知。毋庸置疑，某人在某个情境下所作的知觉判断有可能后来发现是错误的（譬如，其实那是一朵紫色的花），但是，这并不意味着我在理性上不应该有之前的感知，而只是说人的感知会出错因而我们需要反复或仔细地观察。

另一种形式的伪称推理是把我们前面提到的作为常识的、不存在疑问的命题混同于推理之知。譬如，"彼此矛盾的命题不可以同时为真""大自然是有秩序的"。这些东西往往不是某个人的个体感知，但很少有人质疑它们的真实性。为了表示它们在人类知识体系中的根本地位，有哲学家将其称为"理性之光"或"理性直觉"。然而，即便如此称谓，我们也要清楚：那些常识性命题，与知觉判断一样，都并不是什么有效推理的产物。它们的可靠性并不源于任何推理的有效性（因而也是不可证的），而是直接源于人类的经验。只是，与个人感知不同，它们乃人类世代相传的日常经验总结。我们之所以相信它们，并非基于什么推理论证或某些特定理由，而是因为在我们的记忆中原本就一直拥有它们。即便有人试图从推理建构上为某些常识性命题（譬如，大自然是有秩序的）提供所谓的"归纳"支持。但是，正如皮尔士所指出的那样，由于此时所谓的"归纳"必须非常之广泛以至于要把"不受控的思想活动"也包括在内，我们已经不能将其称为推理了。①

还有一种形式的伪称推理是试图把言语修辞的影响力当作推理之力量。有效的推理，最终会在受众中产生理性的影响力。但是，能在受众中产生影响力的并不只是推理。譬如，在演讲中或广告上，注意贴合听众的需求、让故事打动人心、增强语言感染力、配上多媒体手段等，常会使得

---

① CP 5.516.

宣传具有意想不到的"煽动性"。但是，产生影响力的煽动性讲话，并不一定是在推理，更不用说是在有效地开展推理了。煽动之产生力量，就如"望梅"能让人产生联想进而起到"止渴"作用一样，那是心理联系或生理机制，而不是从作为理由的前提命题通往结论命题的推理。我们倒是可以在事后通过某种推理来解释望梅何以能止渴，但是一个人望见梅子然后就不再感到渴了，他并没有由此做出任何推理。

另外，当我们说"推理总是从既有信念依据一定的推理形式达到新的信念"，其实还暗指推理对于我们人来说是有目标方向的。这种方向性，表现在推理者的"动机"上就是：从我们已知的东西出发，去探明我们还不知道的其他东西。正如皮尔士所看到的那样，"基础几何对于没人怀疑过的诸多命题提出了形式证明，但那严格来讲不能称为推理，因为它不是把我们由已知引向未知。那些几何证明的价值只是：它们显示了特定定理对于特定公理的依赖性，这种东西没有证明是不会明白的。两个人在一起讨论问题，当其中一人尽力首先在另一个人心中激起怀疑时，那就等于成功了一半。而如果怀疑停止了，再讨论下去就没有意义了。因而，真正的探究开始于真实的怀疑开始之时，结束于此种怀疑结束之时。"① 除了没有遵循从熟知到未知这一程序外，还有一种方向错误的推理，即"冒牌的推理"（sham reasoning）："不是让推理去决定结论最终如何，而是让结论决定推理如何进行。"②

三、伪称逻辑效力

在确定所开展之认知活动为真正的推理之后，一种新的伪称现象涉及推理的逻辑效力，主要体现在把非必然性推理伪称为必然性推理以及把事实推理伪称为数学推理。

关于把非必然性推理当作必然性推理，这在逻辑学上通常被称作谬误。这一点原本比较容易理解，但是在经过现代自然科学或社会科学包装后，某些所谓的统计推理或实验推理有时会被误以为必然性推理。不能忘记，在逻辑学上，除演绎推理和完全归纳法之外，不完全归纳法以及类比推理的结论都应该是或然性结论，不管概率有多大，也不管结论中包含如何精确的统计数字。譬如，在对于一个国家现有人口进行统计推理时，由于人口的分散性以及动态性，在现实中不可能在某一瞬间把所有

---

① CP 7.322.
② CP 1.57.

人口排列起来进行实时清点，不论如何精心设计的统计过程也无法保证最后的统计数字是该国当前人口的确切数量。再如，对于人的某些心理倾向或某种社会心理进行实验说明时，由于人的个体及群体差异性无法消除，不论心理实验中的被试选择如何多样化，也不论实验数据的采集和统计如何精确，最终从系列实验结果做出有关人的一般倾向性的推断时总是只能得出或然性的结论。心理主义逻辑理论的问题与此有关：他们把用以规范推理的规则还原为人的一种心理倾向，然后用针对个体或群体的心理实验结论来总结人的心理倾向，但是，此种单纯基于实证材料的归纳概括如何能确保推理规则的必然性呢？除此之外，也有一些涉及预设前提的貌似必然性推理。譬如，受实证主义哲学的影响，有人从某一说法（如"上帝不存在"）无法证明为真，推出它就是假的，或者从某一说法（如"上帝存在"）无法证明为假，推出它就是真的。这些看上去为必然的推理至少隐藏了一个预设前提，即，"所有真命题都被可以证明为真"或"所有假命题都可以被证明为假"。此外，如果按照直觉主义哲学的观念，任何命题的真假必须直接得到证明后方能被断言为真或假，那么，一种说法无法被证明为真，将只是意味着我们不能断言它，并不意味着我们可以进而接受它的负命题；一种说法无法被证明为假，将只是意味着我们不能断言它的负命题，但并不意味着我们可以进而接受它本身。

不同于把非必然性推理直接处理为必然性推理，另一种伪称逻辑效力的常见现象是把原本为事实推理的问题伪称为数学演算来处理。数学演算中主要运用演绎这一必然推理形式，因而其结论必然性程度很高。但是，数学演算对于经验事实问题的适用性，一直是一个大问题。否认或是弱化经验领域与数学对象之间的应有差别，势必导致逻辑效力的误置。怀特海（A. N. Whitehead）《数学导论》在谈到数学之应用时特别提醒我们："实际上，面对比较复杂的情况，一种最为常见的错误是认为，因为已经做出了长篇且精确的数学计算，把计算结果应用于某种自然事实，将是绝对确定的了。任何论证的结论都不会比其由以出发的设定更加确定。所有关于自然进程的数学计算都是从某种设定的自然法则开始的。"[1]

从现代哲学史来看，厌恶偶然性或陌生性的哲学家似乎一直希望把争

---

[1] A. N. Whitehead. *An Introduction to Mathematics*. New York: Henry Hold and Company, 1911, pp. 27–28.

论不休的哲学难题还原为数学演算从而得到一个毫无争议的答案。譬如，休谟（David Hume）曾在《人类理智研究》一书中提出一个著名的反神迹论证。该论证的大意是：对于神迹是否存在，我们有着对立性的经验，即，既有见证人的证词支持又有来自经验规律的驳斥。对此，我们必须运用比率算法，根据证据比重来建立信念。而对于神迹的存在，并不存在压倒性的经验证据；即便考虑到关于神迹存在可能会有什么新证词，证词出错的可能性也至少与神迹存在的可能性一样高。所以，我们无法依据经验相信神迹存在。

在休谟的这个论证中，起关键作用的是他所谓的比率算法。按照休谟的理解，我们在决定应该在多大程度上相信一个人的证言时应遵循数学上的比率算法。假设我们知道一位证人每发现讲3次真话会有1次讲假话——此乃证人的'诚实性'，而且知道这位证人所讲之事每发现1次为真会有10次发现为假——此乃证言的"可信度"。这里，证人每发现讲3次真话会有1次讲假话，类似于罐子里每取出3次木头球会有1次取出象牙球；而证人所讲之事每发现1次为真会有10次发现为假，则类似于罐子里每取出1次黑色球会有10次取出白色球。因此，证人证言为真（即这位证人说真话而且所讲之事为真）的比率就等于证人讲真话的比率3/1乘以证人所讲之事为真的比率1/10，即3/10。这一切看上去非常严密，似乎"神迹不存在"这一结论已经必然性地包含在以上所谓的比率算法中了。然而，皮尔士通过细致而深入的分析让我们明白，休谟的反神迹论证从根本上混淆了数学概率计算的对象与哲学探究的问题。① 在概率计算中，我们之所以能在罐子里取球的例子中事先确信未来某种结果出现的精确概率，完全是由于我们事先知道了罐子里都有什么球；如果不知道罐子里事先放进了什么球，从中取出一只球后发现是蓝色的，或者第二次取出后发现也是蓝色的，这些"经验实例"就不能让我确信未来取出蓝色球的比率恰好是某个特定数值。然而，哲学思考的问题（譬如"是否有神迹存在"）是我们的生活世界。很显然，我们的世界（包括证词真伪问题）并不是一个可以事先知道其装载内容的罐子，即，它不是一个信息完全的封闭系统。因此，当我们在哲学上说某某经验实例（如某某证人讲真话的次数或证言得以验证属实的次数）提供了认识论上通常所谓的某种证据时，这些证据并非数学概率上彼此独立的"事件"，即，可用于计算未来结果

---

① 皮尔士反对休谟的反神迹论证，并不意味着他本人无条件地承认上帝的存在。就他本人的哲学作品而言，他所尝试论证的是上帝的实在性（reality），而非上帝的现实存在（existence）。

的已知事实。①

需要警惕的是，休谟的上述论证方式尽管被皮尔士表明为无效的，但它代表着无数追求必然性的现代哲学家的一种梦想。在当代哲学中，不仅大量的数学演算被引入哲学论证，来自自然科学的各式各样实验结果也被拿来强化哲学论证的必然性。然而，哲学推理所涉及的事实问题与具体科学的研究对象之间的本质差异始终存在。逻辑学家常常告诫我们："不要超出科学家的专业领域去接受科学言论的权威。"但是，在"科学"被认为无处不在、无所不包的时代氛围里，这句话带给我们的警戒很容易被抵消掉。因为，似乎任何可以设想的领域，都已经发展出了某种名称的"科学"。于是，任何人所提出的任何问题似乎都会有相应的科学家来处理。这里的隐含之意是：任何问题，都可以转换为科学问题。由此导致的结果是令人担忧的。因为，有些问题明显不属于科学问题。譬如，大自然是否具有齐一性？正如皮尔士所指出的那样，"试图拿实验室的实验数据来表明大自然是否存在齐一性，这无异于为了把海洋变甜而加入一勺糖精。"②斯泰宾早在20世纪50年代已经向我们发出警告："当前存在一种趋势，那就是，让科学家来告诉我们应该如何思考那些他们并无任何专长的话题。"③

即便是科学家的确处在自己的专长领域，但当涉及人之个体或群体的问题时，由于人终究不是同质化的自然物质，也无法在实验室条件下得到提纯，事实的确定和把握将变得更加困难。这些情况的存在将直接影响到科学家结论在社会实践中的可用性。其实，即便是把现代逻辑的成果引入哲学论证，也不能从根本上消除事实问题推理的或然性。因为某一逻辑系统（譬如一阶逻辑）的完备性并不意味着它可以用来为哲学探究中的事实问题提供一种完完整整的理解。任何所谓完备的逻辑系统，都只是相对于特定的（而且是有限的）逻辑常项和句法规则而言的。不同的逻辑常项和句法规则在确定不同的逻辑系统时也定义了不同意义上的"逻辑完备性"。所以，借用某一完备的逻辑系统来理解某一事实问题，只是提供了某一种说理方式而已；而不同的完备系统的存在，意味着对于同一事实问题可以

---

① 更多可参看张留华：《反神迹论证中的推理观念：皮尔士与休谟》，刊于《现代哲学》2015年第4期。当然，反对用数学概率研究来讨论哲学认识论上的证据问题的并非皮尔士一人，其他类似观点可参看 *A Lady of Distinctions*: *Susan Haack*. edited by Cornelis de Waal, Prometheus Books, 2007, pp. 166 – 167。

② CP 5.522.

③ L. Susan Stebbing. *Logic in Practice*. London：Methuen & Co. Ltd, 1954, P. 82.

有不同的说理方式。这些说理方式就其自身而言都可以是精确的,但是,那并不意味着我们对于某一事实问题的哲学探究已经达到了某种必然性结果。

四、伪称不可避免

在逻辑推理的哲学运用上,除了把逻辑效力上弱的、或然性的推理伪称为逻辑效力上强的、必然性推理之外,还有一种值得警惕的现象是把逻辑推理的必然性伪称为生活事件的必然性。当然,这里涉及两种不同的必然性:前者是规范意义上的必然性,即,人们应该(但实际并非总是)如此这般进行推理,否则就犯了逻辑谬误;后者则是"不可避免"意义上的必然性,即,事情最终一定如此这般发生,压根儿就没有"否则"之说。但是,当在哲学论证中无限制强调逻辑推理之功效时,有人会把规范意义上的逻辑必然性伪称为不可避免意义上的事件必然性。总的来看,此种伪称现象主要有两类:

一是把有关自然事件的诸命题之间的逻辑必然性伪称为自然事件的不可避免发生。譬如,历史上和今天的哲学家围绕未来偶然命题一直有一个关于命定论与反命定论的争论。以"明天将会下雨"这句话为例。作为一个命题,它要么是真的,要么是假的。如果它是真命题,那么,它必然是真的;即便在明天到来之前,它也是真的,没有什么能改变其为真。进一步来讲,只要它是真命题,它所表达的自然事件必然是真实发生的,因为真命题之所以为真,正是源于它所表达的自然事件是真实发生的。由此,命定论者便得出结论说:从逻辑上看,由于"一个命题为真"内在隐含着"该命题所表达的事件真实发生",已知某一个命题为真,我们就可以必然推出该命题所表达的事件真实发生;而正是这种逻辑必然性,可以让我们相信每一个表达于命题之中的自然事件也是必然发生或不发生的,它们作为自然事件的发生与否完全取决于命题在逻辑上的真假。① 这种论调看似有说服力,但只要我们在使用概念时足够谨慎,就不会由任何逻辑上的必然性"导致"自然事件发生的不可避免性。基于对自然语言的敏感性,赖

---

① 即便是对于精通现代逻辑的哲学家来说,这种论证也有很大的迷惑性。我们已经看到,为了抵制命定主义结论,有些逻辑学家试图挑战经典逻辑中的二值原则(即任何命题只有"真""假"两个值)。他们通过指派给未来偶然命题第三种真值甚至有更多的真值(用1和0之间的分数来表示)来建立三值逻辑、多值逻辑或模糊逻辑,试图达到修正"经典逻辑"之目的。但是,对于如此而来的第三种真值属于"非真非假"(truth–value gap)还是属于"既真又假"(truth–value glut),存在重大争议。由此所付出的更为严重的代价是:"矛盾律"和"排中律"在这些非经典逻辑中失效了。然而,根据本节的分析,我们原本并不必抛弃二值原则的!

尔（Gilbert Ryle）曾提醒我们：当有人在事件 A 实际发生之前说"A 将会发生"时，其所指的只是他对于未来的一种预测而已，而对于此种预测之所谓的"真假"，日常语言更加自然的表达则是"预测（不）正确"或者"猜对（错）"。有人在国庆节到来之前说"国庆节将会下雨"，这种预测就是所谓的未来偶然命题，而且这种预测可能是正确的也可能是不正确的。当我们在国庆节到来之后说"某人猜国庆节将会下雨，是正确的"时，意思不过是说："他猜国庆节将会下雨，而国庆节果然下了雨"，即，他此前的预测现在被国庆节天气验证为真了。这可谓是逻辑学上二值原则的经验基础。此种二值原则的逻辑要求，反映在作为预测的未来偶然命题之上，便意味着："国庆节将会下雨"作为一种预测是对的，当且仅当，国庆节果然下了雨。但是，不能忘记：当我们在国庆节到来之前把"国庆节将会下雨"作为一种预测时，此种预测并没有真假对错可言（尽管可以有好坏之分）。① 虽然预测在时间上总是位于事件发生之前，"预测之对"却不是在事件发生之前。恰恰相反，每当我们说"预测为对"时，总是意味着事件已经发生过并据此才判定"预测"为对的。在此意义上可以说，完全不是"预测为对"使得事件不可避免得以发生，毋宁说是它在逻辑或理性上要求事件已经发生。推而广之，我们可以认清所有逻辑命题与自然事件之间的可能联系。一个命题（不论是"记录"型的普通命题还是"预测"型的未来偶然命题）根据二值原则或真或假，这虽然在逻辑上必然要求某种自然事件发生或不发生，但此种逻辑必然性对于后者并不具有因果上的强制力，即，逻辑命题丝毫不会真正影响或干预到事件的自然进程。一个人的预测（"明天会下雨"）在逻辑上的真假对错，并不会影响到更不会预先排定自然事件的进程，因为当我们谈到其真假对错时，相应的自然事件已经完成了，对之不可能再有什么影响。倒是那些真正的影响因素（如风向转变、气温升降、地震、海啸等变数），在那种预测可以被判定为真或假之前，一直都在发挥着因果上的"干预"作用。

二是把实践推理所具有的逻辑有效性伪称为主体行动的不可避免性。从古至今不乏哲学家相信，除了那些以断言某件自然事件真假为结论的

---

① 受到奥斯汀、赖尔等日常语言哲学家的影响，图尔敏《论证的用场》一书在谈到"概率"一词的误用时曾引入"不当说法"（improper claims）与"错误说法"（mistaken claims）这一区分：前者用于我们基于当时场景下的证据支持度指责某人过去所做的某一预言性说法（即"那是一种不好的预测"），后者用于我们基于后来实际发生的情况而指责某人过去预测的事件并未如期发生（即"那是一种错误的预测"）。参看 Stephen E. Toulmin. *The Uses of Argument*. Cambridge, England: Cambridge University Press, 2003, pp. 53 – 57。

"理论推理"之外,还存在着以行动作为结论的"实践推理"。前者是"理论上的",因而与我们做事没有直接关系;后者则不同,前提(意向、信念等)与结论(行动)所说的直接就是我们做事时的道理。当代逻辑学家和哲学家冯赖特(G. H. von Wright)等人已经表明,实践推理也可以具有逻辑上的有效性。这种关于实践推理之逻辑有效性的观点向人暗示:只要我们能从逻辑上确保推理的有效性,我们做什么事、有什么行动,将能得到"逻辑上的"严格指引。但是,需要警惕的是,实践推理的有效性并不意味着人们做事的别无选择(即完全受制于人的信念和意向),即便看上去作为实践推理之结论的"行动"好像就是当事人的行动。我们以冯赖特在1971年《解释与理解》一书所提出的实践推理型式为例来看。

  从现在起,X 意欲在时间 t 引发 E。
  从现在起,X 考虑,除非他最迟在时间 t′做 A,他不能在时间 t 引发 E。
  因此,最迟在他认为时间 t′到来的时候,X 动身去做 A,除非他忘记了那个时间或受阻了。

  从逻辑形式上看,上述推理应该是有效的,即,前提对于结论应该是具有约束力的。因为:"对于实践论证之结论的证实预设了:我们能证实对应的一组前提,它们可以在逻辑上推致那个观察发现已发生的行为在结论中所给予它的描述下是意向性的。所以,我们不再可以肯定这些前提而否定结论,即,否定对于所观察行为所给予的那种描述的正确性。……对于实践论证之前提的证实同样也预设了:我们能挑选出某一项得到见证的行为,认为它在通过那些前提本身('直接'证实)或其他某组可以推致当下论证之前提的前提('外部'证实)所赋予的描述之下是意向性的。"[①] 此种来自职业逻辑学家的论证结论,对于某些相信人事也可以像物理事件那样严格设计的人群来说,充满了诱惑。它似乎可以表明:一个在特定情境下满足"前提"条件的人,不可避免会有某个行动;否则就是有违逻辑的、不理性的。

  然而,上述论证型式的提出人冯赖特在指出其有效性的同时,立即告诉我们:当我们断言实践推理的有效性时,往往已经预设某一事实行为的

---

① G. H. von Wright. *Explanation and Understanding*. Ithaca and London: Cornell University Press, 1971, pp. 115–116.

存在，而我们实际上并不能确保推理型式中所设定的"事实行为"一定存在。因此，"我们可以说，实践推理型式的必然性是事实出现之后所认识到的必然性（a necessity conceived *ex post actu*）。"① 由于实践推理结论中所提到的行动 A 是像"今天下过雨"或"这匹马赢了"那样的、已经完成了的行动，上述以行动 A 为结论的实践推理，实质上只是在解释一个已经出现（成真）的行动事实，因而它的有效性并不会影响更不会代替主体决定他当时的行动。而在一个人实际做出行动之前，即在"事实行为"A 尚未存在时，任何有关该主体可能行动的实践推理的有效性都无法使得其最终采取行动的样子"不可避免"。因为当我们在合法地谈论一个实践推理的有效性时，其中的"行动"已经发生了，"实践推理的有效性"太晚而无法先行地决定主体行动；而当我们实践推理中所谓的行动是尚未发生的、有待主体决定的意志行动时，我们根本就无法构建起以某一"行动事实"为结论的实践推理，这时来谈论"实践推理的有效性"还为时过早。

从根本上看，之所以会把理论推理或实践推理上的逻辑有效性混同于实践上的不可避免，主要是因为在哲学上混同了皮尔士所谓的第二性的东西与第三性的东西。在皮尔士看来，我们的对象共有三种存在（being）模式，即第一性，它是直接品性的可能性存在，无关乎其他任何东西；第二性，它是现实事实的对抗性存在；第三性，它是支配未来事实的法则性存在。当我们说某某结果在实践上不可避免时，是指它在现实中不可抗拒，也就是第二性的存在；而当我们说某某法则在逻辑上具有必然性或有效性时，是指它属于理性上的一种要求，也就是第三性的存在。毫无疑问，第三性存在与第二性存在之间具有紧密联系，犹如法庭或法律与执法警察之间的关系。我们习惯于强调法律高于警察，因为警察就是执行法律的人。同样地，哲学家们常常强调理性法则高于现实世界，因为世界就是按照法则来运行的。但是，一定不能忘记：第三性存在是无法取代第二性存在的，而且第三性存在要想避免空洞，必须事先承诺有某种第二性存在。我们无法设想一个没有警察的法庭，没有警察的强力执行，所谓的法律判决将如同空气一样。②"石头落地时，并不是重力法则让石头落地的。重力法则相当于法庭上的法官，它可以宣示永远不变的法律，但除非有执行警察的强力让法律生效，否则它就是形同虚设。的确，法官在需要时可

---

① G. H. von Wright. *Explanation and Understanding*. Ithaca and London: Cornell University Press, 1971, P. 117.

② CP 1. 24.

以设定一位执行警察；但他必须得有一位警察。"① 总之，认为逻辑推理的有效性可以像某种强力那样使得某一自然事件或人类行动不可避免，这实质上是认为第三性存在可以取代第二性存在直接对自然万物产生强制作用力。② 其悖谬性与"有人会把（自然万物的）生长和发展认为不合逻辑（illogical）"③ 一样，都是理论家的一种伪称。

五、伪称术语

以上我们在批评有些人伪称怀疑、伪称推理、伪称逻辑效力、伪称不可避免时，我们尽可能地提出了理由。这些理由大多涉及语词的区分，即哪些可以哪些不可以被称为"怀疑""推理""逻辑有效性""不可避免性"。然而，有人会提出异议：这些只是微不足道的语词之分，从专业角度来看，任何言论可以自成一体，只要逻辑上没问题，作者都有权在特定意义上使用某一语词，从而创造出自己的术语或话语风格。譬如，有哲学家可能坚持用"怀疑"一词来泛指任一主体所声称的"疑问"或"不相信"因而并不存在伪怀疑之说。这是非常奇特的声音，但似乎又受到约定主义哲学（譬如卡尔纳普所谓"在逻辑上无道德可言"）的某种支持。对此，笔者认为，在特定语境下，哲学家完全可以借用日常语词来表达惯常意义上的概念，但是，当某些日常语词在哲学传统中日渐具有固定的用法从而成为哲学术语之后，身处哲学共同体中的每一位哲学家都有义务遵循那些固定用法，任何在此之外自行约定该术语之外意义的做法实际上不过是在伪称自己的用语为"哲学术语"。

当我们说到某人把自己所用的奇特语词伪称为术语时，已经涉及了学术研究的一种元理论，即，术语伦理（ethics of terminology）。这是美国科学家、哲学家皮尔士1903年在总结化学、生物学、地质学等成功科学的历史经验时所提出的一种学说。他提醒我们注意：只要哲学的发展想要借助于共同体来推进，在哲学术语的命名上，一定要像科学术语那样，尽量使用那些其意义不会被误解的词语。尽管这些新造的术语可能很陌生（就像他所创造的 Pragmaticism 一样），但至少可以确保：如果有读者不知道这些词语的意义，他就会主动承认不知道而不至于去误解它们。对于引入此前未有其他人发现的概念（此即哲学创新的核心）的哲学家来说，以适

---

① CP 8.330.
② 当然，以第三性存在来取代第二性存在，这只是混淆两种存在的一种表现形式。另一种表现形式是以第二性存在来消解第三性存在，此即唯名论的哲学。
③ L. Susan Stebbing. *Thinking to Some Purpose*. Middlesex：Penguin Books，1939，P. 14.

当的术语表达此种新概念，不仅是一种特权，也是一种义务。所有其他的人都有义务在涉及这个概念时遵循术语命名者的用法（除非能以充分的理由表明第一位命名者所选用的术语不适当），任何在其合法命名者所赋意义之外有意使用该术语的做法，都可以说是触犯了"语言的伦理"，哲学家共同体有义务蔑视并拒斥这一行为。

因此，基于哲学术语的伦理，哲学家在使用"怀疑""推理""逻辑有效性""不可避免性"等术语时，应该意识到它们每一个词都对应着哲学上具有严格所指的概念。超出这些概念或不顾这些概念而任意规定哲学家自己的语词用法，不仅会阻碍哲学思想的交流，而且等于是把自己拒之于哲学共同体之外。

六、引出本书主题

放在哲学的悠久历史中来看，前面所涉及的话题以及所阐发的道理并算不上新颖，每一个都可能曾有人专门展开论述。笔者将它们归在"伪称"之下来讲，① 顶多是詹姆斯所说的 A New Name for Some Old Ways of Thinking（若干古老思维方式的新提法）。我们在说"最大的不理性莫过于伪称"时，只是在以新的视角关注哲学探究者所应具有的"真诚"品质。坚持真诚探究，而不作任何（哪怕是能吸引人、诱惑人的）伪称，这原本就是早期哲学家区别于 Sophists 的本质所在！当柏拉图在《吕西斯篇》中写道"论证跟人一样经常都在伪称"② 时，他所批评的应该就是 Sophists。我们在今天重新强调真诚探究之重要性，是为了警惕 philosophers 在现代社会以某种隐藏的形式退回到 Sophists。哲学不去刻意制造"人为问题"，不是为了满足猎奇心理所作的哗众取宠，也不是单纯娱乐性的智力游戏。它是面向真正问题的真相探究。哲学致力于发现更多可以得到一致性理解的东西，但并不会因为对不确定性（偶然性）的过度担忧而做出任何绝对主义的伪称。哲学探究当然是自由的，但自由的探究应该首

---

① 如果把撒谎（lying）界定为把明知为真的故意说成假的或把明知为假的故意说成真的，那么，前述的"伪称现象"，除了那些有意扩大断定范围的"伪称逻辑必然性"的例子，大多不属于典型的撒谎。就此而言，它有点接近于法兰克福所谓的那种"bullshit"（"闲扯"，也有译为"扯淡"，不过汉语中"扯淡"意思有多种，并不限于 bullshit），同属那种虽未明显在说谎却无助于探究真理的"不真诚"话语方式。不过，如果说 bullshitter（闲扯之人）完全不关心事情真相的话，伪称者又与之不同，因为伪称者很多时候只是在探究真理之路上的某一段走错了方向而已。参看 Harry G. Frankfurt. *On Bullshit*. Princeton and Oxford：Princeton University Press, 2005。

② *The Dialogue of Plato. Volume* 1, translated into English with Analyses and Introduction by Benjamin Jowett, 3rd edition revised and corrected, London：Oxford University Press, 1892, P. 68.

先是真诚的探究。事实上，正如我们所表明的那样，不真诚的探究，本身已经在探究之路上设置了障碍，是"最大的不理性"。我们相信，至少在古典实用主义那里，所谓"实用"精神，体现在推理与探究上，首先便意味着"诚实"，即，带有诚实气质且直面真实困境的推理与探究。

我们这里所提到的"不理性"，并不是说那些哲学家们不懂推理，甚至也不能说他们演算能力差，而是说他们的推理是"不对头的"（wrong-headed），或者说"推理"用错了地方，越界了。在此意义上，"理性"的边界已经远远超出"演算之法"，在推理开展之前以及认识到形式规则之后同样也会存在"不理性"之陷阱。在言语使用上把本不属于怀疑、推理的东西伪称为怀疑或推理，在不具有逻辑效力、不可避免性的地方伪称逻辑效力或不可避免性，无视共同体的存在而任意指定"术语"，已属于广义上的道德品质。它涉及探究者的态度。而态度要远比那种追求一劳永逸的方法更加深沉。我们不必把包括哲学在内的科学探究当作宗教信仰，但是，探究者必须坦诚心灵，这种心灵上的坦诚不只是真正宗教信仰的前提，同样也是科学及一切探究的第一要求。如此强调道德品质之对于推理的重要性，对于熟悉古典实用主义的读者而言，并不会令人感到意外。在实用主义鼻祖皮尔士看来，"为了恰当地开展推理，除了以纯粹数学的方式外，我们绝对有必要拥有的不仅是理智上的诚实正直以及对于真理的热爱，还包括一些更为高级的道德概念。"①

读者将会看到，本书沿着"诚实"所逐步铺开的理性观也超出了现代哲学中所流行的"逻辑"之边界。在"推理"这一问题上，我们所应关注的并不只是对于各类逻辑推理规则进行系统化（形式化），同时重要的还有"何时需要推理？""推理的出发点及目标何在？""推理的结论如何确定强度？""推理效力如何相关于生活世界？""推理所用的语言以及谈论推理所用的语言如何会影响我们关于合理性的争论？"来自当代推理心理学的系列科学实验启示我们：尽管就特定意义上可以说不合乎"逻辑"的就一定不合乎理性，但就人类实际的认知能力而言，合乎"逻辑"的并非一定就合乎理性。一种面向未来哲学的理性观应该是逻辑学、认识论与方法论的统一。笔者相信，这正是古典实用主义推理论之不同于现代正统逻辑理论的基本旨趣。在此种推理观念之下，实用主义所谓的"实用"，主要表现为一种理智上的"诚实"，而且正是因为此种"诚实"，实用主义用作方法论准则的"实用性"首要是一种认知上的经济性。

---

① CP 2.82.

本章小结

  本书从实用主义鼻祖皮尔士的名言"最大的不理性莫过于伪称"开始,旨在以一种强调的句式凸显"真诚探究"之重要性,并由此引出本书的主旨思想:在理性诸要求中,"诚实"优先于"逻辑性"。弄清楚何谓"伪称怀疑""伪称推理""伪称逻辑效力""伪称不可避免""伪称术语"及其所存在的"不理性"之陷阱,可以帮助读者建立关于古典实用主义推理观念的一种直观场景。

第二章 古典实用主义推理论的定位：何从何去？

"我们不仅具有推理本能，而且……对于推理，我们还有一套能在我们经验进程中得到修正的本能*理论*。因此，若是要求逻辑研究提供一套人为的方法，时时规定我们大家每天去做什么样的思考，那将是极其不合理的。"

——皮尔士《逻辑学的许诺》（1902）①

本章将为书名中的"古典实用主义推理论"一语及其在全书各章中的用法做出初步的框定。正如我们在第一章中所提到的那样，古典实用主义推理论的主基调，用一种通俗易懂的主张来表达，可谓是"最大的不理性莫过于伪称"。但此种理论如何与历史上的有关传统和学派建立起联系，又如何彰显出自身个性？这些是需要我们在一开始给予若干界定和厘清的。为便于读者初步把握古典实用主义推理论的立场，本章最后还会简要列出其一系列较为具体的理论主张。

第一节 从概念论到推理论

在哲学诸分支中，有一门古老的专注人类思维研究的学科，那就是逻辑学。逻辑学对于思维的关注集中在概念、判断和推理三种思维形态上。在这三种思维形态中，通常认为，概念是最基本的单位，多个不同的概念可以组成判断，多个不同的判断进而又能组成推理。有鉴于概念的此种"基础"地位，关于概念的理论探讨，长期在逻辑研究中占据极其重要的

---

① CP 2.3.

地位。然而，逻辑学作为一门关涉理性思维的学科，其核心原本应该在于推理。虽然逻辑学不能等同于推理论，但至少我们有必要澄清：与思维科学或逻辑学相关的研究，不仅有概念研究和命题研究，还应该有推理研究。结合概念论在逻辑教科书中的历史地位变化，我们可以认识到推理论在逻辑及理性研究中的应有角色。

一、《波尔·罗亚尔逻辑》范式：概念研究的优先性

亚里士多德被认为是逻辑学之父，其代表性作品被后人以"工具论"为名编辑在一起。许多现代逻辑评论家认为，《工具论》并非纯粹的逻辑作品，更像是一个逻辑、形而上学和修辞学的大杂烩。不过，今人谈论逻辑这门学科时，总是无法绕过亚里士多德的《工具论》。正如涅尔夫妇（W. Kneale and W. Kneale）在《逻辑学的发展》一书中所指出的那样，在《工具论》编辑出版500年之后"逻辑"一词才获得现代意义，"但是以后称为逻辑的这个研究领域是由《工具论》的内容决定的"。① 这种"决定性"，比较明显的一点体现在：依照《工具论》中"范畴篇"—"解释篇"—"前分析篇"的编排次序，后来的逻辑教科书长期沿用"概念—判断—推理"的内容框架。② 这样的框架设计在现代哲学史上著名的教科书《波尔·罗亚尔逻辑》③（又名《逻辑，或曰思维的艺术》）中不难看到。虽然在知识内容（尤其是实例）上与《工具论》相比已有较大改变或进步，但该书在"判断"与"推理"之前先讲"概念"的研究风格，直接沿袭了《工具论》。该书共分为四个部分。第一部分"对于观念或曰心灵初始行为即所谓构思的反省"，大致对应于"范畴篇"；第二部分"人们对其判断所作的反省"，大致对应于"解释篇"；第三部分"论推理"，大致对应于"前分析篇"；第四部分"论方法"，大致对应于《工具论》余下各篇的内容。

考虑到《范畴篇》所论及的学说属于形而上学而非今天严格意义上的逻辑，涅尔夫妇曾评论："在编辑者的所有决定中，把《范畴篇》包含在

---

① W. Kneale and W. Kneale. *The Development of Logic*. Oxford: Oxford University Press, 1962, P.23.

② 对于"概念"（concepts），不同时期的逻辑学家会采用"观念"（ideas）、"词项"（terms）等替代用语。类似地，对于"判断"（judgment），常见有替代用词"命题"（proposition）和"句子"（sentence）；对于"推理"（reasoning 或 inference），常见有替代用词"论证"（argument）。不容否认，这些替代用语彼此之间的差异在当事逻辑学家本人那里并非无关紧要；但就本节语境和目的而言，它们都从属于同一个话语框架。

③ 中文文献中，也有按英文字面翻译的书名"王港逻辑"。

《工具论》里的这个决定是最难以理解的。"① 但是，在《波尔·罗亚尔逻辑》的作者安东尼·阿尔诺（Antoine Arnauld）和皮埃尔·尼科尔（Pierre Nicole）看来，把"概念篇"作为逻辑学的一个部分并且是第一部分，这似乎是再自然不过的"决定"了。"由于我们唯有借助于我们内部的观念才能拥有有关我们外部对象的知识，我们对于我们观念的反省或许是逻辑学中最为重要的那个部分，因为它们是其他一切的基础所在。"② 事实上，如果我们联系两位作者所拥有的笛卡尔学派背景，我们可以发现：在逻辑教科书中之所以优先并专章安排"概念"，不仅仅是追随《工具论》的"风格"，而是有着独立于亚里士多德的现代哲学根据。这种根据就是笛卡尔关于"观念清明"的认识论思想。在笛卡尔看来，观念的清明直接关系到真理的追求，甚至可以说，真观念就是足够清明的观念。在他"第三沉思录"的开头部分，观念的清明被直接规定为真理的标志："凡是我所非常清楚明白地感知到的都是真的。"③ 具体来讲，一项具有极其重要性的哲学工作就是把那些清楚的（clear）观念区别于模糊的（obscure）观念，把那些明白的（distinct）观念区别于含混的（confused）观念，然后把我们的知识大厦牢固地建立在那些经过反思后发现清楚且明白（clear & distinct）的观念之上。以此观之，概念研究在逻辑学上的优先性地位自然会进一步彰显。

由于相比《工具论》更具有教科书的风格，《波尔·罗亚尔逻辑》关于概念、判断和推理之相对地位的安排设计对于现代以来逻辑教科书带来了更为直接和深沉的影响。可以说，在现代数理逻辑变得流行以前，《波尔·罗亚尔逻辑》对于概念研究优先性的强调，一直作为处理概念论与逻辑研究之关系的一个范式。譬如，康德（Immanuel Kant）的《逻辑学讲义》（1800年）在一般要素论部分，保留着"概念—判断—推理"的结构。④ 维特利（Richard Whately）以《大都会百科全书》"逻辑"词条为基础撰写而成的《逻辑学原理》（1826年），在第二篇"综论"中也遵循

---

① W. Kneale and W. Kneale. *The Development of Logic*. Oxford: Oxford University Press, 1962, P. 25.

② Antoine Arnauld and Pierre Nicole. *Logic or the Art of Thinking*. translated and edited by Jill Vance Buroker, Cambridge: Cambridge University Press, 1996, P. 25. 强调字体为引者所加。

③ René Descartes. *Meditations on First Philosophy*. translated and edited by John Cottingham, Cambridge: Cambridge University Press, 1996, P. 24.

④ 参看 Immanuel Kant. *Lectures on Logic*. translated and edited by J. Michael Young, Cambridge: Cambridge University Press, 1992.

着类似模式，只是用词变为"词项""命题"和"论证"。① 甚至在流行于20世纪初英国的约瑟夫（H. W. B. Joseph）《逻辑学导论》中，"词项及其主要区分""范畴""可谓性"等概念论内容仍被作为命题与推理之前的重点来安排。②

从国内情况来看，虽然西方逻辑传入中国是现代之后的事，但《波尔·罗亚尔逻辑》范式也体现在早期的中文逻辑教科书中。以金岳霖主编的高等学校文科教材《形式逻辑》为例，③ 其中"概念—判断—推理"的结构安排极其突出。该书特别强调："概念是思维的一个形态，概念与其他的思维形态——判断、推理与论证——是有密切联系的。人们必须先具有关于某事物的概念，然后才能做出关于某事物的判断、推理与论证。判断是由概念组成的，推理与论证又是由判断组成的。在这个意义上，概念是判断、推理与论证的基础，概念是思维的起点。"④ "概念是判断的因素，而判断是概念的发展。"⑤ 尽管书中没有忘记从另一方面提到："人们通过判断、推理与论证所获得的新认识，又要形成新的较深刻的概念。在这个意义上，概念又是判断、推理与论证的结晶，概念又是人们某个阶段的认识的终结。"⑥但这更多只是为了强调概念研究的重要性而已。中国高校中另一本曾经非常通用的教材是上海人民出版社推出的《普通逻辑》，该书前三版⑦也都把概念篇安排在命题和推理之前，并强调："概念明确，这是人们正确思维的必要条件，只有概念明确，才能作出恰当的判断，才能进行合乎逻辑的推理，才能获得正确的认识。"⑧

二、弗雷格的理论革新：命题研究的优先性

尽管《波尔·罗亚尔逻辑》范式长期支配着逻辑学家看待概念、判断和推理之理论地位的观点，但也并非所有逻辑学家都喜欢谈论概念。譬如，密尔（John Mill）在流行于19世纪下半叶英语世界的《逻辑学体系》

---

① Richard Whately. *Elements of Logic*. 9th edition, Boston and Cambridge: James Munroe and Company, 1852.

② 参看 H. W. B. Joseph. *An Introduction to Logic*. Second Edition, Revised, London: Oxford University Press, 1916.

③ 由于正统意义上的逻辑学以关注思维形式为重点，为突出这一特征，学术文献及日常生活中倾向于以"形式逻辑"来泛指主流的逻辑学，以"形式逻辑学家"来泛指主流的逻辑学家。

④⑥ 金岳霖主编：《形式逻辑》，北京：人民出版社，1979年版，第19页。

⑤ 金岳霖主编：《形式逻辑》，北京：人民出版社，1979年版，第71页。

⑦ 参见《普通逻辑》编写组：《普通逻辑》，上海：上海人民出版社，1979年版，1982年版，1986年版。

⑧ 《普通逻辑》编写组：《普通逻辑》，上海：上海人民出版社，1979年版，第18页。

中把第一篇定名为"论名字与命题",置于第二篇"论推理"之前。该书不仅没有把"概念论"独立出来,而且有意把"概念"替换为"名字"。在密尔看来,"对于概念、记忆等等……逻辑学没必要格外关注,因为它们与证据问题没有什么特别联系,……后者只是预设了它们的存在。"① 然而,真正颠覆《波尔·罗亚尔逻辑》范式的并不是密尔。密尔的做法,或许只是出于自己的经验主义立场而把"概念"替换为"名字"而已,他似乎更愿意接受"名字—命题—推理"的提法。促使人们在逻辑学中彻底放弃概念论优先地位的是来自弗雷格(Gotlob Frege)的现代逻辑观念。②

现代逻辑奠基人弗雷格在《算术基础》"导论"中提出了著名的语境原则,即"永远不要孤立地去问语词意义,只能在命题语境下才能询问其意义"。③ 这条原则使得命题取代概念成为第一位的东西:语词或概念之作为函数,不过是不饱和的(即有空位的)命题而已。由此,他向当时的逻辑学家和哲学家提出了一种崭新的意义理论。那就是:语词意义不再是图像论者所谓的某种精神图像或个体心理活动,句子/命题/判断才是意义的基本单位,语词意义只能通过句子意义映射而来,而句子意义不过就是句子的逻辑真值条件。罗素(Bertrand Russell)的《论指称》《摹状词》等名篇可以看作是对此种语境原则的生动阐释和发挥运用。罗素利用弗雷格的现代逻辑技术向我们表明:类似"当今法国国王"这样的词语本身并没有什么意义可言,只有它所在的命题才具有意义:或者是说一个假命题"有一个实体,它现在是法国国王,且它不是秃子",或者是说真命题"以下所述是假的:有一个实体,它现在是法国国王,且它是秃子"。④ 维特根斯坦(Ludwig Wittgenstein)在其《逻辑哲学论》中也重申了弗雷格的"语境原则":"命题并非语词的混杂物——(正如旋律并非音符的混

---

① John Stuart Mill. *A System of Logic*, *Ratiocinative and Inductive*. J. M. Robson (ed.), Toronto: University of Toronto Press, 1974, P. 12. 密尔同时指出:我们之所以引入"命名""定义""划分"等内容,主要是因为这些有助于逻辑学的核心任务——证据评估。

② 关于"命题的优先性",新近有观点认为康德《纯粹理性批判》曾有过这方面的预见,参看 Robert Brandom. *Making it Explicit*. Cambridge and London: Harvard University Press, 1994, pp. 79 - 80。不过,就其作为当代哲学中所理解的"语境原则"之核心观念而言,真正彻底的"命题优先性"观念通常被认为最早出现在弗雷格那里,参看 Michael Dummett. *The Interpretation of Frege's Philosophy*. Cambridge, MA: Harvard University Press, 1981, P. 239 以及 Michael Kremer. "Representation or Inference: Must We Choose? Should We?". in *Reading Brandom*, edited by Bernhard Weiss and Jeremy Wanderer, London and New York: Routledge, 2010, pp. 228 - 230.

③ G. Frege. *The Foundations of Arithmetic*. translated by J. L. Austin, Second revised edition, Oxford: Blackwell, 1953, P. xxii.

④ Bertrand Russell. On Denoting. *Mind*, New Series, Vol. 14, No. 56, 1905, P. 490.

杂物一样)"；"唯有命题才具有意义，唯有在命题语境下，名字才具有意义"；"表达式只有在命题中才具有意义。"① 当代著名语言哲学家达米特（Michael Dummett）曾评论道："把句子理解为意义理论中的核心角色，这是弗雷格最为深刻且富有成效的洞见。"② 在此，我们不准备过多论及弗雷格在当代哲学中的深刻影响。对于我们当前论题而言，现在非常清楚的关键一点是：由于弗雷格的理论革新，概念/观念/语词的优先性似乎正在让位于命题/句子/判断。借用哈金（Ian Hacking）的用语，我们可以说：以《波尔·罗亚尔逻辑》为代表的"观念盛世"（The heyday of ideas）已经开始向以弗雷格逻辑为标志的"句子盛世"（The heyday of sentences）转型。③

对于命题研究代替概念研究而获得更为核心的理论地位，我们可以在现代逻辑的主要奠基人和传播者之一罗素的如下一段话中领略到："我们可以说，逻辑是由两部分构成的。第一部分研究什么是命题和命题可能具有什么形式；这一部分列举出不同种类的原子命题、分子命题、概称命题等。第二部分包括某些最普遍的命题，它们断定具有某些形式的一切命题都是真的。这第二部分合并于纯数学，纯数学的命题经过分析全都转成这样普遍的形式真理。这一部分仅仅把形式列举出来，这是更困难、在哲学上更重要的部分；许多哲学问题之可能得到真正科学的讨论，主要就是由于这第一部分晚近以来的进步，而非其他所致。"④ 沿着罗素等人所开创的新道路，一系列完全不同于《波尔·罗亚尔逻辑》内容结构范式的新型逻辑教材大多从命题及其真假讲起，然后就是用以刻画复合命题或原子命题真值联系的两大推理系统：命题演算和谓词演算。⑤ 整体而言，"概念

---

① Ludwig Wittgenstein. *Tractatus Logico – Philosophicus.* translated by D. F. Pears & B. F. McGuinness, London：Routledge & Kegan Paul, 1974, P. 14, P. 16, P. 17.

② Michael Dummett. *Frege：Philosophy of Language.* New York：Harper & Row, Publishers, 1973, P. 629.

③ 哈金把他所考察的语言哲学分为"观念盛世""意义盛世""句子盛世"等三个历史阶段，他曾明确指出："17世纪时观念所占据的根本性节点如今已被句子所取代。"参看 Ian Hacking. *Why Does Language Matter to Philosophy?* . Cambridge：Cambridge University Press, 1975, P. 159. 不过，需要指出：哈金用"句子盛世"所代表的历史阶段与本节这里"命题优先性时期"的所指有所不同，譬如，他把弗雷格、罗素、维特根斯坦等归在"意义盛世"而非"句子盛世"。

④ Bertrand Russell. *Our Knowledge of the External World：As a Field for Scientific Method in Philosophy.* London：George Allen and Unwin, 1914, P. 67.

⑤ 柯亨和纳格尔的《逻辑与科学方法导论》当属典型，参看 M. R. Cohen & E. Nagel. *An Introduction to Logic and Scientific Method.* London：Routledge and Kegan Paul, 1934。奎因在他颇具影响的《逻辑方法》一书中，也是从命题真假及其复合形式（命题函项或带有空位的句子）讲起，参见 W. V. Qunie. *Methods of Logic.* revised edition, New York：Holt, Rinehart and Winston, 1959。

篇"在现代逻辑教材已经消失不见,个体词或谓词在逻辑系统中仅仅是一些初始符号设置而已。即便是谈到"概念",通常也是将其处理为"简单命题的要素",已不具有理论上的优先地位。譬如,曾经流行于国内高校的教材《普通逻辑》从第四版起,也接受现代逻辑的观念,大胆改革原有框架:删去"概念"专章,重拟"简单命题的基本要素——概念"为名,安排在第四章,即"复合命题及其推理"和"命题的判定与自然推理"之后,为第五章"性质命题及其推理"作铺垫。①

三、另一种可能:先于概念论和命题论的推理研究

一个不争的历史事实是:不论是传统逻辑,还是现代逻辑,当逻辑学家强调概念或命题的优先地位时,都不曾忘记"逻辑学最终关乎推理的好坏"。② 他们之所以抬高概念论或命题论的理论地位,一个可能的原因是背后的基础主义倾向。正如前所述,有的人相信"逻辑谈论的前提条件是概念明确,没有明确的概念,正确的命题与合乎逻辑的推理就无法形成",因而"概念及其明确"是逻辑学所要面对的首要问题;另有人相信"人的思想,不外乎意义载体或单位即命题的复合,假若命题理论表达得足够严格的话,我们的推理不过就是一种机械的演算程序罢了",因而"命题及其系统化"是逻辑学所要处理的主要任务。当达米特说"若不先来分析作为前提和结论的命题之结构,就不可能存在任何对于推理的分析"时,③ 想必他也是把命题作为推理之基础的。但是,正如概念的复合并非一定就构成命题一样,命题的复合并非一定就能构成推理(至少是我们所熟知或需要的推理)。我们已经看到,现代逻辑用"命题论优先"的观

---

① 该书还从"逻辑学关注逻辑形式"的角度来为"概念论的消失"做辩护:"思维形式就是指思维内容的反映方式,即概念、命题和推理等。由概念所构成的各种不同内容的命题自身所具有的共同结构,以及由命题所构成的各种不同内容的推理自身所具有的共同结构,就是思维的逻辑形式。简言之,思维的逻辑形式就是不同内容的命题和推理自身所具有的共同结构。"(《普通逻辑》编写组:《普通逻辑》,上海:上海人民出版社,1993 年版,第 7 页。)请注意:它依然承认概念是思维形式,但明确表示其并不具备逻辑形式,因而不属于真正意义上的逻辑研究对象。

② 关于这种共识,第五版《普通逻辑》一书这样指出:"在普通逻辑所研究的逻辑形式中,推理形式是它的主体。离开了对推理形式的研究,对命题形式的研究就失去了意义。命题是推理的组成部分,是构成推理的要素,普通逻辑研究命题形式是为分析推理形式提供依据的。概念是命题的组成部分,是构成命题的要素,普通逻辑研究概念是出于准确地分析命题形式的需要,归根到底,也是为分析推理形式提供依据的。"参看《普通逻辑》编写组:《普通逻辑》,上海:上海人民出版社,2011 年版,第 9 页。

③ Michael Dummett. *The Logical Basis of Metaphysics*. Cambridge, MA: Harvard University Press, 1991, P. 2.

念成功取代了传统逻辑中"概念论优先"的范式。这里，我们可以继而追问"第三种可能性"，即，至今依然占据统治地位的"命题论优先"的逻辑学范式是否可能被"推理论优先"的新观念所取代呢？在笔者看来，这不仅是确有可能的，而且一直就不乏逻辑学家和哲学家试着将其变为现实。

首先，从理论上看，推理研究不仅可以独立于而且应该优先于概念和命题的研究。当我们说"正如概念的复合并非一定就构成命题一样，命题的复合并非一定就能构成推理"时，推理研究的独立性不难得到理解。然而，推理论之所以重要，绝不只是推理相对于命题的复杂性，而是有着更深层次的根由。那就是，当人们强调概念明晰或命题真值对于逻辑研究的重要性时，不能忘记：在人类的实际认识过程中，概念明晰或命题为真，固然重要，但它们本身并不能全靠人为的定义或习俗约定，而需要各式各样的真实推理而获得。恰恰是因为遗忘了这一点，很多人按照基础主义的"理想"去规划逻辑研究的"正确"程序，似乎逻辑学的工作必须是先明确概念，然后由概念组成可以分辨出真假的命题，最后再由命题组成我们所需要的推理。但这种基础主义的幻相，并不符合也无法指导人们的实际认知。试想，在人们实际思维过程中，有谁是先弄清了自己所使用的每一个概念，再设法确定了所讲到的每一个命题的真假，最后才去做出推理的？实际情况往往是相反的。

人之作为理性动物，首先在于他是会推理的。他推理中当然会用到概念和命题，但他不必等到有意识地弄清每一个概念，也不必等到核定每一命题的真假，才迟迟做出推理。他当然希望弄清更多的概念，当然希望知道更多命题的真假，但"明晰的概念"和"真值明确的命题"并不是现成的，他必须努力获致。而推理，就是人的这种"努力"的集中体现。人总是通过推理，去探知命题的真假，去澄清概念。过去很多逻辑教材告诉我们，要明确概念，可以凭借"属加种差""揭示外延"等定义或划分方法。殊不知，这些方法的实际操作，要涉及非常严肃的推理。这一点在柏拉图笔下的苏格拉底那里，我们可以真切地体会到。为了弄清某一常见说法的真假，为了弄清某一常用概念的定义，苏格拉底与其对话者之间开展了何等复杂且严密的推理！①

---

① 参见 Plato. *Euthyphro*. in *The Dialogue of Plato*, Volume 2, translated into English with Analyses and Introduction by Benjamin Jowett, 3rd edition revised and corrected, London：Oxford University Press, 1892。

简言之，人以"推理"求"真"明"义"。推理本身不是目的，但却是求命题之"真"、明概念之"义"的最自然的认识和实践起点。逻辑学之作为一门科学，其首要的关注对象正在于推理，其首要的价值也是帮助我们更好地理解和运用自己原本就有的推理能力。在此意义上，不妨可以说，推理相对于"概念"和"命题"而言倒是第一位的东西，貌似独立的概念和判断等思维形式往往实质上不过是某种省略形式的推理，因而那些主张概念论优先或命题论优先的逻辑学家，其实都已经预设了推理论的重要性。如此主张推理论的优先性，并非要否定概念和命题的研究对于推理论的助益，其要点在于：我们必须跳出基础主义的线性思维来看待概念、命题和推理三者在思维实践中的真实联系。

其次，从不少逻辑学家的实际工作来看，以推理论为核心的研究模式已反复被尝试并正在产生积极影响。据笔者所见，19世纪下半叶英国哲学家萨缪尔·贝利（Samuel Bailey）撰写的《推理论》可谓是较早以"推理论"为范式编写的一本逻辑学教材。[①] 该书从何谓推理讲起，把推理分为偶然性推理（contingent reasoning）与明证性推理（demonstrative reasoning），然后讲到推理的基本原则以及推理形式，再讲到推理与语言、观察、实验等之间的关系，最后讲到推理出错的源头等等。全书没有专门论及命题和概念，从推理现象直接切入，却能始终围绕着推理本性以及推理好坏的分析展开，回应了普通读者对于一本逻辑教材的基本期望。需要承认，这本书的出版是在现代数理逻辑流行以前，而且此种"推理论"风格即便在当时也实属罕见。[②] 然而，值得我们注意的是，在20世纪现代数理逻辑流行之后，即便各类"命题论"范式的逻辑新教材如雨后春笋般出现，但随着人们对非数学推理的关注和兴趣增多，推理论范式的教材反倒比数理逻辑兴起之前更多出现。这些新出现的"推理论"著作，有一部分与20世纪70年代在北美兴起的"非形式逻辑"运动的动机类似，侧重于从日常推理和批判性思维的实际出发去建构一种满足更广泛需求的逻辑学教材。譬如，图尔敏（Stephen Toulmin）等人编著的《推理导论》于1978年首次出版，1984年再版。该书从"推理及其目标"讲起，侧重于结合

[①] 参看 Samuel Bailey. *The Theory of Reasoning*. London: Longman, Brown, Green, and Longmans, 1851.

[②] 另一本值得一提的是西季威克的《推理之中的语词使用》。作为一本非标准的逻辑教材，该书共分四篇，其中第一篇即为"推理的本性"。参见 Alfred Sidgwick. *The Use of Words in Reasoning*. London: Adam and Charles Black, 1901.

各领域中的推理实例对论证的可靠性和强度进行分析。① 类似的还有《批判性推理：实用导论》（已出第三版）、②《批判性推理：理解和批判诸论证和理论》（已出第七版）③《推理之原理》（已出第七版）④ 等等。⑤ 另有一部分"推理论"作品是关注实践推理之本性的哲学家所推出的。在这中间，吉尔伯特·哈曼（Gilbert Harman）的《观点之变：推理之原理》当属最为著名。哈曼把第一章定名为"呼吁推理研究"，他指出：当前主流的以"现代数理逻辑"为典范的逻辑学是有关蕴涵的理论，并不直接能成为推理论；推理是合理的观点之变，而非证明（proof）或蕴涵（implication）。⑥ 此外，还有一些教材虽然没有以"推理论"作为书名，但也大多承诺推理在理论地位上先于命题和概念。譬如，卢比（Lionel Ruby）的《逻辑学：导论》在"演绎逻辑"部分，直接从"逻辑与论证"讲起，然后按照"三段论—命题—词项"的模式叙述。⑦

不少逻辑学家在理论上更多直接关注推理而不再优先研究命题，这种趋势在当代哲学思潮上也出现了一种呼应。布兰顿（Robert Brandom）在《使之清晰》和《讲明理由：推理主义导论》等著作⑧中所提出的"推理主义"（inferentialism），可以为我们深入理解"推理论"范式的兴起提供一种哲学语义学视角。根据布兰顿提出的推理主义，在语义学解释次序中"推理"优先于"指称"，语词、句子等语言表达式的意义只能通过它们在推理中所扮演的角色来理解。也就是说，相比弗雷格、罗素等人所倡导

---

① Stephen Toulmin, Richard Rieke and Allan Janik. *An Introduction to Reasoning.* second edition, New York: Macmillan Publishing Co., Inc., 1984.

② Anne Thomson. *Critical Reasoning: An Practical Introduction.* 3rd edition, New York: Routledge, 2009.

③ Jerry Cederblom and David Paulsen. *Critical Reasoning: Understanding and Criticizing Arguments and Theories.* 7th edition, Boston, MA: Wadsworth, Cengage Learning, 2012.

④ Ronald Munson and Andrew Black. *The Elements of Reasoning.* 7th edition, Boston: Wadsworth, Cengage Learning, 2017.

⑤ 或许是受此影响，当代英语世界畅销逻辑教材在新近的版本中虽然在"形式逻辑"部分从命题讲起，在"非形式逻辑"篇却也是从论证及其前提和结论谈起。参见 Patrick J. Hurley and Lori Watson. *A Concise Introduction to Logic.* 13th edition, Boston: Wadsworth, Cengage Learning, 2017; Irving M. Copi, Carl Cohen, Kenneth McMahon. *Introduction to Logic.* 14th edition, London and New York: Routledge, 2016.

⑥ 参看 Gilbert Harman. *Change in View: Principles of Reasoning.* Cambridge: The MIT Press, 1986.

⑦ Lionel Ruby. *Logic: An Introduction.* Chicago: J. B. Lippincott Company, 1960.

⑧ Robert B. Brandom. *Making It Explicit: Reasoning, Representing, and Discursive Commitment.* Cambridge: Harvard University Press, 1994; Robert B. Brandom. *Articulating Reasons: An Introduction to Inferentialism.* Cambridge: Harvard University Press, 2000.

并在此后迅速流行起来的真值条件语义学,这种新型语义学优先考虑的不再是命题之真假,而是推理本身(或者是命题在推理中扮演的角色)。如果说此前先概念再命题后推理的模式是"自下而上的"(bottom – up),那么,推理优先的语义学则是"自上而下的"(top – down)。① 值得注意的是,布兰顿的推理主义哲学虽然是一种革新,但并非当代哲学中的"怪类",② 在一定程度上可视为当代哲学(尤其是后期维特根斯坦、奎因等人的思想)自然发展的结果。哈金在解读蒯因的"信念之网"思想时,就曾指出:"知识在于诸多句子的编织本身,而不在于那些句子的意谓。"③ 有些逻辑哲学家还提出,弗雷格—罗素时代的逻辑学以"真"(truth)为中心主题,但新近逻辑学已开始把"后承"(consequence)作为中心主题。④ 这种由"真"到"后承"的转变,⑤ 所反映的正是逻辑学关注重心由句子到推理的转变:当关注句子时,逻辑学求真,而关注推理时,逻辑学不过就是后承理论。对于这些变化,有人或许会说,推理终究不过就是句子组合,因为所有的三段论都可以转化为条件句的形式。但这里出现的关键差别是:句子可能是与断定无关的,而推理总是涉及断言。推理,不只是句子的组合,而是句子的使用,是作为"行为"(act)的一种判断过程。

---

① 关于"自下而上的"语义解释模式,布兰顿的原话是:"传统词项逻辑是从底部建构起来的,先是提供对于有关单称词和概称词的概念的说明,然后是通过连接那些词项所建立起来的各种判断,最后才涉及由那些判断联接而成的推理的适当性。"参看 R. Brandom. *Articulating Reasons: An Introduction to Inferentialism*. Cambridge: Harvard University Press, 2000, P. 12。在该段话所处的语境下,布兰顿更多强调了推理论范式与概念论范式之不同,而没有突出推理论范式与命题论范式的差异。关于后一种差异,布兰顿似乎倾向于说:推理主义语义学与真值条件语义学一样强调命题的作用,但后者强调的是命题真值,前者强调的则是命题在推理中的角色。

② 事实上,为数不少的哲学家持有与布兰顿类似的观点。他们的观点有时被泛称为"推理角色语义学"(inferential role semantics)或"义理(功能)角色语义学"(conceptual or functional role semantics)。参看 Paul Horwich. *Reflections on Meaning*. Oxford: Clarendon Press, 2005, pp. 19 –20。

③ Ian Hacking. *Why Does Language Matter to Philosophy?* . Cambridge: Cambridge University Press, 1975, P. 179. 强调字体为引者所加。

④ 参看 John Etchemendy. Tarski on Truth and Logical Consequence. *Journal of Symbolic Logic*, Vol. 53, No. 1, 1988, pp. 74 –75 以及 J. C. Beall & Greg Restall. Logical pluralism. *Australasian Journal of Philosophy*, Vol. 78, No. 4, 2000, P. 475。

⑤ 处在证明论传统中的当代逻辑学家,为凸显"推理"在认识论上的优先性,往往直接用"证明"或"演绎"来诠释这里的"后承"。相关观点,参看 Kosta Došen. "Logical Consequence: A Turn in Style". in *Logic and Scientific Methods*, *Volume One of the Tenth International Congress of Logic, Methodology and Philosophy of Science*, edited by M. Dalla Chiara et al. , Dordrecht: Kluwer, 1997, pp. 289 –311 以及 Kosta Došen. "Inferential Semantics". in *Dag Prawitz on Proofs and Meaning*, edited by H. Wansing, Cham: Springer 2015, pp. 147 –162。

第二节 为什么是"古典实用主义推理论"?

在确立了"推理论"在逻辑研究中的合法性以及优先研究的可能性之后,我们将落脚在具体的一种推理论上,那就是:本书的主题"古典实用主义推理论"。毋庸置疑,推理论有很多形态;为何要选择"古典实用主义推理论"呢?回答这个问题,我们需要考察古典实用主义的哲学动因及其对待推理问题的独特方式。简单概括,我们可以说,古典实用主义诞生于一个同时孕育现代数理逻辑的伟大历史时期,并长期与分析哲学处在交锋竞争格局中;它与分析哲学家同样重视方法,却不像后者那样依赖现代数理逻辑,而是致力于发展一种直接关注推理本身及其在科学和日常生活中应用的推理论。不妨先从古典实用主义三位代表人物各自的推理论工作来看。

一、皮尔士的推理论工作

第一节,我们提到:在以数理逻辑为核心的现代逻辑教材中,命题及其系统研究被置于第一位;由此而来的一个结果是,在数理逻辑著作以及当代逻辑导论中很难找到对于推理本身的详尽分析。但是,正如前面所指出的那样,推理论正在数理逻辑领域之外尝试,尽管一开始时并不很多。当我们试着跳出当代逻辑教科书的眼界,向外拓展并往回追溯,以求获得更多有关推理分析的思想资源时,我们惊喜地发现,当前通常处于主流逻辑学家关注视野之外而只作为美国实用主义鼻祖为人所知的皮尔士,对于推理本性却有着相对集中的论述。

翻看他的作品,不仅包括已发表的论文,还包括大量未发表的手稿,"推理"可谓其中使用频率最高的关键词之一。他不仅有多篇专论有关推理之概念、本质或种类的文章,更是把1898年展现他思想体系的系列讲演概括为《推理及万物逻辑》。① 他认为,"推理是不可能脱离开逻辑学的";② "逻辑是与推理同在的 (coeval)";③ "逻辑学是有关正确推理的理

---

① 该书的中译本也已出版,可参看皮尔士:《推理及万物逻辑》,张留华译,复旦大学出版社2020年版。
② Charles S. Peirce. *The Essential Peirce*. vol. 2, edited by the Peirce Edition Project, Bloomington and Indianapolis: Indiana University Press, 1998, P. 188.
③ Charles S. Peirce. *The Essential Peirce*. vol. 2, edited by the Peirce Edition Project, Bloomington and Indianapolis: Indiana University Press, 1998, P. 200.

论，它关注的是推理应是什么样而非推理实际上如何。"① 他有时干脆把逻辑称为推理的艺术，但同时强调："这件有关推理的事情中最紧要的部分乃推理分析"。② 在1895年一篇题为《逻辑概论》的手稿中，皮尔士把推理界定为："我们借以获取可视为先前知识之结果的信念的一个过程"，同时明确："某既定信念可视为另一既定信念的结果，只是我们似乎不能明确看出其中的所以然。此种过程通常被称为推断，但它不应被称为合理推断（rational inference）或推理"。③

不只是这些！在深入研读他的作品之后，我们进而发现，皮尔士虽然独立于弗雷格完成了一阶逻辑的诸多理论和技术工作，并因此在近些年逐步被视为现代符号逻辑的奠基人之一，但他那种作为推理理论的逻辑学绝非仅仅限于今天所理解的"现代逻辑"，④ 他对于推理问题的关注远较当代各类形式逻辑家深刻与透彻。论及其深刻性与透彻性，一个主要表现就是：皮尔士认为，由他最早所提出的实用主义正是他长期从事推理论研究工作的一个成果，更确切地说，实用主义准则就是他所强调的一个"逻辑准则""逻辑训言""逻辑学说""逻辑命题"或"逻辑方法"。⑤ 今天的人们通过詹姆斯获悉，实用主义准则是在皮尔士《信念的确定》和《如何使我们的观念明晰》所谓"经典两篇"中提出来的。不过，很多人并不知晓的是，皮尔士长期关注数学、物理学、化学等领域中最严格科学的方法，并通过研读历史上"作为方法之方法"的各类逻辑学体系，试图构建一种作为外展逻辑（Abduction）的"方法哲学"——实用主义。"经典两篇"乃皮尔士为《通俗科学月刊》撰写的"科学逻辑阐释系列"六篇中的前两篇，他在《信念的确定》开头一句话发出的感慨"很少有人愿意研究逻辑，因为每个人都自视已经足够精通推理艺术"，实则表明了他的实用主义学说在逻辑学上的研究动因。他这种"逻辑"，主要就是指他的推理论工作，也是他自称"逻辑学家"时心中所关注的核心议题。

---

① CP 2.7.
② C. S. Peirce. *Historical Perspectives on Peirce's Logic of Science*: *A History of Science*. Carolyn Eisele, ed., Mouton De Gruyter, 1985, P. 10.
③ Charles S. Peirce. *The Essential Peirce*. vol. 2, edited by the Peirce Edition Project, Bloomington and Indianapolis: Indiana University Press, 1998, pp. 11 – 12.
④ 有关皮尔士逻辑与当代标准数理逻辑之间差异的更多讨论，参看张留华：《如何看待皮尔士的"现代逻辑"?》，载于《文化复兴：人文学科的前沿思考》，上海市社会科学界联合会编，上海人民出版社2012年版。
⑤ 有关皮尔士实用主义与逻辑学相关性的讨论，参看张留华：《皮尔士哲学的逻辑面向》，第四章，上海人民出版社2012年版。

二、詹姆斯的推理论工作

把推理论研究与对实用主义学说的倡导结合起来，进而寻求一种有关推理本身的更加贴近科学与生活的分析与阐明，这是皮尔士作为一位深刻的哲学家为实用主义准则加注逻辑标签时背后的重大理论关怀。此种关怀方式，看似古怪另类，在古典实用主义学派那里却完全不是孤立现象。不像皮尔士那样，詹姆斯没有公认的逻辑学家"身份"，他甚至对于皮尔士那些高度数理化的逻辑作品不感兴趣。但作为实用主义的重要奠基人，他跟皮尔士一样关注推理论研究。詹姆斯对于推理论的集中论述主要体现在他的两类作品中。

一是他从哲学心理学视角对于推理本性的研究。詹姆斯享有"美国心理学之父"的美誉。值得注意的是，詹姆斯的心理学作品撰写于心理学初创时期（哲学、心理学未分之时），并不能完全等同于作为实验科学门类之一的当代标准心理学，其中不少论述毋宁归在"哲学心理学"（Philosophical Psychology）的范畴之下。正如一位詹姆斯学者所言，"哲学心理学本质上是批判性的。它是对那些根本性的心理学概念做分析和界定的一个领域。它也是阐释心理学家的基本设定并批判性地考察心理学家所用方法的一个领域。与心理学相关的形而上理论，也会在此领域得到审视。除其基本的批判功能外，哲学心理学还提供一些理论建议，用以激发形而上学的发展。詹姆斯的《心理学原理》在今天应该解读为一部哲学心理学作品，而且可能是他所曾做出的最伟大工作。"[①] 这些"哲学心理学"工作，我们既可以在他的经典巨著《心理学原理》及其教材版《心理学概论》中看到，也可以在《关于合理性的情感》《信念心理学》等经典论文中看到。其中有他从推理论视角对于心理学研究方法的理性考察，更有他直接对于推理之本性、理性与本能、逻辑与经验等方面的哲学思考。譬如，《心理学原理》第二十二章以"推理"为专题。正如他开篇所讲的那样，"我们把人说成是理性动物；传统的理智主义哲学也一直大做文章，认为兽类是完全不理性的生物。然而，要确定何谓理由或者那种所谓推理的独特思维过程如何区别于其他可以导致类似结果的思维进程，绝非易事。"[②] 这些关乎理性之根本的问题，当时的主流逻辑学家很少触碰，而詹姆斯却

---

① Andrew J. Reck. The Philosophical psychology of William James. *The Southern Journal of Philosophy*, Volume 9, Issue 3, 1971, pp. 295–296.

② William James. *The Principles of Psychology*. Cambridge, Mass: Harvard University Press, 1983, P. 952.

做出了难得的尝试。①

二是他在日常信念特别是道德信仰问题上对于他所主张的一种推理论的生动阐释和精彩应用。早在詹姆斯的时代,英国数学家克里福德(William Kingdon Clifford)的文章《信念的伦理学》中有一句流传甚广的格言:"任何时间,任何地点,任何人,基于不充分的证据而去相信某种东西都是错误的。"② 而詹姆斯在《相信的意志》和其姊妹篇《合理性、行动和信仰》以及著作《宗教经验种种》等作品中对此种"生硬"理性观提出了严重挑战。在他看来,对于探究者来说追求真理是第一位的,防止错误是第二位的,我们很多时候不可避免要相信一些东西,即便我们不具有清晰可鉴的推理过程,即便我们接受那些信念并不具有充分而不可动摇的证据,即便我们之所以最终接受它们主要是因为内心的一种情感或意志力。知错即改,相比"不犯错误",应该是一种真正可行的人类德行。如果为了一劳永逸地避免错误而不相信任何东西,我们将无穷尽地把真理获知推迟下去。相比不自主地相信某种可错的东西,此种怀疑主义实则有着一种更大的风险,即"宁愿失去真理,也永不开始求真"。③ 事实上,合乎理性的推理,不一定就是数学型"证明",尤其是在日常生活中,我们的推理往往不得不"冒险"或"赌博"。很多时候,我们必须把我们的信念和行动建立在"有风险的"推理结论之上,只是此种"信念"要随着新经验和新推理而及时调整。从某种意义上,我们是"选择相信"(choose to believe)某种东西的,但我们敢于对自己的"选择"负责任,那就是,知错即改。因此,总体而言,我们仍是需要信念的,但不去奢求任何无风险的"信念";同样,我们需要推理来增加知识,但并不一定得是必然性的推理形式。

三、杜威的推理论工作

作为出现相对较晚而名声最大的一位实用主义奠基人,杜威对待实用主义的态度与皮尔士、詹姆斯一样,即实用主义主要代表一种思想方法。杜威本人非常看重的晚年作品《逻辑学:探究的理论》长期以来因为被归为心理主义的作品而遭到主流逻辑学家的忽视。然而,如果不是从当代标

---

① 詹姆斯关于这方面的具体观点,可参看本书第三章第一节。
② William Kingdon Clifford. *Lectures and Essays*. volume 2, edited by Leslie Stephen and Frederick Pollock, New York: Cambridge University Press, 2011, P.186.
③ *James and Dewey on Belief and Experience*. edited by John M. Capps and Donald Capps, University of Illinois Press, 2005, pp. 95 – 110.

准"逻辑"而是从推理论的视角去诠释杜威的"逻辑"工作,我们会发现其中与皮尔士和詹姆斯在同一条道路上的承继性,即,致力于阐发一种实用主义风格的科学思维方式。正如一位杜威学者所言,"与当前标准的逻辑相比,杜威的逻辑理论将会显得有些不寻常。有人或许想说:他所做的只是'逻辑'之外的事情,或许是在发展一套有关科学方法的一般化理论。但是,将逻辑学与解决问题式的方法论融为一体,这正是肇始于皮尔士的美国实用主义的特征。杜威的逻辑理论与此种总体取向非常相合,在他看来,我们应该重新思考我们所认为的逻辑学。"①

杜威名为"逻辑"的推理论研究,从其教育背景和理论渊源来看,一方面是(尤其早期)受德国哲学家黑格尔的影响,另一方面就是(尤其晚期)受实用主义哲学家皮尔士、詹姆斯等人的启发。杜威曾经是皮尔士在约翰·霍普金斯大学任教时的学生,虽然他早期逻辑研究继承的不是皮尔士的衣钵,但在晚年的实用主义作品中,杜威越来越倾向于一种皮尔士式的科学逻辑,并坦言:逻辑是他"最初的和最终的爱"。② 他不仅完全接受了皮尔士在"科学逻辑阐释系列"中关于探究的理论,而且直接把自己的逻辑学专著命名为"逻辑学:探究的理论",甚至还模仿皮尔士在约翰·霍普金斯大学期间主编《逻辑学研究》的风格,把他自己及其学生的论文集命名为"逻辑理论研究"。③ 詹姆斯对杜威的影响,主要体现之一是:杜威把逻辑理论与机能心理学(前述"哲学心理学"的一部分)紧密结合起来,并把《逻辑理论研究》一书题献给詹姆斯。④

就杜威本人的推理论研究成果来看,除了《逻辑:探究的理论》和《逻辑理论研究》之外,还有《我们如何思考》《实验逻辑文集》以及大量发表出来的论文。⑤ 这些工作在后世产生了深远影响,各种有关"杜威

---

① Tom Burke. *Dewey's New Logic: A Reply to Russell*. Chicago and London: The University of Chicago Press, 1994, P. 3.

② John Dewey. *The Later Works*, 1925 – 1953. *Vol.* 12, edited by Jo Ann Boydston, with an introduction by Ernest Nagel, Southern Illinois University, 2008, P. 537.

③ 在皮尔士的"经典两篇"中,如果说詹姆斯主要是继承和发挥了第一篇即《如何使我们的观念明晰》中提出的实用主义准则的话,杜威则主要是继承和发挥了第二篇即《信念的确定》中的探究理论。然而,在皮尔士那里,实用主义准则和探究理论原本就是浑然一体的。

④ James Scott Johnston. *John Dewey's Earlier Logical Theory*. Albany: State University of New York Press, 2014, P. 99. 在1903年写给詹姆斯的一封私信中,杜威曾表示:"[在该书中]我不过是运用逻辑语汇归还了原本属于您的东西。"(转引自 Hildebrand, David, "John Dewey", *The Stanford Encyclopedia of Philosophy* (Winter 2018 Edition), Edward N. Zalta (ed.), URL = < https://plato. stanford. edu/archives/win2018/entries/dewey/ > , note 25.)

⑤ 关于《逻辑学:探究的理论》之外的杜威早期逻辑作品,可参看 James Scot Johnston. *John Dewey's Earlier Logical Theory*. Albany: State University of New York Press, 2014.

逻辑"的二手研究成果也不断出现，包括《杜威的逻辑理论》《实用主义的逻辑：杜威的逻辑研究》《杜威的新逻辑：回应杜威》《杜威的逻辑理论：新研究与新解释》《杜威早期的逻辑理论》等。①

四、古典实用主义在同时代逻辑研究中的独特地位

应该承认，古典实用主义者内部在有关推理问题的研究上存在诸多不同，譬如，皮尔士更加重视逻辑/符号学视角，詹姆斯更加重视哲学心理学的视角，杜威更加重视发生学视角。② 另外，他们在具体术语的选择上也有差别，甚至在相关哲学观点上也可以找到明显分歧。但是，由于他们对于实用主义基本立场的认同，而且由于他们相比后来的实用主义版本更强调实用主义作为一种明晰观念的求真之法，更重视对科学思维方式的哲学探索，我们可以整理出一套古典实用主义传统的推理论。③ 与当时欧洲主流的逻辑学家和哲学家相比，美国本土的古典实用主义者在推理研究的进路和关注点上表现出诸多异趣，他们鲜明的"实用主义"气质令其成为逻辑"现代化"以来推理研究中的一道独特风景。

之所以说古典实用主义推理论独特，首先一点是因为：它所倡导的"逻辑"改革声音虽未能成为后来"现代化"逻辑科学的正统，却沉淀在"实用主义"这种思想方式中，并由此对当世理论世界和日常生活产生着深刻影响。

如果是从他们所追求的逻辑形态上来理解"逻辑"一词，毫无疑问古典实用主义者是在坚持"哲学研究的逻辑进路"，而且由于他们从一开始

---

① 参看 Delton Thomas Howard. *Dewey's Logical Theory*. New York：Longmans, Green, & Co., 1919；H. S. Thayer. *The Logic of Pragmatism：An Examination of John Dewey's Logic*. New York：The Humanities Press, 1952；Tom Burke. *Dewey's New Logic：A Reply to Russell*. Chicago and London：The University of Chicago Press, 1994；F. Thomas Burke, D. Micah Hester, and Robert B. Tallisse (ed.). *Dewey's Logical Theory：New Studies & Interpretations*. Nashville：Vanderbilt University Press, 2002；James Scott Johnston. *John Dewey's Earlier Logical Theory*. Albany：State University of New York Press, 2014.

② 当然，其他古典实用主义者也大多关注推理问题。意大利实用主义者瓦拉蒂（Giovanni Vailati），曾经担任数学家皮阿诺（Giuseppe Peano）等人的助手，并注重科学史研究，使得他对于逻辑推理问题格外重视，他的哲学被冠以"逻辑实用主义"（logical pragmatism）之名。受詹姆斯《相信的意志》一文的严重影响，英国哲学家席勒（F. C. S. Schiller）试图以实用主义的新思想方式重新理解所谓的逻辑公理，先后完成了两部以强调实际用处为特色的逻辑著作《形式逻辑：一个科学的有关社会的问题》和《适于运用的逻辑：意志主义知识论导引》。

③ 我们谈到"古典实用主义推理论"时，当然不是说这种传统只限于古典实用主义这一历史时期。当代许多实用主义工作涉及政治、民主、法律等新话题的思考和讨论，但其推理论的基础是在古典时期打下的。

便对以亚里士多德三段论为核心的传统形式逻辑现状表示不满，他们与弗雷格、罗素等人一样尝试对于传统逻辑进行一场"现代化的改革"。然而，与弗雷格、罗素等人把逻辑学"现代化"为一种数理逻辑不同，古典实用主义的"逻辑改革"要义是：他们不赞成把逻辑学限于或等同于"形式逻辑"，要以"实用主义"改进或补充现有逻辑理论。这倒不是说他们的逻辑学不关注任何意义上的"思维形式"，而是说他们认为"形式逻辑"这一叫法越来越具有误导性，让人觉得逻辑学在研究思维形式时似乎可以不必联系思维内容。事实上，在实用主义哲学中，形式与质料之间的辩证关系一直是基本信条之一。即便是在独立发现现代谓词逻辑的皮尔士那里，他也宁愿用"形式逻辑"这个词来表示那种作为数学分支的现代数理逻辑，而把"逻辑学"这个词保留给历史传统上作为哲学分支的那种逻辑。与数学家追求形式演算的快捷高效不同，逻辑学家更注重对于推理本身的理解和研究。在古典实用主义那里，逻辑学主要不是教导人们如何快速推导或传授什么解题技艺，其本质在于帮助人们意识到并深入理解我们每个人都很熟悉的那些思想方式或曰推理现象，① 为此我们往往有必要"把推理分解成最基本的步骤"。② 因此，总体上看，古典实用主义与现代数理逻辑在"逻辑现代化"的路径选择上处于交锋状态。③

站在今天回顾历史事实，必须承认，除了皮尔士因在逻辑代数、存在图等形式技术上的贡献而被当代逻辑学家逐步接受为现代逻辑的奠基人之一之外，古典实用主义的其他人都不会为当代标准逻辑教科书看重。也就是说，至少从表面上或"修辞效果"来看，古典实用主义在与罗素等人的竞争对抗中败下阵来了。但是，如果我们不是仅仅从现代标准数理逻辑的观点出发，而是试着把逻辑理解为从亚里士多德，到中世纪，再到培根（Francis Bacon）、莱布尼兹（Gottfried Wilhelm Leibniz）、康德，再到弗雷格、胡塞尔（Edmund Husserl）等的一种连续性发展，当我们不把逻辑局限于数学语言等人工记法，而是试着把逻辑与人类对于真理的探究方式紧

---

① 关于逻辑学的此种功能定位，处在美国大陆之外的其他同时代逻辑学家也有类似看法。譬如，约瑟夫曾明确表示："逻辑学家要做的事情不是制订一些规则，让其他人或他本人遵从这些规则，以此改变他们对于万物的思考，改动他们的几何学、化学或生物学；对于如何通晓所有这些科目，他不开具任何处方……他所要做的事情是意识到所有这些科学中所进行的思想活动的本质。"也正是在此意义上，约瑟夫认为逻辑首先是一门理论科学（science），而且只有在它作为科学理论所具有的功用上才能将其理解为一门技艺（art）。参看 H. W. B. Joseph. *An Introduction to Logic*. Second Edition, Revised, London: Oxford University Press, 1916, pp. 9 – 10.

② CP 4.239.

③ 更多具体的争论细节，我们将在本书第三、第四、第五章论及。

密联系在一起思考时,我们可能会发现:古典实用主义者处在现代逻辑的奠基时期,而由于他们一开始就关注思维形式的实践效果维度,他们的关怀是广阔的,对于我们考察日常意义上的、非数理证明意义上的推理,有着更多的相关性。他们所提出的实用主义推理观念虽未能入主"当代标准逻辑教科书"中,却通过一种被称作"实用主义"的思想方式而深入人心,成为很多人(包括科学家)思考推理问题时的重要起点或参照系。这一点,我们足可以在杜威《我们如何思考》一书在教育领域持续而深远的影响中看出。

古典实用主义推理论的第二点独特之处是:它重视实践领域的推理研究,尤其是倡导把自然科学领域与人文科学领域的推理统一起来,尽管这样做容易遭受"心理主义"指责。实用主义准则告诉我们:真正意义上的推理,不论日常生活中的还是科学理论上的,不论是自然科学领域的还是人文科学领域的,都是为了获得新信念或修正原有的信念,而信念与人的行动具有内在的相关性。因此,推理在本质上都是实践性的,所谓"理论推理"与"实践推理"之分倒是常常具有误导性。[①] 令人遗憾的是,由于古典实用主义的此种尝试势必把更多人的或心灵的因素引入推理分析,它们的观点曾经备受正统逻辑学家的误解,尤其是遭受心理主义指责。今天的哲学家应该已经清楚,当"反心理主义"成为一种风靡一时的"哲学运动"时,"心理主义"很多时候是作为一种歧义词在使用:有时是严格地指把逻辑研究归结为心理学研究的倾向,而有时则是宽泛地指任何诉诸或涉及心灵的逻辑研究。[②] 古典实用主义哲学家在前一种意义上是坚定的反心理主义者,而当他们被指责为心理主义时,只是批评者在后一种意义上滥用"心理主义"而已。在明确"反心理主义"的真正所指之后,古典实用主义坚定地把心灵引入他们对于推理、知识等的哲学新论之中。譬如,皮尔士曾指出:"形式逻辑一定不能太过于形式化;它必须表现一种

---

① 更多关于"实践推理"的讨论,可参看本书第五章第四节。

② 这里仅提到两种意思,更多歧义参看 Philosophy, Psychology, and Psychologism: Critical and Historical Readings on the Psychological Turn in Philosophy. Edited by Dale Jacquette, Kluwer Academic Publishers, 2003。在该书中,多位学者较为详细地考察了哲学中所谓心理学转向的种种复杂情形:心理主义与反心理主义之争本身就源于心理学既研究主观心理现象又演变成为实验科学这一特殊的学科地位,不少习惯上被归为心理主义阵营的哲学家实际上并非批评者所假想的那种激进类型,不少被尊称为反心理主义英雄的哲学家实际上也并非完全避免了心理主义的嫌疑;而且,即便在反心理主义占上风之时,许多心理主义乔装为直觉主义逻辑和数学、认知主义、自然主义认识论后又能重新得到承认;因此,笼统意义上的心理主义与反心理主义之争仍是无定论的。有关心理主义的一种科学社会学式的考察,也可参看 Martin Kusch. Psychologism: A Case Study in the Sociology of Philosophical Knowledge. London and New York: Routledge, 1995。

心理事实,否则将有堕落成为数学娱乐的危险。"① "推理是由心灵执行的。因此,逻辑学家一定不能完全忽视有关心灵的科学。"② 詹姆斯则认为,很多批评家指责他人"混淆心理学与逻辑学",只是因为后者不像他们那样把抽象与具体对立起来;而事实上,"观念与对象之间的逻辑关系之相对于它们之间的心理关系,只不过是跳跃的抽象性之相对于流动的具体性那样。……'逻辑'关系不过就是摘除丰富内脏而只剩下抽象型式的'心理'关系。"③ 面对心理主义指责,杜威也提醒我们注意:"实用主义的批判家令人吃惊所一致忽略的一点是,在重新解释知识之本性和功能时,实用主义必然彻底地重新解释所有那些认知机制。"④

关于古典实用主义推理论的独特性,第三点是:"注重实用性"虽然频频被指责为"无原则的"主观相对主义,但在古典实用主义那里却被作为最严格的方法准则。实用主义以实效性来检验我们对于观念意义的把握,并将其作为我们经验生活中最基本的方法准则。正如詹姆斯《实用主义》一书的副标题所澄清的那样,这本是"古老的思想方式",但或许正因为它在日常语言中太过平凡地使用,往往最容易导致人们对于"实用主义准则"的表面化解读。这种表面化解读有时显得极其肤浅,如认为实用主义就是主张"凡是对你有用的就是对的",但竟然流行起来了。这不禁让人好奇:古典实用主义者如何竟把实效性作为一种基本的思想准则?事实上,回到经典作家的作品本身,我们看到:与批评者的表面化解读相对应的是古典实用主义者本人在阐释实用主义时的深刻意蕴。面对所谓"实用主义放弃客观标准、过于变通随意"的无礼诽谤,詹姆士不禁感慨:"那些受过教育而且看起来真诚的批判家竟如此无法理解其对手的观点,这真是难以令人置信。"⑤ 他断然指出:"实用主义者比其他任何人都自认为受困于过去整个固定真理体的挤压与他周围感觉世界的强力之间,有谁能像他那样感到我们心灵运作所受到的客观控制的巨大压力呢?如果有人以为此种法则是松弛的,那就让他服从此种律令一天试试看……。"⑥ 针

---

① CP 2.710.

② CP 7.418.

③ William James. *The Meaning of Truth*: *A Sequel to "Pragmatism"*. New York: Longmans, Green & Co. 1909, P.152.

④ John Dewey. The Realism of Pragmatism. *The Journal of Philosophy*, *Psychology and Scientific Methods*, Vol.2, No.12, 1905, P.326.

⑤ William James. *The Meaning of Truth*: *A Sequel to "Pragmatism"*. pp.xvii – xviii. 这本《真理的意义:"实用主义"续篇》收集的全都是詹姆斯为纠正人们对于实用主义的偏见所写的文章。

⑥ William James. *Pragmatism*. New York: Dover Publications, Inc., 1995, P.90.

对罗素曾指责他把个体满足作为真之基准以及最终的探究目标,杜威也很容易做出回应:"罗素先生先是把怀疑情境换为个体怀疑……然后把怀疑变成个人不适,由此把真理等同于此种不适的消除。按照我的观点,唯一涉及的渴望是渴望尽可能诚实而公正地解决当下情境中的那个问题。所谓'满足'乃对于问题所规定的那些客观条件的满足。个体满足仅在一开始时涉及,就像根据工作要求完成了某项工作任务一样;但它绝不会影响对于有效性的确定,因为,倒是那种确定性制约着它。"①。

最后一点可以凸显古典实用主义推理论独特性的是:它反对所谓的"理智主义"(intellectualism),即我们唯有而且只需靠科学理论就能做好任何一件事情,但它并不由此倒向"反智主义"(anti-intellectualism)。实用主义不会把理论与实践割裂开来,也不会把科学理解成一种与常识相对抗的一种事业。因为在它看来,在科学理论成型前的朴素工作以及在理论建构后的实践应用,虽然其中大量涉及常识,② 但其在探究中的地位不亚于科学理论推演本身的重要性。在此意义上,实用主义都是不赞成理智主义的。但是,与罗蒂(Richard Rorty)等人的新实用主义不同,古典实用主义坚持一种实在论,并把真理的探究作为哲学的根本任务。这一点使得古典实用主义在推理问题的研究上坚持把科学与常识统一起来,因而并不会走向"反智主义"。不过,鉴于实用主义历来都是备受误解的一种传统,为减少不必要的歧义,我们将在接下来的一节专门谈谈古典实用主义所谓的"科学"或"常识"以及它们在真理探究中的地位。

第三节 古典实用主义论科学与常识

在哲学研究中,越是常用的词,往往越是容易产生陷阱或招致误解。在一点在当今社会最常用的"科学"(science)与"常识"(common sense)这两个词之上,有着突出体现。主张什么观点之人喜欢用"这是科学"或"这是常识"来为自己的论断做辩护,而批评者却喜欢用"这

---

① John Dewey. *The Later Works*, 1925-1953. Vol. 14, edited by Jo Ann Boydston, with an introduction by R. W. Sleeper, Southern Illinois University, 2008, P.56.

② 根据哲学史学家的考察,"常识"一词在苏格兰哲学家里德(Thomas Reid)之前一直被视为"所谓的内部感觉",但里德赋予该词一种新的意涵,即,"人类储备而来的一些非经推理而来的共有原则"。后一"常识"已成为现代社会中的一种常见用法,也正是本书中所要维护的一种涵义所指。详细可参见本章第三节。

不科学"或"这不合常识"之类的话来表达自己的否定判断。不过，也有听过主张观点之人说"这是最新科学对于人们常识的破除"，也听过批评者说"这不过是常识观点，却并不科学"。这里，我们不准备罗列"科学"或"常识"的种种实际用法，也无意给出这两个词的所谓权威定义。① 我们将对照某些流行的观点，认清"科学"和"常识"到底在古典实用主义哲学家意味着什么，以免本书后面的论证在读者中引起不必要的误解。

一、古典实用主义论科学

从词源学上看，"science"一词的拉丁语源是 scientia，意为"知识"，因此不难理解现代社会中一种占据统治地位的科学观，即，"科学就是系统的知识！"据考察，此种观点之所以变得流行主要是因为大哲学家康德曾间接支持此种说法，而最终由于柯勒律治（Samuel Taylor Coleridge）在《大都会百科全书》（*Encyclopaedia Metropolitana*）中采用这样的定义而广受传播。② 但如此界定的"科学"并不是古典实用主义所指的"科学"。在古典实用主义那里，科学不仅仅是一种系统化的知识，它意味着一种更加积极和正面的"好东西"。正如皮尔士所指出的那样，"通常将科学定义为系统知识……这在词源学上正确并表达了对问题的通俗理解，但如此来表现有关它的一个科学性概念，无异于将鱼定义为水生动物。③

科学之所以是一种积极的东西，主要是因为以现代物理学为代表的自然科学取得了"成功"；这种"成功"不仅仅是理论体系的更新和完善，更重要的是在于对于人类社会技术革新的大力推动。"成功科学"的出现，激励着科学家和哲学家总结和推广"科学"的方法原理。正如英国哲学家耶方斯（W. Stanley Jevons）在初版于1894年的《科学原理：逻辑与科学方法专论》前言中所指出的那样："我们完全可以断言，过去三百年间物理类科学的飞速进步，并未相应地出现推理论上的进步。物理科学家谈到了科学方法，但他们并不太容易能描述他们这一用语的意谓。他们从事着对特定一类自然现象的深入研究，却往往太过专注于数量巨大且不断累积的具体科学细节，而无法概括他们无意识中所采用的那些推理方法。不过，很少有人会否认这些推理方法应该得以研究，那些试图把科学秩序引

---

① 关于语言之争，尤其是何谓令人满意的定义，本书第五章将有专论。
② CP 7.54.
③ C. S. Peirce. *Historical Perspectives on Peirce's Logic of Science: A History of Science*. Carolyn Eisele, ed., Berlin, New York, Amsterdam: Mouton De Gruyter, 1985, P. 1122.

入不太成功或不太具有条理性的知识部门的人尤其需要研究它们。"① 古典实用主义就是在这样的背景下诞生的,它最初正是对于现代成功科学之方法原理或推理论的哲学概括。对此,杜威曾非常直白地谈道:"科学并非由任何特殊的一组内容所构成。它是由一种方法构成的,这种方法借助于有检验的探究,不仅获致信念而且也改变信念。"② 在古典实用主义哲学家眼中,所谓的"物理类科学"(或曰"硬科学")毫无疑问属于"真正意义上的科学"的范例,但他们同时相信:目前已经出现或取得某种成功的科学,仅仅是人类科学整体的很小一部分。"我们的科学是一滴水,而我们的无知是一片海。不论其他方面如何,至少有一点是肯定的,即,我们当前自然知识的世界的确包含在某种更大的世界之内。至于这一更大世界的余下部分如何,我们现在还无法形成任何确定观念。"③ 不过,只要遵循着科学方法持续探究下去,我们有希望在各种未知领域(不仅有自然领域的,还有人文社会领域的,甚至包括心灵、道德、宗教等)建立起更多的科学新门类。詹姆斯"作为自然科学的心理学"正是这样尝试开展的。此外,皮尔士、詹姆斯、杜威三人都相信:只要我们在特定的意义上理解"上帝"和"宗教",我们也可以建构起一门所谓"科学的宗教"。④

需要注意的是,尽管科学是一种非常积极和正面的"好东西",但科学似乎又没有那么"神圣",甚至可以说很脆弱。这种脆弱性突出体现在科学结论面对经验事实时的"可错性"上。古典实用主义把经验作为"我们唯一的导师""最终的权威"。不过,由于此种经验是流动的、进化的,人任何时候都不可能拥有全部的经验,经验的"沸溢性"(ways of boiling over)使得满足当前经验条件的信念并不必然同样地满足未来经验。⑤ 因此,皮尔士说:"科学是活生生的人的一种追求,其最显著特征是,真正的科学永远处于一种代谢和成长的状态。"⑥ 詹姆斯也说:"我们不得不依据今天所获得的真理来生活,并随时准备在明天称其为错误。……[因为]

---

① W. Stanley Jevons. *The Principles of Science*: *A Treatise on Logic and Scientific Method*. London: Macmillan and Co., Limited, 1913, P. vii.

② *James and Dewey on Belief and Experience*. edited by John M. Capps and Donald Capps, University of Illinois Press, 2005, P. 241.

③ William James. *The Will to Believe and Other Essays in Popular Philosophy*. New York: Dover Publications, Inc., 1956, P. 54.

④ 毫无疑问,此种意义上的"信教"更多与科学上的定义法有关。正如一位逻辑学家敏锐察觉到的那样,"一般而言,通过定义而信教,要比借助于皈依而信教容易得多"。参见 Lionel Ruby. *Logic*: *An Introduction*. Chicago: J. B. Lippincott Company, 1960, P. 8。

⑤ William James. *Pragmatism*. New York: Dover Publications, Inc., 1995, P. 86.

⑥ CP 1.232.

我们生活是向前的，而我们理解是向后的。"① 杜威也说："科学方法反对的不仅是教条还有学说，假若我们是指通常意义上的'学说'——只需要作为真理教与学的一套确定信念。"② 当然，此种"可错性"并非是在瓦解科学的活力，恰恰相反，它是科学活力的源头所在。"科学，就像生命一样，靠自身的腐朽物获取滋养。新的事实摧毁旧的规则；然后新采用的概念又把新的和旧的整合成一种新的具有调和作用的法则。"③

二、古典实用主义论常识

有一种所谓的常识是指"基础知识"（basic knowledge），如"数学常识""科学常识"等，它其实是特定范围的研习者共有的入门知识，因而往往并不为"圈外的"、未参与研习的普通人所分享。古典实用主义所谓的常识是另一种意义上的"常识"，是每一个感官和理性健全之人都能在日常生活中感受到的一种"一般性的"共同认识，因而也可以说，是字面意义上或哲学意义上的常识（common sense）。托马斯·潘恩（Thomas Paine）名著《常识》中那些被认为人人可懂的政治"常识"，大致可归在其范畴内，而其在现代哲学上的专门讨论，则是源自里德、斯图尔特（Dugald Stewart）等人的苏格兰学派"常识主义"（Common-sensism）。④ 皮尔士曾这样解释"常识主义"："是这样一种学说，它认为每个人都相信某些一般命题进而接受某些推理，却不能对它们产生真正的怀疑，因而也不能将它们拿出以接受真实的批判；它还认为，这些东西在每个人看来是完全满意的、明显为真的。"⑤ 杜威则如此分解"common sense"之意："common 意思是 general。它是指当前被某一既定群体或整个人类毫无疑问接受下的观念和信念。所谓的 common 是指它们被广泛地甚至是普遍地被接受。所谓的 sense 是指我们说到'sense of a meeting'或说事情'make

---

① William James. *Pragmatism*. Dover Publications, Inc., New York, 1995, P. 86.

② *James and Dewey on Belief and Experience*. edited by John M. Capps and Donald Capps, University of Illinois Press, 2005, P. 241.

③ William James. *The Will to Believe and Other Essays in Popular Philosophy*. New York：Dover Publications, Inc., 1956, P. 320.

④ 关于潘恩《常识》中相关观念在苏格拉学派常识主义的渊源，可参看 Sophia Rosenfeld. "Tom Paine's Common Sense and Ours." *William and Mary Quarterly*, Third Series, Vol. 65, No. 4, 2008, pp. 633–668。

⑤ 转引自 Joseph L. Brent. *Charles Sanders Peirce：A Life*. revised and enlarged edition, Indiana University Press, 1998, P. 300。

sense'或'not make sense'时的那种用法。"①

　　此种哲学意义上的"常识",与人的本能或直觉密切相关,② 既可以体现在个体的认知能力上,也可以体现在社会的传统价值观念上。譬如,面前有一朵玫瑰花,所有知道何谓玫瑰花的、感官正常之人在特定范围内看见后都会认同"这是一朵玫瑰花"。这是基于个体感知能力的"common sense"。之所以说这种判断是common,是因为每个人的知觉活动机能大致相同,只要你不闭上眼睛,同时你大脑又是清醒的,你就无法"控制"或"选择"不看见一朵玫瑰花。在此意义上,那是直接性的"所与"(the given),是你进一步认知的出发点,在当时而言是不存在"怀疑空间"的。③ 这种"常识"类似于维特根斯坦说到"看一下就能看到……"④"重申一下:不要思考,只看!"⑤ 时所引导我们注意的那种能力。

　　除了个体认知能力外,还有另外一种无法根据既有经验进行怀疑的东西,它们构成了我们有时称作"传统"的"common sense"。这些东西是"我们有关万物的根本思想方式,是远古祖先的发现,它们能够历经所有后来的经验而保全自身。它们构成了人类心灵发展的一个伟大的均衡阶段,即常识阶段。其他的阶段均嫁接于这一阶段,但从未能取代之。"⑥ 这种对于传统的态度,蕴藏着古典实用主义者有关我们人性的一个重要思考,即:"生活于现在的我们是伸向遥远过去的人性的一部分,这种人性与自然相互作用。我们大多数人为之骄傲的文明事物并不属于我们自己。它们的存在归因于连续不断的人类共同体的所为所受,我们只是这个共同体的一个环节。我们的责任是保存、传播、调整、拓展我们所接受的那些价值遗产,以便我们身后的那些人在接受这些遗产时能够比我们更加安全

---

① John Dewey. *Logic*: *The Theory of Inquiry*. New York: Henry Holt and Company, 1938, P. 62. 杜威在谈到此种意义上的"常识"时还提到另一种词典定义,即,作为处理实践事务时的精明睿智;不过,杜威认为两种定义在哲学上是相通的因而最终可以归为一类。

② 当然,"直觉"是一个模糊用词。当代逻辑哲学家吉拉·谢尔(Gila Sher)在一次访谈中指出:一种直觉是关于具体情况的直觉判断,另一种直觉是作为哲学研究出发点的一般性直觉,前者是不可信的,而后者可以谨慎使用。参见 http: //www.3ammagazine.com/3am/the-place-of-philosophy/。古典实用主义的"常识"与谢尔第二种意义上的直觉相近。

③ 如果有人非要说"怀疑",那通常也是古典实用主义所谓的"伪怀疑"。参见本书第三章第四节。

④ Ludwig Wittgenstein. *Philosophical Investigations*. translated by G. E. M. Anscombe, P. M. S. Hacker and Joachim Schulte, West Sussex: Wiley-Blackwell, 2009, P. 36, P. 48, P. 161.

⑤ Ludwig Wittgenstein. *Philosophical Investigations*. translated by G. E. M. Anscombe, P. M. S. Hacker and Joachim Schulte, West Sussex: Wiley-Blackwell, 2009, P. 36.

⑥ William James. *Pragmatism*. Dover Publications, Inc., New York, 1995, P. 65.

可靠、更加广泛可得、更加慷慨分享。"① 有必要提醒的是，如此尊重"常识"意义上的"传统"，这其实是当时很多哲学家共同的态度。譬如，曾经作为詹姆斯论敌的克里福德如此赞赏那些真正由人类共同经验构建而来的"传统"："这种伟大的构造物用来在物质世界和道德世界上指引我们的思想并借此指引我们的行动。譬如，在道德世界上，它给予一般性的正确、正义、真理、仁慈等观念。所给予的都是一些观念，而非［具体的］陈述或命题；它们与某些特定的本能相符。这些本能不管是如何出现的，但一定是在我们身上的。"②

在古典实用主义者那里，对于常识的尊重是与对科学的倡导一直是并行不悖的。他们从来不打算以尊重"常识"为借口来限制科学探究，因为他们承认，即便是"常识"也并非恒定不变或绝对地不可错。③ 事实上，借用克里福德的说法，常识的可贵之处"并不在于那些基于传统权威而接受并相信的［具体］命题或陈述，而在于那些正确提出的问题以及那些使得我们能够提出更多问题的观念，还在于那些回答问题的方法。"④ 正是在此意义上，皮尔士把实用主义所推崇的常识论区别于苏格兰学派常识主义，并以"批判常识论"（Critical Common-sensism）命名。⑤ 然而，古典实用主义者也不打算以任何科学方法取消常识的应有地位。科学是在常识的基础上产生并在常识的关照下前行的，它时常会修正或颠覆某一条所谓的常识判断，但永远不会宣称抛弃或背离一切常识。因为就像詹姆斯所说的那样，"科学可以告诉我们何物存在；但是，为了比较存在之物的价值以及不存在之物的价值，我们必须不能去问科学，而是要问帕斯卡所谓的我们内心（our heart）。"⑥ 其实，就算弗雷格当年在提出概念文字之于日常语言的优势好比显微镜之于肉眼时，他也不忘承认：肉眼"有广泛的

---

① *James and Dewey on Belief and Experience.* edited by John M. Capps and Donald Capps, University of Illinois Press, 2005, P. 249.

② William Kingdon Clifford. *Lectures and Essays.* volume 2, edited by Leslie Stephen and Frederick Pollock, New York: Cambridge University Press, 2011, P. 201.

③ 詹姆斯在《心理学原理》中试图论证：本能并非总是盲目的或恒定不变的。参看 William James. *The Principles of Psychology.* Cambridge, Mass: Harvard University Press, 1983, pp. 1010–1013。

④ William Kingdon Clifford. *Lectures and Essays.* volume 2, edited by Leslie Stephen and Frederick Pollock, New York: Cambridge University Press, 2011, P. 205.

⑤ 皮尔士曾列举出批判常识论区别于常识主义的若干特征，可参看张留华：《皮尔士哲学的逻辑面向》，上海人民出版社2012年版，第274–276页。

⑥ William James. *The Will to Believe and Other Essays in Popular Philosophy.* New York: Dover Publications, Inc., 1956, P. 22.

可应用性并能轻松适应极其多变的环境,因此相对显微镜而言有很大优越性";而且,即便作为光学工具而言,在科学目的对于分辨度的精细要求上,肉眼相对于显微镜显出很多不足,但显微镜的适用性仅限于这一点,"在所有其他方面都是毫无用处的"。①

三、推理论中的"常识"与"科学"

按照前述古典实用主义的观念来理解所谓的"常识"与"科学",我们可以发现:有两种东西在推理论研究一开始必须区分开来。那就是,关于"如何推理"以及"如何推理才好",我们每一个人或推理者都有一套伴随语言学习而来的形如"常识"的本能理论,而一旦走上科学研究之路,还会形成各种名为"逻辑科学"的推理论。带着这一区分,我们回看现代以来的哲学作品或逻辑教材,我们注意到:其实,很多关注推理论的学者都已经像古典实用主义那样区分开了"常识"与"科学"的维度。

譬如,洛克(John Locke)在《人类理解论》的"理性"一章中曾说过:"上帝对于人类并不会吝啬到把他们只造成两条腿的动物,而要等到亚里士多德才使他们变得理性。也就是说,亚里士多德教很少的一部分人去考察三段论的根据,以便使其看到在三个命题可能有的六十多种结合方式中唯有大约十四种可以确信是结论正确的,以及为何只有少数是结论确定的而其他的都不确定。上帝对于人类远比这慷慨得多。他赋予人一种无需被传授三段论方法就能推理的心灵:人的理解力并不是通过这些规则而学会推理的;它有一种自然能力可以看到诸观念之间融贯与否,并且可以将它们正确安置而无需如此重复和麻烦。"② 这种自然能力就是有关推理论的"常识"维度,它不同于逻辑科学之父亚里士多德的三段论理论,而是分布(尽管有时并非均匀)在每一个正常人之中。"如果我们把推理所依据的诸种观点做出适当的有序安置,不论是不是逻辑学家,只要他了解那些名词,并且有能力看出那些观念之间是否相符(人如果没有此种能力,则他不论是否运用三段论的形式,都无法看到推论是强是弱以及融贯与否),他就会看到他的论证是否缺乏联系,他的推理是否荒谬。"③

---

① Gottlob Frege. *Conceptual Notation and Related Articles*. ed. by T. W. Bynum, London: Oxford University Press, 1972, P. 105.

② John Locke. *An Essay Concerning Human Understanding*. Collated and Annotated by Alexander Campbell Fraser, Volume Ⅱ, New York: Dover Publications, Inc., 1959, P. 391.

③ John Locke. *An Essay Concerning Human Understanding*. Collated and Annotated by Alexander Campbell Fraser, Volume Ⅱ, New York: Dover Publications, Inc., 1959, P. 398.

洛克关于推理及其规范之"常识"的观点并无意也不会否定逻辑"科学"的地位，因为正如后来约瑟夫在经典逻辑教材《逻辑学导论》中评论的那样，推理论之"常识"其实是研习逻辑的必要条件。"［洛克］宣称，早在逻辑学所发现的用以规制所有可靠思想的那些原则被认清之前，人类就在有理性地或合乎逻辑地思考，即，人类的思想符合那些原则；现在对于我们每一个人来说依然如此；因此我们用不着逻辑学来教导我们如何思考。这一点非常正确，对于任何伪称不研习逻辑学就无法理性思考的人来说是一个中肯的批评；逻辑学要做的事情不是使得人们有理性，毋宁说是教人知晓他们的理性何在。倘若他们不是一开始就是理性的，他们是永远无法学会逻辑学的；正如一个人倘若不是一开始就习惯于按照自己的意志去移动肢体，他就永远无法学会意志性动作的原理。倘若上帝一开始就使得人只是两足的造物，亚里士多德将只会徒劳地教人们理性，因为他们是不会理解他的教学的。"①"我们所谓的思想活动有大量是不融贯的，在经过我们批判之后就崩坍掉了。这一点，实际上我们不用懂得逻辑学就能发现；一位经济学家可以修正他自己或其前人在政治经济学上的错误，一位数学家也可以修正数学上的错误；他们直接建构这些科学，用不着等到逻辑学家来修正那些错误。……"②

在最近出版的推理论教材中，人人具备的推理"常识"依然经常被作为作者所呈现"科学理论"的预设。以 2017 年《推理之原理》一书为例，作者在开篇便向读者承认："推理，是一个古老的话题，但却是一种日常实践。我们全都能够推理。如果有谁完全无法评估主张或获致结论，他将会相信一切并以粗放随意方式做事。我们通常都不会如此行事，这一点表明我们是基于推理来指引我们的行为、奠基我们的信念的。"③ 事实上，作者正是从读者具备的推理之"常识"出发规定了其全书写作时的"五大基本预设"："1. 每个人在理性地分析、捍卫和评价各种主张的过程上都已经有一定的技能。2. 通过意识到背后的原理并有意地开展通常未加反思便做出的那些事情，每个人都可以提升此种技能。3. 这些原理并非从外部强加而来的，而是暗藏在我们捍卫和评价各种主张的日常实践

---

① H. W. B. Joseph. *An Introduction to Logic.* Second Edition, Revised, London: Oxford University Press, 1916, P. 3.

② H. W. B. Joseph. *An Introduction to Logic.* Second Edition, Revised, London: Oxford University Press, 1916, P. 10.

③ Ronald Munson and Andrew Black. *The Elements of Reasoning.* 7th edition, Boston: Wadsworth, Cengage Learning, 2017, P. vii.

中。我们是理性生物,即便我们并非总是理性行事。我们已经发现:遵循这些原理,可以产生最好的整体效果。4. 在捍卫、分析和评价有关主张时掌握一些总的指导原则,是有益的,即便这些指导原则并非总是十分精确和可靠。5. 这些指导原则可以通过一种简略而不失益处的方式呈现出来。"①

当然,逻辑之作为推理论科学,并不只是"常识",它需要把有关原则精确化系统化。但"科学"的作用,更多只是理解人们凭借"常识"一直在做的那些推理及其规范意识。约瑟夫提醒我们注意:逻辑学是研究思维活动的,而人类思想活动的最清晰融贯的例子就是各门科学。就此而言,中世纪把逻辑学定义为 scientia scientiarum("诸科学之科学")是可以理解的,因为不管过去还是现在,似乎应该是先有人类思想的各种杰出成果,然后才有逻辑学"跟进"对其研究。在此意义上,逻辑学是"科学之后的科学"或"元科学",而不是某些逻辑研究者有时所臆想的那种作为立法者的"科学研究之前的科学"。② 因此来说,"逻辑学所研究的是那些决定推理是否有根由的原理。这并不是指逻辑学家就拥有一种神秘的学问,或者他在某些具体的所谓'逻辑'原则上拥有既得利益,而只是说他力求阐明我们大家从事推理时所做的事情。"③ "逻辑学家要做的事情不是制订一些规则,让其他人或他本人遵从这些规则,以此改变他们对于万物的思考,改动他们的几何学、化学或生物学;对于如何通晓所有这些科目,他不开具任何处方……他所要做的事情是意识到所有这些科学中所进行的思想活动的本质。逻辑学研究的是我们一直以来的思考万物的方式。"④

四、古典实用主义论推理在"真理探究"中的地位

古典实用主义哲学家对于科学方法的倡导与对于人类常识的尊重之所以并行不悖,从根本上说是因为他们对于常识与科学之间连续性的强调。现代科学的出现,毫无疑问是人类思想史上一件里程碑式的重大事件。不仅各个科学门类在思想方式上是连续性的,而且科学与常识在探究方式上也是连续性的,它们都是用以探究真理的。也正是这种连续性,确保了我

---

① Ronald Munson and Andrew Black. *The Elements of Reasoning*. 7th edition, Boston: Wadsworth, Cengage Learning, 2017, pp. vii – viii.
② H. W. B. Joseph. *An Introduction to Logic*. Second Edition, Revised, London: Oxford University Press, 1916, pp. 3 – 4.
③ Lionel Ruby. *Logic: An Introduction*. Chicago: J. B. Lippincott Company, 1960, P. viii.
④ H. W. B. Joseph. *An Introduction to Logic*. Second Edition, Revised, London: Oxford University Press, 1916, pp. 9 – 10.

们可以从日常生活的视角去理解科学思维并能将科学方法应用于我们的日常世界中来。然而，作为探究真理的方式，不论是科学的还是常识的，都需要在很多时候借助于推理。因此，推理在"真理探究"中的地位从一开始便成为古典实用主义特别关注的对象。

一度有流行的观点认为，实用主义以粗暴的"实践"（或消极意义上的"时间解决一切问题"）取代一切纷繁复杂的理论分析和逻辑推理。但这是彻头彻尾的庸俗化，更是对于理论本身的消解。因为，古典实用主义的最初动因就是从可以把握的"实践效果"来推知难以捉摸的"真理"或"意义"，其中"推理"之功尤其关键，它直接影响着我们如何才能探究真理。不要以为这里的推理就是普通教科书中那种"结论包含在前提之中"的"演绎"，因为此种简单化的逻辑推理观不仅会导致逻辑全知难题（the problem of logical omniscience），① 还会导致柯亨（Morris Cohen）和纳格尔（Ernest Nagel）在《逻辑与科学方法导论》第九章第一节提到的那种"推理悖论"。② 事实上，要确定推理前提中的事实，要回答"何谓实用？""如何才算真的实用？"这些问题，往往本身就需要各种"非演绎"的前期推理。套用席勒关于"构筑世界"（make our world）与"创造世界"（create our world）之间的区分法，古典实用主义者可以说：我们是在"构筑"推理，而不是凭空"创造""实用效果"，我们所认定的效果是受到限制的。③ 即便是前提事实确定下了，由于同样的事实往往支持着多种不同观点，我们实际上"选择"从该前提推出什么结论，这也是需要"额外的推理"来衡量的。④ 在古典实用主义那里，推理不限于"演绎推

---

① 简单来说，这个难题就是：如果一个人知道某一命题或命题集 A，也就同时知道了所有可以从 A 合乎逻辑得出的 B。因而他似乎是不需要学习就知道了 B。与之相关的认知逻辑公式为：$Ki(A) \land Ki(A \to B) \to Ki(B)$，其中 K 为"知道"算子，i 为认知个体。

② 二人对于推理悖论的表述是：如果推理的结论不是包含在前提中的，它就不会是有效的；如果其结论并非不同于其前提，它就是无用的；而其结论无法既包含在前提中同时又拥有新意；因此，推理无法既有效又有用。参看 Morris R. Cohen and Ernest Nagel. *An Introduction to Logic and Scientific Method*. Mumbai：Allied Publishers Limited，1968，P. 173.

③ 席勒的原话是：正如木匠并非凭空制造一把椅子一样，"我们不是凭空构筑实在……我们不是'造物者'（creator），我们的力量是受限制的"。参看 F. C. S. Schiller. *Humanistic Pragmatism：The Philosophy of F. C. S. Schiller*. edited by Reuben Abel，Free Press，1966，P. 146.

④ 柯亨与纳格尔对于推理悖论的解答侧重于从纯形式逻辑的角度，但其中的诸多观点支持实用主义立场。譬如，他们提到："命题之间彼此蕴涵（imply），我们的推理正是由于它们之间客观的蕴涵关系才有效的。我们可以做出推理；我们并不做出蕴涵，我们只是发现蕴涵。由一组假设所蕴涵的诸多命题中，我们实际上推出哪一个，这当然不是逻辑上所能决定的。"参看 Morris R. Cohen and Ernest Nagel. *An Introduction to Logic and Scientific Method*. Mumbai：Allied Publishers Limited，1968，P. 175。

理"，当然也不限于某种简单的非必然推理形式——溯因推理或类比推理。实用主义准则虽然强调要从"实践效果"出发去推知我们需要相信的东西，但其核心并不在于以某种人人可见的实效为"直接性"准则，而在于借助于动态的实践去设想各种可推出的可能效果。我们甚至不能以大多数人可见的现实效果作为"实效"，因为目前可见的效果，并非所有的效果，有时我们需要通过推理有意"制造"一些效果。也就是说，潜在性或可能性，总是古典实用主义在考虑推理问题时的重要范畴。

必须承认，经过如此解读的推理，已经不同于一般教科书上的推理标准。在古典实用主义那里，所谓推理的合理性，其要义不在于按照某种绝对理性去办事，而在于像各类成功科学所告诉我们的那样，诚实面对经验事实，把尽可能多的可能性考虑进效果及其后续推理进程中。毫无疑问，这种古典实用主义版本的合理性，比起形式逻辑标准，不是放松了而是大大加强了对于人们思想的要求。依据实用主义准则去探究，要求哲学家向科学家学习，以一种困难和复杂得多的方式去做追求他们自身的目标。他们仍要追求思想观念的清明，但切不会因为追求观念的明晰性而陷入"简单化推理"（simplistic reasoning）的谬误，即为图简便而把其实并不确定的东西当成是确定的来处理。① 他们仍然对真理探究抱有希望，但因为同时知道问题的复杂性而在推理时变得谦逊。他们知道实际推理往往面临着诸多困境即"无法确定的可能性"，因此往往不信任太过于简便的现成答案，坚信唯有自我修正的推理过程方能接近真相。譬如，抛弃传统逻辑上的外延法和内涵法，皮尔士引入实用主义准则，要我们通过诉诸概念的实际效用（用法），通过面向未来行动的推理，逐步获得更加明晰的观念。② 面对历史上现成的各种内部或外部的真理标准，詹姆斯告诉我们不应过多地强调作为我们思想起点的那种概念的确定不移、绝对可靠，而应该通过持续不断的推理，看它能把我们引向何方，并通过经验之流不断修正推理，逐步接近于真观念。③

这种古典实用主义的推理论，为我们营造了一种可错论的却不至于悲

---

① 当代畅销读物《合乎逻辑》一书将"简单化推理"列为最后一种"不合逻辑的思维形式"，但这最后一种绝不是不重要的，倒可能是经常被忽视因而在逻辑文献中不太常见。参见 D. Q. McInerny. *Being Logical: A Guide to Good Thinking*. New York: Random House, 2004, pp. 128 – 129.

② 关于实用主义作为一种明确概念的逻辑方法，更多可参看张留华：《皮尔士实用主义的逻辑学语境》，刊于《自然辩证法研究》2005 年第 9 期。

③ 参看 *James and Dewey on Belief and Experience*. edited by John M. Capps and Donald Capps, University of Illinois Press, 2005, P. 102.

观主义的真理探究图景。因为当它致力于从哲学高度上阐发成功科学的思想方法并将其应用于日常生活之中时,古典实用主义对于"逻辑资源"范围的理解也在拓展。皮尔士通过引入中世纪的 logica utens(逻辑本能)与 logica docens(逻辑理论)之分,为推理论"常识"正了名:logica utens 代表各种以逻辑学为名的推理论体系,而 logica utens 则代表人们从母语中习得的那种有关推理规范的"常识"或"本能"。① 而詹姆斯也告诉我们:当实用主义强调"实效性准则"时其实是整合了过去理性主义与经验主义各自的优势,从而使得我们的探究更具包容性,甚至是"上帝"也可以成为探究对象。"[实用主义]事实上没有任何偏见,不以任何教条作为障碍,对于'什么才算作证明'也不设定任何刚硬的规范。她完全是温和的。她会持有任何假说,她可以考虑任何证据。……拓宽了我们对上帝的搜寻领域。理性主义坚守崇高的逻辑。经验主义坚持外部感觉。实用主义愿意接受一切,愿意遵循逻辑或是感觉,愿意考虑最卑微最具个人化的经验。如果有神秘经验具有实践结果,她就会予以考虑。……她对于或然性真理的唯一检验就是它如何才能最好地指引我们,如何才能与我们的全部生活最为相符,如何才能与我们的整体经验要求相合而不遗漏任何东西。假若神学观念能做到这一点,假若具体来说上帝概念能被证明达到这一点,实用主义如何能否定上帝的存在呢?"②

第四节 诚实推理:古典实用主义的推理观

在本章最后一节里,我们将对古典实用主义的推理观给出一个概览。这既是为了总结本章的梳理定位工作,也是为后面各章的分述做理论铺垫。总体上看,作为一种立足现代科学和日常实践的推理论,古典实用主义推理论主要是基于实用主义准则发展一种有别于现代标准数理逻辑同时又不失规范性的推理论形态。这种推理论形态,从字面上可以说是以"实用"著称,但从深层上看应该说是以"诚实"为本。

一、从"实用主义"到"诚实推理"

正如实用主义本身面对实际问题既"低调谨慎"(humble)又"抱守

---

① 有关这一组术语的更多介绍,参看张留华:《皮尔士哲学的逻辑面向》,上海人民出版社 2012 年版,第 110 – 112 页。

② William James. *Pragmatism*. Dover Publications, Inc., New York, 1995, pp. 31 – 32.

希望"（hopeful）的理论定位一样，古典实用主义推理论面对科学与日常生活中的推理实践既敢于承认复杂性又善于向前开拓。这种定位，从根本上源于古典实用主义者所怀有的"诚实"态度或曰气质。

众所周知，不论在中文还是英文中，"实用主义/pragmatism"都容易沦为一种庸俗或贬义的语言用法。在中文世界中，有人建议把"实用主义"改为"实践主义"。但是，中文的"实用"一词，就像英文中作为形容词的"pragmatic"（语用的/实用的）一样，其本身或许并无贬义。在笔者看来，为了让"实用主义"一词免于表面化甚或庸俗化的解读，我们需要更多地去理解为何"实用考虑"是必要的、重要的。为什么必要呢？是因为人类作为"凡夫俗子"（mortals）有各种不足，尤其是尽管竭力想避免犯错却总是难免会出错。除了体现于我们生活世界上的"实用性"外，我们没有其他任何先验的理智直观可以依赖。这是我们必须在一开始诚实面对的"困境"，我们没有其他的选择，并且需要以此来诚实设定我们可以追求的目标。为什么重要呢？是因为这种诚实，虽然为苏格拉底时代的哲学家所看重，但在现代哲学中常常被忽视，进而导致有太多哲学家喜欢做哗众取宠或一鸣惊人等富有修辞效果的妄称。而一旦回归诚实，我们也最终能够明白，为何实用主义作为一套亘古长存的思想方式总是贯穿于人类的各种探究活动，并能持续激活我们的理论。"实用主义"所谓之"实用"首先意味着"诚实"：一方面，"诚实"要求我们不伪装，不做作，不回避困难；另一方面，"诚实"要求我们不掩饰目标，开放利用一切资源，敢于追求和探索。这种"诚实"的本色使得古典实用主义者成为一种坚持谦逊务实的稳健中间道路践行者。不论是皮尔士最初引入实用主义准则要我们聚焦于各种实践效果，还是詹姆斯提出彻底经验主义要我们开放于尽可能多的广义上所谓的"经验"，或是杜威通过实验逻辑或探究逻辑要我们关注知识信念的动态生长，他们都是在引导我们回归一种诚实的品质。可以说，究其实质，实用主义是以"诚实"为基点，"实用"乃"诚实"的自然结果而已。

如果说实用主义旨在引导我们回归诚实的品质，那么，古典实用主义推理论就是在倡导一种诚实推理。它告诉我们：我们的推理原本就是源于生活实践并受验于生活实践的。它还基于诚实性要求向我们揭示：哪些是需要推理的，哪些是可以推理的，哪些是可以追求的。这种倡导诚实的推理论，让我们看到自身的天然弱点和问题的异常复杂性，也让我们看到我们推理时的"有所为"和"难作为"。这是一条中间但却稳健的推理论进路。

二、实用主义准则之作为推理规范的总方针

1878年，皮尔士在《通俗科学月刊》"科学逻辑阐释"系列论文第二篇——《如何使我们的观念明晰》——中明确提出了"实用主义准则"。"考虑一下我们所持有（conceive）观念（conception）的对象具有什么效果，这些效果具有可设想的（conceivably）实践关系（practical bearings）。然后，我们关于这些效果的观念就是我们关于这一对象的观念的全部了。"① 这一实用主义准则，因为后来詹姆斯在《哲学观念与实践效果》一文的重申与诠释，② 而变得广为人知。需要注意的是：实用主义准则，在皮尔士最初提出时，是明确作为一种逻辑准则或逻辑命题的。

实用主义准则是对于当时各种成功科学方法的总结概括，它"使得思想活动成为一种有关符号新陈代谢的生动推理"。③ 皮尔士以化学为例，让我们领略到了"实用主义"视野下的"生动推理"："过去化学家的格言是'阅读，阅读，阅读，操作，祈祷，然后重新阅读'。拉瓦锡的方法不是阅读然后祈祷，不是想象某一长期而复杂的化学过程将有某种效果，然后以枯燥的耐心将其付诸实践，在经过其不可避免的失败后，再想象对其进行某种修改后它将会有另一种效果，最后将最近的想象作为事实公布出来。他的方式是，将其想法投入实验室，然后精确利用他的蒸馏器和葫芦作为思想工具，在代替语词和构想而对实物进行操作的过程中，产生一种崭新的推理概念，即推理被视为睁大眼睛去做的一件事情。"④

如果我们按照一种更为显豁的推理关系来表述实用主义准则，它不过是说："每一个以直陈语句表达的理论判断都只是一种令人迷惑的思想形式，其唯一可能具有的意义在于它倾向于强化一种相应的以条件句表达、结果从句为祈使语气的实践准则。"⑤ 以"硬"这一概念为例，根据实用

---

① C. S. Peirce. *The Essential Peirce*. Vol. 1, edited by Nathan Houser and Christian J. W. Kloesel, Bloomington and Indianapolis: Indiana University Press, 1992, P. 132.

② William James. *Collected Essays and Reviews*. edited by R. B. Perry, Longmans, Green and Co., 1920, P. 412. 当然，关于詹姆斯是否误解了皮尔士的实用主义准则，学术界历来一直有很多争议。本书这里关注的是古典实用主义在推理论上的共同倾向，但并不否认皮尔士与詹姆斯在其他方面把实用主义准则引向不同的结论。有关二人解读方式的异同，参看张留华：《皮尔士哲学的逻辑面向》，上海人民出版社2012年版，第267-272页。

③ CP 5.402 n. 3.

④ C. S. Peirce. *The Essential Peirce*. vol. 1, edited by Nathan Houser and Christian J. W. Kloesel, Bloomington and Indianapolis: Indiana University Press, 1992, P. 111.

⑤ Charles S. Peirce. *The Essential Peirce*. vol. 2, edited by the Peirce Edition Project, Bloomington and Indianapolis: Indiana University Press, 1998, pp. 134-135.

主义准则,我们应该首先去看我们所持有的"硬"都是怎样的一些效果,譬如,我们用"硬"来说钻石不容易被刮破的性质,用"硬"来说水结冰后的变化,用"硬"来说手捏不动某水果的情形,等等。然后,我们注意到:作为"硬"概念之"效果"的这些其实都是一些表示行动法则的条件句,譬如,"如果用刀子来刮钻石,它不被刮破";"如果水变成冰,它就不易流动了";"如果我用手去捏核桃,它不能被捏瘪";等等。最后,所有关于这些现实及可能的"效果"即各种条件句的集合就是"硬"这一观念的全部意义了。采用数学公式来表示,若我们原有观念为 A,则其全部意义在于所有形式为 $B_i \to C_i$ 的事实之和;这里,B_i 和 C_i 所代表的并非仅仅限于当前,而是延伸至未来的所有可能情况;也并非仅仅限于探究者自身的经验,而是拓展至所有探究者组成的共同体。如果我们所面对的是有关某观念 A 的推理,那么公式 $B_i \to C_i$ 其实所表示的就是一种有关观念 A 的推理的指导原则;即,观念 A 的意义不在于前件 B 也不在于后件 C,而在于两者之间的诸种"可推出"关系,即,由我们已明确的诸种东西去判定有待明确的东西。

在古典实用主义者看来,这种试图立足人类实践概括诸种"可推出"关系的实用主义准则,不仅适用于科学推理,而且适用于日常生活中的各种探究形式,"应该尽可能广泛地加以应用,应用到各种不同的争议、信念、真理、观念以及对象",① 因而可视为我们推理规范的总方针。由此来看,通常在理论推理中所强调的那种"无矛盾性"或"一致性"要求,只是实用主义准则所引向的那种实践经验制约的一种局部表现而已,是仅仅针对某一局部现象或特定情况下的理想系统而言的。除了此种系统内部的无矛盾性或一致性,实用主义准则还要求我们在推理时考虑结论(作为"假说"或"新信念")与传统信念集的相容程度、对经验世界中新奇现象的解释力、相对于探究目标与当前资源而言的经济性等。

至于普通逻辑学中经常所谓的演绎、归纳、假说、类比等推理类型不过是实用主义这一总方法之下的"下级方法"(subaltern methods)。② 而且,由于这些方法服从于共同的实用主义准则,均涉及某种意义上的观察和实验,它们在实际应用中并非截然对立,而是大多互补结合使用的。通常来说,我们实际推理的结构不是线性链条,而是构成一种缆绳。链式推

---

① John Dewey. *The Middle Works*. 1899 – 1924, *Vol.* 4, edityed by Jo Ann Boydston, with an introduction by Louis E. Hahn, Southern Illinois University, 2008, P. 101.

② Roberts S. Corrington. *An Introduction to C. S. Peirce: Philosopher, Semiotician, and Ecstatic Naturalist.* Rowman & Littlefield Publishers, Inc., 1993, P. 29.

理（chain reasoning）的总体强度不会高于链条中最弱的一环，绳式推理（rope reasoning）却可以把数量上足够多的纤丝拧成牢固的整体。① 本着这样的总方针，古典实用主义者们相信，我们可以在"上帝的存在"、"科学与宗教的联姻"等各种深远而重大的理论及实践问题上进行合乎理性的深入探究。

三、古典实用主义推理论的其他基本观点

在实用主义准则这一总方针的指导下，古典实用主义推理论对于推理的定义、描述、规范以及言谈方式等方面表现出各种特点。有关古典实用主义与其他推理论形态的对照，我们将在接下来第二、第三、第四、第五章展开。这里，我们仅列举古典实用主义推理论的部分基本观点，并希望以此折射其诚实品质。

第一，任何推理都是有经验来源和实践指向的。

在古典实用主义者那里，推理是人类在经验之上认识世界的重要形式，或者说，就是一种探究活动（即 first-order inquiry）。一开始人们总是要相信些什么，并会很自然地在生活经验中形成一些信念，但置身于丰富多彩的经验之中，人们几乎同时会对某些东西产生怀疑。怀疑是一种不舒适的令人不满足的心灵状态，它一旦出现就会产生刺激作用，促使人们努力摆脱怀疑，走向一种平静的、心满意足的信念状态。此种探究的努力，开始于怀疑，结束于怀疑的停止即新信念的产生，其中的过程即哈曼所谓的"合理的观点之变"（reasoned change in view），便是所谓的推理。古典实用主义者坚守心智上的诚正（intellectual integrity）：只有那种由真实的怀疑开始的信念确定过程，才能算得上真正的推理。这一点是实用主义准则的适用条件，但凡未出现真实怀疑的地方，推理根本无从谈起，也就没有必要拿实用主义准则去确定什么信念。

通常，如果有人说相信了并非他从内心真正相信的东西，我们会认为这个人是虚伪的。其实，正如我们在本书导论中所讲的那样，从哲学上讲，所谓虚伪并不仅限于"信念"，不仅存在虚伪的信念，同样也存在虚伪的怀疑。而且，由于现代以来哲学家对中世纪权威高举理性的批判旗帜，把怀疑精神推向极致，似乎"怀疑即有理"，因此，在古典实用主义看来，分清什么是真正的怀疑、什么是虚假的怀疑，倒显得更加紧迫。既

---

① Cornelis de Waal. *On Pragmatism*. Thomson Wadsworth, 2005, P.99。关于"绳式推理"隐喻的更多介绍，还可以参看本书第四章第三节。

然推理是消除怀疑、确定新信念的思想过程，任何真正意义上的推理都只能开始于真实的怀疑。

第二，推理都是一种具有可控性因而可负责任的思想过程。

并非凡是有信念产生的心灵活动都称为推理。推理是一种有意识的、可负责的思想活动，它是可区分为好坏的；那些未经思虑的推断不是推理，它们无对错好坏可言，但可以作为推理的出发点。在此意义上，逻辑学与伦理学是连续的。

皮尔士不厌其烦地向我们强调：推理不可能无意识地进行，它一定是有思虑的（deliberate）、自主的（voluntary）、批判的（critical）、受控制的（controlled）；推理这种现象在一般特征上与道德行为相当，正如无意识的行为（如睡着时中签下的合同）不能受到赞同或责备一样，如果我们只感觉到有一种信念（譬如，圣奥古斯丁的'我思故我在'），但却意识不到这种信念是如何得出的，那么这种心灵活动就没有资格称为推理，只能称为无关批判的推断（acritical inference）或者信念的联想暗示（associational suggestions of belief）。① 然而，即便推理也得从既有的知识或信念出发，"推断由以开始、所有推理都依赖的那些事实资料（data）是知觉事实（perceptual facts），它们是理智对于觉知（percepts）或"感官迹象"（evidence of the senses）的可错性记录。"② 这些觉知以及知觉事实并非可以从逻辑上评价对错好坏的对象，因为它们是我们无法控制的事情；③ 但它们却是我们推理赖以进行的重要基石，而且正因为它们本身是感官知觉的本能所得，最起码在当时它们对于推理者是绝对信赖、不受质疑、无所

---

① CP 1.606；CP 2.182 – 183；CP 5.440 – 441；CP 7.458 – 459.

② CP 2.143.

③ 关于"知觉"之作为无涉推理的不可错东西，虽然它是古典实用主义所强调的，但绝不意味着只有古典实用主义者才持有这样的看法。作为例证，我们这里可以提到哲学家贝克莱："感官所知觉到的任何东西全都是直接地知觉而来的：因为它们未作任何推理"，参看 G. Berkeley. "Three Dialogues Between Hylas and Philonous". in A. A. Luce and，T. E. Jessop, eds., *The Works of George Berkeley*, *Bishop of Cloyne*, vol. 2. London：Nelson，1949，pp. 174 – 175. 新近的哲学家，我们可以提到普莱斯："当我看到一颗西红柿时，有很多是我可以怀疑的。我可以怀疑我现在看到的到底是一颗西红柿还是一块精巧地染过色的蜡。我可以怀疑那里是否有某种物质性东西。或许，我以为是西红柿的那个东西实际上是一种内省；或许我自己被某种幻象欺骗了。然而，有一件事我是不可能怀疑的：那里存在红色的一块圆形而又有点外凸的东西，它从其他色块的背景中凸显出来，带有某种视觉深度，而且这整个一片颜色是直接出现在我的意识之中的。……当我说它是'直接'出现于我的意识中时，我意思是指：我对于它的意识并非借由推理而得，也非经由任何其他的理智过程（诸如抽象或直观归纳），也没有通过符号去指示什么。很显然，这里一定有某种或某些出现于意识中的情况，可以在此意义上称作'直接的'，否则我们将会陷入无穷倒退。"参看 H. H. Price. *Perception*. London：Methuen，1932，P. 3.

谓好坏的"信念"。这样说，并不否定这些我们在当时无法怀疑的"信念"能够在后来变成需要经过推理才能消除怀疑的东西。"但是，只要我们是不禁接受了一种思想状态，它就必须被彻底地接受为真。任何对于它的怀疑都是无用的伪装与无法兑现的纸币。"①

第三，资源可得性与经济性考虑会影响推理进程。

在古典实用主义看来，知乃行的一种，推理不是外在于生活世界的，而是参与其中的（engaged）。它一方面是"从对于我们已知东西的考虑，探明我们还不知道的其他东西"；②另一方面是"平息怀疑"，"当怀疑最终停下时，不管怎样，推理的目标就算达到了。"③但是，如何衡量"对于我们已经知道的东西的考虑"，如何判断什么时候怀疑最终停下来呢？在回答这些问题时，资源可得性与经济性考虑必然影响我们的推理进程。

首先，我们无法绝对保证用作推理前提的"已知之物"就是正确的，除非我们限于某种可得性标准。我们需要尽可能拓宽自己的视野，把来自他人和历史的各种间接经验考虑进来，甚至还需要做出各式实验以获取新经验，但最终我们必须满足于"从目前所能得到的资料出发"。有些时候，尤其是在某些科学研究中，我们可以慢慢来，慢慢等，直到可以表明某些知识可靠无疑，再考虑以此作为推理出发点。但是，等待的时间，本身就是一种经济成本；更何况为了证实和强化"已知之物"的可靠性，我们还需要付出金钱、资源、人力等经济成本。当把这些经济成本考虑进来时，我们或者迫于财务压力，或者迫于时间来不及，往往会满足于某些"当前不会有大问题"的推理出发点。其次，在我们根据某些证据推出某某结论时无法确保一定不能推出另外不同的结论，因而似乎总是留有怀疑的空间。毫无疑问，推理是讲求证据的。但证据问题背后的复杂性，有时超出我们的想象。且不说证据的确认问题，即便我们能确保目前收集到的所有材料都可以视作证据，但这些证据能够确保我们推出特定的某一结论而非任何其他结论吗？也就是说，证据的充分性，如何判定？当詹姆斯质疑克里福德的说法（"任何时间，任何地点，任何人，基于不充分的证据而去相信某种东西都是错误的"）时，他心中所考虑的难题就是此种"充分性"。很多情形下，我们无法在"毫无疑问"的意义上来理解"证据的充分性"，因为那意味着我们将不得不停止推理。我们所能接受的只是在考

---

① CP 8.191.
② CP 5.365.
③ C. S. Peirce. *Writings of Charles S. Peirce: A Chronological Edition*. Volume II 1867–1871, edited by the Peirce Edition Project, Bloomington and Indianapolis: Indiana University Press, 1984, P.15.

虑进可得性和经济性之后的"证据充分性"要求。

第四,推理的规范性与可错性总是共生共存。

"实用主义告诉我们,我们思想要根据我们准备去做的事情来解释,因此,逻辑学即有关我们应该如何思想的学说,必定是伦理学即有关我们有意选择去做什么的学说的一种应用。"① 这一点反映在推理上,意味着一种特定的规范性:"根据实用主义,推理的结论必须是指向未来的。因为它的意义指涉行为(conduct),而由于它是推理所得到的一个结论,又必须指涉有思虑的行为即可控制的行为。但是唯有未来行为是可控制的行为。"② 一个完整意义上的推理是要能在实践上带来实质性变化的,如果没有推到习惯或行动意图这一步,如果推理没有产生此种效果,则算不上真正的推理;这就好比一位自称每天去教堂的"有信仰者",若是他的"信念"压根儿不会影响他在实际生活中的行动,他就算不上一位虔诚的信徒。就此种关注来说,推理结论本身的可靠性是次要的,因为不能达到此种"被相信"之"结论"的推理是谈不上好坏的,根本就是不完整的。

其实,实用主义对于推理规范性的上述要求,已经内在承诺了推理结论的可错性。每一完整推理的结论都是可以直接进行实践检验的"习惯"或"信念",因而推理并不是要排除经验,而是要提出可供经验检验的"假说"。相比于一般只重视"总结过去"的概念合理性,实用主义方法更强调"指向未来"的行动习惯。依此来看规范性,推理旨在给我们一种行动指南,它是要激发一种可控制的未来行动,而非以"结论"限制行动。每一次推理都以达到某种"习惯""信念"或"意图"作为"确定性"结论,但这些结论性东西都是"条件性的、一般性的行动决意",③均指向未来行动,其中包含对"如何行动"的指令。"如何思想"决定了"如何行动";而推理所规定的"如何行动",只有在未来经验即付诸实际行动中才能得到检验。"所有思想的理智意义最终在于它对于我们行动的影响。……思想的合理性在于它指向一种可能的未来。"④ 这里,推理作为一种思想过程,其每一次所得出的结论(作为一种期望),因为要接受未来经验(作为事实)的检验,故而是可错的;推理的本质不在于是否产

---

① Charles S. Peirce. *The Essential Peirce*. vol. 2, edited by the Peirce Edition Project, Bloomington and Indianapolis: Indiana University Press, 1998, P. 142.

② CP 5. 461.

③ CP 5. 402 n. 3.

④ C. S. Peirce. *Writings of Charles S. Peirce*: *A Chronological Edition*. Volume Ⅲ 1872 – 1878, edited by the Peirce Edition Project, Bloomington and Indianapolis: Indiana University Press, 1986, P. 108.

生了不容置疑的绝对结论，重要的是，它通过规定我们的行动，通过接受未来经验的检验，能够有助于我们接近实在，让我们更便捷地发现真理。

本章小结

对于古典实用主义推理论的定位，我们可以从两个维度来看。一是在推理论涌现和竞争的格局中，古典实用主义开创了一种有别于同时代主流逻辑学以及后来所谓"新实用主义"的推理论路向，更加注重在理性的范围内展开对推理实践的理解与分析。二是在"实用主义"之名频遭误解甚至诋毁的思想界，古典实用主义从逻辑和方法论层面为自身正名，力图表明："实用主义"所展示的其实是人们关于诚实推理和理性追求的一道微缩景观。概言之，实用主义在推理论上的根本主张是：面向生活实践本身，坚持"诚实推理"。

第三章 推理的描述：怎样才算在推理？

"一想起太阳神话，我们可能会对原初民族的心怀天恩表示一丝景仰，或会对现代解读者的视野狭隘表示几分厌恶。主要来讲，我们所想到的很少有什么抽象性质，更多则是真实或可能的具体事物，就好像我们经历过一样。我们的这种想法可能是理性的，但它并不是推理而来的（reasoned），并非严格意义上所说的推理。"

——詹姆斯《心理学概论》（1892）[1]

当我们说一个人是理性的（rational/reasonable）时，通常意味着他有能力推理。为此，理知时代的人们常常讲到推理，学习逻辑的人还说逻辑学是主要研究推理的，但究竟何谓推理，这并非总是清楚的。事实上，推理问题并非必然与逻辑学联系在一起。因为早在逻辑科学诞生以前，人们就已经大量运用推理了，逻辑学之父亚里士多德之前的哲学家甚至已在自己的作品中关注和讨论各种推理现象及其谬误了。另外，即便在现代社会，研究推理问题的并非只是逻辑学家，许多研究推理的学者都是心理学家。什么是什么不是推理？这是推理论中首要的一个问题。从广义上看，这是推理的描述问题，涉及推理的识别和认定。不过，当代标准逻辑学对于这个问题似乎并未给出专门或详细的回答，我们只能试着猜测其暗藏的"推理描述"。当代心理学在"推理心理学"这一分支下通过对各类人群的推理行为开展实验性研究，倒是为我们提供了各式各样的"科学"描述。但推理心理学的实证结果如何推广至一般性结论，这本身是有待回答的问题。与现代数理逻辑和推理心理学两者的路径均不同，古典实用主义从哲学（尤其是认识论）的视角出发，专注科学和日常生活中的推理现象，不仅肯定了推理认定问题的重要性，而且对推理的本性及要素提供了

---

[1] William James. *Psychology: Briefer Course.* New York: Henry Holt and Company, 1892, P. 352.

一种异乎"实证科学"的理性反思。

第一节 何谓真正的推理？

什么是推理？对于关注和研究推理的理论或科学来讲，这似乎并不构成问题，因为许多推理论或逻辑学往往一开始便理所当然地规定或设定自己的研究对象。但是，当不同领域的研究者发现推理定义分殊却仍试图对话和沟通时，一种超越各自"规定"或"设定"的元问题就不得不常常提及。那就是，"何谓真正的推理？"我们将看到，不同逻辑学家对于自己研究对象"推理"的界定并不一致，而正是在此种情况下古典实用主义对于"伪推理"的论述发人深省。

一、为何这个问题很重要？

"何谓真正的推理？"这个问题之所以重要，主要是因为：当我们被告知"逻辑学以推理为研究对象"时，"推理"一词的内涵和外延在不同的逻辑学家或哲学家那里并非总是相同的；而这种不同，直接影响着人们对于相关逻辑争论以及逻辑学定位的处理结果。

譬如，我们注意到，洛克曾在《人类理解论》第四篇第十七章中批评三段论法对于理性没有多大用处。初看起来，从标准逻辑的观点来论，这似乎意味着洛克不懂经典三段论法的真谛。[①] 但是，细查之下，我们会发现：当洛克说三段论法对于理性作用不大时，正是根据他所理解的那种不同于亚里士多德的推理观念下判断的。在他看来，"[理性]实际上包含两个部分，即，机敏（sagacity）和推衍（illation）。借助于其中之一，它查明情况；借助于另一部分，它对于那些中介性观念做出安排，以便发现该链条每一环节中都有什么样的联结关系，由此把端项结合在一起，由此也得以似乎看到所寻求的真理，而这就是我们所谓的推衍或推理，它只不过是在每一步演绎中对诸观念之间的联结关系的知觉。"[②] 正因为如此，

---

① 三段论法虽然出自古希腊的亚里士多德，但现代逻辑学家通常将其归在现代逻辑而非传统逻辑里。譬如，罗素在《数学的原理》中指出："所有格的三段论都属于符号逻辑。参见 Bertrand Russell. *The Principles of Mathematics*. Second Edition, New York: W. W. Norton & Company, Inc., 1996, P. 10.

② John Locke. *An Essay Concerning Human Understanding*. Volume II, Collated and Annotated by Alexander Campbell Fraser, New York: Dover Publications, Inc., 1959, P. 387.

"三段论对于我们理性的功用仅仅是……显示出每一例证明中的联结关系,再没有别的什么;但就此而言,它并没有大用,因为没有三段论,人心同样可以轻易在所在之处知觉到此种联结关系,不,或许还会更好呢。"①

与洛克的情况类似,休谟在谈论人类理性(包括他所提出的归纳难题)时,也持有与当今不尽相同的推理观念。为此,有休谟学者已经提醒当代研究者:"休谟所拥有的推理概念(reasoning or inference)与我们自己的概念极其不同,除非我们意识到他的这种概念,我们将无法充分理解当他谈论比如归纳问题时所要达到的东西。在早期现代时期,观念(ideas)在机能心理学中和在逻辑学中都是中心特征,而休谟的推理概念正是围绕它而展开的。我们由一个观念向另一观念推理。诸观念彼此之间处于各种关系;每一个推理都是由观念链条所构成的,每一观念同其近邻以不同的方式相联。虽然任何这样的推理实例都可以根据命题、前提和结论来考虑,但我们一定要看到,根本性的工作是在观念及其关系层面实现的。……这是一种非形式的推理观,它与亚里士多德及经院学者那里的或现代后弗雷格时代所刻画的那种形式概念上的演绎有效性没有多大关系。"②

再比如,在探讨逻辑推演与事实经验之间的关系时,也经常会被问:"逻辑上所关注的推理到底应该是什么?"有些逻辑圈外的人士甚至还包括一些形式逻辑学家认为,逻辑推理就是形式符号之间的数学推演,无关人们的经验生活;而大多数逻辑学家似乎更倾向于认为,逻辑推理是对于经验世界的严肃思考,并非仅限于数学世界。卢比在《逻辑学:导论》一书中曾提到人们基于前一种"逻辑推理"观念而对逻辑抱有敌意的两个例子。其中之一是林语堂在《生活的艺术》英文版中的观点:"人性化的思想(humanized thinking)其实就是近情的思想(reasonable thinking)。专讲逻辑的人(the logical man)是永远自以为是的,所以他是不近人情,也是不对的;至于近情的人(the reasonable man)则自己常疑惑自己是错的,所以他永远是对的。"③ 另一个是斯泰宾曾在《有效思维》中提到的英国前首相张伯伦的一次众议院讲话:"我深深地不信任逻辑,当人们

---

① John Locke. *An Essay Concerning Human Understanding*. Volume Ⅱ, Collated and Annotated by Alexander Campbell Fraser, New York: Dover Publications, Inc., 1959, pp. 388–389.
② David Owen. *Hume's Reason*. Oxford: Oxford University Press, 1999, pp. 2–3.
③ Lin Yutang. *The Importance of Living*. New York: Reynal & Hitchcock, 1937, P. 423. 中译文取自林语堂《生活的艺术》,越裔译,上海:世界文化出版社1948年版,第433页,括号内英文注释为笔者所加。

把逻辑应用到政治上的时候。整个的英国史支持我的观点。〔政府席上欢呼〕……本能和经验都教导我们：人类天性不是逻辑的，把政治机构当作逻辑工具看是不聪明的，和平发展和真实改革的途径在于明智地约束自己，不把结论推到它的逻辑的终点。"① 卢比提到这两个例子，当然是要表明人们对于逻辑及其用处存在严重的误解："任何人倘若把人类视作不过是抽象符号而已，他这样的做法并不是在遵循逻辑法则。"② 不过，从推理层面来看，类似的例子的确可以启示我们：如果我们只是空泛地讲逻辑学是关于推理及其规范的科学，而对"什么才是真正需要我们关注的推理"避而不谈，那么，以关注推理自诩的逻辑继而可能会成为一种背离人类理性的贬义词。事实上，即便从逻辑学家队伍内部来看，这种关于"真正推理"的澄清，对于防止逻辑研究退变为纯粹形式化的游戏，有时也是非常必要的。为此，作为逻辑代数学家的皮尔士告诫我们："形式逻辑一定不能太过于形式化；它必须表现一种心理学事实，否则将有堕落成为数学娱乐的危险。"③ 他甚至还曾希望把自己的逻辑作品归为"批判论"，以区别于那种忽视真正推理的"吹毛求疵的技术"："'批判论'（Critic）一词在英语中由洛克所用，在德语中由康德所用，而在希腊文中由柏拉图所用，用来指判断的艺术，其构成正如'逻辑'一样。我愿将我的论文不以逻辑作为标题，因为文中所提到的那种逻辑是一门无用之极的技术，它使人变得小题大做，吹毛求疵，而忽略掉了重要问题，它反对所有真正有价值的推理，只承认那种着实儿戏的推理。"④

当代的逻辑哲学讨论，尤其是在涉及逻辑基础时，也经常无意间触及"何谓真正推理"的问题。很多逻辑学家和哲学家在犹豫要不要接受以"P 所以 P"为范型的"循环推理"：一方面，它在当代标准逻辑（譬如"一阶逻辑"）中是"逻辑有效的"；另一方面，人们在实际应用中又希望只选择"良性循环"，禁止那些将导致悖论或消解性（triviality）（以罗素悖论和说谎者悖论为典型）的"恶性循环"。吉拉·谢尔就是这方面的一个例子。她虽然承认粗放的循环（brute circularity）具有不可接受的"消解一切"（trivializing）结果，同时又觉得"并非所有循环都具有破坏性……循环推理本身并不会把错误带入任何的理论中"，甚至指出"对于

---

① L. Susan Stebbing. *Thinking to Some Purpose*. Middlesex：Penguin Books，1939，P. 8. 中译文取自斯泰宾《有效思维》，吕叔湘、李广荣译，北京：商务印书馆1997年版，第2页。
② Lionel Ruby. *Logic：An Introduction*. Chicago：J. B. Lippincott Company，1960，P. ix.
③ CP 2.710.
④ CP 3.404.

循环的谨慎使用或许可以增强我们的认知能力"。这最终使得她在表达自己的理论立场时显得含糊不定："［我的］基础整体论虽然准许某些对于循环推理（具体而言就是建设性循环）的使用，并未对循环性给予全面认可。基础整体论既承认循环的危险，又承认其益处。它要求作为理论家的我们要永远当心，避免破坏性循环，然而又鼓励我们使用建设性循环并寻找更多新型的建设性循环。此外，为避免破坏性循环，它允许我们做出某些妥协，更为重要的是，它要求我们使用循环推理时带有批判性并足够谨慎。"① 这种针对循环推理的辩护性表态，丝毫没有解除读者对于"循环推理"之合理性的困惑。且不论这里"批判"和"谨慎"之说的含混性以及精确区分"破坏性循环"与"建设性循环"的困难，它仍旧无法从根本上解释：既然循环推理是逻辑有效的，为何还有良性恶性之分？为什么其他常见的有效推理，譬如"肯定前件式"（Modus Ponens）就没必要区分良性与恶性呢？笔者认为，假若我们从"推理的有效与否"退回到"是否属于推理"的问题层面上，可以很自然地发现，人们关于"循环推理"用法的踌躇不定或自相矛盾，其源头其实正是"何谓真正的推理？"问题。也就是说，我们要思考的并不是"循环推理是否有效或如何使用？"的问题，而应该是"'循环推理'能否视为真正的推理？"或者（如果在广义上把所谓良性循环考虑在内的话）"哪些循环才能视作真正的推理？"的问题。

二、推理在当代主流逻辑教材中的角色

考虑到逻辑学代表着有关推理规范性的科学，而现代逻辑通常又被认为逻辑科学的最新发展成果，所以，当我们走出自身经验进而想知道"一般而言推理到底是什么？"时，我们会期望现代逻辑学家给我们提供"何谓推理"的明晰观念。遗憾的是，这种期望却落空了。

查阅当代流行的逻辑教科书，我们发现，几乎所有数理逻辑著作，直接就不谈论推理，在书末《索引》部分更是找不到"推理"（reasoning/inference）这个术语。这些数理逻辑教材通常只谈"逻辑蕴涵"（logical implication），② 有时也会谈到"论证形式"（form of argument），③ 但这些

---

① Gila Sher. The Foundational Problem of Logic. *The Bulletin of Symbolic Logic*, Vol. 19, No. 2, 2013, P. 157.

② George S. Boolos, John P. Burgess, Richard C. Jeffrey. *Computebility and Logic*. Fourth Edition, Cambridge University Press, 2002 以及 Herbert B. Enderton. *A Mathematical Introduction to Logic*. Second Edition, Elsevier, 2001 可以作为这方面的典型。

③ 譬如, A. G. Hamilton. *Logic for Mathematicians*. Revised Edition, Cambridge University Press, 1988。

概念与"推理"的具体联系以及彼此差异何在,却没有任何交代。而在各类大众普及性质的逻辑导论教材中,我们也发现,它们或者只谈"论证"(argument),① 或者只是在一开始简单谈及"推理",随后而言"论证"及其形式演算。② 即便是在以研究有关逻辑的哲学问题为主要任务的"逻辑哲学"著作,③ 也没有把"何谓推理?"列为专门的问题进行讨论。

对于这种现状,我们当然不能由此直接断言"现代逻辑并不关心推理",因为现代逻辑的重要奠基人罗素曾非常明确地指出:"符号逻辑[即现代逻辑]本质上所关注的是一般而言的推理,它与各种具体数学分支的主要区别就是此种一般性。"④ 一种可能的猜测是:从当代标准逻辑的视角来看,作为逻辑研究对象的推理,其存在及样式,似乎是毋庸置疑的"显明事实",因而逻辑学默认大家对"何谓推理现象"并无异议,转而把重心放在"如何建构一种更好地规范推理的方法体系"上。由此来看,"推理"在现代标准逻辑中或许依然在扮演着重要角色,只是此种重要性"不言而喻"。

有点棘手的情况是,当代最伟大的逻辑学家之一奎因(W. V. Quine)偶尔在逻辑学关注对象上表态时似乎并不承认这种"默认值"。他在《逻辑方法》中表示:"逻辑学的最大重要性在于蕴涵(implication)"。⑤ 不过,什么是蕴涵呢?怀特海和罗素在现代逻辑经典巨著《数学原理》中是这样定义的:"当命题 q 从命题 p 得出因而若 p 真则 q 也为真时,我们说 p 蕴涵 q。……我们对于蕴涵所要求的本质属性就是'凡是由真命题所蕴涵

---

① 譬如,Patrick J. Hurley. *A Concise Introduction to Logic*. Twelfth Edition,Thomson Wadsworth,2015。

② 譬如,柯比等人的《逻辑学导论》中直言:"在任何论证中,我们根据其他某些命题而断定某一命题。在这样做时,我们有了推理。推理是一种能把一组命题联结起来的过程。有些推理是有担保的(或正确的),另外一些却不是。逻辑学家分析这些命题组,考察该过程起始的命题以及这些命题之间的关系。如此这样的命题构成了论证。论证是逻辑学的首要关怀。"参看 Irving M. Copi,Carl Cohen and Kenneth McMahon. *Introduction to Logic*. Fourteenth Edition. England:Pearson Education Limited,2014,pp. 5 – 6。

③ 具有较大影响的包括 W. V. Quine. *Philosophy of Logic*. Second Edition,Harvard University Press,1986;Susan Haack. *Philosophy of Logics*. Cambridge University Press. 1978 以及 Stephen Read. *Thinking about Logic:An introduction to the Philosophy of Logic*. Oxford University Press,1995。

④ Bertrand Russell. *The Principles of Mathematics*. Second Edition,New York:W. W. Norton & Company,Inc.,1996,P. 11. 罗素在对该段话的注释中谈及:"我在推理与演绎之间不作区分。所谓的归纳,在我看来,要么是伪装的演绎,要么只是一种做似真性猜测的方法。"但是,这种对于推理类型的限定并不影响他把推理作为现代逻辑的关注对象。

⑤ W. V. O. Quine. *Methods of Logic*. Revised Edition,New York:Holt,Rinehart and Winston,1959,P. xvi. 注意:这种断言,与柯比等人所说"论证是逻辑学的首要关怀"相比,有着明显的不同。

的都是真的'。也正是基于这样的属性,蕴涵可以产生出证明。但是,这一属性并不确定假命题可否蕴涵某种东西,即便可以的话,也不确定到底可以蕴涵什么命题。它真正确定的是:假若 p 蕴涵 q,那么,就不可能有 p 真而 q 假的情况,也就是说,情况必定是或者 p 假或者 q 真。对于蕴涵的最便利的解读是反过来说:假若 p 假或 q 真,那么 'p 蕴涵 q' 为真。于是,'p 蕴涵 q' 被界定之后就是指:'或者 p 为假,或者 q 为真'。"①如此界定的"蕴涵"就是当代教科书中的"实质蕴涵"(material implication),已成为现代逻辑标准意义上的蕴涵。于是,面对奎因与罗素两代逻辑学家在逻辑关注对象上的表面分歧,今天习惯于"实质蕴涵"观念的逻辑学习者会倾向于揣测:奎因所谓的"蕴涵"或许就是罗素所谓的"推理",只是换了个名字而已。这种猜测显然消解掉了奎因与罗素之间的上述分歧,因而也很容易被当代读者所接受。

然而,对于"推理"在当代主流逻辑之地位的真正怀疑,还是存在的。在奎因的学生辈中,有一位名为哈曼的在世哲学家接受了罗素、奎因等人所塑造的当代标准逻辑观念,却对于此种标准逻辑之于推理的相关性提出了严重挑战。哈曼 1976 年在《哲学杂志》上发文指出:"[我们通常在逻辑学上]所谈论的原则都是蕴涵原则,而不是推理原则。它们并不告诉我们可以有理有据地推出什么。肯定前件式(Modus Ponens)原则并不是说:假若我们相信 P 同时又相信'若 P 则 Q',那么,我们就可以有理有据地推出 Q。因为,或许我们倒是应该停止相信 P 呢!一种矛盾式在逻辑上可以蕴涵一切;不过,逻辑学并未告诉我们说:如果我们的信念在逻辑上不一致,我们就可以有理有据地推出随便任何东西。逻辑学并不直接就是推理的理论。"② 而在哈曼之前,我们也注意到哲学家赖尔在 1950 年发表的《"如果""所以"与"因为"》一文开头部分写道:"逻辑学家很少谈论推理。他们往往转变话题,反倒喜欢去谈假言命题。譬如,他们不愿意像我们讨论'今天是周一所以明天是周二'这样的说法,而是去讨论'如果今天是周一则明天就是周二'之类的说法。结果,他们往往错误描述或忽略掉了我们对于'如果—那么'型命题的实际用法。"③

---

① A. N. Whitehead and Bertrand Russell. *Principia Mathematica*. Volume Ⅰ, Second Edition, London: Cambridge University Press, 1963, P. 94.
② Gilbert Harman. Inferential Justification. *The Journal of Philosophy*, Vol. 73, No. 17, 1976, P. 571. 强调字体为引者所加。
③ Ryle, Gilbert. *Collected Papers*. vol. 2, London and New York: Routledge, 2009, P. 244.

三、其他逻辑学家如何看待推理?

哈曼在现代逻辑阵营中对于推理之于逻辑学中地位的挑战,对作为一位哲学家的他来说,并不是偶然的。继1976年的文章之后,我们看到他在1986年出版的专著《观点之变:推理的原理》中,不仅批判了当代逻辑教科书中所默认的那种观念,而且从正面详细阐述了他所谓的"真正的推理"应该是什么样子的。正如该书的标题所示,在哈曼看来,真正的推理应该体现为"观点的改变",即由"旧观点"到"新观点"的转变。逻辑教科书常常所提到的"论证"或"证明"只是一个始于前提命题、止于结论命题的序列,完全不同于这种"观点之变"意义上的"推理",两者之间有着"范畴之别"。在论证中,我们累积出结论,永远只添加而不减去任何东西;而推理则是既可以是增添某人的什么观点,也可以是削减某人的什么观点。就此而言,所谓"单调性推理"与"非单调性推理"之分可以表示两者之间的差别。不过,他提醒我们:即便是把通常所提到的那些论证或证明用"单调推理"一词加以限定,也具有潜在的误导性,因为它们与真正的推理根本不属于同一个范畴。① 再后来,哈曼的这种观点以"内部批判:逻辑并非推理论而推理论并非逻辑"这个更为鲜明的判断作为文章标题,发表在盖贝(D. M. Gabbay)、伍兹(John Woods)② 等人主编的颇具影响力的《论证与推理的逻辑手册》中。③ 这至少意味着,当代逻辑学界开始更广泛地承认或接受哈曼的"另一种声音"。

哈曼,可谓是当代哲学家中能令现代逻辑及分析哲学家阵营开始反思"推理"观念之另种可能性的第一人。然而,很多事情,一旦我们承认第一例分歧并由此变得开放包容,就会很快发现:更多其他的实例或许早就存在着,只是当时因为我们的某种"标准视角"而遮蔽了它们。当我们试着跳出当代既定的逻辑视域去调查更多"非标准"的逻辑学家或其他哲学

---

① Gilbert Harman. *Change in View: Principles of Reasoning*. Cambridge: The MIT Press, 1986, pp. 2 – 4.

② 二人此前主编、邀请当代各领域逻辑学家共同撰写的多卷本《数理逻辑手册》和《哲学逻辑手册》曾作为引介现代逻辑最新成果的范本被广泛引用和参考,在逻辑学及哲学学术界颇有影响力。

③ Gilbert Harman. "Internal Critique: A Logic is not a Theory of Reasoning and a Theory of Reasoning is not a Logic." in *Handbook of the Logic of Argument and Inference: The Turn Towards the Practical*, D. M. Gabbay, R. H. Johnson, H. J. Ohlbach, and J. Woods, eds., Amsterdam: Elsevier Science B. V., 2002, P. 171.

家如何看待推理现象①时，可以发现：不只是哈曼，在他之前早有不同时代或不同倾向的逻辑学家和哲学家对于"何谓推理？"给出过了"非标准"的回答。当然，虽同属于"非标准"，这些回答与哈曼的也不尽相同。譬如，很多受数理逻辑思想影响的人不假思索地把"2 + 2 = 4"当作推理，②但哲学家格赖斯（Paul Grice）却倾向于把数学中的机械运算排除在真正的推理之外。③ 又如，现代逻辑读者经常把形如"p→p"的句子当作推理来看待，而约瑟夫在出版于1916年的《逻辑导论》中强调："推理是一种思想过程……相对于进程中初始判断而言被称作结论的那个判断，与初始判断相比，必须是一种新的判断；换一种说法来重复原来的陈述，好像翻译一样，不能算是推理。"④ 甚至逻辑史上因为其前提只有一个简单命题而习惯上被称作"直接推理"的那些换位法，也算不上真正的推理。"思想运动必须源于对思想对象联结情况的知觉，而不是源自思想者内心的主观条件；……假如一个事实涉及同一关系中的两个词项，由一种以其中一个词项相对另一词项而言作为主项的说法过渡到另一种以第二个词项相对于第一个词项而言作为主项的说法，就不是推理。因为主谓项之分是主观上的……。"⑤ 约瑟夫的这种观念，部分又是继承自布拉德雷（F. H. Bradley）关于推理本性更为系统的论述。在初版于1883年的《逻辑学原理》中，布拉德雷认为："在推理与纯粹的观察之间是有区别的；如果某一真理是推理得来的，它就不仅仅是被看到的，而且结论决不能是纯粹的知觉。……推理不可能完全来自我们身外或是被动接受的。它并非纯粹的所见，它不只是观察。……它是建立在一个基础之上的，而那个基础是我们已经知道的某种东西。通过推理，我们由已经掌握的真理进到一种进一步的真理……它必须传递某一条信息，必须告诉我们与其所依赖的那些真理有所不同的某种东西。假若从我们所已知道的某种东西出发，我

---

① 读者或许已经注意，笔者在本书中多次强调要关注"推理现象"而非"抽象而论的推理"。笔者认为，这样做，其实是遵循一条基本的哲学规则，即"保留现象"（save the phenomena）：一种哲学解释不论在其他方面如何，它必须能解说事情对于我们来说"看似"的样子；我们从日常道德经验或知觉现象中得出的某些结论可以有争论，但这些经验或现象本身却不能为了任何理论兴趣而被牺牲或忽视。参见 Julian Baggini and Peter S. Fosl. *The Philosopher's Toolkit: A Compendium of Philosophical Concepts and Methods*. Wiley – Blackwell, 2010, pp. 127 – 130.

② 譬如，卡尔纳普就明确把"计算"（calculation）视作"应用于数字表达式的一种具体的演绎推理"，参看 Rudolf Carnap. *Foundations of Logic and Mathematics*. The University of Chicago Press, 1939, P. 1.

③ Paul Grice. *Aspects of Reason*. Oxford: Clarendon Press, 2001, P. 15.

④ H. W. B. Joseph. *An Introduction to Logic*. Oxford: Clarendon Press, 1916, P. 232.

⑤ H. W. B. Joseph. *An Introduction to Logic*. Oxford: Clarendon Press, 1916, pp. 240 – 241.

们再次又断定其中的全部或部分,然后说'我已经推理并得出了一个结论',那么,我们就根本没做任何推理,我们不过是在轻率的表演和伪装。推理必定不只是无用的重复,其结果不能是毫无意义重复的回声。它并非纯粹的观察,但却能给予我们新东西。它虽然并非独立其他东西而存在,却不只是一种影子。……我们在推理之镜中所看到的真理既不是透过感官的窗格游荡进来的,也并非只是原本已在我们头脑中的某一物件投射来的映像。"①

在曾经影响无数现代哲学家的《逻辑体系》(1843年)这部名著中,我们也能看到作者密尔(John Stuart Mill)对于推理的独特把握。该书专节讲述了那些"被不严格地称作推理"但其实并非真正的推理的例子:它们包括但不限于传统逻辑课本上的"直接推理",大多是拿一个命题仅仅重复另一个命题中的同一或部分断言。②譬如两个同义命题或曰换质法,"所有人都是会死的,因为没有人能免于死亡"等,只是换种说法而已;其次,从一个全称命题推出一个特称但其他完全一样的命题,譬如"所有A都是B,因此,有S是B",也不属于从第一个命题到另一命题的推理。再有,前一命题以一个谓项断定某一主项,后一命题又用前者谓项所包含的某种东西来断言同一个主项,如"苏格拉底是人,因此苏格拉底是一种生命体"。还有,命题的换位法,从"有A是B"到"有B是A",从"无A是B"到"无B是A",从"所有A都是B"到"有B是A",从"有A不是B"到"有不是B的东西是A"等等。"在所有这些例子中,都并不真正地存在什么推理;结论中没有任何新的真理,不过是前提中已经断定过的东西,对于任何理解前提的人来说都是显而易见的。"③

当然,再往回追溯,我们还可以看到本节第一部分所提到的洛克和休谟的那种独特的推理观念。不过,让我们就此打住。接下去,让我们大致地看看古典实用主义如何看待和回答"何谓推理?"这个问题。

---

① F. H. Bradley. *The Principles of Logic*. Volume 1, Second Edition, Revised with Commentary and Terminal Essays, London: Oxford University Press, 1922, pp. 245 – 246.

② John Stuart Mill. *A System of Logic, Ratiocinative and Inductive*. J. M. Robson (ed.), Toronto: University of Toronto Press, 1974, pp. 158 – 162. 需要指出,密尔否定"直接推理"是真正的推理,但并不否认此种训练对于学习者养成谨慎解读语词、严格测定断言广度和深度的习惯是有帮助的。

③ John Stuart Mill. *A System of Logic, Ratiocinative and Inductive*. J. M. Robson (ed.), Toronto: University of Toronto Press, 1974. P. 160.

四、古典实用主义的"推理"观念

虽然在数理逻辑著作以及当代主流逻辑导论中找不到对于推理本身的细致分析,但是,当我们试着跳出当代标准逻辑的眼界,很快发现,与现代逻辑的诞生和繁荣处在同一时代的古典美国哲学家及其所代表的古典实用主义,对于推理本性却有着相对集中的论述。他们之所以对于推理本性有比较集中的论述,首先一点是因为:他们不像主流现代逻辑教材那样先假定某种推理标准,径直开展有关区分推理好坏的任务,而是在区分推理的好坏之前首先追问"何谓推理?"在他们看来,这显然是一个值得探讨的问题,也是一个能够体现他们独特思想方式的地方。

尽管现代逻辑学家对于"何谓推理?"谈论很少,我们还是在柯比(Irving M. Copi)等人所编写的流行于当代高校的《逻辑导论》中看到他以某种迂回的方式写道:"在任何论证中,我们根据其他某些命题而断定某一命题。在这样做时,我们有了推理。推理是一种能把一组命题联结起来的过程。有些推理是有担保的(或正确的),另外一些却不是。"① 如果我们可以把这种观点视作现代逻辑学家尽管很少明述但大都默认的一种标准观点,那么,我们将看到,古典实用主义的推理观念与当代标准有着显著不同,倒是与前面我们看到的约瑟夫、密尔、哈曼等人有相近之处。

首先来看,古典实用主义所谓的推理是一个体现信念变化的、由已知通往新知的过程,并非只是命题序列。譬如,根据皮尔士的观点,"何谓推理?……当我们因为已获知的某种东西而被引导着相信其他某种东西时,我们就是在推理,被认为是从前者推出了后者。导致另一信念的那种事实信念被称为前提。所导致的那种事实信念被称为结论。"② "推理是一种我们借以获致信念的过程,而这种信念被认为是前期知识的结果。"③ 詹姆斯也指出:"经验思维只是复制性的,而推理是生产性的。……推理可以帮助我们走出以前未曾遇到过的情境……让我们把此种处理新情况的

---

① Irving M. Copi, Carl Cohen and Kenneth McMahon. *Introduction to Logic*. Fourteenth Edition, England: Pearson Education Limited, 2014, P. 5.

② C. S. Peirce. *Writings of Charles S. Peirce: A Chronological Edition*. Volume Ⅷ 1890 – 1892, edited by the Peirce Edition Project, Bloomington and Indianapolis: Indiana University Press, 2010, P. 251.

③ Charles S. Peirce. *The Essential Peirce*. vol. 2, edited by the Peirce Edition Project, Bloomington and Indianapolis: Indiana University Press, 1998, P. 11.

能力作为推理的专有种差。"①

与字面上"信念"代替"命题"一词之做法相关,一个更深层次的差异是,古典实用主义强调推理应该是一种有意识的主动选择过程,因而所谓"无意识的推理"(unconscious inference)② 或罗素所谓的"动物推理"(animal inference)③ 甚或洛克所谓"超乎理性之上的命题获取"④ 均非真正意义上的推理。正如皮尔士所言,"推理的本质是:推理者应该根据一般习惯或方法……来开展,而且应该意识到此种开展过程。"⑤ "[倘若]某既定信念可视为另一既定信念的结果,只是我们似乎不能明确看出其中的所以然。此种过程通常被称为 inference,但它不应称为 rational inference 或 reasoning。[因为]有一种盲目的力量在约束着我们。"⑥ 对于此种中介性,詹姆斯在《心理学原理》第 22 章中也给出了类似说明:"在推理时,A 可以暗示 B;不过,B 并非我们只能唯命是从的某种观念,它是暗示另一不同观念 C 的一种观念。当此种暗示链条属于与纯粹欢娱或"联想"序列相对照的那种显著被称作为推理的东西时,这些观念之间具有某种内在关联……由真正的推理行为所产生的结果 C 往往是我们主动追求的一种东西,比如用以达到指定目的的手段,某一所观察效果得以出现的根据,或是某一所设定原因引发的效果。所有这些结果都可以视为具体事物,但它们都不像简单的联想思维进程那样直接由其他具体事物暗示而

---

① William James. *The Principles of Psychology*. Cambridge, Mass: Harvard University Press, 1983, pp. 956 - 957.

② William James. *The Principles of Psychology*. Cambridge, Mass: Harvard University Press, 1983, pp. 953 - 954. 詹姆斯认为若不是因为形式逻辑上先用"直接推理"(immediate inference)一词表达了特定的意思,它用于"无意识的推理"之上将是一个好名称。

③ 罗素曾区分了"科学推理"与"动物推理"。他说:"我们必须铭记逻辑学上所理解的那种推理与那种可以称作'动物推理'的东西。我用'动物推理'所指的是:当事件 A 引起信念 B 而中间却不带任何意识过程时所发生的那种情况。当一条狗闻到一只狐狸时就会变得兴奋,但我们不会认为这条狗自言自语:'这种气味在过去经常在狐狸周围出现,因此现在这里周围很可能有狐狸。'的确,这条狗的行动似乎是说他经历过这样的推理,但此种推理是由身体通过习惯或所谓的'条件反射'来执行的。每当 A 在动物的过去经验中经常与代表某种情感利益的 B 联系在一起时,A 的出现趋于造成与 B 相适合的行为。这里的 A 和 B 之间并不存在有意识的联结;我们可以说,存在的是 A 知觉和 B 行为。"Bertrand Russell. *Human Knowledge: Its Scope and Limits*. with an introduction by John G. Slater, London and New York: Routledge, 2009, pp. 163 - 164.

④ 洛克把人类所获得的命题区分为"根据理性的""与理性相反的"和"超乎理性的",前者如"存在唯一的神",中间如"存在一个以上的神",后者如"死者的复活"。参见 John Locke. *An Essay Concerning Human Understanding*. Volume II, Collated and Annotated by Alexander Campbell Fraser, New York: Dover Publications, Inc., 1959, pp. 412 - 413.

⑤ CP 2.588.

⑥ Charles S. Peirce. *The Essential Peirce*. vol. 2, edited by the Peirce Edition Project, Bloomington and Indianapolis: Indiana University Press, 1998, P. 12.

来。它们通过中间步骤与居前的具体东西连接起来，而构成这些中间步骤的都是一些经过清晰指示和明确分析过的一般性特征。"①

更重要的一点是皮尔士和詹姆斯虽未在推理定义中明述但在其他地方强调、后来由杜威通过"探究理论"所彰显的，那就是，古典实用主义所谓的推理是一种发生于经验世界之中的因为出现怀疑而要进一步确定信念的探究现象，并非可以脱离实践而单独考虑的抽象对象。按照杜威的术语，推理就是"探究"，即"对于一不确定情境的受控制或有方向的转变，使其中作为构件的诸特性和关系变得如此确定以至于把原有情境中的各要素转变为统一整体。"② 这其中的"不确定情境"即杜威有时所谓的"问题情境"，是关键，它告诉我们：任何基于伪怀疑或某种"怀疑癖"进行的所谓推理，都不是真正的探究意义上的推理。

忽视前述这些要点，在古典实用主义看来，将导致严重的混淆，其中之一便是我们在本书导论部分所看到的各式"伪称推理"怪象。然而，最后需要指出，古典实用主义所强调的这些，其要点并不是想说人们大多时候都不是真正在推理，因而人似乎不再有资格被称作"会推理的动物"③。因为我们这里所谈到的只是"何谓真正的推理？"并非"何谓好的推理？"按照前述古典实用主义的推理观念，一位笛卡尔主义哲学家从"我思"直接推出"我在"而不作任何交代，可以不被算作真正的推理，但另一方面，一位疯子，只要有意识和反思能力（即并非傻子），很多时候倒可能都是在做真正的推理。④

第二节 数理逻辑缺省的"推理描述"

通过第一节的论证，我们得知：对于"何谓推理"的追问，不应该被视为是无关紧要的；有关它的回答和争议不仅是一个历史事实，而且也会

---

① William James. *The Principles of Psychology*. Cambridge, Mass: Harvard University Press, 1983, P. 956.

② John Dewey. *Logic: The Theory of Inquiry*. New York: Henry Holt and Company, 1938, pp. 104 – 105.

③ 皮尔士曾说："无疑，我们基本上是逻辑动物，尽管我们在这方面并非精通。"（CP 5.366）

④ 关于疯子，切斯特顿（G. K. Chesterton）曾在《回到正统》一书专章论及，其中提到了观点："疯子并不是丧失理性的人，疯子是失去得只剩下理性的人。"当然，这里的理性并不同于古典实用主义所追求的那种理性。

影响我们当前和今后逻辑哲学上的讨论结果。正如我们说并非任何带有标志词"所以"的语句都表示论证一样，并不是凡看似推理的便具有大多数逻辑学家或哲学家都能认同的推理身份。前面已经指出，除极少数当代导论性质的逻辑教材外，数理逻辑作为一套严格的形式系统，竟完全没有为推理的识别提供任何形式化或非形式的标准。对此，我们不能解读为"数理逻辑完全不涉及推理"，因为有些情况下的"缺少"只是一种"省略"罢了。且不论数理逻辑所理解的推理如何与其他领域不同，先让我们试着还原它所暗藏或默认的"推理描述"，然后看看此种描述在什么意义上是适当的，在什么意义上又是不当的。

一、数理逻辑暗藏的"描述"

正如断言句子真假之前要先确保句子有真假可言（也就是说，得是有意义的判断）一样，在推理之好坏这个规范问题之前，首先需要弄清楚的一点是如何描述推理。我们只有从逻辑学上对于推理现象进行适当界定，才有可能避免把精力分散到无关真正推理的地方。这应该是任何声称或承认逻辑与推理相关的数理逻辑学家都会承认的。据此，尽管我们在数理逻辑著作中见不到对于"何谓推理"的明述，但从其"做逻辑"的一贯方式出发，或可以把握其暗藏或设定的"缺省值"。

首先，正如"mathematical logic"这个名称所暗示的那样，数理逻辑至少在一开始是关注数学推理并为数学基础服务的。很显然，在数理逻辑学家看来，数学中的计算或推断属于典型意义上的推理，至少数学家一直都这样相信。他们认为，在形式系统的建构与评价（如一阶逻辑及其可靠性、完备性等元定理）中，我们或许能够更为精确地显示出推理的本性，从而更好地帮助开展数学推理。尤其是，当现代数学的基础因为悖论的发现遭受怀疑时，通过精心建构的数理逻辑系统可以为现代数学提供一种严格而牢固的基础。这就是数学哲学中的逻辑主义方案，即认为自然数等纯数学的部分可以化归为某种其中只有逻辑常项"实质出现"的、[1] 可靠且完备的逻辑系统，而整个数学就是此种逻辑系统的应用或拓展。当然，经过如此建构之后，逻辑与数学的关系极其接近，罗素甚至希望把"逻辑"

---

[1] 关于"实质出现"（occurred essentially）与"空洞出现"（occurred vacuously）之间的差别，可参看 W. V. Quine. "Truth by Convention". in *Quintessence*: *Basic Readings from the Philosophy of W. V. Quine*, edited by Roger F. Gibson, Cambridge and London: The Belknap Press, 2004, pp. 6 – 7.

与"数学"两个词的用法等同起来。① 此种定位之下,数理逻辑所描述的推理也是仅限于数学世界中"未经断定的命题之间的蕴涵关系",而非"出现有'所以'的命题间关系"。② 维特根斯坦因而也告诉我们:"逻辑学所关注的是未加断定的命题。"③ 换言之,数理逻辑为我们所刻画的数学推理都是无涉现实世界的,不可等同于那些针对现实对象的推理。对此,罗素在《数学的原理》序言中坦言:"当把现实对象考虑进来时,或当把几何学或力学应用到现实空间或现实物质上时,或数学推理以其他某种方式被应用到现实存在物上时,我们所运用的推理在形式上并不取决于将其应用到了哪些对象(即那些对象的本来样子)上,而只取决于它们是否具有特定的一般属性。在纯数学中,真实世界上的现实对象永远不会考虑,只涉及具有那些一般属性(我们对于演绎的考察总是依赖于这些一般属性)的假言对象;而这些一般属性总是可以借助于我称之为逻辑常项的基础概念加以表达。因而,当在纯数学中谈及空间或运动时,我们所谈论的并不是我们经验中所知道的那种现实空间或现实运动,而是任何拥有我们在几何学或力学推理中所用到的那些有关空间或运动的抽象一般属性的实体。这些属性实际上到底是否属于现实空间或现实运动,这个问题无关于纯数学,因此……是一个有待实验室或天文台研究的纯粹经验问题。"④ 除了数学推理之外,我们的科学还要运用"实质性推理"(substantial inferences)。⑤ 但进入数理逻辑视野的只有前者。与之类似,塔斯基(Alfred Tarski)在《逻辑学引论及演绎科学方法论》中也把数理逻辑的应用限制于数学理论,尽管他不忘提醒我们除此种"演绎科学的逻辑"之外还有所谓"经验科学的方法论"。⑥

必须承认,数理逻辑关注来自数学这一"特殊领域"的推理并非偶

---

① Bertrand Russell. *The Principles of Mathematics*. Second Edition, New York: W. W. Norton & Company, Inc., 1996, P. 9.

② Bertrand Russell. *The Principles of Mathematics*. Second Edition, New York: W. W. Norton & Company, Inc., 1996, pp. 34 – 35.

③ L. Wittgenstein. *Notebooks* 1914 – 1916. edited by G. H. von Wright and G. E. M. Anscombe, Oxford: Basil Blackwell, 1979, P. 96.

④ Bertrand Russell. *The Principles of Mathematics*. Second Edition, New York: W. W. Norton & Company, Inc., 1996, P. xvii.

⑤ Bertrand Russell. *Human Knowledge: Its Scope and Limits*. with an introduction by John G. Slater, London and New York: Routledge, 2009, P. 164.

⑥ Alfred Tarski. *Introduction to Logic and to the Methodology of Deductive Sciences*. translated by Olaf Helmer, New York: Dover Publications, Inc., 1995, pp. xi – xii. 该书原名为《数理逻辑与演绎方法》。尽管塔斯基不愿将"经验科学的方法论"称作另一种"逻辑"并认为它在当前的发展很不够成熟,但他明确表示经验科学的方法论与数理逻辑有着很大不同。

然，因为它认为数学推理代表了某种纯粹或完善的状态，至少对于以演绎推理为核心的各种建构性的科学理论来说是如此。在塔斯基看来，数理逻辑所描述的那种推理模式并不仅仅适用于数学，而是任何包含数学理论部分的演绎性科学都要具备的。也就是说，广义上的数学，可以把任何应用数学包括进来，以至于可等同于"演绎性科学"。以数理逻辑为核心所形成的当代思想潮流虽然"最初源自稳定数学根基这一略显局限的任务。然而，就目前状态而言，它有着更为广阔的目标。因为它试图创造一种统一化的概念工具，以此为整个人类知识提供一种共同基石。"① 类似地，罗素也认为，数理逻辑的视角虽然不同于哲学视角，但它其实代表了所有建构性或演绎性的推理形式："哲学与数学之间的区分总体上属于视角不同：数学是建构性的和演绎性的，哲学是批判性的因而在某种非主体的意义上也是争论性的。每当我们拥有演绎推理时，我们就有数学……哲学问题主要涉及见识和知觉。"② 可以说，数理逻辑试图通过刻画数学推理而为我们描述一种普遍性的从而可以面向更多科学理论的推理形式。这种普遍性，正是纯数学的优势。诚如罗素通过实质蕴涵关系所告诉我们的那样，"假若我们把 x 和 y 替换为苏格拉底和柏拉图，命题'x 和 y 是数字，蕴涵着 $(x+y)^2 = x^2 + 2xy + y^2$'同样成立：此时，假说和后件都是假的，但此种蕴涵依旧是真的。因此，每一个纯数学命题在充分规定之后，其中的变项具有绝对不受限制的论域：任何可设想的实体都可以替换我们所用的任意变项而不损害原命题的真。"③ 也正是在这样的意义上，我们见到，数理逻辑有时被当作"一般化的逻辑"（generalized logic）。④

二、现代经典逻辑的"描述"方式

当代正统意义上的"现代逻辑"，有时直接称为"数理逻辑"，通常分为经典逻辑和非经典逻辑两个部分。经典逻辑是从弗雷格、罗素等人形式系统发展演变而来的一种标准逻辑，在狭义上可以理解为（带等词或不带等词的）一阶逻辑或曰初等逻辑，有时也称作量化理论或谓词演算。我

---

① Alfred Tarski. *Introduction to Logic and to the Methodology of Deductive Sciences*. translated by Olaf Helmer, New York: Dover Publications, Inc., 1995, P. ix.
② Bertrand Russell. *The Principles of Mathematics*. Second Edition, New York: W. W. Norton & Company, Inc., 1996, P. 129.
③ Bertrand Russell. *The Principles of Mathematics*. Second Edition, New York: W. W. Norton & Company, Inc., 1996, P. 7.
④ M. R. Cohen & E. Nagel. *An Introduction to Logic and Scientific Method*. London: Routledge and Kegan Paul, 1934, P. 110.

们先来看经典逻辑是如何间接"描述"数学推理的。

经典逻辑中最常见的形式系统或曰"逻辑演算"有公理化系统和自然推理系统。前者主要是受欧几里得几何学影响，试图把一切演绎建立在一些自明或不自明的公理（"不自明的公理"或叫"公设"更为恰当）之上，从少量的公理可以推导出大量的定理。后者则是受常见数学证明法的启发，不设任何公理，只是把一切演绎建立在特定的一些有关联结词引入和消去的推理规则之上。除了公理或规则之外，两种形式系统在语法部分，都会事先规定一些初始符号，包括各类变项符号、常项符号以及常用的数学标记（括号、逗号、上下标等），类似于一套语言的词汇表；然后再通过"形成规则"规定这些初始符号如何搭配才可以构成所谓的"合式公式"，类似于一套语言中帮助我们避免病句的句法结构。在语义部分，它们会接着规定那些初始的变项或常项符号该如何得以解释或如何替换成实例，并特别强调任何命题都是二值的，要么为真，要么为假。最后，经典逻辑希望表明如此所建构起来的形式系统不仅是可靠的（即，一切在该系统中可证明的公式都是真命题，或曰，不存在任一合式公式，它和它的否定都在该系统中可证），也是完备的（即，一切真命题都是在该系统中可证明的，或曰，对于任一合式公式而言，要么它是可证的，要么它的否定是可证的），甚至也可以具有其他元定理。

这些形式系统与我们的自然语言和普通数学语言相比，显然要简洁得多，最突出的是其词汇表往往包含非常少的初始符号。但是，它们被认为具有相当强的表现力。这种表现力意味着：我们在特定范围内[①]所涉及的真命题以及这些真命题之间的复杂关系，都可以通过这样的形式系统严格还原和清晰展现出来。譬如，某一阶逻辑的命题演算部分，虽然作为逻辑常项的联结词仅仅有"¬""→"两个，但是，借助于这两个符号及有关形成规则，可以界定各种新型或更加复杂的关系：用¬P→Q界定P∨Q，用¬(P→¬Q)界定P∧Q，用¬((P→Q)→¬(Q→P))界定P↔Q，如此等等。虽然系统里的公理或规则只有少量的几个，却足以推导出各种真命题。这就像是在三段论逻辑所设想的那样，至少在理论上，任何推理都可

---

① 这里所谓的"特定范围"当然是重要的限定条件。塔斯基曾把数理逻辑对于真命题的系统表现功能限定在"形式化理论"（formalized theory），即，一套可以为其提供形式化语言和形式证明的公理化理论。参看 Alfred Tarski. "Truth and Proof". in *A Philosophical Companion to First - Order Logic*, Hughes, R. I. G. (ed.), Indianapolis: Hackett Publishing Company, Inc., 1993, pp. 101-125.

以还原为三段论，而任何正确使用的三段论，都可以通过简单的几条规则或数量有限（24种）的"有效式"来刻画。

根据以上所述的处理思路，我们可以相信：在现代经典逻辑那里，一种缺省的"推理描述"就是，任何数学问题或广义上的演绎问题都可以还原到一阶逻辑中的推理形式来看待，这实际上既是成功的数学家所应遵循的推理模式，也是任何专注于演绎理论的科学家正在学习的推理形式。①塞恩斯伯里（M. Sainsbury）在《逻辑形式》一书中，把此种还原称作"对论证做形式化处理"。"在这一传统内部，对于自然语言所表述的任一论证，所要问的第一个问题是：它的逻辑形式是什么？而对这个问题的回答就是把该论证翻译为某种人工语言形式，即，所谓的'对论证做形式化处理'。"②

如此看待推理，似乎显得比较"迂回"，但由此所换来的最大好处是：我们可以在特定论域内建构一种逻辑上可靠且完备的演绎理论，从而使得我们更容易获得所需要的严格性和精确性。譬如，我们在物理学上知道，任何物体在不受任何外力作用的情况下总保持匀速直线运动状态或静止状态。现在，我们看到某个运动物体逐步减速直至静止不动。面对此种现象，能做什么推理呢？现代经典逻辑学家的看法似乎是：我们需要将此种现象放在某种有关物体运动的演绎理论中，而这套演绎理论可以看作是对于纯数学即现代一阶逻辑的某种解释而已，于是，这里关于物理现象的推理就还原为一阶逻辑中类似"$((p \rightarrow q) \wedge \neg q) \rightarrow \neg p$"的纯数学推理。奎因可谓是把此种关于推理的描述方式发挥到了极致。在他看来，不仅是各门演绎性的科学理论可以还原为一阶逻辑，甚至是日常语言在经过必要的语义整编之后也可以近似地还原为一阶逻辑中那样的纯数学推理。只要我们追求的是"信念之网"，这种还原就是可行的。"任何由多个句子复合而成更多句子的构造法在逻辑学上都可以表达为一种真值函项，假若它满

---

① 有读者或许觉察到，对于推理的此种刻画实质上所描述的可能是"正确的推理"或"好的推理"。也就是说，至少在有些数理逻辑学家看来，只有那些能够成功还原为特定系统内数学推理的论证，才能够称得上"推理"，否则就是"谬误"或其他什么。当然，这样看来，有关推理是非的"描述"问题与有关推理好坏的"规范"问题已经联系在一起了（我们在第四章第一节中将专门涉及数理逻辑学家所理解的规范问题）。不过，即便是从数理逻辑的视角来看，"推理"与"好的推理"并不一定非要等同处理不可。譬如，某些日常论证中的所有命题均可以成功被还原为特定形式系统中的合式公式，就其为作为命题序列而言，原来的论证已然被处理为"推理"，但很有可能，这个推理并不是该系统内的有效推理，即，无法根据系统内规则由前提命题推出结论命题。

② Mark Sainsbury. *Logical Forms：An Introduction to Philosophical Logic*. second edition，Malden，MA：Blackwell，2001，P. 53.

足了这样的条件：该复合句对应于其构件的每一个真值赋值都有唯一的真值（真或假）。"① 而且，基于一阶逻辑记法的规范系统虽对于具体论题的探讨而言算不上"完整的记法"，但它作为"局部的记法"确实适用于所有的论题。② 根据他所描述的宏伟图景，最终"我们所得到的作为诸多世界体系之图式的就是当今逻辑学家十分熟知的那种结构，即，量化理论或曰谓词演算［即一阶逻辑］。"③

三、现代非经典逻辑的新尝试

根据一般的理解，所谓"非经典逻辑"是对于现代经典逻辑的某些预设（包括二值原则、外延性原则等）做出调整而形成的另外一些数理逻辑系统。关于推理，非经典逻辑的描述方式和经典逻辑是在同一条道路上。非经典逻辑同样认为，至少是在科学理论的语境内，我们要把具体问题还原到用以刻画数学推理的那种数理逻辑或符号逻辑中，然后根据逻辑系统内的既定规则，开展推理。与经典逻辑不同的是，它认为一阶逻辑并不足以描述我们所需要的数学推理，因而需要扩充或修改，以便把更多的实践问题包括日常语言问题纳入科学理论及其背后的符号逻辑之中。

让我们通过具体例子来看此种扩充或修改的动因。普莱尔（A. N. Prior）在《何谓逻辑?》一文中曾对照两组不同风格的日常论证。第一组是：（1）如果波利是动物，那么波利是动物；（2）如果波利是有羽毛的动物，那么波利是动物；（3）如果所有有羽毛的动物都呼吸空气，那么不呼吸空气的东西就不是有羽毛的动物。另一组是：（1）如果现在有鹦鹉，那么将来总是有过鹦鹉；（2）如果我知道波利呼吸空气，那么他就是呼吸空气的；（3）如果我有义务善待波利，那么我并无义务不善待波利；（4）如果波利不可能不是鹦鹉，那么他就可能是鹦鹉。第一组的例子可以很容易还原为一阶逻辑中的某种"数学推理"样式，但另外一组却无法简单地还原到一阶逻辑中。正如为了能从形式上刻画"所有人都是可朽的，而苏格拉底是人，所以他是可朽的"推理形式，逻辑学家从专注联结词的命题逻辑④走向专注量词的量化逻辑一样，为了能从形式上刻画第二组论

---

① W. V. O. Quine. *Word and Object*. new edition, Cambridge and London: The MIT Press, 2013, P. 52.

② W. V. O. Quine. *Word and Object*. new edition, Cambridge and London: The MIT Press, 2013, P. 146.

③ W. V. O. Quine. *Word and Object*. new edition, Cambridge and London: The MIT Press, 2013, P. 209.

④ 在命题逻辑语言中，该论证只能表示为"$(p \land q) \to r$"，但这显然是无效式。

证是如何推理的,人们自然希望能引入比一阶逻辑更多的逻辑词(算子),如时间算子、认知算子、道义算子、模态算子,以此扩充原一阶逻辑的初始符号和公理或规则,形成另外一些被称作非经典逻辑的形式系统。

当然,出于把更多日常论断纳入科学理论进而还原为纯数学推理的希望,我们还可以修改原一阶逻辑的其他东西,从而形成不只是"扩充"而是涉及"变异"的逻辑系统,包括多值逻辑、相干逻辑、直觉主义逻辑、弗协调逻辑等。不过,不论如何,它们与经典逻辑的不同仅在于所提供的"还原"标准或推理"范型"上。在关于"如何才算推理?"或"(至少是科学层面上的)推理是怎么样的?"这个描述问题上,两者给出的回答是类似的:先纳入科学的理论,再还原为某种接近纯数学的形式系统。由此来看,非经典逻辑对于经典逻辑的"异议",只是表面上的。这就像是波普(Karl Popper)尽管用"证伪主义"取代"实证主义",甚或在其著作书名中出现所谓"科学发现的逻辑"(the logic of scientific discovery),但他并不承认演绎逻辑之外有什么不同的逻辑,他很多时候只是拿 MT 规则(否定后件式)来为自己证伪理论提供支持,因而依然行走在演绎主义道路上。①

沿着这条由经典逻辑所开创的路线,数理逻辑学家相信,不只是时态、道义等这些已被逻辑学家关注的问题,实际上任何我们准备加以科学处理的问题,都可以借助于符号逻辑还原为数学推理。普莱尔的下面一段话或许显得有些极端,但他所道出的或许就是暗藏在许多数理逻辑学家工作中关于"推理之所是"的观念:"构建一种演算来处理时间和时态,显然是有益处的;建构一种演算来处理某些有关义务(虽然不是很具体的义务)的真理似乎也是有益处的;我们现在也正开始对经典和相对论物理学以及经济学分部进行形式化处理……。不论如何,关键的一点是:这些情况都只是程度上的不同。要发现某一既定领域是否能被处理为一种逻辑,即,作为演算对象来处理,要发现如此处理能达到什么程度,唯一的办法就是试试看,看看能发生什么。"②

---

① 在波普看来,科学理论的预言大多体现为"如果 p 那么 q"的条件句形式(其中 p 为科学假说,q 为理论上预言会发生的结果),根据逻辑学规则,当在实验中发现有 q 为真的不论多少"结果",都不能帮助我们证实某一假说 p,而一旦发现有 q 为假的哪怕一个"结果",就可以帮助我们证伪 p。更多可参看 A. C. Grayling. *An Introduction to Philosophical Logic*. New Edition, London: Duckworth, 1990, pp. 19 – 20 以及 Karl Popper. *The Logic of Scientific Discovery*. London and New York: Routledge, 2002, pp. 55 – 56.

② A. N. Prior. *Papers in Logic and Ethics*. edited by P. T. Geach and A. J. Kenny, Amherst: University of Massachusetts Press, 1976, P. 129.

四、数理逻辑对于推理的"描述"是否带有"理性主义原罪"?

数理逻辑,在当代社会中,已成为"现代逻辑"的代名词。不过,此种"现代逻辑"也并不是从未受到质疑。一直以来,总有人认为数理逻辑把一切论证还原为数学推理进而把推理等同于广义数学推理的做法,忽略或掩盖了科学论证和日常说理的丰富性。詹姆斯曾批评同时代的一些逻辑学家和形而上学家由于采用"恶性抽象法"(vicious abstractionism)而陷入各种麻烦,他提出,"那种对于抽象特征和类名的恶性私自使用,是理性主义者的最大原罪之一。"① 那么,如果我们以上关于数理逻辑之"推理描述"的推断是正确的话,数理逻辑学家是否带有此种"理性主义原罪"呢?

对于这个问题的回答,一种方式是继续追问"数理逻辑学家是不是理性主义者?"但是,要回答后一问题并不比回答前一问题更容易。还是让我们先看詹姆斯所谓的"恶性抽象法"到底指什么,然后比照来看数理逻辑在什么意义上出现有恶性抽象法吧!

詹姆斯用"恶性抽象法"指代一种对于概念的使用方式。这种方式可以描述为:"我们在构思一个具体情境时把其中某种显著或重要的特征挑选出来,并把该情境归在此种特征之下;然后,我们不是把此种新构思方式所带来的各种实证效果补充到它此前的种种特征之中,而是紧接着以私人的方式使用此概念,把原有的丰实现象约减为该名称在抽象看待时所暗示的那种光秃秃的东西,认为它'只不过'是该概念下的个例罢了,似乎该概念由以抽象出的所有其他特征都被清除掉了。以此种方式运作的抽象法变成了一种拘留手段,远不是思想进步的手段。"② 可以看出,恶性抽象法之所以被称为"恶性",主要不是因为抽象法,而是因为某种特征被抽象出来之后在使用过程中遗忘了它的"原初情境"和"其他特征"。这类似于"概念的误用"。

由此,我们来看数理逻辑所"描述"的"推理"。它把人类推理中的某些形式特征抽象出来(譬如,蕴涵关系),然后用数学语言加以刻画,最终发展成为一种逻辑演算。此种对于推理的"抽象法"是良性的,还是恶性的呢?要回答这一点,笔者认为,我们首先不能对数理逻辑学家一概

---

① William James. *The Meaning of Truth*: *A Sequel to "Pragmatism"*. New York: Longmans, Green & Co. 1909, P. 250.

② William James. *The Meaning of Truth*: *A Sequel to "Pragmatism"*. New York: Longmans, Green & Co. 1909, P. 249.

而论，否则本身就是对于"数理逻辑学家"这个类名的恶性抽象法。从数理逻辑学家对于"推理"所表示之概念的实际使用来看，有两种不同的情况要区分。

第一种是认为，数理逻辑中所刻画的那种"数学推理"样式可以看作是一种具有普遍价值的工具，或计算机科学等领域中所谓的"通用性"（general - purpose），但在应用到具体的某门科学或某些实际问题时，必须先想方设法把具体问题翻译到某种形式系统（一阶逻辑或非经典逻辑）之中。此种具体的实际问题与抽象的形式理论之间的翻译转换，是与形式系统本身一样重要的。不同的翻译可能会把我们所面对的问题引向不同的数学推理形式，从而会有不同的推理形态。这就像是经济学家、社会学家想要应用数学处理实际问题时，必须首先根据特定的理论目的以及实践目的进行建模一样。数学工具，从外部来看，是没有任何不当之处的，可能有不当之处的只会是人们对数学工具的应用方式。譬如，当代学者库克（Roy Cook）在《模糊性与数学精确性》一文中，明确主张把现代逻辑视作一种建模工具，即，所谓对于自然语言论证的"形式化"并非在提供一种如实描述，而是一种建构模型的过程。① 而既然是建模而已，就自然会有不同的"现代逻辑"工具以及不同的形式化结果。当贝尔（J. C. Beall）在其《逻辑基础》一书中着重关注"逻辑理论化"（logical theorizing）工作时，也是在类似的意义上理解现代逻辑的。事实上，在该书的第二版（2017）中，他直接提出："逻辑理论旨在为各种自然语言或自然语言的片段进行建模。"② 书中，甚至以"逻辑之作为建模"（Logic as Modeling）作为醒目的章节标题，特别写道："在逻辑学上，与在其他科学那里一样，我们获取进步的通用策略是：提出某些结构作为日常语言逻辑后承关系的模型，然后研究这些模型以期能理解我们所要建模的东西。当然，为了做到这一点，我们必须详细指定我们模型的目标系统——我们试图建模其逻辑后承关系的那些自然语言片段——以及建模假说——我们假定自然语言逻辑后承关系的某些方面相似于我们模型中所凸显出来的那些关系。……

---

① Roy T. Cook. "Vagueness and Mathematical Precision". *Mind*, Vol. 111, No. 442, 2002. 该文中，库克提出：关于现代逻辑及其形式化的地位，历史上和当今的逻辑学家大致可以分为三种观点：（1）传统描述型的逻辑观念；（2）（他本人所倡导的）建模型的逻辑观念；（3）工具论的逻辑观念。观点（1）类似于本书这里所谈论的第二种情况，观点（2）和观点（3）可涵盖于本书这里所谈论的第一种情况。从本书的视角来看，库克所谓观点（2）和观点（3）之间的差别主要是强弱版本的不同：相较而言，观点（2）似乎比观点（3）更加看重语义学或哲学上的考虑。

② Jc Beall and Shay Allen Logan. *Logic: The Basics.* 2nd edition, London and New York: Routledge, 2017, P. 16.

每一个逻辑理论都提供了有关自然语言某一片段中的逻辑后承关系的一个模型。这些模型(即形式后承关系本身)均反映了一种特殊的观点(或理论),用于看待目标语言中的论证何以事实上具有逻辑有效性。"①

很显然,这些对待"现代逻辑"的方式,非常类似于科学家(包括推理心理学家)看待自己"科学理论"的态度,即,用以解决特定实际问题的理论假说而已,其能在多大程度上被接受(或被视为正确),取决于它在预言或解决问题的功效。② 如此按照工具主义的态度来看数理逻辑中所刻画的那种"数学推理"样式,它们或许原本就是帮助我们间接处理科学和日常生活中各类问题的一种抽象工具,只要不存在"误用逻辑"的情形,便不存在对于"推理"的所谓恶意抽象法。③

数理逻辑学家对于"推理"概念的使用,另一种情况是认为:体现于数理逻辑中的"数学推理"不只是一种工具,而是唯一真正可用或理想的推理形式,是任何成功的数学家和科学家都在使用的推理形式,所以,凡是不能还原为一阶逻辑或非经典逻辑"公式"的推理,都算不上真正的或具有科学态度的推理。这种观点在现代逻辑诞生之初的逻辑主义者中多有体现。然而,我们已经知道,逻辑主义即便在数学界也没有得到普遍或长期的接受。在现代数学基础领域,直觉主义、形式主义与逻辑主义长期竞争,前两者并不认同后者关于纯数学可以还原为数理逻辑的观点。而且,随着罗素悖论和哥德尔不完全性定理的发现,那种认为数学应该还原为逻辑的逻辑主义方案已宣告失败。另外,从数学家的具体实践来看,譬如,作为数学家的皮尔士认为,数学家的推理并不是只把数学命题置于某个既定的公理化系统或自然推理系统之中,实际上数学中大量包含着观察的成分,甚至可以把数学称之为观察型科学。他引用伟大数学家高斯(Carl Friedrich Gauss)的话说:"代数就是一种用眼看的科学(a science of the eye),只是它观察的是具有最高抽象特征的人造对象"。④ 因此,如果把这些不同情况考虑进数理逻辑由之抽象出的数学实践中,我们就可以说,那种逻辑主义者以及在他们之后相信只有数学推理才算得上真正推理的人其实已经把某种抽象物脱离开了具体实践,因而带有詹姆斯所谓的"恶性

---

① Jc Beall and Shay Allen Logan. Logic: The Basis. 2nd edition, London and New York: Routledge, 2017, P. 15.
② 更多立足"建模"视角对于现代逻辑之功能的理解,可参看张留华:《走向建模论的逻辑规范:对现代逻辑"必然性"观念的澄清》,刊于《南国学术》2020年第4期。
③ 这当然意味着数理逻辑是间接相关于我们的推理研究的,尽管我们在第四章将看到:如哈曼所言,此种相关性并不具有特殊地位,就像物理学也可以说是在关注推理一样。
④ CP 1.34.

抽象法"。

在我们说到数理逻辑的不当使用有可能走向关于推理（数学推理以及其他推理）的恶性抽象法时，有人会说：逻辑主义是历史上的一个粗糙方案，当今社会已经很少有人持有那种狭隘的方案了，真正懂得逻辑学的人没有人会犯那种关于推理的"恶性抽象法"，因此，当詹姆斯用它来批评数理逻辑学家时，实际上只是在攻击一个稻草人。对此，笔者想说，这种判断或许过于乐观了！必须承认，正如严肃的数学家对待数学与现实的关系那样，许多严肃的数理逻辑学家在把日常论证还原为数学推理时，通常会格外谨慎。譬如，萨尔门（W. Salmon）在《逻辑学》一书中特别强调与数学推理相伴的"翻译"或"整理"工作的重要性："正如在基础代数中，我们经常发现最困难的一部分就是把日常语言中的问题翻译为符号逻辑语言中的问题。"① 然而，当数理逻辑日渐成为一种新的逻辑学范式，而且逻辑学与推理研究的直接相关性依然被期待时，我们见到有些逻辑教材虽然在口头上强烈否认"恶性抽象法"，实际上却可能在无意识中践行。譬如，柯比等人的《逻辑导论》在谈到推理时说："推理并非唯一能支持人们所做断言的方式。他们可以诉诸那些可以说服人的权威或情感，或者他们会不假思索地只是依赖于习惯。然而，当某人想要做出完全令人信赖的判断时，唯一可靠的基础将是正确的推理。"② 他们没有像早期的数理逻辑学家那样谨慎地把所谓推理限定于某种演绎或数理性科学理论内部，同时又把推理与权威、习惯、情感相对立，这已经意味着他们开始把推理与其所在的语境脱离开来。还有，当代逻辑教材谈到二难推理时依然津津乐道"上帝搬石头的悖论"（paradox or riddle of the stone），③ 如果我们认为其中重要的只是逻辑形式（二难推理简单构成式）的有效性，而看不到人们的宗教思考与形式逻辑之间的"翻译恰当性"问题，认识不到（至少是那些强调理性至上的）宗教人士实际所理解的"上帝万能"不可能

---

① W. Salmon. *Logic*. Second Edition, Englewood Cliffs, NJ: Prentice-Hall, Inc., 1973, P. 79.
② Irving M. Copi, Carl Cohen and Kenneth McMahon. *Introduction to Logic*. Fourteenth Edition, England: Pearson Education Limited, 2014, P. 2.
③ 这个两难推理的大意是："如果上帝能创造出自己搬不动的石头，那么上帝不是万能的（因其有东西搬不动）；如果上帝不能造出自己搬不动的石头（因其有东西造不出），那么上帝也不是万能的；上帝或者能造出自己搬不动的石头，或者不能造出自己搬不动的石头；总之上帝不是万能的。"参见彭漪涟主编《逻辑学基础教程》（第三版），华东师范大学出版社2017年版，第127页。这个例子曾经在很多逻辑学教材中提到，但现在已经变得少了。其中一个原因或许是，维特根斯坦在《逻辑哲学论》3.031节告诫我们："经常有人说上帝无法创造与逻辑规律相悖的东西。——可真相是：我们不能说出一个'不合逻辑的'世界什么样子。"

包括"有能力创造出连他自己也搬不动的石头",① 那么,这也将是一种典型的恶性抽象法,至于上帝到底是否全能,什么也证明不了(prove nothing)。

第三节 推理心理学家的实证描述

在科学时代里,关于一个东西实际上怎么回事,通常被认为由科学家说了算。于是,当问到如何描述我们的推理时,被誉为实证科学家的当代心理学家被寄予厚望。事实上,自从心理学家把推理作为一种心理现象加以实验处理之后,推理心理学(psychology of reasoning)正成为认知心理学中的一个重要分支,各类著作、论文和期刊大量涌现。在论及推理是什么时,人们不再仅仅听到逻辑学家的"教导"声音,而是可以听到推理心理学家对我们普通个体乃至科学家实际推理情况的实验统计及原因分析。由于后者基于实验数据和实证分析来说话,来自他们的声音在当今社会正变得愈发响亮。

一、心理学家论形式逻辑的实际被接受情况及其原因

对于推理现象的心理学研究,可以追溯到20世纪二三十年代。当时有部分心理学家引入了一种至今仍在采用的推理心理学方法论:"把被试

---

① 这种"翻译"的荒谬性在于:正如我们无法把一个人能够让自己变傻或自残看作他的能力一样,我们当然也不会把"创造一个连他自己也搬不动的石头"看作上帝"全能"的表现之一。类似方向上的详细讨论,可参看 George I. Mavrodes. "Some Puzzles Concerning Omnipotence". *The Philosophical Review*, Vol. 72, No. 2, 1963, pp. 221 – 223。该文作者强调:通过设计"创造一个连他自己也搬不动的石头"来验证上帝的全能,这是典型的"伪任务"(pseudo – task),跟能力所涉及的可能性毫无关系。与之略有不同的一种意见是:当我们说"某某不能造出他自己搬不动的石头"(x cannot create a stone which x cannot lift)时,只是说"如果某某能创造出一个石头,他一定搬得动",并不意味着"某某能力有限"或"某某有什么任务完成不了"。实际上,"上帝不能造出他自己搬不动的石头"并不妨碍我们说"上帝能造出任何重量的石头"和"上帝搬得动任何重量的石头",毋宁说前一句话是后两句话的必然结果。参看 C. Wade Savage. The Paradox of the Stone. *The Philosophical Review*, Vol. 76, No. 1, 1967, pp. 74 – 79。当然,以上这些都是从理性的视角(以阿奎那为代表人物)来理解"上帝全能"。其实,即便是强调意志至上的宗教哲学家,他们往往也不认为这个人为翻译出来的"两难推理"就能用来驳斥上帝全能,因为假设上帝的全能可以是指如笛卡尔所想的那种随心所欲的"任意妄为",他既然能做出"创造一个连他自己也搬不动的石头"此种匪夷所思的事情,为何就不能紧接着做出另一件甚至更加匪夷所思的事情"搬动这样一块石头"呢?有关这条路线上的讨论,可参看 Harry G. Frankfurt. The Logic of Omnipotence. *The Philosophical Review*, Vol. 73, No. 2, 1964, pp. 262 – 263。

带到实验室里来,给他们看某一论证的前提。而该论证是可以经由某种标准逻辑形式得以分析的。然后请他们演示各自对于逻辑有效性的理解,所借助的方法有:(a)决定所提供的结论能否从所给前提必然得出,或者(b)决定在一系列结论中哪一个能从所给前提中得到。第3种方法是……不提供任何结论让他们评价,而反过来请被试写下他们相信可以得出的任何结论。接下来,研究者通行(尽管并非没有变化)的做法就是:相对于一种规范性的逻辑分析,把被试所做的那些决定描述为对或错。"① 而最早使得推理心理学备受关注的是沃森(Peter Wason)及其同事和学生在60年代以来所开展的深入而持续的研究工作。他们以及前人的系列实验工作把我们引向一种特别有趣或令人吃惊的发现:尽管人是理性动物,而且从古到今的大批逻辑学家给我们提供了三段论、命题逻辑乃至一阶逻辑等理论来刻画推理规则,但是,人们在实际推理时却并非总是遵循那些规则,也就是说,理性动物在实际推理中经常出错,甚至人们的出错情况并非随机分布,而是呈现出某种规律。譬如,对于涉及充分条件假言命题的条件句推理,② 近乎百分之百的被试都能运用 MP 规则(即肯定前件式)正确推理,而能正确运用 MT 规则(即否定后件式)的被试比例却少得多,尽管 MP 规则和 MT 规则在逻辑上都是有效的(甚至是等价的)推理形式。③ 当然,对于另外两种逻辑上无效的条件推理,人们实际的推理倾向也不同,譬如,相比于从否定前件到否定后件的人数,从肯定后件到肯定前件的人数更多。不仅是条件句推理,事实上心理学家所考察的各种类型的逻辑推理都存在高出错率的实验现象。这并不是说被试在推理时总是随意而为,胡乱瞎猜,因为心理学家同时观察到,被试回答正确时并非只是偶然。这里,关键的一点是:如果我们根据现有的形式逻辑标准来看,会发现人们在实际推理中经常出现某些错误,即违背逻辑的地方,这种"常见现象"似乎可以反映:人类推理有一些"系统性偏见"(systematic biases)。

科学家对于"自然现象"的研究不仅在于总结发现一些规律,而且在于提出一些理论来解释其中的原因。推理心理学家把人们在实际推理时的

---

① Jonathan St. B. T. Evans, Stephen E. Newstead, and Ruth M. J. Byrne. *Human Reasoning*: *The Psychology of Deduction*. East Sussex: Lawrence Erlbaum Associates Ltd, 1993, P. 5.

② 在学术文献中,所谓条件句推理或条件推理,通常特指推理的前提或结论中含有形如"如果……那么……"的充分条件句。除非特别说明,本书下面提到条件句时特指充分条件句。

③ 从形式逻辑的角度看,"如果 p,那么 q"的逆否命题就是"如果¬q,那么¬p",两者在逻辑上是等价的。因此,当 MT 规则告诉由¬q 出发根据前者得出¬p 时,其实就是 MP 规则的一次应用而已,我们甚至可以说 MT 是 MP 的等价规则。

对错规律称之为各类"效应"（effects）（其中最常见的出错规律被称为"偏见"），然后试图设计一些"理论假说"或"理论模型"来解释这些"效应"何以产生。这种"效应+理论假说"的研究路线代表着推理心理学文献中最为常见的一种思路。根据他们的思路，逻辑学提供的"推理规范"代表了理性评价的标准，因此，当我们通过实验发现不少人在不少情况下总是不能遵循逻辑规则时，便意味着他们总是会"出错"，尽管这种错误呈现出规律因而显示出一些"效应"；另外，心理学家通过一些科学理论为我们解释为何会存在如此这般的"效应"（即有些人在有些情况下总是推理出错），从而教导我们应当更谨慎地或有策略地学习和运用形式逻辑知识。

以三段论推理为例，心理学家发现有多种因素会影响人们的推理对错规律。譬如，不同格、式的三段论出错率不同，尤其是当涉及特称命题时，由于被试不了解"有"（some）一词在逻辑学上的特定用法，出错率偏高，此即"形式效应"。① 再如，三段论所涉题材不同，被试对题材的熟悉程度不同，被试对结论的信念情况不同，出错率也不同，此即"内容效应"。类似地，在条件句推理那里，关于 MP 规则和 MT 规则的应用，也会有所谓"前提顺序效应""内容效应""抑制效应""高概率结果效应""语义关系知觉效应"等。② 为何会出现这些效应呢？在目前试图通过提供"理论假说"来解释人类实际推理的心理学理论中，最具影响力的有两种。它们分别从语法和语义的角度告诉我们"形式逻辑"的作用机制，即如何具体作用于人心从而导致各类"出错"效应。

第一种是以利普斯（Lance J. Rips）为代表的"心理逻辑"（mental logic）理论。他相信："演绎推理就在于把心中的推理规则应用到论证的前提和结论之上。所应用的一系列规则构成了从前提对于结论的一种心理证明或推演，这些暗藏于心的证明类似于基础逻辑中的那些明示的证明。在最简单的情形下，一个心理证明只有一个步骤，仅仅应用一条这样的内心规则就可构成。……在更为复杂一些的演绎推理实例中，为了推导出结论，将需要不止一条规则；但是，在任何情形之下，此类规则都是用以决定何种论证有效的最终权威。"③ 根据这种思路，当人们进行现实问题的推理时，总是先找到前提内容的逻辑形式（譬如"如果 p 那么 q"以及

---

① 参见王墨耘：《当代推理心理学》，北京：科学出版社 2012 年版，第 11—18 页。
② 参见王墨耘：《当代推理心理学》，北京：科学出版社 2012 年版，第 42—47 页。
③ Lance J. Rips. Cognitive Processes in Propositional Reasoning. *Psychological Review*, Vol. 90 No. 1, 1983, P. 40.

"p"），然后通过他们心中储备的推理规则（譬如，MP 规则）来建构一种对于结论的心理推衍或证明，最后再把所得到的抽象结论（譬如，"q"）翻译为前提所涉及的具体内容。这些储备于内心的形式规则构成了每个人天然具有的"心理逻辑"，它们是与现代逻辑自然推理系统中句法上的各种"引入规则"和"消去规则"对应的心理图式。① 然而，人人内心都储备着"心理逻辑"（一种抽象的内部化的逻辑），并不意味着我们在实际推理过程中没有"调用规则"上的难易差别。正如心理逻辑理论的另一位代表人物所言，"对于推理的完成可以是灵巧的，也可能是笨拙的。就与任何技能一样，练习、辅导以及做事时的愉悦都可以提高技能水准。心理逻辑为安全可靠的逻辑推理提供了基础，但并不保证能娴熟运作。"② 事实上，根据该理论，当推理者无法通过调用单独一条基本"形式规则"而是需要自行建构包含多条规则的证明序列才能推导出结论时，困难以及错误会产生。譬如，之所以很多人对使用 MP 规则没困难却在使用 MT 规则时存在困难，正是因为 MP 是一条基本的规则，可以直接从内心调用；而 MT 推理并非直接的"自然推理规则"，需要多个基本规则（MP 加上"否定消去规则"等）的并用才能完成。③ 当然，也有人做出肯定后件式（AC）或否定前件式（DA）的无效推理。对此，心理逻辑理论的解释是：可能是被试把充分条件句理解为充分必要条件句，也可能是被试把"心理逻辑"应用到了被误读的前提之上。④

另一种颇具影响力的推理理论是以约翰逊—莱尔德（Philip N. Johnson - Laird）为代表的"心理模型"（mental models）理论。这种理论基本可以看作是因为反对"心理逻辑"或"形式规则"理论而产生的结果。"许多人以为，要确立一个论证的有效性，唯一办法就是通过一个逻辑演算来推导出有关它的一个形式证明。他们错了。逻辑学家把这些依赖于形式推理

---

① 利普斯曾提出了一个名为"ANDS"（A Natural Deduction System）的模型，其实质是逻辑上的自然推理系统。正是由于这套推理理论强调"形式规则"的作用，有心理学家也将其直接称为"形式规则理论"。

② D. P. O, Brien. "Mental Logic and Human Irrationality: We can Put a Man on the Moon, So Why can't We Solve Those Logical - reasoning Problems?". in *Rationality*: *Psychological and Philosophical Perspectives*, edited by K. I. Manktelow and D. E. Over, London and New York: Routledge, 1993, pp. 131 – 132.

③ 这里所指的对于 MT（即，若 p→q，且 ¬q，则 ¬p）的"复杂"建构过程是：假设¬p 为假，即，¬¬p。根据否定消去规则或曰双重否定律，可得 p。再根据 MP 规则，从 p→q 可推出 q。这与已知条件"¬q"矛盾。所以，根据归谬原理，假设不成立，即，¬p 得证。

④ Jonathan St. B. T. Evans, Stephen E. Newstead, and Ruth M. J. Byrne. *Human Reasoning*: *The Psychology of Deduction*. East Sussex: Lawrence Erlbaum Associates Ltd, 1993, P. 72.

规则的'证明论'方法与那些依赖用于表明有效性之语义方式的'模型论'方法区别开来。或许是因为模型论相比于证明论发展晚近,研究人类思维的学者总是不假思索便认为演绎机制依赖于逻辑演算中那样的形式推理规则。……然而,根据我们的观点,推理并非形式上或句法的过程,而是关乎对于意义的理解,对于意义之心理表征(即关于世界的心理模型)的操控。……模型的功能是阐明某一情境中与我们潜在行动相关的那些对象、属性及关系,也就是说,将它们用于我们的推理和决策而无需对其作进一步处理。……基于形式规则的心理学理论追随证明论方法的精神,而我们基于心理模型的这种理论追随的是模型论方法的精神。"① 根据"心理模型"理论的观点,人们在推理时,先建构出与前提语义相容的事物状态的可能性模型,然后基于这些模型进行推理,最后再试着寻找反例。因此,推理的过程中,关键就是对前提所包含的各种可能性(对应于逻辑教材上真值表中的变项赋值)进行心理表征。有些推理之所以显得难,或容易出错,是因为其中牵涉到多重模型,即需要人脑建构的模型数量太多。譬如,在进行形如 MP 那样的推理时,由于前提中条件句模型的第一种容易想到的可能性(即前件真后件真)可以直接与另一前提的情况(即条件句前件为真)相合,一步就可以推出结论(即条件句后件);相比之下,在进行形如 MT 那样的推理时,由于前提中条件句模型通常容易想到的那种可能性(即前件真而后件真)无法与另一前提的情况(即条件句后件为假)相合,需要把条件句模型中其他那些通常被暗藏起来的可能性(即"前件假后件真"和"前件假后件假")"穷尽性地"引入我们心中,进而再比较和挑选,从而使得找出正确结论(即条件句前件为假)变得困难。至于有人做出形如 AC 或 DA 那样的无效推理,则是由于他们没办法把条件句所包含的各种模型具体展开,或者他们具体展开的方式有所不同。②

二、关于"选择任务"实验发现的多样化解读

不论是心理逻辑理论还是心理模型理论,两者都用形式逻辑评估被试推理是否有效并试图通过一些科学假说来解释被试如何接受或使用形式逻

---

① P. N. Johnson – Laird and R. M. M. Byrne. "Models and Deductive Rationality". in *Rationality*: *Psychological and Philosophical Perspectives*, edited by K. I. Manktelow and D. E. Over, London and New York: Routledge, 1993, pp. 180 – 181.

② 参看 Jonathan St. B. T. Evans, Stephen E. Newstead, and Ruth M. J. Byrne. *Human Reasoning*: *The Psychology of Deduction*. East Sussex: Lawrence Erlbaum Associates Ltd, 1993, pp. 84 – 86.

辑,尽管它们对于形式逻辑的关注点不同:一个侧重于句法,另一个侧重于语义。当心理学家沿着类似路线持续开展推理心理学工作时,一个在很多人看来毋庸置疑因而无需赘言的预设是:心理学家的实验结果,就摆在那里,很明显存在着"不合逻辑"的"异常事件",因而我们进一步的工作只是借助理论模型来解释人们如何会有那些"不合逻辑"之处以及如何尽量避开那些"不合逻辑"之处。但是,随着各类实验及其变种的开展,可以发现:心理学家不仅会提出具有竞争性的不同理论来解释实际推理的"不合逻辑",而且在对实验结果本身的解读上存在分歧。也就是说,那些实验结果到底是否意味着人们推理不合逻辑或不理性,这本身可能就是一个问题。让我们以最早由沃森提出的"选择任务"为例。它又被称为"四卡问题",可谓是推理心理学历史上研究最为广泛且深入的一类实验或曰实验范式。

这个实验的标准版本是:被试面前有一组卡片,其中每一张均是一面写有一个大写英文字母另一面写有一个阿拉伯数字。然后,实验人员把这些卡片藏起来,从中抽取四张放置在桌面之上。于是,被试可以看到四张卡片的正面如下所示:

随后,实验人员告诉被试"以下规则应用到这四张卡片时可能是真的,也可能是假的。"

> 如果卡片的一面是 A,
> 那么卡片另一面就应该是 3。

接下来,实验人员要求被试决定:为了确定该规则是真还是假,你需要选择翻开这四张卡片中的哪些?

从实验设计者的初衷来看,这个"选择任务"是为了测试人们对于形式逻辑中广泛使用的 MP/MT 规则的接受和使用情况的。正确的"选择"应该是第一张("A")和第四张("7"),因为上述条件句"规则"只能在一面为"A"另一面却不为"3"的情况下才能被证伪。但是,在沃森等心理学家的早期实验中,被试选对的比率只有不到 10%,他们典型的"选择"都是:单选卡片"A",或选择卡片"A"和"3"。也就是说,人们在实际推理中,会犯两个典型的逻辑错误:不仅选择了不必要的"肯定后件"情形（即卡片"3"），而且漏掉了必要的"否定后件"情形（即卡片"7"）。后来的心理学家有时不用实物卡片，而是直接用纸笔或电脑屏幕显示来重复此种"选择任务"，或者是用其他数字或字母来实验，所有实验结果都跟沃森报告一致。① 这种重复出现的结果，很快被不少心理学家解读为："人们实际推理中对于 MP/MT 等逻辑规则的掌握不好，因而可以说存在'不合逻辑'或'不理性'的倾向。"②

然而，随着更多变种版本的"选择任务"实验开展，持续出现有实验结果偏离上述"一致结果"的现象。譬如，当我们上述实验中"对实际生活不足为道的"（trivial）条件句规则换为下列"对实际生活有重要关切的"（nontrivial）例子时，选对的被试比率开始在某种程度上提高，甚至不再会犯错。

> 每次去曼彻斯特，我都乘火车去。
> 如果这封信被密封了，它就有 50 里拉的邮票贴在上面。
> 如果购买额度超过 30 美元，收据上必须由部门经理签字。
> 如果一个人喝啤酒，那么这个人一定超过了 19 岁。
> 如果一个人穿蓝色衣服，那么这个人一定超过了 19 岁。
> 如果一个人采取行动"A"，那么他必须首先满足前提条件"P"。
> 如果一个人吃木薯根，他脸上一定有纹身。
> （妈妈对儿子说：）"如果你打扫干净你的房间，你就可以出去玩。"

这些新开展的实验，与最初的沃森实验相比，主要是内容不同：后者是抽象的数学或字母内容，而前者均有着特定而具体的生活主题。③ 心理学家把前者称为"带有主题内容的选择任务"，以区别于前者"带有抽象

---

① Jonathan St. B. T. Evans, Stephen E. Newstead, and Ruth M. J. Byrne. *Human Reasoning*: *The Psychology of Deduction*. East Sussex: Lawrence Erlbaum Associates Ltd, 1993, pp. 99 – 101.

② 这些实验结果，有时被解读为一种"证实偏见"（confirmation bias），即，人们更愿寻找能证实（而非驳斥）某一说法（譬如，上述的条件句"如果卡片的一面是 A 那么卡片另一面就应该是 3"）的例子。

③ 有些学者认为，许多基于现实生活的"选择任务"本质上都是"道义推理"，不同于沃森最初所用的直言命题推理。参看 D. E. Over and K. I. Manktelow. "Rationality, Utility and Deontic Reasoning". in *Rationality*: *Psychological and Philosophical Perspectives*, edited by K. I. Manktelow and D. E. Over, London and New York: Routledge, 1993, pp. 231 – 257.

内容的选择任务"。① 前者相对于后者所带来的一系列实验结果上的"变化"让不少心理学家开始反思:或许,我们不要急着对于"不合逻辑"的实验结果做出某种理论解释,而是要先看看那些实验结果到底是否意味着被试真的"不合逻辑"或"不理性",也就是说,要从那些用以检验推理能力的实验设计本身出发对实验结果重新解读。

心理学家埃文斯(Jonathan St. B. T. Evans)把围绕"选择任务"实验发现所产生的解读争议区分为四个方面:一是所谓"引述偏见"(citation bias)问题。有心理学家指出,很多作者选择性地引用那些显示被试犯错概率高的证据,却忽视了那些显示被试善于推理的实验报告。二是所谓"规范系统"(normative - system)问题。有心理学家指出,被试之所以被判定"出错"总是相对于某一种规范系统(譬如标准逻辑或概率理论),然而,被试本身所用的可能是另外某个非标准的系统。也有心理学家甚至指出,逻辑和概率论这样的规范参照系统与人类理性是不相关的,因为就计算能力而言人类不可能把那些规则应用到具有现实复杂性的问题之上。三是所谓"解读"(interpretation)问题。有心理学家指出,被试对于"选择任务"等题目的解读往往不是实验人员所希望的那种方式,他们从自己所理解的前提合乎逻辑地得出结论,之所以被实验人员判定为"出错"只是因为被试所理解的"前提"不同于实验人员所交代的前提。② 其实,我们只要给予被判定"选错"的被试一次自我辩解的机会,我们通常都能看到这种"题意解读"上的分歧。四是所谓"外部效力"(external - validity)问题。有心理学家指出,很多心理实验是随意性设计的,不能代表真实世界;诱导出错的心理实验是人为设计的,并不能由此推断人们在真实的世界中也容易犯错。③

---

① Jonathan St. B. T. Evans, Stephen E. Newstead, and Ruth M. J. Byrne. *Human Reasoning: The Psychology of Deduction.* East Sussex: Lawrence Erlbaum Associates Ltd, 1993, pp. 116 - 117.

② 关于这一点,有人提出"逻辑与理解之间具有一种循环关系",即我们用以判定逻辑性的程序预设了理解,而我们用以判定是否理解的程序预设了逻辑。该论证的大意是:我们要能确定一位被试在既定情境之下的推理是否合乎逻辑,唯有设定他已经正确或至少按照我们希望的方式理解了其中的前提;假若我们不能设定他理解正确或假若我们不知道他的前提是什么,我们就无法从逻辑性上评估这位被试的推理。参看 J. Smedslund. On the Circular Relation of Logic and Understanding. *Scandinavian Journal of Psychology*, Volume 11, 1970, pp. 217 - 219.

③ 参看 J. St. B. T. Evans. "Bias and Rationality." in *Rationality: Psychological and Philosophical Perspectives*, edited by K. I. Manktelow and D. E. Over, London and New York: Routledge, 1993, pp. 6 - 7, pp. 16 - 26.

三、心理学家转而关注我们人如何在实际推理中追求理性

与人们对"选择任务"之类实验发现的多重解读相伴随的是,新近有日益增多的推理心理学家不再单纯地对照形式逻辑来研究人们的实际推理,转而开始更多关注日常生活中的推理及其理性追求。他们不仅认识到实验室推理与真实世界推理之间的差别,也意识到理论推理与实践推理之间的差别,甚至还承认专家推理与日常推理之间有差别。面对来自各个领域的丰富多样的推理实践,他们试着不再依赖于形式逻辑学家的"概念框架"来关注与描述人们的推理及其实际功用,把研究的侧重点放在揭示人类实际认知过程中的限制条件(选择性注意、记忆力局限、语言预设等),而不再过多关注被试对于形式逻辑的接受情况。

在此新的动态之下,首先我们看到,最初由西蒙(Herbert A. Simon)所提出的"有限理性"(bounded rationality)一词在推理心理学领域中流行开来。根据此种观念,基于各种现实的认知限制①或曰"难解性"(intractability),② 人们在推理(决策)中根本无法做到形式逻辑(包括概率逻辑在内)所描述的那种"数学化的理性",③ 最后所采用的只能是一种表示"过得去"或"还不错"的满意度准则(satisficing)。④ 西蒙本人用"剪刀"作为隐喻来形容他所谓的"理性之双重限制":"人的理性行为(以及所有物理符号系统的理性行为)是由一把剪刀塑造来的:该剪刀的

---

① 从实际运算来看,人脑最突出的局限性之一就是"工作记忆"(working memory,有时称为短时记忆,在计算机中被称为"工作内存")的有限性。

② 如果一个问题只是在理论上可解决或可判定,但在实践中由于所需太多时间或资源而无法实施,它就是一个"难题"(intractable)问题。相反,如果一个问题可以在考虑时间和资源耗费的情况下得以高效率地解决,它就是"可解"(tractable)的问题。在计算复杂性理论中,人们通常用"难解"问题特指"NP - 难"的问题。参看 J. E. Hopcroft, R. Motwani and J. D. Ullman. *Introduction to Automata Theory, Languages, and Computation*, Boston: Pearson Education, 2007, P. 368, P. 435.

③ 在推理心理学文献中,有时会把推理、判断和决策作为并列的三种研究对象,相应地,在提到有关规范理论时也会把概率论、决策论与形式逻辑并列。但在逻辑学上,人们倾向于从广义上理解推理以至于把判断和决策也作为一种特殊形式的推理,故而概率论和决策论也会被视为某种应用逻辑或逻辑应用。在本书中,如无特别说明,笔者在提到推理心理学研究对象时以"推理"统称,所谓的规范理论也以"形式逻辑"统称。

④ Satisfice 一词是由 satisfy(满足)和 suffice(足够)合并而成的术语。从构词法上可以看出,所谓满意度准则并非一种理想的最优化状态,而是代表当时能达到某种期望标准的、有关收益与成本衡量的较好结果。

一片是任务环境的结构,另一片是行为人的计算能力。"① 他解释说:"由于计算速度和能力的限制,各个智能系统都必须使用近似方法(approximate methods)。最优化(optimality)超出了它们的能力之外;它们的理性都是有限的。要解释有限理性系统的行为,我们必须既刻画该系统的过程,同时又刻画它所要适应的环境。人类短时记忆只能装下五六块东西,再认行为要花费近一秒钟时间,而且人最简单的反应也要花费几十甚至几百个毫秒的时间,而非以微秒、纳秒或皮秒计算的。这些限制属于有关智力问题的最为重要的常量。"② 20 世纪 70 年代,心理学家特沃斯基(Amos Tversky)和卡尼曼(Daniel Kahneman)在西蒙的"有限理性"理论框架下开创了关于"捷思—偏见"(heuristics③ and biases)的研究传统。他们在《不确定性下的判断:捷思与偏见》一文中试图论证:人们依赖于数量不多的启发性原则来化简复杂的任务,这些捷思在概率判断中主要包括"基于代表性的捷思"(representativeness)、"基于可得性的捷思"(availability of instances or scenarios)和"基于锚定和调整性的捷思"(adjustment from an anchor)等。整体上这些捷思非常有用,只是有时会导致严重和系统性的错误。很多所谓的"偏见"正是源于普通人及专家对于这些捷思的依赖。④

与"有限理性"理论旨趣相近但路径不同的是埃文斯等心理学家提出的"双过程"理论。埃文斯等人注意到,在早期的推理心理学研究中出现了一种"理性悖论":一方面,人类显然是高度聪明的,我们不仅适应同时还能改造我们的环境,甚至还形成了极其复杂和有表现力的自然语言;而另一方面,有关推理的心理学文献充斥着大量有关错误和偏见的实验证据。为了解决此种"悖论",他们引入了"理性$_1$"与"理性$_2$"之分:前者是指人们用来获取许多个人目标的能力,后者是指人们通过某一规范理论(如形式逻辑)而为自己的行为寻求理由的能力,可以理解为狭义的"逻辑性"。正是由于人们无需特殊训练就拥有高度的理性$_1$能力,尽管心

---

① Herbert A. Simon, Invariants of Human Behavior. *Annual Review of Psychology*. Volume 41, 1990, P. 7.

② Herbert A. Simon. Invariants of Human Behavior. *Annual Review of Psychology*, Volume 41, 1990, P. 17.

③ 所谓 heuristics,是借用于人工智能领域的一个术语,最初是指计算机程序能够在每一步寻求大量的可能方案然后从中评估一个"比较好的"方案。从实质上来看,所谓"捷思"类似于我们在日常生活中通过试错来解决问题的那种方法。

④ 参见 Amos Tversky and Daniel Kahneman. Judgment under Uncertainty: Heuristics and Biases. *Science*, *New Series*, Vol. 185, No. 4157, 1974, pp. 1124 – 1131.

理学实验已表明人们在理性$_2$方面有许多"误差",但人类在实践生活中总体上表现突出,甚至发明了逻辑学这样的形式系统。基于这种关于理性谈论的术语区分,他们进一步提出:从心理学上来看,推理与决策的心理过程本质上是相似的,两者之间并无严格的界线;更为紧要的区分反倒是"明示认知过程"与"默会认知过程"之间的区分。理性$_1$主要是借助于"并行式的"(parallel)默会认知过程来实现的,理性$_2$则是借助于"序列式的"(sequential)明示认知过程来实现的,我们的行为总是两种过程共同决定的,此即"关于思维的双过程理论"。

不管是前述哪一条新路径,由于视角和视域不同,它们都为心理学家重新把握推理研究的任务提供了新启示。新近的推理心理学看重此前一系列实验发现的成果并继续各种新的心理实验,但不再把人们实际推理中所追求的"理性"(rationality)简单地等同于相对于某一规范理论而言的"逻辑性"(logicality)。正如他们所言,"对照非主观的规范系统来研究误差和偏见,从中可以学到很多关于人类思维的东西,正如我们通过研究视错觉可以学到人视力的许多东西一样。然而,要基于实验室任务中所显示的此类误差以及相关的认知错觉(cognitive illusion)而把不理性归于我们的被试,这种做法整体而言是误导人的。"① 事实上,根据新的理解,所谓"偏见"将不再作为贬义词使用,而是被作为纯粹描述性的词语使用,代表被试在某些情境下"系统性地关注无关逻辑的特征"。② "偏见研究对于理性本身而言并不意味着什么,只是意味着有一些限制被置于我们的理性之上。它其实是对于认知制约以及由之而来的所有理论和实践结果的研究。……唯有意识到逻辑性不同于理性,我们才能避免一种常见的观点,即,认为偏见研究与我们对于理性的信念相冲突。"③ 在此意义上,我们也可以说:"人们天然地推理并不是为了合乎逻辑,相反,我们通常合乎逻辑(就实际程度而言)是为了达到我们的目标。"④

---

① Jonathan St. B. T. Evans and David E. Over. *Rationality and Reasoning*. East Sussex: Psychology Press, 1996, P. 161.

② 参看 Jonathan St. B. T. Evans, Stephen E. Newstead, and Ruth M. J. Byrne. *Human Reasoning: The Psychology of Deduction*. East Sussex: Lawrence Erlbaum Associates Ltd, 1993, pp. 7 - 8.

③ J. St. B. T. Evans. "Bias and Rationality". in *Rationality: Psychological and Philosophical Perspectives*, edited by K. I. Manktelow and D. E. Over, London and New York: Routledge, 1993, pp. 27 - 28.

④ Jonathan St. B. T. Evans and David E. Over. *Rationality and Reasoning*. East Sussex: Psychology Press, 1996, P. 16.

四、心理学实证描述及其解释的限度

我们已经看到，心理学家积极介入了推理问题这个历史上长期由哲学家（包括逻辑学家）支配的话题讨论，并通过强调科学家本身所擅长而哲学著作中缺乏的实验数据和实证分析，使得推理心理学在推理描述及其解释上发出越来越响亮的声音。这样的壮大趋势，容易给人留下一种印象或让人产生一种期待，即，今后，推理的描述工作，应该由哲学家转到心理学家之手中。然而，这种想法是过于草率的。因为当我们发扬心理学在实证描述和科学解释上的优势时，不应忘记其具有的内在限度。虽然这些限度并非心理学家所独有而是各类科学家所共有的，但我们在此有必要结合推理问题指出其中的两点：

第一，推理心理学家对于实验发现的"后续"解读。我们从本节前面部分知道，虽然每一位心理学家在实验室的科学发现可谓"确切属实"，譬如围绕特定的主题任务有多少比例的被试回答符合"标准答案"，但是，关于这样的实验发现到底意味着什么或能告诉我们什么一般性的结论，不同的心理学家会有不同的解读。我们不必说每一位心理学家的解读都是任意的，我们所能看到的实际情况是：不同的心理学家在实验内容上会有变化，得到的实验发现会不一样，甚至对于相同的实验发现，有的心理学家将其解读为理性行为，另有人却将其解读为不理性行为。于是，一个相比心理实验本身而言更为棘手的元问题是："面对目前所得到的实验发现，什么样的解读才是正确的或好的？"对于这一元问题的解决，我们不能指望推理心理学家独自完成，因为他们作为科学家所擅长的实证手段无助于这样的元层次思辨。心理学家可以通过实验来描述人们的实际推理情况，但他们自身在解读实验发现时是否也在做着推理工作，如果是在推理，他们自身的此种推理工作，又该如何看待呢？或许，我们可以考虑把各位心理学家的对于某一实验发现的解读纳入实验室环境，然后看有多少比例的"心理学家"被试做了多少相同或不同的回答，但是如此所得到的结果本身又该如何解读呢？

第二，推理心理学家关于推理描述的"前期"预设。心理学家在选择特定的被试来完成特定的"选择"任务时，已经预设这些被试当时的"选择"就是在做推理，然后当心理学家对于被试的回答进行评估进而归类为"理性"或"不理性"时，也已经预设了用以判定此种回答是否正确的"标准"（譬如形式逻辑）。心理学家在研究推理问题时，只是从一开始便采用了某种现成的流行于某一范围的推理定义，并不关心"何谓真正的推理？"对于他们来讲，什么是推理或不是推理，似乎并不成问题。然而，我们在本章第一节已经看到，这在哲学上正是一个影响重大的问题。可以说，在"选择任务"实验中的被试到底是不是在借助于"推理"而选卡，这本身都是值得讨论的。① 不仅是"推理"一词，其他如"逻辑""理性"等关键词的用法也在心理学家的推理描述中被预设。② 但是，正如心理学家自身逐步意识到的那样，此种预设可能是成问题的。譬如，早期推理心理学家似乎认为正确推理或理性就是按照形式逻辑去推理，而晚近的推理心理学家却认为，所谓理性不只是"合乎逻辑"这一种情形，而是还存在着不同于"逻辑性"的理性。这些语言用法上的考虑并不是无关紧要的，而是作为一种概念框架③直接影响到心理学家对于实验的前期设计与后期解释。需要指出的是，此种语言资源上的变化，并非心理学家自身的创新，很多都是源于哲学等其他领域的研究成果。譬如，卡尼曼在《思考：快与慢》一书中的一个中心论题就是，人类思考问题时存在两种模式："系统1"代表本能性和情感性的快速思维方式，"系统2"代表更为审慎、合乎逻辑的慢速思维方式。④ 这种语言新用法让我们联想起前面提到的埃文斯提出的"双过程理论"，⑤ 但笔者要想强调的是，它们其实都是源自日常语言以及关注语言问题的哲学家那里。如果我们事先了解（本书第二章中所提到的）经由哲学家皮尔士得以重新关注的自中世纪便引入的 logica utens（逻辑本能）与 logica docens（逻辑理论）之分，我们就会知道：这些心理学家只是在援引哲学家的思想资源来突破心理学解释本身所面临的困境。⑥

---

① 参看 Jonathan St. B. T. Evans. *Thinking and Reasoning*: *A Very Short Introduction*. Oxford：Oxford University Press，2017，pp. 87 – 88。

② 这当然是所有实证科学共同面对的问题。正如皮尔士所提到的那样，"性质本身从来都不是观察的对象。我们可以看到一个东西是蓝色的或绿色的，但我们所看到的东西并不是'是蓝色的'和'是绿色的'这样的性质；它们是逻辑反省的产物。"参看 C. S. Peirce. *The Essential Peirce*: *Selected Philosophical Writings*. Volume 1 (1867 – 1893) edited by Nathan Houser and Christian J. W. Kloesel, Bloomington and Indianapolis：Indiana University Press，1992，P. 113。

③ 有趣的是，心理学家对于"框架效应"（framing effects）在人类认知与理解活动中的地位有过广泛讨论，却很少将其应用于对自身理论设计的反思。

④ 参看 Daniel Kahneman. *Thinking*, *Fast and Slow*. Part I, Penguin House, 2011, pp. 17 – 105。

⑤ 其实，类似的"双重理性"观点在埃文斯之前已有其他心理学家所提及，参看 Ken Manktelow. *Reasoning and Thinking*. East Sussex：Psychology Press，1999，P. 227。而卡尼曼本人在提出"系统1"和"系统2"这些标签时也明确承认：它们借自斯坦诺维奇（Keith Stanovich）和威斯特（Richard West）两位心理学家的早期作品，参看 Daniel Kahneman. *Thinking*, *Fast and Slow*. Penguin House, 2011, P. 20, P. 450。

⑥ 有心理学家倾向于将"逻辑本能"解释为一种高阶直觉，参看 Hugo Mercier and Dan Sperber. *The Enigma of Reason*. Cambridge：Harvard University Press，2017，P. 151。

正是因为意识到心理学实证描述及其解释的局限性，我们在近些年也注意到，推理心理学家开始寻求与哲学家的合作。面对心理学家基于实验发现所进行的理论争议，埃文斯坦承："哲学家显然在这个领域扮演着重要角色，因为我们现在并不清楚心理学家所争论的一些议题能否基于经验①根据而得以解决。"② 事实上，他已经与哲学家有了合作成果，《理性与推理》正是他作为心理学家与一位哲学家合作撰写的，如他们所言，这本书既是一部心理学著作，也是一部哲学著作。③ 不仅是埃文斯，在当代其他心理学家的著作中，我们也看到他们有直接援引哲学家关于"真正的推理"定义的。譬如，利普斯在《关于证明的心理学》一书第一章开头④便引用了本章前面曾提及的詹姆斯关于推理与联想之间的区分："有一种简单的理性思维只是过去经验中的具体对象彼此暗示。事实上，它与真正所谓推理之间的重大差别在于：此种经验思维只是复制性的，而推理是生产性的"。⑤

第四节 古典实用主义论推理的开展及其要素

在考察了现代数理逻辑和当代认知心理学对于推理的描述之后，让我们来看古典实用主义关于推理之开展及其要素的描述。不同于现代数理逻辑把一切推理还原为数学推理的做法，古典实用主义直接从实践的角度描述我们的推理之所是。另外，它所谓的实践也不像推理心理学家那样仅仅考虑并解释实验室结果，而是通过对人人皆可得的共同经验的反思和观察进而达到对于日常乃至科学中推理现象的理解。⑥ 如果说现代数理逻辑是

---

① 根据心理学家的一贯用法，这里所谓"经验"是相对于"先验"而言，主要是指自然科学中的实证证据。与实用主义等哲学家所讲到的"经验"是不同的。——引者注。

② Jonathan St. B. T. Evans, Stephen E. Newstead, and Ruth M. J. Byrne. *Human Reasoning: The Psychology of Deduction*. East Sussex: Lawrence Erlbaum Associates Ltd, 1993, P. 281.

③ Jonathan St. B. T. Evans and David E. Over. *Rationality and Reasoning*. East Sussex: Psychology Press, 1996, P. x.

④ Lance J. Rips. *Psychology of Proof: Deductive Reasoning in Human Thinking*. Cambridge, MA: The MIT Press, 1994, P. 3

⑤ William James. *The Principles of Psychology*. Cambridge, Mass: Harvard University Press, 1983, P. 956. 需要指出，这段引文出自《心理学原理》，但众所周知，詹姆斯的该部著作并不只是心理学著作，同时也是哲学著作。就这段引文而言，显然属于詹姆斯的哲学思考。

⑥ 哲学家对于人类共同体经验的此种"观察"研究，有时被称为 Cenoscopy，以区别于心理学等特殊科学借助于"实验"等工具开展的"观察"研究，参看本书第四章第三节。

从数学的角度来描述"数学家眼中的推理",心理学家是从科学的角度来解释"实验室环境下的推理",古典实用主义者则是从哲学家的视角来审视"生活中的推理现象",理解我们如何开展推理又如何发现错误。① 哲学上的审视并不必然反对来自数学或科学的推理研究成果,但后者的地位将在哲学视域下得到重新安放。

一、推理的功能和意图

推理之所是,源于人们开展推理的意图,也即推理对于人类生活的功能。② 关于这一点,熟悉皮尔士"经典两篇"《信念的确定》和《如何使我们的观念明晰》的读者,一定会感到他在其中有些"不厌其烦"的论述。

"推理的目标在于由我们对于已知东西的考察进而探明我们未知的其他某种东西。"③ 而之所以如此,是因为推理是一种典型的思想活动。思想不同于瞬时的直接性,是一种旨在产生信念的间接过程,就此而言它更像是曲调而非任何单个的音符。"有些东西(感觉)是完全呈现于它们所持续的每一瞬间,而另有一些(像思想)则是具有开端、中间和终点的行为,它们是历经心灵的前后相继的多个感觉之间的相称一致。它们不可能直接呈现于我们,必须涵盖过去或未来的某个部分。思想是穿越我们前后相继的各个感知的一段旋律。我们还可以说,正如一段音乐可以分部来写而每一部又都有曲调一样,因此在同样一些感知之间有各种不同的序列关系系统一起存在。这些各自不同的系统区别之处在于它们的动机、观念或功能不同。思想仅仅是此类系统中的一种,因为其唯一的动机、观念和功能就是产生信念,凡是不涉及此目的的都属于其他某些关系系统。"④ 谈到这里,有人或许会质疑说:"难道就不可以仅仅为了好玩而思想吗?"对此,皮尔士承认思想活动的确有这方面的效果,但同时指出那是思想的败坏,无关思想的意图:"它可以娱乐我们,而且在浅薄的涉猎者中间不难

---

① 这里,我们是把数学、科学与哲学作为彼此独立的探究活动看待的,所谓"科学"仅限于采用特定工具和实验手段对于自然和社会现象的研究。

② 笔者相信,这也是斯泰宾选用"thinking to some purpose"(吕叔湘以"有效思维"来翻译)作为其推理论著标题的深意所在。

③ C. S. Peirce. *The Essential Peirce*: *Selected Philosophical Writings*. Volume 1 (1867–1893) edited by Nathan Houser and Christian J. W. Kloesel, Bloomington and Indianapolis: Indiana University Press, 1992, P. 111.

④ C. S. Peirce. *The Essential Peirce*: *Selected Philosophical Writings*. Volume 1 (1867–1893) edited by Nathan Houser and Christian J. W. Kloesel, Bloomington and Indianapolis: Indiana University Press, 1992, P. 129.

发现，有些人将思想滥用为快乐目的，以至于一想到他们乐此不疲用以操练思想的那些问题可能最终得到确定，就令他们烦恼不已；对于将从他们的文学争论场上带走所钟爱的话题的那种实证发现，他们掩饰不住自己的不满。这种倾向正是对思想的败坏。然而，思想的灵魂和意义是从与之伴随的其他因素中抽象出来的，它永远不可能将自己引向信念产生之外的某种东西，尽管其中会有意志力的反对。运动中的思想将获致思想宁静作为其唯一可能的动机；任何涉及信念之外的无论任何东西都不是思想本身的一部分。"① 动态地看，信念总是相对于怀疑而言的，而且信念有新旧之分，因而思想的意图性还体现在从对原信念的怀疑进而获致新信念的过程。皮尔士把"由于怀疑刺激而造成人对于信念状态的努力获取"称为"探究"（inquiry）。"怀疑的刺激是要努力获取信念的唯一直接动力。对于我们来说，当然最好是我们的信念可以真正指引我们行动以满足我们的欲望；这种想法将会使得我们拒绝任何形成后看似无法确保此种效果的信念。但是，要想这样做，我们只能创造一种怀疑来取代那种信念。所以，这种努力开始于怀疑，终结于怀疑的停止。因而，探究的唯一目标就是确定一种意见。"②

杜威在《逻辑学》一书中几乎是重复了皮尔士的上述观点。③ "信念可以理解为对探究结果的一种恰当称谓。怀疑是不适的；它作为一种紧张，在探究过程中得以表达并找到出口。探究终结于获致所确定之物时。这种确定的状态是真信念的界分性特征。就此而言，信念是用于表达探究目的的适当称谓。"④ 不过，杜威提醒我们注意"信念"一词在这里的特定用法，因为"信念"是一个"双管"（double-barreled）词："它在客观意义上用来指所相信的东西。在此意义上，探究结果就是一种得以确定的客观事态，经过确定后我们随时准备（公开地或设想着）据此行事。……不过，根据通俗的用法，信念同时指一种个人化的东西，某人所持有或拥

---

① C. S. Peirce. *The Essential Peirce*: *Selected Philosophical Writings*. Volume 1 (1867–1893) edited by Nathan Houser and Christian J. W. Kloesel, Bloomington and Indianapolis: Indiana University Press, 1992, P. 129.

② C. S. Peirce. *The Essential Peirce*: *Selected Philosophical Writings*. Volume 1 (1867–1893) edited by Nathan Houser and Christian J. W. Kloesel, Bloomington and Indianapolis: Indiana University Press, 1992, pp. 114–115.

③ 在杜威《逻辑学：探究的理论》之前的作品中，已经较早地集中显示他对于皮尔士思想继承关系的是1900年发表于《哲学评论》上的《逻辑思想的若干阶段》一文，后收入《实验逻辑文集》一书，作为后者的第六章。参看 John Dewey. *Essays in Experimental Logic*. Chicago: University of Chicago Press, 1916.

④ John Dewey. *Logic*: *The Theory of Inquiry*. New York: Henry Holt and Company, 1938, P. 7.

有的某种东西。在心理学的影响之下，这种看法已经转而变成让人认为信念只是一种心理的或心灵的状态。当我们说探究的目的就是确定信念时，信念一词的此类暗示所带来的联想，很可能会慢慢渗透进来。"①

詹姆斯没有像杜威那样直接引用皮尔士关于信念之作为推理目标的说法，但他很显然分享了皮尔士的上述观点。当詹姆斯说真正的推理之不同于经验性联想在于前者是生产性的而后者是复制性时，他所谓"生产性"所强调的正是推理结果对于主体乃"新信念"。"一位经验型或'拇指法则型'（rule of thumb）的思想者，如果不熟悉与料的具体行为和关联，他从中什么也推不出来。但是，将一位推理者置于他此前既未见过也未听过的一组具体对象中间中，略等片刻，如果他擅长推理的话，他将能从中做出推断以弥补自己的无知。推理帮助我们应对此前未曾出现过的情境——这些情境之下，所有我们共同的联想性智慧，即所有我们与兽类共有的那些'教化'，对于我们来说都无济于事。"②

古典实用主义关于推理功能和意图的此种观点，直接清除了关于理性的某些流行说法。譬如，皮尔士曾指出："有些人似乎喜欢围绕某个世人确信无疑的东西进行论证。但是，由此无法取得任何进展。当怀疑停止时，有关这个话题的心理活动也就停止了；倘若它还继续进行，那将是毫无目的的。"③ 与此相关，古典实用主义哲学家都承认无法通过推理或逻辑跟普遍怀疑论者对话并将其驳倒，因为他们只是怀疑，而不想着得出任何"信念"，于是也就无意推理。我们甚至不能说他们的"怀疑论"就是其"信念"并由此批评"由于你怀疑一切因而也会把你自己的怀疑论怀疑掉"，因为当普遍怀疑论者连矛盾律也怀疑掉时，我们那种凭借矛盾律所开展的逻辑批判定会无力，甚至我们自己倒是有"循环论证"（self-justifying）之嫌。④ 詹姆斯道出了普遍怀疑论者的"非推理策略"："普遍

---

① John Dewey. *Logic: The Theory of Inquiry*. New York: Henry Holt and Company, 1938, P. 7. 杜威建议用 warranted assertibility（有担保的可断言性）来替代 belief（信念）。不过，这并不意味着这个词对于其他实用主义者来说也是更好的选择。关于"知识"（knowledge）、"真理"（truth）、"证成"（justification）等词的选择，可能涉及术语伦理，参看本书第五章第四节。

② William James. *The Principles of Psychology*. Cambridge, Mass: Harvard University Press, 1983, pp. 956–957.

③ C. S. Peirce. *The Essential Peirce: Selected Philosophical Writings*. Volume 1 (1867–1893) edited by Nathan Houser and Christian J. W. Kloesel, Bloomington and Indianapolis: Indiana University Press, 1992, P. 115.

④ C. S. Peirce. *The Essential Peirce: Selected Philosophical Writings*. Volume 1 (1867–1893) edited by Nathan Houser and Christian J. W. Kloesel, Bloomington and Indianapolis: Indiana University Press, 1992, P. 56.

怀疑论是一种真实的（live）心智态度，它就是要拒绝下结论。它是一种永久性的意志麻木，在细节上自我更新从而有一个接一个的论题被提出来，但你无法通过逻辑来消灭它，就像你无法消灭一个人的顽固或恶作剧一样。这正是他为何如此烦人的原因。你们所面对的那种始终如一的怀疑论者从来不会将其怀疑论说成一种正式的命题——他只是以此作为习惯。他原本可以轻易地跟我们一同回答'是'之时却令人恼火地退缩了，但他并非不合逻辑或是愚蠢……。"① 此种"条件反射式"的怀疑，与推理之作为"有意识的过程"是完全相背离的，倒更像是一种未加思考的"机体反应"或曰"情绪触动"："推理是从一个信念过渡到另一信念；但并非每一种这样的过渡都属于推理。在注意到我的墨水微微透着蓝色时，我往窗外望去，脑海中意识到某种特别像是罂粟花的颜色。这并非推理。抑或是，倘若我没有朝窗外望，我想起了尼亚加拉瀑布的淡绿色或是尼罗河的蓝色，这也不是推理。在推理时，并非只是一个信念紧随另一信念出现（follow after），而是一个信念由另一信念推出来（follow from）。"②

相比较而言，当代哲学家哈曼在把推理等同于"合理的观点之变"时，其实已经深刻意识到推理之功能和意图。他在《日常语言的逻辑》一文中写道："[推理之作为]合理的观点之变，是目标导向的（goal-directed），即，新观点的出现往往仅仅是因为我们有兴趣回应某些问题。我们的兴趣利益控制着我们的推理（这当然不是说，我们合理地接受一种结论仅仅是因为我们想让它是真的！）"。③

二、推理结构的展开

在明确了推理的功能和目的之后，推理结构自然地展现为一种"怀疑—信念"的探究模型。这在本节前一部分已经有所暗示。不过，为了深入把握此种结构的独特性，我们需要厘清其中的两个关键词："怀疑"和"信念"。可以说，"逻辑一开始所设定的区分就是怀疑与信念之分、问题与命题之分。"④ 我们在本书第一、第二章中多次提及"真实的怀疑"在古典实用主义哲学中的重要性。而这种重要性一定要建立在对于"怀疑/信念"

---

① William James. *The Meaning of Truth: A Sequel to "Pragmatism"*. New York: Longmans, Green & Co. 1909, P. 198.

② CP 4.53.

③ Gilbert Harman. "The Logic of Ordinary Language". in *Common Sense, Reasoning and Rationality*, edited by Renée Elio, Oxford: Oxford University Press, 2002, P. 98.

④ C. S. Peirce. *Writings of Charles S. Peirce. A Chronological Edition.* vol. Ⅲ, edited by the Peirce Edition Project, Indianapolis and Bloomington: Indiana University Press, 1986, P. 20.

的恰当理解之下。皮尔士曾表示两者在古典实用主义那里有着独特用法："……思想活动是由怀疑的不适性引起的,当信念达到时它就停止了;因此信念的产生乃思想的唯一功能。然而,所有这些用语对于我的目的而言显得太强了。看上去,我对于推理现象所做出的刻画就像是将其放在了心理显微镜之下似的。根据语词的通常用法,怀疑和信念关系到宗教或其他庄重的讨论。但是我这里用它们是指任何问题(不论多小或多大)的提出及其解决。"① 这种解释依旧显得笼统,让我们从"何谓怀疑?""何谓信念?""探究何以从怀疑到信念?"三个方面展开论述,也算作对本书第一章中所述"真实的怀疑"的补充说明。

我们先来看"怀疑"。虽然人人都声称曾在某个时候怀疑什么,但并非任何人所谓的"怀疑"都能充当"探究的起点"。作为探究起点的"怀疑"只能是那种对于现有情境思考中自然产生的不满、不适或犹豫不定。此种"怀疑"大多时候源于实际行动时的某种无法决定,但也可以是理论工作中"假想的犹豫"(feigned hesitancy)。② 不管怎样,"真实的怀疑"都不能是任何仅仅为了怀疑而人为做出的口头或书面上的"怀疑"。对此,皮尔士说过:"有些哲学家想象着,为了启动一次探究,只需要在口头上提出一个疑问或将其写在纸上。他们甚至建议我们在开始研究前质疑一切!但是,仅仅把一个命题表述成疑问句式并不能刺激心灵去追求信念。一定要有实实在在的怀疑(a real and living doubt)。无之,所有的讨论全都枉然。"③ 詹姆斯也提出某些所谓的怀疑让人无法停留在任何概念,只能称之为病态的"怀疑癖",譬如,"为什么我站在我所站立的这个地方?""为什么杯子是杯子、椅子是椅子?""为什么人的身材只有他们现

---

① C. S. Peirce. *The Essential Peirce: Selected Philosophical Writings*. Volume 1 (1867–1893) edited by Nathan Houser and Christian J. W. Kloesel, Bloomington and Indianapolis: Indiana University Press, 1992, pp. 127–128. 强调字体为引者所加。

② 皮尔士在论述探究之前的"怀疑"时曾提到:"大多数情况下,怀疑总是源于我们实际行动中的某种无法决定,不论有多么短暂。不过,有时并不是这样。譬如,我不得不在火车站等待,为了打发时间,我看墙体上的广告。我比较了不同列车和不同路线的优势,但我从未想过会乘这些车,只是假想自己处在一种犹豫状态,因为我厌倦了无事可做。假想的犹豫,不论只是为了娱乐还是出于高尚目的而假想,在科学探究过程中扮演着重要角色。"参看 C. S. Peirce. *The Essential Peirce: Selected Philosophical Writings*. Volume 1 (1867–1893) edited by Nathan Houser and Christian J. W. Kloesel, Bloomington and Indianapolis: Indiana University Press, 1992, P. 128。

③ C. S. Peirce. *The Essential Peirce: Selected Philosophical Writings*. Volume 1 (1867–1893) edited by Nathan Houser and Christian J. W. Kloesel, Bloomington and Indianapolis: Indiana University Press, 1992, P. 115.

在那么大，而没有房子那么大？"等等。① 杜威把真正的怀疑称之为"问题情境"（problematic situation），并强调此种"怀疑"并非主观意义上的，而是源于客观情境："我们之所以怀疑，是因为我们所在的情境内在地具有可疑性。"② "探究出现后首先的一个结果就是，我们所在的情境被认为、被判定是有问题的。看到有一种情境需要探究，此乃探究的第一步。"③

然后，让我们对照"怀疑"来理解"信念"。两者不仅仅会有主体感觉上的不同，更重要的是实践效果上的差别。"我们的信念指引我们的欲望并塑造我们的行为。……相信之感觉或多或少都明确表示在我们本性上已经确立了将能决定我们行动的某种习惯。怀疑从未有这样的效果。……怀疑是令人不适并感到不满的一种状态，我们试图让自己从中逃离而进入一种信念状态；而后者则是一种平静而令人满意的状态，我们不希望避开或转而相信其他东西。相反，我们不仅坚持相信我们所相信之物而且坚持只相信那些东西。"④ 詹姆斯在《信念的心理学》一文中继承了这种观点，同时强调：信念的对立面不是"不相信"（disbelief）而是"怀疑"，不相信一个东西总是意味着相信另一个与之矛盾的东西。⑤ 需要注意的是，此种作为探究目标的"信念"，只是一种"意见"（opinion），而非所谓"真命题""真理"或"知识"。这是古典实用主义与标准形式逻辑学家相比非常独特而富有深意的一种推理立场。对此，皮尔士的解释是："我们可能想……我们所追求的并非仅仅是一种意见而是一种真意见。但是，只需将此种想法检验一下，就可以表明它是毫无根据的；因为，只要一种牢固信念达到了，我们就完全满意了，不管该信念是真还是假。……我们最多只能说，我们追求一种我们将视之为真的信念。但我们认为我们每一个信念都是

---

① *James and Dewey on Belief and Experience.* edited by John M. Capps and Donald Capps, University of Illinois Press, 2005, P. 60.

② John Dewey. *Logic*：*The Theory of Inquiry.* New York：Henry Holt and Company, 1938, pp. 105 – 106.

③ John Dewey. *Logic*：*The Theory of Inquiry.* New York：Henry Holt and Company, 1938, P. 107. 杜威在早期论文中的说法是类似这样的："反省（因而也包括具有逻辑属性的知识）之所以发生，是因为在……经验情境中出现了无法兼容的因素，不是指那种只是结构上或静态意义上的不兼容，而是指动态和进展意义上的不兼容。"参看 John Dewey. *Essays in Experimental Logic.* Chicago：University of Chicago Press, 1916, pp. 9 – 10.

④ C. S. Peirce. *The Essential Peirce*：*Selected Philosophical Writings.* Volume 1（1867 – 1893）edited by Nathan Houser and Christian J. W. Kloesel, Bloomington and Indianapolis：Indiana University Press, 1992, P. 114.

⑤ *James and Dewey on Belief and Experience.* edited by John M. Capps and Donald Capps, University of Illinois Press, 2005, P. 60.

真的,而且实际上这样说只是同语反复。"① 杜威也认为"知识"只能用探究来解释,不能作为探究的要素:"知识,作为抽象词,所表示的是充分探究的结果。除了此种关系外,它的意思相当空洞以至于任何内容或材料都可以随意塞进来。……在科学探究中,某种东西之所以得以确定下来或成为知识,其标准是它在经过如此确定之后可以用作进一步探究的资源,而不是说它以某种方式得以确定以至于无法在未来探究中得以修正。"② "不论是就个别还是一般情况而言,知识总是通过探究来界定的,而不是相反的情况。"③

需要引起我们注意的是,与"怀疑"不同、倒更接近"信念"的一种主体感觉,即,希望(wish):它也会塑造或指引我们的行动。有些人会根据"信念"行事,也有些人会根据"希望"行事,但大多数人在更多时候则是同时基于两者行事。尽管如此,"希望"与"信念"之间在其他方面的差别并不难发现:前者关注的是未来的、有待实现的"未确定之物",而后者所关注的则仅限于当下状态的"可确定之物"。当一个人做一件事主要是基于愿望而非信念时,我们会说他的做法"不够理智"或是"空想主义的"。这样的事情,不仅发生在日常实践中,也可能会发生在科学研究中。譬如,斯特劳森(P. F. Strawson)曾经认为,当形式逻辑学家把"句子"等同于"陈述"时很可能就混淆了"希望"与"信念":"……如果某人在某时某地说一句话结果是一真实陈述,那么,任何其他人在其他时间其他地点说出这同一句话,结果也会是真实的陈述。当然,难以想象有任何形式逻辑学家会严肃相信这一点。但是,很显然,他们会希望如此,因而谈起来似乎事情就是那个样子。"④

最后,我们将经过如此解读的"怀疑"和"信念"用于把握古典实用主义所要主张的以探究为模型的推理结构。一方面,推理作为探究过程,并不只是个体心态上的变化而已。正如杜威所言,"被扰断的和有麻烦、有困惑或晦暗的情境,无法通过我们个人心态的调整而得到整顿、清理和有序化。试图通过此种调整而解决它们,意味着精神病医师所谓的'逃避现实'。从实际情况来看,此种做法是病态的,而当其严重时,会成

---

① C. S. Peirce. *The Essential Peirce: Selected Philosophical Writings*. Volume 1 (1867–1893) edited by Nathan Houser and Christian J. W. Kloesel, Bloomington and Indianapolis: Indiana University Press, 1992, P. 115.

② John Dewey. *Logic: The Theory of Inquiry*. New York: Henry Holt and Company, 1938, pp. 8–9.

③ John Dewey. *Logic: The Theory of Inquiry*. New York: Henry Holt and Company, 1938, P. 21.

④ P. F. Strawson. *An Introduction to Logical Theory*. London: Methuen & Co Ltd, 1952, P. 176.

为某种真实精神病的源头。以此处理疑难好像它只属于我们而不是我们牵涉并置身其中的那个现实情境,这种习惯是主观心理学的遗留物。在我们已经刻画过的有机体—环境互动过程中的那种不平衡状态,包含有未决情境的生物学前提条件。要想实现每一种情境的重新整合,只有借助于能够实际修正现存条件的动作,而不能只是'心理'过程。"① 另一方面,通常在逻辑学上,推理意味着从前提到结论的推演,但放在"怀疑—信念"的探究模型中来看,推理将不再是与世界脱离的抽象命题转换,而变成了一种基于实践的决策或下判断的过程,② 一种发现"真实"问题并"诚实"解决问题的过程。③ 皮尔士指出:"不管怀疑是如何产生的,它激励心灵走向一种或轻微或有力或平静或猛烈的活动。图像在意识中快速穿过,不断有一个与另一个相融,直到最后,所有都结束了——这可能是不到一秒钟的时间,也可能是一个小时,或者是多年之后——我们发现自己已经决定好如何在致使我们踌躇的那些场合下采取行动。换言之,我们已经获致信念。"④ 而"信念"之作为推理结论,其价值和地位也只能放在实践中来看。"信念的本质是习惯的确立,不同的信念根据它们所产生的不同行动方式而区分开来。如果信念在这一点上没有差别,如果它们通过

---

① John Dewey. *Logic*: *The Theory of Inquiry*. New York: Henry Holt and Company, 1938, P. 106.

② 为此,杜威特别强调"判断"(judgment)与"命题"(proposition)之间的区分,尽管在很多当代逻辑教材中两者之间不作区分。参看 John Dewey. *Logic*: *The Theory of Inquiry*. New York: Henry Holt and Company, 1938, P. 120. 当然,"判断"(judgment)在日常语言中是一个歧义词,那种被等同于"命题"的"判断"通用来表示所判断的内容(即 what is judged),而那种被认为有别于"命题"的"判断"则是指作为一种言语行为的判断(即 judging)。

③ 当汉语(包括本书的写作)中提到"问题"之时,读者应该意识到:"问题"对应着英文中的"problem"和"question"两个词。某人想询问或检测另外一个人对于某种事情的看法或判断时,或者某人对另外一个人的看法或思想表示疑惑(即没听明白或没完全理解)时,会说"我有一个问题(想请你回答一下)!"英文中对应的说法大致为"I have a question (for you)"。而在某人思考或做事的过程中,有可能遭遇困难而致使无法得以完成时,他通常会说"我发现了一个问题"或"我遇到了一个问题",此时英文中对应的说法为"I find a problem (in something)"。古典实用主义所谓的"发现和解决问题"当然是指后一"问题",即"problem"。在不否认两者之间有内在联系的同时,我们要明白 question 与 problem 之间的义理区分。虽然 problem 和 question 都表示人的某种困惑不解,但在语法和逻辑上作为两者主语的却是不同对象:具有 question 的往往是像你我一样的提问人,而带有 problem 的往往是某种事态或局势。可以说,question 的承载者是主观的人,problem 的载体其实是外部的客观情境(包括自然世界也包括人工产物)。另外,虽然 problem 和 question 都表示某种需要回应的困惑,但两者所需要的回应方式是不同的:前者的方式是解决问题(解题),即 solve the problem;后者的方式是回答问题(答题),即 answer the question。也就是说,我们是拿 answer 来回应 question,拿 solution 来回应 problem; answer 通常是有标准形态的,但 solution 却没有标准之说,只有成功与否之说。

④ C. S. Peirce. *The Essential Peirce*: *Selected Philosophical Writings*. Volume 1 (1867 – 1893) edited by Nathan Houser and Christian J. W. Kloesel, Bloomington and Indianapolis: Indiana University Press, 1992, P. 128.

产生同样的行动法则而平息了同样的怀疑，那么任何仅仅有关它们的意识方式上的差别都不能令它们成为不同的信念，好比以不同的琴键弹奏一首乐曲并非就是弹奏不同的乐曲。"①

经过如此来把握，从结构上来看，通常所谓的理论推理与实践推理已得到统一处理，或者说，所有的推理都只是实践推理的结构。正如詹姆斯在《动物与人的理智》一文中所表达的那样，"推理可以而且经常以两种方式界定：或者是指有能力通过原因来理解事物，或者是指有能力发现获致目的之手段，倘若目的概念已被给定。也就是说，推理有理论范围的和实践范围的。但是从本质上看，两种领域是统一的；它们涉及同一种形式的过程，那就是寻找一个能以特别明显的方式联结 A 和 Z 两种与料的中介表征 m。在理论领域里，m 是用以'推断'Z 的'理由'；在行动领域里，它是用以'获致'Z 的'手段'（如工具）。"②

三、推理的出发点

从"怀疑—信念"的探究模型来理解推理时，不能把"怀疑"简单地等同于"前提"。因为虽然"问题情境"中的确包含着一些事实情况，虽然是"怀疑"刺激之下才启动了探究，但探究作为推理由以出发的前提绝不只是我们对于原有信念的怀疑。事实上，要通过推理而获得新信念，我们必须得先相信一些什么。这在本章第一节提到的皮尔士关于推理的定义中已经看到。因为当我们因为已获知的某种东西进而相信其他某种东西时，我们就是在推理。推理，不仅是从怀疑到信念，一定也是从旧信念到新信念。导致新信念的那些事实信念被称为"前提"。所导致的那种新信念被称为"结论"。然而，仅仅以此来理解古典实用主义所谓"推理的出发点"，有人很自然地会将其与数学证明或形式逻辑中的"推理前提"或"已知条件"或是与形而上学意义上的"公理"或"基础性真理"加以类比。对于此种类比，我们尤其要当心！因为古典实用主义所谓的"出发点"至少有以下三个方面的独特之处：

其一，推理由以出发的信念，只是实践意义上不可错的"真实信念"，并非那种形而上学意义上被视作人类认识"基础"的"真理"。

---

① C. S. Peirce. *The Essential Peirce: Selected Philosophical Writings.* Volume 1 (1867 – 1893) edited by Nathan Houser and Christian J. W. Kloesel, Bloomington and Indianapolis: Indiana University Press, 1992, pp. 129 – 130.

② William James, Brute and Human Intellect. *The Journal of Speculative Philosophy.* Vol. 12, No. 3, 1878, P. 241.

刚刚我们已经提到，作为探究目标的"新信念"并不等于"真命题"。现在，作为推理出发点的"既有信念"，当然也不能等同于形而上学意义上的"真命题"。但是，这些起点"信念"的确在某种实践的意义上是"绝对为真的"。为了把握这里的区分，我们有必要重申：要提防本书第一章所谓的"伪称"，尤其是那种"伪称怀疑"的现象。对于作为推理出发点的信念或曰"初始命题"，我们很难做出一张正式列表，不过借助于皮尔士所谓的"摒除伪装"（Dismiss make-believes）① 这一准则，我们并不难分辨。皮尔士异常坦率地指出，"各种不同类型的哲学家提出，哲学应该开始于某种心灵状态，但任何人，至少是哲学初学者，实际上却不处在此种状态。有人提出你一开始应该怀疑一切，并说只有一种东西是你无法怀疑的，好像怀疑可以'像撒谎一样容易'。也有人提出我们一开始应该观察'第一感官印象'，但他忘记了我们的觉知本身就是认知思虑的结果。其实，只有一种心灵状态是你能由以'出发'的，那就是，在你'出发'时你实际发现自己所处的那种心灵状态——此种状态下的你带有大量已经成形的、你无法（倘若你试图的话）摆脱掉的认知；倘若你试图摆脱的话，天知道你是否会使得自己不可能获得任何知识？你在一张纸上写下你怀疑，你是否认为这就叫作'怀疑'？如果这样的话，怀疑就一点也不严肃了。千万不要伪装！如果书呆子气没有吞没掉你所有的实在感的话，你至少必须意识到，有很多东西你是并不怀疑的。现在，那些你丝毫不怀疑的东西，你必须而且实际上已经视作不可错的绝对真理。"② 当然，这里的"绝对真理"仅指认知实践意义上的"不可错"，即，"当时实际已经予以承诺的、没有其他选择的"。③ 尽管如此，那些坚信有某种形而上学意义上的真理的学者会不买账，譬如，有人可能提出：我们并不能相信不为真的东西，一个人不加怀疑的东西也并非事实上就是真的。对于这些人，皮尔士戏称为"伪装先生"（Mr.

---

①② CP 5.416.

③ 所谓"绝对不可错"，另一方面，也是指"在当时足够令人满意的"。同样的意思，皮尔士在另一地方的表达方式是："一个极其常见的想法是，证明必须建立在某些最终绝对无可怀疑的命题之上。根据一种学派，这些东西是一般性的第一原理；而根据另一学派，它们却是些第一感知。但是，实际上，一种探究，为了拥有那种所谓证明的完全令人满意的结果，只能从那些完全免于所有现实怀疑的命题出发。假者前提事实上不曾受到任何怀疑，它们就是最令人满意的了。"参见 C. S. Peirce. *The Essential Peirce: Selected Philosophical Writings*. Volume 1（1867–1893）edited by Nathan Houser and Christian J. W. Kloesel, Bloomington and Indianapolis: Indiana University Press, 1992, P.115.

Make Believe)。① 他对于他们的回答是：："是的，但除非他能立即弄清一件事情的全部，他就不得不把他未加怀疑的东西视作绝对为真的。……即便证实［我们未加怀疑的东西中有某个被弄错了］，那只是表明，怀疑具有一种阈限，即，需要达到某一限度的刺激才会出现。谈论此种对之你无所知的形而上学意义上的'真'和形而上学意义上的'假'，只会让自己陷入困惑。你所能处理的只是你的怀疑和信念，以及那种把新信念强加于你并赋予你怀疑旧信念之力量的生活历程。如果你的'真''假'这些词是在此种意义上根据怀疑和信念以及经验历程来界定的话……一切还好：这时，你只是在谈论怀疑和信念。但是，假若你用真假去表示某种根本无法用怀疑和信念加以界定的东西，那么，你就是在谈论对于其存在与否你一无所知的实体，根据奥卡姆剃刀，应该把它们彻底清除掉。如果你不是说你想要知道'真理'（Truth），你只是说你想要获得能够经受住怀疑的信念状态，你的问题将会大大简化。"②

其二，不同于数学证明题中可以任意设定的"已知条件"，作为推理出发点的信念至少应该是在当时情境下深信不疑的"意见"。中学课堂上的数学证明题或类似数独那样的题目，其所谓"前提"或"已知条件"有着某种理想性或曰任意性，对此，已经有研究者从不同角度予以指出。有人认为，那些题目是"完全经过良定义的（perfectly well-defined）。任何更宽广的语境都是不相干的，所有的证据全都在这里，有且只有一条正确答案，任何不确定的答案都会产生明显的不一致。"③ 也有学者指出：那些"前提"或"已知条件"，与其说是对于解题人已知为真或被真实接受的信念，不如说是人为的"设定"（assumptions）："拥有一种信念，完全不同于做出一种设定，两者之间的一种差别是：信念［由于新获得的经验］可能被悬搁或放置一边的，而设定在本性上是不可能这样的。"④ 我们在前面讲过，"信念"并不等于"真命题"，但这并不意味着推理前提

---

① 当代心理学家借助于实验对于这些"伪装先生"的生动刻画，可以参看 Hugo Mercier and Dan Sperber. *The Enigma of Reason*. Cambridge：Harvard University Press，2017，pp. 252 - 253。基于此类人试图为一切信念寻找理由的心理倾向性，该书作者提出，"人是理性化机器（rationalization machines）。"

② CP 5. 416.

③ Hugo Mercier and Dan Sperber. *The Enigma of Reason*. Cambridge：Harvard University Press，2017，P. 171.

④ D. E. Over, Assumptions and the Supposed Counterexamples to Modus Ponens. *Analysis*. Vol. 47, No. 3，1987，P. 143. 与此处关于"设定"的理解相类似的一种说法，可以在奎因那里看到。"这里关键性的一种限制是：至于其他语句的真假，不存在任何支持性的附加设定或信息。"参看 W. V. Quine. *Philosophy of Logic*. Second Edition, Cambridge, MA：Harvard University Press, 1986, P. 48。

的真实性是无关紧要的,可以任凭"设定"或"规定"的。前述那些希望追求或从形而上学意义上的"真理"出发的学者似乎认为古典实用主义所谓的"信念"是一种过低的要求,但现在当我们与数学解题的"已知条件"相比时,我们会发现:坚持从真实的信念(而非随意的"设定")出发,毋宁说是一种更高的要求:任何不能由推理者真诚接受的东西,①即便是所谓的"知识"或"绝对无疑的真命题",都无法由之开展推理。至于一个人明确知道为假或完全不相信的东西,当然更不能由之开展推理。因此,现代数理逻辑中由假命题到任意命题的演绎(即所谓"爆炸原理")压根儿就不是古典实用主义意义上的推理。②

当代实验心理学的研究,为此种古典实用主义观点提供了实证支持。譬如,有些被试在做条件推理时倾向于考证 p→q 本身的可信度,并借此帮助自己做 MP、MT 或其他两种推理。③ 这似乎暗示:人们在日常推理中是不允许有单纯的形式或假设推理的,他们对于前提的真实性要求往往是压倒一切的。他们不会或不愿仅仅根据所交代的"前提"信息去推理。事实上,除非我们事先明确声明那只是一种可行性假设,任何人都会很自然地先考察前提的真实性。我们也看到,与哲学家合作的心理学家已经认识到了这一点:尽管当代形式逻辑不关心设定的真假,但在真实的日常推理中,"当我们试着推出某种结论以帮助我们达到某一实践目标时,明显为假或高度不确定的任意设定对于我们来说毫无用处。我们出于此种意图所需要的是,从我们合理确信的相关信念作出推断,或至少是从那些我们自己可以实现的某些设定出发作出推断,譬如,当我们尝试推断假设我们去法国度假是否会拥有好天气时。"④ 甚至可以说:"基于信念的推理(belief-based reasoning)是人类推理的范式。"⑤

---

① 在"卡罗尔疑难"中,乌龟假装接受阿基里斯提出的一条原则作为推理的出发点,但这种"假装接受"其实是一种"不诚实"。有学者已经指出,或许正是这种"欺骗"使得后来的推理出现了"无穷倒退"。参看 J. F. Thomson. "What Achilles Should Have Said to the Tortoise". in *Thinking About Logic*: *Classic Essays*, edited by Steven M. Cahn, Robert B. Talisse, and Scott F. Aikin, Boulder: Westview Press, 2011, P. 25.

② 需要指出,所谓的反证法或归谬法推理,并不能简单地视作是由明确为假或不相信的观点出发。因为,此类推理的出发点,毋宁说是一种假言命题(假若某某则会出现矛盾或明显荒唐的结果)。

③ 王墨耘:《当代推理心理学》,北京:科学出版社 2012 年版,第 43-47 页。

④ Jonathan St. B. T. Evans and David E. Over. *Rationality and Reasoning*. East Sussex: Psychology Press, 1996, P. 17.

⑤ Jonathan St. B. T. Evans. *Thinking and Reasoning*: *A Very Short Introduction*. Oxford: Oxford University Press, 2017, P. 68.

其三，作为推理出发点的不只是某种明示的"前提"信念，其中还包含着大量默会或预设的"事实"。其实，人类的信念有很多是在无意识中起作用的。如皮尔士所言，"信念并非转瞬即逝的意识；它是一种心智习惯，实质上会持续一段时间，而且（至少）大多时候是无意识的；就像其他习惯那样，它是完全自我满足的（直至遭遇某种惊奇，这种满足感才会开始消解）。"① 在我们从既有信念出发进行推出新信念时，这里的"既有信念"往往并不限于你当时能说出的那些"前提命题"，还包括很多你当时认为"太过明显因而没必要特别提出来的信念"。即便是在那种源于"假想犹豫"的场合下，譬如，"假设 A，然后进行归谬或反证"，② 或者是纯粹的"思想实验"，其中的情境中必定包含诸多信念成分，譬如，"矛盾是不被允许的，""某种事情未曾发生过但却是有可能发生的"。此类"事实"不仅有关于具体事物存在状态的判断，还有关于人类价值追求的判断。皮尔士告诉我们："几乎任何事实都可以充当［推理的］导引原则（guiding principle）。但实际情况是，在诸多事实中间存在一种划分……。此种划分存在于那些我们在问'为何某一结论被认为能由特定前提推出'时必然视之为当然的事实与那些当这样问时并未隐含的事实之间。略加思考就会明白，当一开始问及这个逻辑问题时，大量不同的事实已经被设定。譬如，我们已经隐含：存在怀疑和信念这样的心灵状态——从一个过渡到另一个是可能的，思想目标能保持不变，而且此种转变受制于我们所有人都同样受限的一些规则。由于这些都是我们在获得某种清楚的推理观念之前必须事先知道的事实，要询问它们的真假，被认为不再具有多大意义了。"③ 关于此种"先在事实"的地位，詹姆斯在《实用主义》一书中也多次提及。他说："这些'事实'本身并不是真的。

---

① CP 5. 417. 人们通常所谓的"逻辑规则"也可归为这里的"习惯"，它们顶多是更为稳固而已，但绝不意味着脱离生活经验。如奎因所言，"甚至对于纯数学或初等逻辑，也可以说，它们与经验之间具有某种远端遭遇"。参看 W. V. Quine. "Carnap and Logical Truth". in *Quintessence*: *Basic Readings from the Philosophy of W. V. Quine*, edited by Roger F. Gibson, Cambridge and London: The Belknap Press, 2004, P. 76。

② 需要注意的是，这时我们虽然只是假设而非相信 A，但却相信着其他"场景性"东西。

③ C. S. Peirce. *The Essential Peirce*: *Selected Philosophical Writings*. Volume 1 (1867 – 1893) edited by Nathan Houser and Christian J. W. Kloesel, Bloomington and Indianapolis: Indiana University Press, 1992, P. 113. 除了其中提到的这几类"事实"外，皮尔士还在其他地方提到另外很多不容置疑的"常识"。譬如，"没有人能真正怀疑存在着真实的东西（Reals），因为如果他怀疑的话，此种怀疑将不再能作为不满意的源头。因此，该假说是每一个人都必须承认的。"参看 C. S. Peirce. *The Essential Peirce*: *Selected Philosophical Writings*. Volume 1 (1867 – 1893) edited by Nathan Houser and Christian J. W. Kloesel, Bloomington and Indianapolis: Indiana University Press, 1992, P. 120。

它们就是*存在着*。[因为] 真理是起始并终结于其中的那些信念的一种功能而已。"① 他还提到："感知强加于我们身上，我们不知道它们从何而来。至于它们的本性、秩序和数量，我们所幸也无法控制。它们既非真也非假；它们就是*存在着*。只有我们关于它们所说的话，只有我们对于它们的命名，我们对于其源头、性质及长远关系的理论，才可以被判定是否为真的。"② 他把此种先在信念的地位上升到"人文主义原则"："你不可能根除人类的贡献。我们的名词和形容词都是人类祖传的东西，我们将其建构在各种理论中，而理论的内在秩序及安排都完全是基于人的考虑而规定好的，理智一致性就是其中之一。数学和逻辑学本身也因为人的重组而发酵；物理学、天文学和生物学也都遵循有关人之偏好的大量线索。我们投入新鲜的经验领地时都带着我们祖先以及我们自己所已经拥有的信念；这些东西决定着我们会注意到什么；我们注意到什么又决定着我们会做什么；我们做什么进而又决定着我们经验什么……。"③ 这种观点的一个隐含之意是：如果推理有点类似于计算的话，那么，在真实的推理中，相比"算对一个公式的答案"而言，"找对需要计算的对象"往往更为重要。它可以让我们想起本章第三节所提到的心理学家关于语言框架影响实验结果解读的论断。但与其说是哲学家借用了心理学的观点，毋宁说心理学实验从自己的角度证实了哲学家的分析判断。④ 当心理学家谈到"先有知识"（prior knowledge）等"语用因素"对于推理的影响时，当谈到推理实验中"问题"的内容和语境同样重要时，⑤ 其实只是在从科学实验的角度为古典实用主义关于"推理出发点"的论断提供实证材料。

需要注意的是，我们每一个人所拥有的、作为推理出发的信念（不论是明示的部分还是默会的部分），虽然并非固定不变，却是相对稳定的，它们构成了人类"常识"和"科学"中的很多传统内容。也正是因为这一点，我们的推理虽然涉及信念转变，但总体上是趋于保守的。关于此种

---

① William James. *Pragmatism*. New York：Dover Publications, Inc., 1995, P. 87.
② William James. *Pragmatism*. New York：Dover Publications, Inc., 1995, P. 94.
③ William James. *Pragmatism*. New York：Dover Publications, Inc., 1995, P. 98.
④ 事实上，关于言语表述对于思维解题的影响，可以有来自不同领域的经验证据。譬如，卢比在《逻辑学：导论》中提到一个英语例子：来自贫困社区的孩子在包含"A hand is to an arm as a foot is to a ( )"之类的智力测试题中表现很差；但是，当把"is to"替换为这些孩子更为熟悉的概念"go with"时，他们的智力成绩便立即提高了。参见 Lionel Ruby. *Logic：An Introduction*. Chicago：J. B. Lippincott Company, 1960, P. 17.
⑤ Jonathan St. B. T. Evans, Stephen E. Newstead, and Ruth M. J. Byrne. *Human Reasoning：The Psychology of Deduction*. East Sussex：Lawrence Erlbaum Associates Ltd, 1993, P. 9.

保守性，当代哲学家哈曼这样写道："[推理之作为]合理的观点之变，至少在两个彼此相关的方面是保守性的。首先，我们的缺省立场是无变化（no change）。观点的改变，是需要得到辩护的，要解释为何不再像我们所已相信的那样继续相信了。其次，当信念被要求改变时，我们所追求的似乎是尽可能减少所需要的改变，以使得我们只做出最少的改变便能消除不一致或回应某些问题。"①

四、新信念之作为推理结论的地位

不仅是推理的出发点，古典实用主义对于推理结论的看法，也有着独特之处。这种独特性，一方面体现在推理所得的新信念与未来行动之间的密切关联，另一方面体现在推理之人对于结论本身的可错性承诺。

首先，作为推理结论的新信念，实质上是指导未来行动的规则或习惯，它同时又作为下一轮推理的出发点，从而构成连续性的探究过程。皮尔士说："随着[信念]平息怀疑所带来的不适……，思想放松了，并在信念获致的那一刻开始休息了。但是，由于信念是用于行动的规则，它在被应用之后又涉及进一步的怀疑和进一步的思想，在它充当终点的同时又充当了新的思想起点。"② 杜威也指出："在解决有机体—环境之间被扰乱的关系（它界定了怀疑）时，探究并非只是通过回到此前的一种适应性整合状态来消除怀疑。它设立了一些新的环境条件从而引起新的问题。有机体在此过程期间所学到的东西产生了新的力量从而对环境做出新的要求。简言之，随着具体问题的解决，新的问题往往又出现。并不存在什么最终的解决，因为每一次解决都引入了在某种程度上重新令人不安的条件。"③

有必要特别指出的是，信念用作指导未来行动，这种连续性过程所实现的不仅仅是具体行动的调整，本身还展示了人类思想的自控功能。皮尔士通过"自行准备"（self - preparation）和"自责"（self - reproach）解释了我们何以调整自己的思想进而改变未来行动："作为理性之人……我们可以对自己的未来行动施加一定程度的自控。不过，这所指的并非我们可以对未来行动施加任意指定的特征。恰恰相反，它所指的是：一种自行

---

① Gilbert Harman. "The Logic of Ordinary Language". in *Common Sense, Reasoning and Rationality*, edited by Renée Elio, Oxford: Oxford University Press, 2002, P. 98.

② C. S. Peirce. *The Essential Peirce: Selected Philosophical Writings*. Volume 1 (1867 – 1893) edited by Nathan Houser and Christian J. W. Kloesel, Bloomington and Indianapolis: Indiana University Press, 1992, P. 129.

③ John Dewey. *Logic: The Theory of Inquiry.* New York: Henry Holt and Company, 1938, P. 35.

准备的过程将有助于赋予行动（当它有机会出现时）某个确定性特征（fixed character）。借助于后期反省所能引起的自责感的缺乏（或减弱），我们可以显示而且或许可以大致衡量这种确定性特征。那种后期的反省，属于我们为下次行动所做自行准备的一部分。于是，随着行动一次又一次地重复，此类行动趋于无限接近那种确定性特征的实现，其标志是完全不再有自责。越是接近于此，自控的空间就将越少；而当不再可能出现自控时，也就不再会有自责。这些现象似乎是理性存在物的根本性特点……我们从来不会因为一个人超出他之前自控能力范围的事情而责备他。思想作为人类行为（conduct）的一种，它在很大程度上具有自控性。就其所有特点而言……逻辑上的自控是伦理自控的完美写照——除非说它本身就是伦理自控这一类之下的一种。……自控性行动最终趋于达到的那个最后的习惯状态，不再有其他任何自控的空间，就思想而言，它属于确定性信念或完美知识的状态。"①

其次，与探究的连续性相连，作为推理结论的信念是可变的，它只是表明了未来行动的一种"习惯"，并非"正当行动"的保险。如杜威所言，"探究在它所涉及的每一个领域内都是连续不断的过程。借助某一探究'确定'了某一情境，这并不能担保这个得以确定的结论永远保持确定不变。获致确定化的结论，是一件渐进性的事情；没有任何信念是属于一旦确定就再也不用进一步探究的东西。它是连续性探究所产生的一种会聚性、累积性效果，它界定了一般意义上的知识。"② 信念作为推理结论的此种"变易性"，与我们是否善于推理无关，③ 而是源于"信念"在古典实用主义那里的特定含义。因为如前所述，诚实地看待推理以及"问题的解决"，所谓"信念"尽管是一种满意无疑的"确定化"状态，但其所代表的只是一种能够经受住怀疑从而被相信为真的"意见"。詹姆斯告诉我们，甚至宗教上所谓的"信仰"（faith）也是此种意义上的"信念"。"信仰意味着相信某种在理论上仍旧可能存在怀疑的东西；而由于对于信念的检验就是行动意愿，我们可以说：信仰就是指随时愿意从事一种其良好结果尚未被我们提前证实的事业。事实上，它正是我们在实践事物中称为勇气的那种道德品质。因此，在富有活力的人群中将会有一种普遍的倾向，即，在享受他们哲学信条中某种程度的不确定性，就像世俗活动中的冒险

---

① CP 5.418–420. 关于"自控性"的更深入讨论，将涉及古典实用主义关于推理的规范性问题。在本书第四章第三节中，我们将看到古典实用主义如何论推理的有效性。

② John Dewey. *Logic：The Theory of Inquiry*. New York：Henry Holt and Company，1938，P. 8.

③ 因此而言，这种变易性并非推理的规范性问题，故而不同于"对错"或"好坏"。

热情那样。"① 由此来看推理，当我们基于某些既有信念而由某种"怀疑"获致新的"信念"时，已经承诺了一种冒险行为；除非我们愿意在没有保险或保证情况下生活，否则我们根本无法开始推理。这是坚持可错论的"古典实用主义哲学"的基本观念，也是坚持诚实推理的古典实用主义推理论的内生观念。可错论承诺，当然意味着我们会犯错，但任何所谓"错误"都不应该只是由某一理论指定或判定而来的，它们最初都只是意味着一种来自经验的"惊奇"。诚实，意味着发现真正的"令人惊奇的现象"（即所谓的 problem），然而紧紧围绕这些"问题"继续开展探究，在此过程中实现既有信念的不断修正或调整。

本章小结

什么是推理？或者，推理是什么样的？通常认为这属于对推理的描述问题。被视作推理科学的当代逻辑学对于这个问题并无详细而明确的回答，但这并不意味着它是一个不重要的问题。现代数理逻辑似乎希望把一切推理还原为数学推理，古典实用主义则直接从实践探究（即发现问题和解决问题）的角度描述我们的推理样态。另外，古典实用主义所谓的实践也不像推理心理学家那样仅仅考虑并解释实验室结果，而是通过对人人皆可得的共同经验的反思观察进而达到对于日常乃至科学世界推理现象的理解。如果说现代数理逻辑是从数学的角度来描述"数学家眼中的推理"，心理学家是从科学的角度来解释"实验室环境下的推理"，古典实用主义者则是从哲学家独有的视角来审视"生活中的推理现象"。

---

① William James. Rationality, Activity and Faith. *The Princeton Review*, Fifty-Eighth Year, July-December, 1882, pp. 70-71.

第四章 推理的评估：如何推理才是好？

"对于逻辑学的革新要求，是在要求一种统一的探究理论，借此，各种真正属于科学的实验型和作业型探究模式，都可以拿来规制我们在常识领域中开展探究、获致结论、塑造和检验信念所用的那些方法习惯。"

——杜威《逻辑学：探究的理论》（1938）①

通常来说，对于推理现象，可以有涉及推理是非的描述之法，也可以有涉及推理好坏的评估之法。这样说，并不意味着研究者对于推理的描述与评估是截然分开的两种活动。但是，在理论探讨时，将两者区分开来，仍是必要的。与前一章相比，本章关注的问题不是描述"如何才算推理？"，而是规范"如何推理才是好的推理？"要回答"如何推理才是好？"，当然并不容易；即便如此，它往往是任何研究推理的人群最终要做的事情，因为描述一种现象如何如何，往往正是为了能辨别一种东西的好坏。我们从现代逻辑学家所提供的"推理规范"及其问题讲起，接着会介绍当代心理学家对于推理规范问题的暗示性回答，然后在两者的基础上引入古典实用主义所理解的"推理有效性"观念，最后试图在古典实用主义的框架下谈谈科学时代的普通人在日常生活中应该如何推理。

第一节 现代逻辑学家的"权威"

谈起对于推理现象的评估，人们很自然会想到逻辑学，并视之为"权

---

① John Dewey. *Logic: The Theory of Inquiry*. New York: Henry Holt and Company, 1938, P. 98.

威"。而在今天的学术界，当谈起逻辑学时又会很自然地联想到"现代逻辑"，因为受现代科学观念的影响，人们认为，"现代逻辑"代表了"新逻辑"，已经超越了传统的亚里士多德逻辑。譬如，前一章中我们在谈到推理心理学时，当代心理学家们很多正是以"现代逻辑"作为逻辑学代名词去理解的。所以，我们论及推理的评估问题，不得不从当代"权威"——现代逻辑讲起。与第三章中我们提到"现代数理逻辑很少直接谈论推理的描述问题，顶多只是存在某种暗藏或缺省的描述"不同，在推理的评估问题上，现代数理逻辑的意向性要明显得多。很多时候，它声称是或被认为是一门有关推理好坏的规范性科学，尽管对于此种定位并非不存有异议。

一、人们对逻辑学之作为规范科学的期待

我们知道，早在逻辑学诞生之前，人们就常常以推理作为一种主要的思维形式，去为某一说法追问或提供理由。但是，自从逻辑学诞生并作为"思维工具"广为传播之后，人们尤其是哲学家不再仅仅做推理，有时还会谈论推理。因为实际上人类追求的不仅仅是推理，而且是可靠的推理。当我们自己给出或见到别人给出一种推理时，我们并非总是相信该推理的结论，我们会追问："该推理何以可靠？"譬如，一个人（或许是没去过北上广的人）作如下推理：

> 北上广都是人口稠密的城市。
> 因为北上广都是国际大都市，
> 但凡国际大都市都是人口稠密的。

当面对追问被迫解释该推理何以可靠时，这个人，如果学过逻辑学的话，他往往会拿出逻辑教材说：这个推理符合亚里士多德逻辑学中的有效三段论形式或所谓"推理规则"，其形式曾在西方中世纪被称作 Barbara（即第一格三段论中的 AAA 式：MAP，SAM；SAP）。也就是说，逻辑学被认为能解释为什么某一个推理是好的而另一推理是不好的，从而为我们的思维提供最终的担保。

以上例子，当然是我们实际思维中经常运用的一种推理形式。然而，这样的例子对于人们实际推理而言并非一定具有足够的代表性，或许有一些推理现象的好坏是无法借助于亚里士多德的三段论逻辑得到解释的。这正是现代逻辑诞生之际很多哲学家和数学家的重要见地，他们认为，尽管有很多常见的日常推理形式可以通过三段论逻辑得到规范，但对于涉及包

含多重量词或带有关系词的句子的正确推理,单凭后者是无法说得清的。于是,正像现代科学颠覆亚里士多德力学从而引发物理学领域的革命一样,现代逻辑也通过颠覆传统的亚里士多德三段论理论而在逻辑学领域发起了一场革命。这场革命的主要发起人被认为是弗雷格。他通过把现代数学中的函数理论引入对于命题的分析,建立了第一套严格且形式化的数理演算系统(包括命题演算和谓词演算)。该形式系统被认为具有远比三段论理论强大的表现力,① 而后人以此为基础加以完善和巩固而成的"现代逻辑",被称为"一阶逻辑",但更多时候则直接被称为"标准逻辑"或"经典逻辑"。

"经典逻辑"(Classical Logic)这一称谓对于看重历史之价值的人,或许感到有点费解。因为亚里士多德毕竟是逻辑学之父,他的逻辑理论才有资格被称为"经典"。然而,赋予一阶逻辑以"经典逻辑"的地位,这的确是当今学术界最为显明的事实之一。正如当今人们提起物理学,总是会先提起牛顿而非亚里士多德一样,今天的逻辑学家首先也会提起弗雷格的贡献而非亚里士多德的名字一样。言外之意是:逻辑研究或许早就有之,但自从弗雷格开始,人类才有了科学意义上的逻辑学。正如奎因所言,"逻辑学是一门古老的学科,而自1879年[弗雷格的奠基性工作]之后已成为一门伟大的学科。"②

显然,仅从与之相伴的"标准""经典""现代""科学"等褒义词来看,"一阶逻辑"已经在今天取代亚里士多德三段论理论成为一种新的"权威"。这种权威,集中体现在:当人们在实际推理中希望确保可靠时会直接求助于一阶逻辑而非亚里士多德。譬如,在遇到类似前面提到的例子时,人们不再提出 Barbara 作为理性规范的依据,而是会直接援引一阶逻辑中最为常用的重言式之一,即"假言三段论"(Hypothetical Syllogism):$(P \rightarrow Q) \wedge (Q \rightarrow R) \rightarrow (P \rightarrow R)$。而且,与诉诸亚里士多德逻辑不同的是,人们在以现代一阶逻辑作为有关推理的规范科学时,往往抱有更大的期待。因为,这种现代逻辑不仅具有远比三段论理论更为丰富的表现力,而且逻辑学家已经为我们证明:一阶逻辑不仅是一致的,同时还是完备的。人们期待:任何领域实际所运用的推理,都可以还原到如此一致而完备的纯数学系统中来,如果它们符合该系统中的重言式,就是可靠的推理;否

---

① 弗雷格的逻辑不是抛弃了亚里士多德逻辑中的有效式,而是把后者中大多数包容到一套更为广阔的逻辑理论中。

② W. V. O. Quine. *Methods of Logic*, Revised Edition. New York: Holt, Rinehart and Winston, 1959, P. vii.

则，便是不可靠的。有些人甚至会由此认为，在现代一阶逻辑诞生之后，科学家们不仅是拿它来评判某一推理的可靠与否，而且很多时候他们一开始就是如此推理的，即便其推理的可靠性尚有待评判。①

需要提醒的是，现代逻辑学家证明一阶逻辑是一致（无矛盾）且完备的，那是直接针对他所建构的具有特定句法学和语义学的形式系统来说的。所谓一致性是说：一切在该系统中可证明的公式都是真命题，其中"公式"特指任何基于该系统的句法学而形成的"合式公式"。所谓完备性是说：一切真命题都是在该系统中可证明的，其中"命题"特指任何基于该系统的句法学而构成的"命题形式"。也就是说，现代逻辑学家并不是在日常的"语句"或"命题"意义上谈论可证性的，并没有直接断言：任何我们实际所用的真命题（包括可靠的推理②）均可以在该系统内得以证明。日常语言词汇丰富，由其所形成的语句或命题也各式各样，而一阶逻辑中的"合式公式"或"命题形式"总是由少量的词汇和特定的形成规则所限定的。举例来说，如果形式系统中的句法学部分只规定"¬""→"两个联结词，而没有把"或者"（对应符号为"∨"）作为逻辑常项之一，那么，凡是带有联结词"或者"的命题都属于"非法的"，因而也就被排除在系统之外了。

当然，对于一部分逻辑学家来说，这种"非法性"或"不可处理性"只是表面上或暂时性的，因为尽管带有"∨"的公式并非系统内的"合式公式"，但我们可以通过某种"定义"，将其还原为仅带有系统内逻辑常项的式子。譬如，诸如"P∨Q"的命题，可以定义为"¬P→Q"的句式。再乐观一点，我们甚至可以相信，尽管一阶逻辑中的词汇量和句法规则是有限的或贫乏的，但由于这些有限的词汇能够进行反复多样的无限组合，它们还是可以用来表现丰富多样的自然语言和科学语言。因此，不论我们所面对的推理现象中所包含的命题如何复杂或奇特，我们最终仍是有希望将其还原到一阶逻辑系统中处理，并依照一阶逻辑系统中的有效式（重言式）来规范我们原有推理的可靠性。

总而言之，一阶逻辑恰恰满足了人们对于推理规范的期待，而其完备

---

① 也就是说，推理的描述与推理的规范一样，都要还原到现代形式逻辑系统中进行。关于数理逻辑学家对于推理的描述方式，参看本书第三章第二节。

② 需要指出，在一阶逻辑中，任何对于"推理形式可靠性"的证明都可以转变为对与之相应的真命题（重言式）的证明。甚至反过来，我们也可以通过某种技术设计，把一个真命题均处理为前提为空集或任意命题集的一种有效推理。参看 Mark Sainsbury. *Logical Forms*：*An Introduction to Philosophical Logic*. second edition, Malden, MA：Blackwell, 2001, P. 29。

性不仅是字面上的，而且真的有望代表一种完美，即，一阶逻辑就是我们所需要用来规范推理的"全部逻辑"。这正是以奎因为代表的部分逻辑学家的鲜明立场！然而，并非所有逻辑学家都像奎因那样乐观。更多逻辑学家虽承认一阶逻辑的完备性，但它似乎并未满足他们的期待，因而从对一阶逻辑的运用中得出了有关推理规范的另一种结论。

二、非经典逻辑引起的"权威危机"

"一阶逻辑"在数学特征上的标致，无可争议；但当人们把逻辑学（包括现代逻辑）定位为推理规范之最高权威时，就不可能仅仅考虑它在数学推理或科学推理中的应用。现代一阶逻辑的确能帮助我们理解数学之外的很多日常论证何以可靠或不可靠，并经过罗素、卡尔纳普（Rudolf Carnap）、奎因等人之手推进了某些重要哲学问题的讨论，从而在现代分析哲学家那里引起了不小的兴奋。然而，这种兴奋或生产力并没有维持很久。很快，有哲学家意识到，现代一阶逻辑的此种"可应用性"其实相当有限，或者实际应用中存在无法克服的困难，因而似乎并不能真正满足我们对于逻辑学作为推理规范之最高权威的期望。

部分哲学家甚至认为，一阶逻辑之所以不能真正满足我们的需求，是源于它作为数理系统的内在局限，即，它本身就缺少一种重要关怀，即，如何用这种形式逻辑来评估日常推理或自然语言论证。在1967年召开的第三届国际逻辑、方法论和科学哲学大会上，巴尔—希勒尔（Y. Bar–Hillel）以专题讨论会的形式将此种关怀集中表达出来。他在这场讨论会一开始提出的观点，颇具代表性："我有理由确信，人类更多时间都用在自然语言论证上而不是对于科学知识的追求。因此，更好地把握自然语言论证的本性，是一件极其重要的工作。我向在座的每一位人提出挑战，请给我呈现一段严肃的自然语言论证，同时表明其有效性可以凭借形式逻辑而成功得以评估。我认为这一事实可谓人类世界最大的丑闻之一。为何会发生这种事情呢？逻辑学，至少在2300年以前的某些人看来，需要涉及对于自然语言论证的评估。它已经做了大量极其有趣而重要的工作，为何就不能做好这件事呢？难道这是一场阴谋，是哲学家为了要确保哲学长存而禁止用科学方法来评估自然语言论证？在我看来，康德的名言'逻辑学自亚里士多德时代以来再没有前进一步……'至今仍是有效的，因为比起亚里士多德那个时代，形式逻辑此后从未更多地被用于评估日常语言论证，或许经院哲学中的那种糟糕应用除外。"①

正是从前述关怀和期待出发，我们看到在现代逻辑学家队伍中，有越来越多的学者并没有像奎因那样坚守一阶逻辑，而是根据他们所理解的"评估日常推理的需要"，在一阶逻辑这种"经典逻辑"之外构建起了各式各样"非经典的"但却能解决特定推理之规范难题的"新新逻辑"。譬如，一阶逻辑预设了任何命题都只有两个真值，即要么为真要么为假。②但对于类似"明天会下雨"这样用来表达未来偶然情况的日常语句，我们很难说它要么为真要么为假，③ 事实上我们通常说它既非真也非假，即是"不确定的"。因此，要规范涉及此类句子的推理问题，一阶逻辑就派不上用场了。针对这种规范难题，有逻辑学家通过在一阶逻辑原有词汇之外补充"时态"算子从而发展出时态逻辑，还有逻辑学家通过修改一阶逻辑语义学，用三值来代替二值原则，从而发展出三值逻辑。

再如，面对诸如"他是高个子"这种包含模糊词的命题，二值原则也不适用，但这时三值逻辑已不够用，因为人们有时希望知道的不仅仅是"不确定"这种第三值，还想知道它在多大程度上为真或为假。为应对此规范难题，有逻辑学家发展出了"模糊逻辑"之类的多值逻辑；还有逻辑学家希望维持排中律规则，不承认有"真值过量"（truth-value glut）的情况，而是提出"真值空隙"（truth-value gap）的存在，于是发展出了超赋值逻辑（supervaluational logic）。

再有，在一阶逻辑中，存在一系列所谓的"蕴涵怪论"：一个假命题可以蕴涵任何命题而一个真命题可以被任何命题所蕴涵；任何两个命题，要么前者蕴涵后者，要么后者蕴涵前者；如果一个命题可以蕴涵另一命题，那么，在前一命题之上增加任何命题（哪怕是其矛盾命题）之后，仍可以蕴涵后一命题；等等。这些之所以被称为"怪论"，正是因为尽管它

---

① 参看 G. F. Staal (ed.). *Formal Logic and Natural Languages (A Symposium).* Foundations of Language, Volume 5, No. 2, 1969, pp. 256 – 257. （强调字体为引者所加）该文是对包括在巴尔—希勒尔、辛迪卡（Jaakko Hintikka）、彼得·吉奇（Peter Geach）等在内的多位哲学家围绕"形式逻辑在自然语言论证评估中的地位"所展开对话的记录和整理。

② 经典逻辑的预设，除了二值原则，还有"个体域非空""外延主义"等。这些预设主要体现在形式系统的初始词、初始句和推理规则的选择上。之所以称它们为预设，是因为这些东西在逻辑系统中都是直接规定和交代的，未予以界定或证明。按照塔斯基的说法，这实际上也是"形式证明"中唯一使用直觉的地方，参看 Alfred Tarski. "Truth and Proof", in *A Philosophical Companion to First-Order Logic.* Hughes, R. I. G. (ed.), Indianapolis: Hackett Publishing Company, Inc., 1993, P. 120.

③ 注意，这里问的是"明天会下雨"这个句子在说话当时的真假，而不是"明天"到来之后的真假。

们在一阶逻辑系统内都是有效式,却不符合日常推理的要求:在日常推理中,我们会要求前提与结论之间具有意义上的联系,而不会把任意两个真命题或假命题连在一起。为了应对此种难题,有逻辑学家试图通过在语义学部分引入"相似性关系"而发展出条件句逻辑,而另有一部分逻辑学家则是基于信息流语义学发展出了相干逻辑。

其他,还有针对无断定条件的句子(譬如,对一个从未遭遇逆境的人评价说"他是勇敢的")而提出以"可证性"为核心的直觉主义逻辑;针对说谎者悖论句(譬如,"我说过的每一句话都是谎言")而提出的旨在肯定"真矛盾"的弗协调逻辑;针对量子力学现象(譬如,"薛定谔的猫"或"双缝试验")而提出的旨在否弃分配法则的量子逻辑;等等。①

这些"非经典逻辑",每一种都有逻辑学家和哲学家支持;它们跟一阶逻辑"行进在同一条大道上",因而它们的大量涌现可以被解读为:现代逻辑在弗雷格之后正步入"百花齐放"的蓬勃发展,而且这个势头至今仍在很多领域继续着。不过,一旦承认这些"非经典逻辑"的逻辑学地位,便意味着我们不能像奎因那样认为只有一阶逻辑才是唯一而正确的逻辑。从推理规范的目的来看,众多非经典逻辑与一阶逻辑的并存,对于身处其中的逻辑学家来说往往意味着一种竞争,即,力求表明自己所建构或倡导的那种逻辑才真正能起到规范推理之作用;对于诉诸现代逻辑来理解推理何以可靠的更多局外人来说则往往意味着一种选择,即,面对如此众多甚至有点眼花缭乱的"多样逻辑"(alternative logics),从中挑选一种作为我们实际推理的规范。不论是从竞争还是从选择的角度来看,一个在当前时代跟"现代逻辑之作为逻辑学代名词"一样显明的事实是,逻辑多元化的格局正使得现代逻辑在推理规范上的"权威"面临着重重危机。②

当然,有些逻辑学家会相信,此类"危机"是可以破解的。譬如,我们可以在众多逻辑中作出一种明智的选择或评判,从而裁定其中最好的一个才是真正的"逻辑"或"最高权威";或者我们也可以从当前某种我们认为相对更好的逻辑出发,略加修改,最终将其完善成为真正的"逻辑"或"最高权威"。但是,只要承认我们在选择或修正某种东西不可避免要

---

① 更多关于各类非经典逻辑的哲学动因,可参看 Jennifer Fisher. *On the Philosophy of Logic*. Belmont: Wadsworth, 2008, chapters 6 – 10.

② 在这里,逻辑哲学上一个相关的话题是"逻辑的可修正性"。不过,"逻辑的多元化"并不等于"逻辑的可修正",毋宁说前者相对于后者是第一位的问题。因为,逻辑的可修正意味着我们此前已经发现了逻辑,后来慢慢加以修改。但是,我们现在已经承认了多个不同形态的逻辑,当我们甚至还不知道据以规范我们推理的逻辑是哪一个时,何谈"修正"呢?

运用推理，而且依然坚持"现代逻辑乃一切推理之规范的权威"，结果我们将发现，不论是选择一种现有逻辑形态，还是确定一种更好的逻辑，都会让我们陷入两难困境。[①]

首先，假设我们是要从众多现存"逻辑"中选择自己的逻辑，我们如何证成自己的选择呢？譬如，我们要选择经典一阶逻辑，会提出自认为合乎逻辑的论证。但是，我们所提出的那个用于证成经典逻辑的论证，要么是经典逻辑上有效的，要么不是经典逻辑上有效的。如果是后者，由于我们认为只有经典逻辑是正确的逻辑，因而任何在经典逻辑上无效的论证，我都不会用，因为我们明知它不是一种好的论证。如此一来，我们只能选择前者。但如果我们用于证成经典逻辑的论证只是经典逻辑上有效的，这等于预设了我们原本要证明的东西，因而陷入了循环论证。假若我们要为某个非经典逻辑提出合法性论证，情况同样如此。此乃第一重两难。

其次，假设我们是要经过修正完善而建构一种最好的逻辑，我们如何证成自己的修正呢？譬如，我们目前在用某个逻辑 L，然后试图寻找理由对其修正，从而获得一种更好的逻辑 L_1。但是，我们所提出来用于证成此种修正的论证，要么是 L 有效，要么是 L_1 有效。如果是前者，这似乎表明用 L 本身可以获得更好的东西，因而是可靠的。那么，我们为什么还要修正 L 呢？另外，说通过可靠的逻辑 L 可以获得一种不同的逻辑 L_1，这无异于自我否定。然后，如果我们之所以相信 L_1 比 L 更好，其理由正是来自 L_1，这再一次让我们陷入了循环论证。此乃第二重两难。

三、来自非形式逻辑的竞争

当我们严肃对待"现代逻辑之作为推理规范的权威"时，一方面是各类逻辑学家为应对特定类型的规范难题而建构起一个个"非经典逻辑"；另一方面，一些直面推理实践而传播现代逻辑技术的逻辑学家或哲学家也注意到：当按照现代逻辑的一般做法通过所谓"形式有效性"来确定特定推理实例是否可靠时，对于此种做法（不论是依据经典逻辑还是非经典逻辑）本身，我们应该谨慎对待。这当然不一定是说现代逻辑不能帮助我们区分推理好坏，而关键是说：有鉴于现代逻辑的多元性，当我们借助于现代逻辑来刻画具体推理的逻辑形式时，会存在多样的"形式化结果"，甚

[①] 关于此种两难的更多讨论，可参看 Jennifer Fisher. *On the Philosophy of Logic*. Belmont: Wadsworth, 2008, pp. 176 – 189。更多关于逻辑证成难题（problems of justification of logic）的讨论，可参看 Liuhua Zhang. On the Justification Problems: Towards a Peircean Diagnosis and Solution. *History and Philosophy of Logic*, Vol. 38, No. 3, 2017, pp. 222 – 238。

至会存在形式刻画"无能"或"失效"的情况,由此暗示现代逻辑似乎不足以精确刻画实际推理之逻辑形式。

譬如,在现代逻辑的教科书中,在涉及(经典逻辑或非经典逻辑)系统中形式公式与日常语言论证之间的关系时,通常认为前者是后者的抽象或普遍化,后者是前者的例示。因此,从语义学上看,对于特定的逻辑形式,只要能在日常语言论证中找到一个反例即"前提为真而结论为假"的实例,该逻辑形式就表明是无效的了。但是,当代著名科学哲学家萨尔门在讲到这一点时,提醒我们:"这里有很重要的一点要注意,此种[反例]法可以决定性地证明一种形式的无效性,却不能必然表明某具体论证的无效性。说某一个论证是错误的,意思是指不存在它所例示的有效形式。因而,如果我们只是表明一个论证具有某一形式,而此种形式[在我们的逻辑系统中]是无效的,我们并未因此而证明该论证本身是无效的。为了决定性地确立某一论证的无效性,我们有必要表明它也不拥有其他任何可以据以表明自己有效的形式。"① 无独有偶,当代相干逻辑学家雷斯托尔(Greg Restall)在他的《逻辑导论》一书中讲完特定的逻辑形式有效(如命题逻辑或谓词逻辑的有效式)对于可靠论证的重要性之后,也警告我们:"一个论证可能是无效形式的一种例示,但其本身却是有效的。……[所谓的]形式由于刻画不充分或不够具体,难以说明原来论证的有效性。"② 具有异曲同工之妙的评论还有赫尔利(Patrick J. Hurley)的说法:"某一个论证是某无效形式的替换例,仅凭这一点并不能保证该论证就是无效的。在判定其为无效之前,我们必须确信它不会因为某种其他理由(譬如,其结论是一个重言式)而成为有效的。"③

需要强调的是,虽然上述观点均来自现代逻辑学家或是由经过现代逻辑浸染的哲学家所提出来的,但此种看法已经不同于那些仅从形式技术角度研究推理有效性的数理逻辑著作。后者通常把命题演算、谓词演算或其他演算中的有效性作为判定实际推理有效性的唯一依据,认为凡是经过形式语言转换后属于有效式的便是有效推理,凡是属于无效式的则是无效推理。至于为何自然语言推理要转换为如此这般的一种形式语言,以及如何

---

① W. Salmon. *Logic*. Second Edition, Englewood Cliffs, NJ: Prentice - Hall, Inc., 1973, P. 21. 强调字体为引者所加。
② Greg Restall. *Logic: An Introduction*. London and New York: Routledge, 2006, P. 10.
③ Patrick J. Hurley. *A Concise Introduction to Logic*. 10th edition, Belmont: Thomson Wadsworth, 2008, P. 339.

转换才算是适当的转换,他们却没有给予足够的关注。很显然,正如前述三部著作中的例子所示,"自然语言推理如何得到形式刻画"问题相对于形式演算中的有效式列表来说,一点也不缺少重要性。它们至少表明,在我们使用现代逻辑"有效性"概念时需要注意其相对性:(1)所谓"形式逻辑""形式有效"中的"形式"是有歧义的,因为实际生活中的同一个论证很可能具有并不等值的多重"形式",而且很可能它在一些常见形式下无效,却在另一形式下有效。譬如,"亚里士多德必然是一位逻辑学家,所以亚里士多德实际就是一位逻辑学家",在一阶逻辑的形式刻画中是无效的,而在很多模态逻辑的刻画下却是有效的。(2)虽然我们通常可以从某个演算系统下的形式有效而判定某个实际论证有效,但却不能简单地根据它在某个演算系统下的形式无效而判定某个实际论证无效。即便在现有的所有形式演算中找不到任何有关实际论证的有效形式,我们也不能轻言该论证具有无效的形式,因为很可能真正属于该论证的那个有效形式至今尚未被我们发现。譬如,"这花是红色,因此它不是蓝色的"。这一论证通常被认为是无效的,因为在现有的任何逻辑系统中我们都无法找到与之对应的有效式。① 但是,或许,我们可以像普莱尔所鼓励我们的那样大胆尝试一种所谓"颜色词逻辑"的非经典逻辑,把"红色""蓝色"这些颜色词纳入我们的逻辑词汇中,从而建构一种能够把该论证刻画为有效式的逻辑系统。②

"形式有效"的相对性,启发我们:判断我们具体所作的推理到底是否有效,至少不能单凭"既有的形式系统"。至于还需要凭借其他什么,那就是逻辑探究的未来空间。当然,我们可以继续期待逻辑学家发展出更多新型的"非经典逻辑",或者期待逻辑学家证明某种形式系统是包容一

---

① 这里我们不考虑那种主张该论证省略前提"所有红色的东西都不是蓝色的"的说法。很显然,增补此前提之后的论证可以在一阶逻辑中找到有效形式。但是,有时候,论证人会强调他并没有省略任何"必需的"前提命题。

② 事实上,我们已经看到有逻辑学家尝试把"颜色词"处理为类似"合取""析取""否定"和"量词"的逻辑常项了。参看 J. C. Beall & Greg Restall. *Logical pluralism*. Australasian Journal of Philosophy, Vol. 78, No. 4, 2000, pp. 478 – 479. 类似的"宽容"观点,也可参看 Achille C. Varzi. On Logical Relativity. *Philosophical Issues*, Vol. 12, No. 1, Realism and Relativism, 2002, pp. 198 – 199. 逻辑学家们之所以这样做,很多是受到逻辑学上模型论奠基人塔斯基的激励。他曾在著名的《逻辑后承的概念》一文中表示:"[逻辑词汇与逻辑外词汇的划分]当然并非完全任意。……不过,我不知道有任何客观根据能允许我们在两组词汇之间做出截然划分。我们似乎可以把逻辑学家通常视为逻辑外词汇的东西放置在逻辑词汇之内,这样做并不会导致与日常用法明显冲突的结果。在极端情形下,我们可以把一种语言中的所有词都视作逻辑词汇。"(参看 Alfred Tarski. *Logic, Semantics and Metamathematics*. translated by J. G. Woodger, Oxford: The Clarendon Press, 1956, pp. 418 – 419)。

切的"最高权威",但除此之外我们或许还有另一种可能性,那就是,试着考虑在另一种意义上来理解推理论证的有效性。事实上,我们的确在现代逻辑盛行的时代看到了有哲学家选择了后一种路径。这就是当代"非形式逻辑"(informal logic)的做法。

非形式逻辑学家知道任何具体论证的可靠性都取决于它是否符合某种合乎逻辑的结构,但该结构并不一定得是现代逻辑学家所构建的那种数理系统的形式。恰恰相反,由于现代逻辑形式系统的多元性,很多时候我们无法或至少有困难找到一种恰当的形式公式来刻画我们实际所用推理的可靠性;所以,我们不妨转而追求另一种意义上的"形式刻画":我们可以不采用数学上的符号公式,而只需要把推理置于特定的情境之下然后用某种共同模型来帮助我们分析其中的推理结构是否合乎逻辑。与此前的数理逻辑相比较,此种新的模型显得不够"形式化",而且诉诸推理之人所在的实际情境,故而得名"非形式逻辑"。

英国哲学家图尔敏所提出的论证模型,代表了非形式逻辑用以挑战数理逻辑的基本思路。[①] 让我们通过一个例子来看:

一个人在饭店里对他同行的朋友说:"我看到你点了一杯苹果汁。你一定很喜欢苹果汁!"这属于典型的日常推理或自然语言论证。它是否可靠呢?如果是现代逻辑学家,首先是希望在某个常用的逻辑系统中找到一个与之对应的有效式;如果不行,再试着通过恢复省略掉的某些前提命题来判断。但是,对于非形式逻辑学家来说,当我们询问这个推理是否可靠时,总是意味着有听者对此表示了怀疑。他当然略去了很多前提命题,但他不觉得这样省略是不对的,因为哪个人在日常推理时能把所有的前提或预设事先全部列出来呢?那样既无必要也不可能。他或许有必要把某个未明示的前提补充上来,但他补充什么,要取决于听者对他的话存有什么样的怀疑。譬如,这个人的朋友问:"为什么这样说呢?"他就可以补充道:"因为,人们喝东西总是挑选自己喜欢的。"如果他的朋友追问:"你确信吗?谁告诉你是这样的?"他可能又会接着说:"这是基本常识啊!"

于是,这个人表明其推理何以可靠的过程就变成了在对话中回应对方疑惑的过程。该过程用图尔敏的论证模型来表示,就是这样:

---

① 关于图尔敏模型的详细内容,可以参看 Stephen E. Toulmin. *The Uses of Argument*. Cambridge, England: Cambridge University Press, 2003 和 Stephen Toulmin, Richard Rieke and Allan Janik. *An Introduction to Reasoning*, second edition. New York: Macmillan Publishing Co., Inc., 1984。

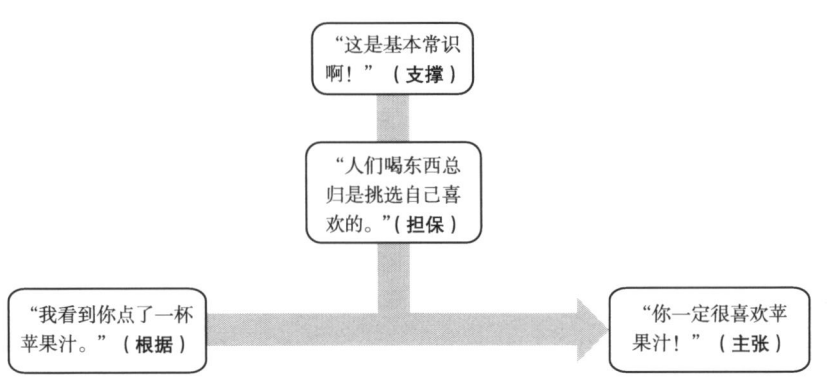

需要稍作解释,这里的"主张"(Claim)代表通常所谓的推理结论,而"根据"(Grounds 或 Data)、"担保"(Warrant)、"支撑"(Backing)则归在通常所谓的"推理前提"中,可视为分层化的"理由"。

在比较简单的问题上,通常借助于上述模型,如果用以支持"主张"的"根据""担保"和"支撑"最终被听者所认可,那么,说话人推理可靠性便已经得到辩护。倘若听众对这些理由本身仍旧存在怀疑,那么,他可以提出异议。而说话人在回应异议的情况下,会再引入"模态词"(Qualifier 或 Modality)和"除外情况"(Rebuttal)两个要素,从而形成如下的扩充模型:

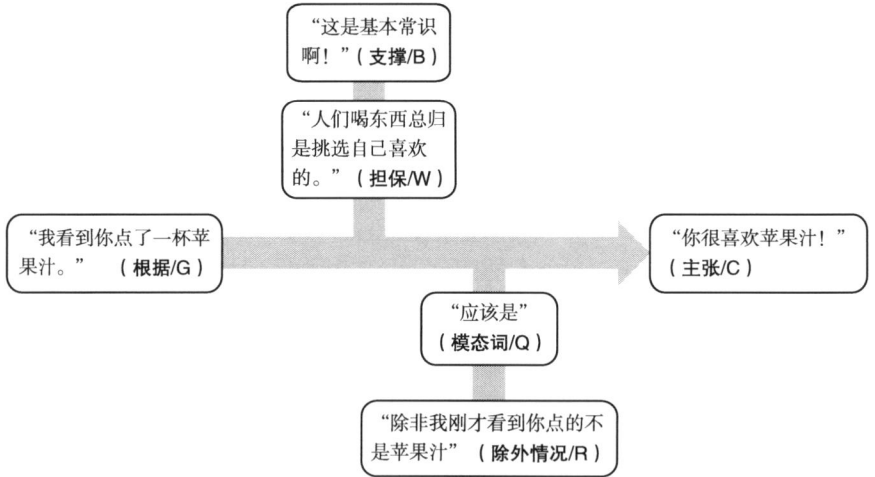

当然,我们可以想象上述对话还会继续下去。即便当时对话似乎结束了,但很有可能后来他朋友会提出进一步的疑问,或者有第三方加入进来提出另外的怀疑。在非形式逻辑学家看来,这是可以预料到的正常情况。某一具体推理最终是否可靠,往往要经过反复而耐心的对话方能在会话各方之间达成共识。而且，此种关于推理可靠性的"共识"，往往是暂时性的，仅仅限定于特定的领域之内。不过，在他们看来，此种通过图尔敏模型所建立的"有限共识"足以引导我们走向可靠的推理，避免谬误式推理。更为重要的是，相比于现代逻辑那种封闭的、意义单一的形式演算，此种"非形式"方法由于注重从真实情境出发对于理由的开放式追问，更适于分析人们在日常生活及学术层面的推理。

四、来自哈曼的颠覆性挑战

从历史上来看，哲学家从某个角度对于形式逻辑的批评并不少见。譬如，洛克曾坦言："三段论并不是理性的最大工具。"① 面对这样的批评，今天的逻辑学者也许会不无骄傲地说：洛克之所以那样断言，只是因为现代科学意义上的逻辑在当时还未兴起。然而，正如我们本节前面所看到的那样，尽管现代逻辑具有精致的数学一致性和完备性，但就其作为有关人类真实推理的规范性科学而言，或许它真的存在一些内在困难。从这些内在困难来看，我们担心：倘若洛克处在今天，面对数理逻辑意义上的"经典逻辑"或"非经典逻辑"，他或许依然会说"经典逻辑（或任何其他一种非经典逻辑）不是理性的最大工具"。更加令人遗憾的是，我们在本书第二章第一节中发现，当代分析哲学家哈曼事实上已经说出了类似的话。因为当他说"逻辑并非有关推理的理论"时，他所谓的"逻辑"正是当代主流意义上的经典逻辑或非经典逻辑。

哈曼在《内部批判：推理论并非逻辑学，而逻辑学并非推理论》一文开头用四段话非常简洁明了地交代了他的思想主旨：（1）为了理解推理与逻辑学的关系，关键是不要混淆蕴涵问题与推理问题。推理和蕴涵是非常不同的东西，而它们之间的关系相当含混。蕴涵是有点抽象的东西，是诸命题之间的一种关系。推理则是心理过程，是观点合理变化（或观点合理不变）的过程。（2）逻辑学之作为蕴涵理论非常不同于逻辑学之作为推理论或方法论。在历史上，"逻辑"一词一直在两种意义上使用。当前的用法喜欢把"逻辑"一词限制于蕴涵理论。而有关推理的理论最好称为"推理论"或"方法论"。（3）如果存在某些推理原则的话，它们应是有关何时才能合理获致某一结论的规范性原则。有关蕴涵的原则并非规范性（作为"现代逻辑"分支的道义逻辑不属于规范性），而且并不具有心理

---

① John Locke. *An Essay Concerning Human Understanding*. Volume Ⅱ, Collated and Annotated by Alexander Campbell Fraser, New York: Dover Publications, Inc., 1959, pp. 387 – 389.

题材(作为"现代逻辑"分支的信念逻辑不关涉心理题材)。(4)当前人们对于蕴涵的理解相对较好。对于蕴涵以及作为蕴涵理论来理解的逻辑学,现在有许多技术性的研究。然而,人们对于推理的理解却不够好。这是因为有关推理的理论必须成为理性理论的一部分,当前人们对于理性的理解很不够。①

必须意识到,这是以鲜明的立场表达了对于现代逻辑作为推理规范之权威的颠覆性挑战。不论非经典逻辑对于经典逻辑的挑战,还是非形式逻辑对于形式演算方法的挑战,它们都至少承认经典逻辑在某些情况下可用于我们实际推理。而哈曼这里则直接否定现代逻辑作为推理规范理论的合法性。对于自己略显激进的主张,哈曼在多个地方提供了多方位、多层次的辩护支持。我们这里仅展现其大致思路:

在哈曼看来,如果说"现代逻辑"能够与推理有什么特别关系的话,只能是其中的"蕴涵"(implication)与"不一致"(inconsistency)这两个概念。与之相对应,"现代逻辑"的根本要求可以说体现在逻辑蕴涵原则(即"一个人的观点在逻辑上蕴涵P,这一事实可以作为理由来让他接受P")与逻辑不一致原则(即"要避免有逻辑上的不一致")上,② 因为许多相信现代逻辑乃推理理论的人都直接或间接地设定:如果某一思想过程满足两条原则,我们就可以说它是合理的或理性的,而如果它违反这两条原则,我们就便可以说它是不合理的或不理性的。为此,哈曼重点是试图表明,对于"现实"而非"理想"的推理者来说,这两条原则并不适用。

先看逻辑蕴涵原则。它似乎意味着,如果有人同时相信"P"和"若P则Q",这可以让他有理由相信"Q"。但在实际的推理中,这往往是不成立的。譬如,玛丽早餐想要吃麦片,然后去橱柜拿。但她没有找到任何麦片。她断定是伊丽莎白在前一天吃光了麦片。于是,她决定早餐吃脆米。这是生活中非常典型的推理实例,在做出最后的决定前,玛丽相信三件事:如果她去橱柜找,会看到一盒麦片(若P则Q);她去橱柜找了(P);她没有看到一盒麦片(非Q)。但是,就这位真实的推理者而言,

---

① Gilbert Harman, "Internal Critique: A Logic is not a Theory of Reasoning and a Theory of Reasoning is not a Logic", in D. M. Gabbay, R. H. Johnson, H. J. Ohlbach, and J. Woods, eds., Handbook of the Logic of Argument and Inference: The Turn Towards the Practical, Volume 1 in Studies in Logic and Practical Reasoning. Amsterdam: Elsevier Science B. V., 2002, P. 171.

② Gilbert Harman. Change in View: Principles of Reasoning. Cambridge: The MIT Press, 1986, P. 11.

她绝不会仅仅由前两个信念就推断出"他的确看到了一盒麦片"（Q）。也就是说，虽然在逻辑上，MP式（即，如果若P则Q，而且P，那么Q）是普遍有效的，但就实际的信念变化而言，我们很多时候并不能因为相信"若P则Q"和"P"而去相信"Q"，那不是一个好的推理。在实际推理中，更不会出现的是因为相信"P"而去相信"或者P或者Q"等无关紧要或不相干的"真"命题，尽管其对应的逻辑公式在经典逻辑中是永真式。

再来看逻辑不一致原则。它告诉我们，应该绝对避免一切不一致之处。而之所以应该避免不一致，可能是因为，一旦出现某个"P"和"非P"同时成立，则根据逻辑蕴涵原则，我们在经典逻辑中可以推断因而相信任何一个命题为真，此即为信念体系坍塌。这当然是荒诞因而不可接受的结果。然而，不同于逻辑上禁止一切矛盾并由于发现矛盾而致使系统坍塌，真实的推理要灵活得多：玛丽从"如果她去橱柜找，会看到一盒麦片""她去橱柜找了""她没有看到一盒麦片"这三个包含不一致的信念出发，并未走向信念体系坍塌，当然也没有停止推理，而是通过放弃其中一个信念（即"如果她去橱柜找，会看到一盒麦片"）并增添一个新的信念（即"伊丽莎白在前一天吃光了麦片"）而继续推理。另外，在日常生活中，我们很多时候发现在现有信念中存在不一致，却想来想去总是无法找出根源。此时，我们的做法往往是保持此种不一致，只是尽量不用它进行推理。譬如，一个人相信并非他所有的信念都是真的。毫无疑问，这意味着，在他的信念集中存在不一致之处，但是，他完全有理由继续保有自己的那些信念。

总之，现代逻辑上有效的语句转换并非总是真实可靠的信念变化，即并非总是好的推理；实践中好的推理也并非总是现代逻辑上有效的语句转换。而之所以如此，则是因为推理作为合理的信念之变，它总是有实践上的考虑的（practical considerations）。最典型的一点就是："推理受到注意力、记忆力和时间等资源的限制。因此，当你有更重要的东西要关注时却把你时间用于推断无关紧要的信念结果，这不是理性的。你虽然拥有不一致的信念，但如果那时要避免不一致所需成本过大，你就不会因此而被指责为不理性。"[①] 类似这样的实践考虑对于推理是至关重要的，而当今

---

① Gilbert Harman, "Internal Critique: A Logic is not a Theory of Reasoning and a Theory of Reasoning is not a Logic", in D. M. Gabbay, R. H. Johnson, H. J. Ohlbach, and J. Woods, eds., *Handbook of the Logic of Argument and Inference: The Turn Towards the Practical*, Volume 1 in *Studies in Logic and Practical Reasoning*. Amsterdam: Elsevier Science B. V., 2002, pp. 174–175.

的逻辑学却完全不予考虑。所有这些足以表明,"现代逻辑"与推理并无什么特别关系,因而根本算不上一种推理论。

第二节 实证心理学家论"推理规范"

如果说现代逻辑被认为天然地与推理规范联系在一起的话,实证心理学则是天然地被与推理描述联系在一起的。但是,正如我们在第一节看到的那样,这种天然联系并不能赋予现代逻辑在推理规范上的长久权威。而实证心理学即便在一开始专注于描述人们实际推理过程中如何正确或错误使用形式逻辑,但它并不甘于只做逻辑学家这位"立法者"背后的"调查员"或"统计员"。当推理心理学试图发展成为一种有关人类推理的自然科学研究时,它对于人类推理之自然规律提出了各种不同于现代逻辑的科学假说。这些科学假说在解释人类推理现象上的效力以及所做出的一系列成功预言让实证心理学家有信心或野心发表有关人类应该如何推理而不只是实际如何推理的研究结论。正像我们经常看到科学家会跟哲学家争地盘一样,实证心理学也有在"推理规范"领地争取话语权的企图。

一、推理心理学中的"理性大讨论"

在第三章第三节中论述推理心理学家关于推理的描述工作时,我们曾指出:实证心理学家通过设计一个个诸如"选择任务"之类的心理实验,试图立足科学的实验结果"描述"普通或特定群体的被试实际推理的情况。在早期的研究中,心理学家倾向于围绕被试对于形式逻辑常用规则的掌握和使用情况而开展实验研究,从而得出人们实际推理是否合乎逻辑要求的结论。当然,随着不同心理学家所设计实验在内容题材的变化,有关被试是否合乎形式逻辑要求或在多大程度上符合形式逻辑要求的结论也不尽相同。不过,整体上来看,实证心理学关于人们实际推理是否合乎逻辑的实验结论总是包含着大面积的负面信息,即,总有大多数人在某些推理场景下在应用某些形式逻辑规则方面"不可救药地"存在着背离逻辑要求的地方。这对于一向自诩理性动物的人类来说,似乎表明了一种令人悲观的事实:如果说逻辑学家作为推理规则系统的发明人或发现者可以代表人类的理性程度如何之高的话,心理学家作为人类实际遵循逻辑规则情况的科学观察者所提供的"客观记录"似乎暗示了人类在理性推理方面明显表现不佳。

然而，从新近的心理学研究文献来看，推理心理学家很明显并不愿意按照此种悲观的思路推进他们的"推理描述"工作。他们继续承认现代形式逻辑在很多地方或某些方面的确提供了可以让我们据以判定实际推理是否可靠的"推理规范"，但同时意识到：要理解这些"推理规范"如何体现或应用于人类的实际推理中，并非易事。推理心理学不仅仅可以揭示人类在多大程度上遵循了自己发明或总结出来的"推理规范"，它还确证了"人类理性是复杂的，至少比现有任何形式逻辑系统更为丰富多样"。也就是说，心理学家的"推理描述"并不仅仅是步逻辑学家之后的一些统计性的附属工作，它还在逻辑学之外提供了关于如何理解人类理性本身的思想资源。如果说逻辑学提供了作为硬性规则的"推理规范"的话，它并没有指示我们"这些规范应该如何得以应用"，而推理心理学至少可以在逻辑学之外启发我们"应该如何应用那些规范"。对于此种独立于逻辑学之外的应然问题（而不只是实然问题）的新关注，成为晚近实证心理学关于推理研究的最主要动向之一，也引发了关于人到底理性还是不理性的所谓"理性大讨论"。

我们看到，即便是一开始通过形式逻辑来建构推理模型的心理学家，后来也大多承认：就人类推理实践而言，认为只有通过形式逻辑才能研究推理或者只有形式结构才重要，那其实是一种成见或曰幻相。可以说：一系列推理实验的结果并不一定意味着我们每个人都只是在成功或不成功地遵循逻辑学家所制定的"推理规范"。因为，如沃森和约翰逊—莱尔德所言，"从好的方面看，我们都可以像逻辑学家那样思考；但从坏的方面看，逻辑学家全都像我们一样思考。"[①]

更新近的观点则是对逻辑学规则与推理规范之间关系的重新思考。推理心理学的确以描述人类推理的实际情况为主业，但是，如果大量而反复的推理实验已经一致性地表明，形式逻辑所提供的"推理规范"无法在人（包括逻辑学家们）的具体推理中得以完全实现，那么，我们似乎可以对此种"推理规范"的可行性提出质疑。而如果我们承认形式逻辑所提供的推理规范尽管具有一致性和完备性等数学上的理想特征却无法在实践中推行，便意味着：形式逻辑是否真的能够充当推理规范的权威，这至少是可疑的。因为，根据哲学家康德所提出的一条广为接受的伦理准则："应该意味着能够"（ought implies can），如果我们每个人实际上都不能毫无保

---

① P. C. Wason and P. N. Johnson – Laird. *Psychology of Reasoning*: *Structure and Content*. Cambridge, MA: Harvard University Press, 1972, P. 245. 强调字体为引者所加。

留地做到形式逻辑所要求的那种"推理规范",那对于人类而言就是一种无理的过高要求,因而至少不应成为"人类的规范"。① 这其中的哲学道理是很显然的。譬如,当我们说"公民应该守法"时,总是意味着他能够做到"守法";假若一个人是完全丧失行为能力的精神病人,我们说他应该守法否则将追究他法律责任,就是过分的高要求。② 当我们对一个普通人说你(在道德上)不应该如何如何时,也总是意味着他有能力做到不如何如何;而假若我们对一个人说"你不应该呼吸,否则就不道德",那将是无理的要求。总之,任何所谓"应该"或"有责任"去做或不做的事情,任何可以评价为"好坏""对错"的事情,总是意味着当事人有去做或不做这类事情的能力,或者是选择以其他方式去做这类事情的能力。对于没得选的情况,任何所谓"应然的规范"都是不适用的。甚至连"不可救药"这个词,如果照字面意思来理解,也是不适用于"人类未能完全按照形式逻辑要求去推理"这种情况的;因为,用药救治,意味着有病存在(尽管可能治不好),但人类或许自古本来就是这个样子,属于自然的情况,并未有任何病变。出于这种考虑,有心理学家提出:人类习惯上未按某些形式逻辑要求去推理,这就像人类"视错觉"那样的"认知错觉"。③ 但人类具有的此种错觉,并不是什么"病症",顶多可以说是相对于某种外在目的而言的"缺陷"或"不足"。④

既然形式逻辑中所刻画的那种理想化的"推理规范",是人类实际推理中无法或无力完全遵循的,更多心理学家开始考虑有选择地接受现代形式逻辑所代表的那种"推理规范"。假若现代形式逻辑所代表的理性是"完全理性"的话,那么,人类实际拥有的则是一种"有限理性"。需要注意的是,此种所谓"有限理性"往往带有相对于"完全理性"而言的

---

① Jonathan St. B. T. Evans and David E. Over. *Rationality and Reasoning*. East Sussex: Psychology Press, 1996, P. 31 and Ken Manktelow. *Reasoning and Thinking*. East Sussex: Psychology Press, 1999, P. 221.

② 当然,在法理学上,不追究精神病人的责任并不意味着该病人的监护人就没有责任。

③ 关于此种观点的更多细节,可参看 Massimo Piattelli – Palmarini. *Inevitable Illusions: How Mistakes of Reason Rule Our Minds*. New York: John Wiley & Sons, 1994.

④ 此类所谓"缺陷",类似于人在跟长颈鹿比身高、跟羚羊比速度、跟乌龟比长寿时所显示的"不足"。换言之,这种有限性,虽然在某种意义上是说人的理性并非完美,但它并不一定意味着"更多失败"。正如生物进化中所存在的"拱肩现象"(spandrels)(如男性的乳头,就像是拱形建筑物上拱肩一样,其实并非必需,尽管后来人们发现可以在上面绘画以达到美观效果)一样,这虽然看起来不符合达尔文的"最适合者生存"(survival of the fittest)的理论,但这只是意味着生物物种要存续下去,并非一定要进化成"最适应环境的"样子,其实只要足够适应就可以了,即"足够适应者生存"(survival of the fit enough)。

"错误"或"偏见",但它本身并不意味着一种"缺乏"或"不足",因为我们可以看到心理学家自信地表示:"正是由于(而非尽管)我们的理智本性,那些思维错误出现了。换言之,它们是我们思维方式的必然结果,是我们为了能高效地常规性解决日常生活中巨量信息处理问题所付出的代价。"① 相对于那种不切实际的"完全理性"而言,此种"有限理性"似乎才是真正能够规范我们推理的东西。"有限理性"选择性地采用了现代逻辑所呈现的那些推理规范,至于应该如何选择,逻辑学家帮不上忙,只有心理学家才能告诉我们。就这样,推理心理学开始在"推理规范"而不只是"推理描述"上与现代逻辑展开竞争。

二、推理心理学与"形式逻辑"何以竞争?

推理心理学与现代形式逻辑,对于推理研究,所采用的是两种不同的路径。两者通常是不会出现竞争的,因为一个描述推理之所是,另一个规范推理之应然。实际所是与应然规范之间出现分歧总是正常的,要不然两者的区分也就丧失意义了。从推理心理学的历史发展来看,心理学家看到大量揭示被试不按形式逻辑要求去推理的实验结果,一开始想到的也不一定是心理学与逻辑学之间的竞争,而可能认为人们实际上就是不合逻辑或不理性的,因而需要对"形式逻辑"知识加强学习领会。关于这一点,最极端的观点莫过于斯蒂奇(Steven Stich)的。他在《人会是不理性动物吗?》一文中指出:"亚里士多德以为人是理性动物。然而,从他那个时代直到我们今天,一直有不少作家对此乐观评价表示异议。对于培根、休谟、弗洛伊德(Sigmund Freud)或劳伦斯(D. H. Lawrence)而言,理性顶多只是偶尔才有的东西。根据他们的观点,理性推理和行动的事件乃散布在不理性的人类史海岸线上的灯塔。在约近十年期间,有越来越多的实验心理学家加入了这些有关人类认知缺陷的印象派记录者队伍。他们把人类推理拿来做细致的经验考察。他们所发现的很多东西会让亚里士多德感到震惊。可以看到,人类被试会经常性和系统性地采用要么纯粹无效要么实在离奇的推理和判断策略。"② 他相信,人的认知(包括推理)能力并非天生固有的,而是需要专家(尤其是逻辑学家)的教育和矫正。"假若……认知能力跟语言能力一样在很大程度上是获得的而且是可改

---

① J. St. B. T. Evans. *Bias in Human Reasoning: Causes and Consequences*. East Sussex: Lawrence Erlbaum Associates, 1989, P. 111. 强调字体为引者所加。

② Stephen P. Stich. Be an Irrational Animal? Some Notes on the Epistemology of Rationality. *Synthese*, Vol. 64, No. 1, 1985, P. 115.

变的,那么,我们就有理由希望此种能力可以经由教育和实践而得以完善,就像一个生于利物浦的孩子可以获得牛津教师那样凝练的语言能力那样。……我倾向于认为,新近推理研究的一个不同寻常的好处就是,它们指明了哪些领域是最需要进行矫正性教育的。"①

然而,更多心理学家后来并不认同斯蒂奇关于"推理的实验研究只是表明普通大众需要多多跟逻辑学家学习形式逻辑"的结论。甚至包括曾被斯蒂奇援引用于支持其激进观点的沃森和约翰逊—莱尔德,他们尽管承认被试的确在实验室推理时思想错乱,但强调那并非单靠逻辑所能诊断。根据他们所倡导的"推理的病理学"(pathology of reasoning),以各种不同的方式逃避现实,这并非是心理病人的特权,某些病理性思维也存在这样的问题。在这方面,心理学家和临床医生类似,他想知道的不仅是病人在逃避什么,还有他为什么要逃避。而形式逻辑在这方面的"诊治"功能非常有限。② 于是,心理学家作为"临床医生"与逻辑学家作为"推理教育者"之间至少在如何矫正思想错误方面出现了竞争。

当然,为了与逻辑学争取"话语权",其他心理学家并不会采用"推理病理学"这种带有消极含义的表述方式来看待各类推理实验结果。不少心理学家会更直接地看到形式逻辑之作为推理规范的局限性,其思路大致如一位哲学家所描述的那样自然:"形式逻辑之所以要作为一门哲学课程来传授,一种原因是人们认为在逻辑学与推理之间存在内在关联。推理是优秀的哲学家所擅长的事情,而好的哲学推理都是合乎逻辑的。因此介绍形式逻辑的原理是一套健全的哲学训练中不可或缺的组成部分。直到最近,这种论证方式依然被普遍接受而不受质疑。然而,这里明显有一个值得研究的经验问题:'形式逻辑训练会改善一个人的推理能力吗?'心理学家所开展的一些新近(应该承认还比较粗糙)实验表明答案是'不会'。"③ 然后,正是从此种有关逻辑规范之局限性的判断出发,推理心理学家试图通过提出不同于形式逻辑的各种科学理论对其加以弥补或修正。按照一种容易在科学家群体中占据上风的"自然主义"风格,关于人们应该如何推理才好,或许最终要由事实来说了算。形式逻辑,的确提供了"现成的规范",但既然它在改善人们推理能力上并不够用,说明其中那些

---

① Stephen P. Stich. Be an Irrational Animal? Some Notes on the Epistemology of Rationality. *Synthese*, Vol. 64, No. 1, 1985, P. 133.

② 参看 P. C. Wason and P. N. Johnson – Laird. *Psychology of Reasoning: Structure and Content*. Cambridge, MA: Harvard University Press, 1972, pp. 229 – 239.

③ Laurence Goldstein. Logic and Reasoning. *Erkenntnis*, Vol. 28, No. 3, 1988, P. 297.

规范是不完整的或需要调整的。而只要我们坚持从人类推理的经验事实出发，敢于提出某种可以解释人们实际推理何以出错何以正确的"科学假说"，并能由此对人们未来情况做出正确预言，此种假说便有望充当有关人类推理规范的一种比形式逻辑更为可靠的"科学推理论"。关于这些科学推理论的最新发展动态，我们已经在第三章第三节中看到过，譬如，卡尼曼提出的双系统理论，埃文斯提出的双重理性学说。当时我们是将它们当作有关推理的描述理论来看待的。其实，此类科学理论在被提出时总是带有一种"规范推理"的冲动。因为从科学家一贯的思维方式来看，如果我们已经通过某种描述可以一致性地发现人们实际上何以成功达到推理目的以及何以失败，就等于发现了如何推理才算好。由此，一种经过多次科学检验的"描述理论"很自然也可以被当作一种规范理论来看待。这种被转变而来的有关推理可靠性的科学理论，虽然并非完全否定形式逻辑中的推理规范，但它与后者在理论上的竞争还是明显的。譬如，心理学家埃文斯和奥威尔（David E. Over）曾提到下面一个例子：

假设我们看到不远处有一棵看起很像苹果树的东西。它与我们之前见过的苹果树非常相像，因此我们确信那就是一棵苹果树。我们从这个距离无法看清这棵树上是否藏有苹果，但由于是秋季，我们便自信满满地断言："如果那是一棵苹果树的话，上面就会有苹果"。不过，我们所信任的一位从那棵树走过来的人告诉我们："它上面没有苹果。"

如果是按照形式逻辑的通常规范，既然我们相信了前面两句话，由此根据诸多现存形式系统都承认的 MT 规则，我们应当推出"这不是一棵苹果树。"但根据心理学上的"双重理性"学说，这种依据逻辑学对于 MT 的使用，只是人类"理性$_2$"的表现。事实上，这个场景下，当事人最可能运用的并不是"理性$_2$"，而是"理性$_1$"，即，通过一种足够可信赖的方式获致我们的目标。倘若我们推断"这不是一棵苹果树"，等于是否定了我们视觉的证明力，而我们的视觉判断在过去一直都是可靠的，一旦怀疑这一点会导致过去很多信念都会连带失效。根据"理性$_1$"，我们没有理由不信任我们的感官，也没有理由不信任告诉我们树上没有苹果的那个人（因为他过去一直都是值得信任的），于是，我们最后做出的决定倒应当是：放弃那个条件句断言（"如果那是一颗苹果树的话，上面就会有苹果"）。[①]
前后两种"应当"，代表了对于人类现实推理过程的不同"规范"。

---

① Jonathan St. B. T. Evans and David E. Over. *Rationality and Reasoning*. East Sussex: Psychology Press, 1996, pp. 17–18.

当然，有强调逻辑规则需要灵活使用的人会说：在前面的例子中，即便是最后推出"并非如果那是一棵苹果树的话上面就会有苹果"的人也在遵循"理性$_2$"中所包含的逻辑规则（譬如，归谬原理），因为从后件为假出发，我们所推出的不仅可以是前件为假（在条件句为真的情况下），也可以是条件句为假（在前件为真的情况下）。对此，埃文斯和奥威尔指出：尽管如此，在这里真正发挥规范作用的仍不能说是形式逻辑，因为"逻辑学本身允许我们从任何前提做出无穷多个推论。用更为技术化的语言讲，从任意前提出发可以有效得出无穷多个结论中的任何一个，应该看到，从规范理论上看，逻辑学只是告诉我们从一些设定出发可以推出什么，却没有告诉我们从中必须推出什么。……逻辑学本身在日常推理中的运用需要有良好的实践判断力来选择与我们所希望达到的目标相关的一种结论。正如象棋规则并不能告诉你如何成为一位好的棋手一样，逻辑学也不能为我们提供推理的策略。为了对于我们的诸信念拥有恰当程度的确信度，从而知道何时需要通过推理扩展我们的信念集，何时要反过来抛弃其中一种信念，甚至还需要有更多的实践判断力。……当我们得出不一致的东西时，[逻辑学]不能告诉我们哪一个设定要抛弃；我们必须借助于我们认为最能满足我们目标的东西，自己做出这方面的判断。"①

三、演化心理学的宏大追求

在当代关注推理研究的各路心理学家群体中，在"如何推理才算好"这个问题上，最敢于发出与现代逻辑相竞争论调的当属演化心理学家。相比于传统型的认知心理学家，演化心理学家在"推理规范"上的追求显得宏大，因为他们不只是批评现代逻辑在规范人类推理方面的不足从而设法予以弥补，而是把演化生物学理论引入认知心理学当中，试图用一种基于论域的特殊化规则体系取代逻辑学上那种通用型的一般化规则体系。这里我们仅以科斯米德斯（Leda Cosmides）为代表来介绍该类理论中的一些主张。②

科斯米德斯在1988年一篇题为"社会交换的逻辑：自然选择在塑造人类如何推理吗？——结合沃森选择任务的研究"的文章中指出："即便

---

① Jonathan St. B. T. Evans and David E. Over. *Rationality and Reasoning*. East Sussex：Psychology Press，1996，P. 19.

② 二十世纪80年代，科斯米德斯本人以及她与人类学家图比（John Tooby）合作发表的一系列成果，标志着演化心理学进入新的发展阶段，即，由达尔文所开创的动物行为研究转变为人类认知机制（包括推理）研究，或者说由生理研究转变为心智研究。

他们尚未非常关注这一点，但认知心理学家一直都知道人的心智并非只是一套带有现代计算机设计特征的计算系统，而是一套经由进化的组织化力量而加以"设计"的生物系统。这意味着构成人心智的那些内在信息处理机制并非设计用来解决任意性任务的，相反它们都是一些适应性（adaptations）：这些机制的设计是用来解决我们祖先在人类进化过程中所遭遇的因为物理、生态和生活环境而产生的具体生物学难题。然而，大多数认知心理学家都没有充分意识到这些基本事实对于开展有关人类信息处理机制的实验研究究竟如何有用。"[1] 从当代推理心理学的梳理出发，她注意到，虽然很多人已经发现著名的"选择任务"实验存在着明显的"内容效应"（即如果把实验内容题材改变一下，被试的推理表现会不同），但心理学家并未因此放弃一种假说，即，人类推理受制于一些独立于内容的认知过程。许多推理心理学家提出了某种独立于内容的认知过程来解释明显依赖于内容的人类推理表现，但最后无一能在预言上取得显著成功。从演化论的观点来看，这些心理学家的解释之所以失效正是因为他们的那个基本设定（即同样的认知过程支配着来自各个不同领域的推理）是错误的。如果我们能意识到人类心灵是为了实现各种适应性目的而进化来的，就应该想到：可能正是自然选择产生了诸多带有特定目的、适于具体领域的心理算法（包括推理规则）以解决各类重要而多发的适应性难题。人类基于适应性而推理，而非基于逻辑进行推理，由此使得人们经常得出很多有可能为真但却无法基于命题演算而推出的结论。当然，科斯米德斯提出人是基于适应性而推理的，这只是一种科学假说。倘若果真是自然选择在塑造人类如何推理，人类在不同领域所开展的推理应该受制于依赖内容的各种认知过程。为了表明这一点，她通过一系列有关社会契约版"选择任务"的实验研究报告来证明：人类推理的确拥有随着领域变换而不同的具体算法。她的社会契约版本的"选择任务"实验设计基本框架如下：

被试面前有一组卡片，其中每一张均写着一个人的某种信息。卡片一面写着一个人是否得到某种利益，另一面写着一个人是否付出某种代价。

| 已付代价 | 未付代价 | 已得利益 | 未得利益 |

---

[1] Leda Cosmides. The Logic of Social Exchange: Has Natural Selection Shaped How Humans Reason? Studies with the Wason Selection Task. *Cognition*, Volume 31, Issue 3, 1989, P. 188.

被试的任务是选择最少的卡片翻开以检验一个人是否违反了下述代表一种社会契约的规则：

如果一个人付出了某种代价，
那么他就可以得到某种利益。

正如我们在第二章中所看到的那样，根据形式逻辑的"规范"，被试应该选择翻开第一张和第四张卡片。但是，大多数被试实际上却选择翻开第二张和第三张。之所以这样，是因为被试考虑到：作为一种社会契约，规则"如果一个人付出了某种代价，那么他就可以得到某种利益"主要目的是检测一个人是否有违背社会公平的欺骗情况（如"不劳而获"）。① 由此，我们要重点检查"已得利益"和"未付代价"的社会成员，而一个人既然"未得利益"或"已付代价"，就没有必要检查了。这类现象，按照形式逻辑或此前心理学家的解释都存在问题。但是，根据演化心理学却可以得到圆满的解释。因为，"防止欺骗"是人类社会进化中经常面临的一种适应性难题，人们在此特定领域之所以要如此推理，正是因为要解决这种适应性难题而形成的特定化的算法。

关于如何从自然选择的演化论视角来看人类推理的是非好坏，科斯米德斯在另一篇文章中给出了更为正面的论述。"差异生殖是驱动自然选择的引擎：如果拥有某一心智结构（如推理规则）能使得一动物在生殖力上超越此种动物的其他成员，那么该心智结构将被选取。经过许多代之后，它将通过种群得以扩散，直到变成一种普遍的、该物种典型具有的特性。因此，表型特征之所以被选取并不是因为它们能使得有机体更好地领会普遍真理，而是因为它们使得有机体能在生殖力上超越该物种的其他成员。求真只有在它能促进生殖力的意义上才得以选取。那些时而产生逻辑上不正确推论的推理程序竟会比那些总能导致真理的推理更具有适应性。虽然这样认为或许显得有些矛盾，但这常常就是实情。其中一个理由是，有机

---

① 这里所设定的"规则"与早期版本"选择任务"实验中的"规则"（譬如"如果卡片的一面是 A 那么卡片另一面就应该是 3"）之间的差别，暗示了日常语言中"规则"一词所带有的双重意思：有时表示一种反映自然规律的、有真假的命题，而有时则表示一种本身并无真假可言而只存在"是否得到遵守"问题的社会约定。这个细节，在理论讨论中经常被忽视，但并非总是无关紧要的；在当代逻辑哲学讨论中，有一些哲学家正是由于坚持认为条件句所表达的是第二种意义上的"规则"而主张条件句并非命题因此也就不存在所谓的真值条件。参看 Dorothy Edgington. "Do Conditionals Have Truth – Conditions?". in *A Philosophical Companion to First – Order Logic*. edited by R. I. G. Hughes, Indianapolis：Hackett Publishing Company，Inc.，1993, pp. 28 – 49。

体常常必须在拥有足以做出有效推理的信息之前就行动。用演化论的说法，有机体的设计就像是一种用来打赌的系统：重要的不是每一个体结果而是经过许多世代之后的统计平均结果。一种推理程序时而导致差错，但通常能使得我们达到一种适应性结论（即便是在还不存在足够信息让我们从逻辑上对其加以确证时）。这在实施上要比那种需等待足以无差错地推导有效真理的程序更好用。因此，获取新信息的成本、不同决定（'在暗处没有天敌时相信有'与'在暗处有天敌时相信没有'）之间收益的不对称性、有效注意力分配上的利益权衡等因素可以导致推理程序的演化，使得其在设计上显著不同于用以发现真理的那些科学的和逻辑的方法。"①相比以往认知心理学家大多把心智理解为"一位理想化的科学家"，作为演化心理学家的他们则是把心智视为"一个包含诸多适应性的集合体"，这些适应性所对应的不是通用型而是特殊化的规则。"传统上，认知心理学家假定人类心智仅仅包含通用型的推理规则而且这些规则在数量上很少。但是，自然选择也可能产生许多特殊化的心智规则，以用于对演化来说比较重要的各种领域（如合作、攻击性威胁、哺育、避免疾病、避开天敌以及物体的色彩、形状和轨迹）中的推理。这是因为面对不同的适应性难题经常会有不一样的最优解。"②

科斯米德斯的观点似乎显得很激进，她所设想的理论工程也很庞大。但她从演化论视角重新审视对于我们人类推理的评估，这一开创性工作的确产生了深远影响。受其激励，我们看到心理学家墨西尔（Hugo Mercier）和斯佩贝尔（Dan Sperber）在2017年出版的《理性之谜》一书中主张一种关于人类推理功能的几乎同样激进的假说。③ 他们毫不掩饰对于演化心理学进路的支持："推理的真正功能或许已经被误解了。……推理通常都是用于追求社会互动目标的，尤其是为本人辩护和说服他人。这里，我们采用一种演化论的进路，认为推理的这些社会性用途并非以增强个体认知为主要功能的一种认知机制的副作用或次要功能，相反，推理的主要功能就是社会性的。为何要诉诸演化论进路？因为只有这种进路才能解释一种事实，即生物体上复杂的遗传特性趋于产生有益效果。走出演

---

①② Leda Cosmides and John Tooby. Reasoning and Natural Selection. in *Encyclopedia of Human Biology*, Volume 6, edited by Renato Dulbecco, San Diego: Academic Press, 1991, P. 500.

③ 两人合作开展的有关推理功能的重新思考，可以追溯到2011年他们发表在《行为科学与脑科学》上的一篇颇具影响的文章。参看 Hugo Mercier & Dan Sperber. Why do human reason? Arguments for an argumentative theory. *Behavioral and Brain Sciences*, vol. 34, no. 2, 2011, pp. 57–111。《理性之谜》一书是对他们早期论文中基本观点的系统发展，但也修改了部分观点。

化论的视角之外,很难弄清人类推理或由此所涉及的任何其他东西为何要有什么功能。"① "我们拒斥理智主义的观点,即,推理的进化是为了帮助个体得出更好的推论、获得更多知识以及做出更好的决定。我们偏爱一种交互论的推理进路。我们主张,推理的进化是为了回应社会交互而非孤寂思考中所遇到的难题。推理实现了两大功能。一个功能是通过产生变化以帮助解决协调(coordination)这一大问题。另一功能是通过产生论证以帮助解决交际(communication)这一大问题。"②

四、自然主义"谬误"的可能性

对于实证心理学立足实验发现通过建立具有一定解释力的假说来对人类实际推理的好坏作出评论,受休谟、摩尔等人思想影响的哲学家倾向于一种判断,即,心理学家由"实然研究"越界进入"应然结论",很可能已经犯了所谓的"自然主义谬误"(naturalistic fallacy)。

按照广义上的理解,如果一个人根据某种东西的自然情况来断言它应该如何,他就持有一种"自然主义"的观点。由此来看,前面心理学家的工作,他们利用大量的心理实验来获取各种有关人们推理过程的"自然"情况,在此基础上通过提出某种可以解释现有"自然现象"的科学假说,进而预言其他更多有关推理的"自然现象",最终暗示人们推理应在该假说的理论框架内进行,以便不违背"自然"。由于他们自称也一直被认为以"如实描述推理"为主业,因此,不管中间过程如何,当他们最终论及应该如何推理并认为该"规范性"结论之所以成立正是因为他们所发现的"描述性"事实时,的确把"是非问题"变成了"好坏问题"。实证心理学如此回答"推理之评估"问题的路子,无疑属于典型的自然主义路线。

至于此种自然主义路线是否就走向"自然主义谬误",我们要区分情况来讨论:倘若心理学家在提出和维持一种假说时,不是仅仅在一开始而是始终以一种开放的态度对待此种科学假说(即便是好的假说),那么我们就很难说其中有什么"谬误"。因为从逻辑上看,所谓谬误通常意味着"无法合理推出",即不能做超出限度的断定。而如果心理学家基于某种假

---

① Hugo Mercier and Dan Sperber. *The Enigma of Reason*. Cambridge: Harvard University Press, 2017, pp. 175–176.

② Hugo Mercier and Dan Sperber. *The Enigma of Reason*. Cambridge: Harvard University Press, 2017, pp. 182–183. 当然,在两人之前已有毕利希(Michael Billig)、佩雷尔曼(C. Perelman)、图尔敏等人主张过推理的论证功能。两人工作的创新性在于:他们从实验证据出发,坚持一种演化论的路径。

说来谈论推理规范性时，对于未来有关人类推理的研究发现保持开放，并能主动以新的发现不断修改原有假说甚至提出新的假说，由于其假说的"规范功能"仅限于其假说具有解释力的范围内，它便不存在所谓超出限度的"推不出"（non sequitur）谬误。事实上，真正意义上的科学假说，不论其如何广泛地被视为有多么成功，也正是在此限定意义上来谈论的。

然而，倘若心理学家在经过多番验证之后不只是把他的假说视为一种比较好的假说，而是试图将其原本为试探性的"假说"视为一种必然性结论，从而转变为一种不可错的"科学知识"，那么，这显然就有逻辑上所谓的"谬误"了。因为过去都如此，并非意味着未来也如此；既有现象均能基于该假说得以解释，并非意味着今后就不会再发现"令人惊奇的现象"；一直以来的习惯也不等于未来不存在其他选择；甚至，过去应该如此也不等于未来应该如此。只要人类经验继续着，既往与未来之间的空隙就永远难以弥补。就此而言，在承认摹写与规范之间联系的同时，我们要意识到两者之间的可能分歧是永恒的，任何不加限定地以某种摹写结果替代"规范性追求"的做法都是一种逻辑谬误。

我们不必急于断言有大多比例的推理心理学家在有关推理规范的评论上属于后一种情况，即面临着"自然主义谬误"的指责。笔者这里想要指出的是，在以自然科学家的身份研究推理规范性时的确存在一些"下结论不节制"的风险。作为例子，我们可以提到两个这样的"风险"：第一，当科学家基于实验事实统计而得出"A 所以 B"的结论时，其中的"所以"只是表示一种概率上的"统计相关"（statistical correlation），并非一定意味着"所有 A 都是 B"或"如果 A，那么 B"之类的因果联系。哲学家斯泰宾早就发现了这一点，因此她建议我们在"A 趋于 B"或"A 有 B 的倾向性"的意义上来理解我们经常所遇到的"A 所以 B"。① 当科学家在本来应该说"A 有 B 的倾向性"时说成了"A 和 B 之间有因果联系或逻辑必然性"，这属于典型的"不够节制"。第二，当科学家研究借助于日常语言来呈现的人类推理时，由于日常语言模糊性会掩盖语义上的重要差别，如果这些背后的差别被忽视，可能影响最终的科学结论。譬如，我们在本节前面提及"选择任务"的社会契约版本时，面对日常语句所表达的规则"如果一个人得到某种利益，那么他就已经付出某种代价了"，科斯米德斯似乎认为这条规则同样也可以说成"如果一个人付出了某种代

---

① 参看 L. Susan Stebbing. *Thinking to Some Purpose*. Middlesex：Penguin Books，1939，pp. 107–110.

价，那么他就可以得到某种利益"。① 正是依据后一种日常表达，她在实验中发现被试倾向于选择"后件为真"和"前件为假"的情况来检验人是否违背契约。但是，日常语言"如果……那么……"在不同情况下使用时可能表示不同的逻辑关系：既可能是通常所谓充分条件的假言命题（即"有之必然"），也可能是通常所谓必要条件的假言命题（即"无之必不然"）。② 如果我们依照此种区分来看那条作为防止欺骗之社会契约的规则，"如果一个人得到某种利益，那么他付出某种代价"与"如果一个人付出某种代价，那么他得到某种利益"这两种表述是不同的。假若所谓的社会契约是要表达"付出代价"乃"得到利益"之必要条件，它应该在自觉减少歧义的原则下被表述为"一个人只有付出了某种代价才有资格得到某种利益"。而倘若我们把"如果 P 那么 Q"限定为表达"P 是 Q 的充分条件"，"一个人只有付出了某种代价才可以/有资格得到某种利益"的语义信息则可以等价地表示为"如果一个人得到某种利益，那么他就已经付出某种代价了"。如此厘清之后再来看被试在心理实验中的选择倾向，我们将发现与科斯米德斯所见不一样的结论，即，与大多数日常情况一样，人们倾向于选择"前件为真"和"后件为假"的情况来检查。

事实上，关于单从心理实验情况试图得出有关"推理规范"结论所存在自然主义谬误的风险，部分心理学家已经意识到了。譬如，有学者在充分肯定认知心理学研究价值的同时，指出："认知心理学也有要被责备的地方。从其诞生起，认知心理学就聚焦于个人解决难题的能力，很少关注个体的动机或解决问题所在的社会及技术环境。而实际上，认知是一种高度社会化的行为，非常多地受到思想者之动机的指引。如此评论并不是要抨击所有我们从有关思想的实验研究中获得的东西。此种抨击是幼稚的，

---

① 在科斯米德斯那里的条件句表述中，"已经""可以"等"小词"并未出现。这里，为了更符合日常表达习惯而补充进来。但是，或许正是这些"小词"的改变使得一句话看似表达前后件充分条件关系却能转而表达前后件的必要条件关系，例如，"如果一个人付出了某种代价，那么他就可以得到某种利益"看似表达"付出代价"与"得到利益"之间的充分条件关系，但倘若我们强调"可以"一词的语义功能，我们将发现它实际上只是在表达"付出代价"与"得到利益"之间的必要条件关系，即，只有付出代价者才有资格得到利益。

② 在这一点上，或许英文中的"if"比汉语中的"如果……那么……"更具多变性："if"既可能表示充分条件（可视为"if"的字面意义），也可以表示必要条件（类似"only if"），还可能被用来表示充分且必要条件（作为"if and only if"的简化，尤其是在数学或科技文献上）。参看 Hugo Mercier and Dan Sperber. *The Enigma of Reason*. Cambridge：Harvard University Press，2017，P. 163. 除此之外，笔者还猜测，日常所用的"如果"有时可能用来表示"即使"（even if），譬如，"如果明天下雨，也不会下大雨"（If if rains, then it will not rain heavily）。对于这句话的一种无歧义的表达或许应该是："即使明天下雨，也不会下大雨"。与"即使 P 也不 Q"对应的条件句式，并不是"如果 P 那么非 Q"，而是"并不是说如果 P 那么 Q"。

因为我们从中已经学到了大量东西。然而，要想从表征层面进一步地理解思维，我们就需要打破个体心灵研究与心灵运作所在之社会技术环境研究之间的界线。"① 这里所谓的"社会"问题，演化心理学只是在"人类环境"的意义上触及但对"社会"内涵本身缺乏全方位的深入考察。当然它也可以由另一门"自然研究"——社会学来进行，但是，此种为充分了解"人类推理是非好坏"所需要的社会研究一定比作为科学部门的狭义社会学宽广得多，至少还要涉及哲学层面上的种种探究。古典实用主义的推理论，就是属于这样的哲学探究方式。

第三节　古典实用主义论推理何以可靠

思想是有规范的，推理是有好坏的。这当然也是古典实用主义所主张的，尽管把实用主义误解为放任随意的主观相对主义的人或许会对此表示吃惊。与现代逻辑学家和实证心理学家的路径不同，古典实用主义在"推理何以可靠"这样问题上坚持一种典型意义上的哲学路线：既不同于数学上的先验刻画，也不同于实证科学。不过，此种哲学意义上的"推理规范"观念并不像同时代分析哲学家那样简单地将任何心灵研究都视作心理主义，它甚至也不反对以另一种意义上的"现代逻辑"来冠名有关推理规范的哲学研究。

一、如何看待"现代逻辑的成就"和"反心理主义"？

对于第一节中所提到的现代逻辑成就，古典实用主义者大多（皮尔士除外②）没有正面参与讨论，但他们均表示：从当时所呈现的形态和取向来看，现代逻辑并不能真正规范人类推理之用。皮尔士本人虽被解读为当代标准意义上的"现代逻辑"的奠基人之一，但他始终强调：逻辑学作为研究推理好坏的一门学问，并不同于数学（包括罗素意义上作为纯数学的数理逻辑）。不像数理逻辑学者倾向于把事实抽象掉以获取纯数学推理，他把"逻辑上的"（logical）界定为："无关其他任何事实的，除了逻辑学

---

① Earl Hunt. *Thoughts of Thought*. London: Lawrence Erlbaum Associates, Publisher, 2002, P. 158.
② 皮尔士不仅是一位哲学家，也是一位数学家，更是被视为现代标准逻辑的奠基人之一。有关皮尔士这方面的贡献，参看张留华《皮尔士哲学的逻辑面向》，第二章，上海人民出版社2012年版。

需要加以认可的那些,譬如,有关怀疑、真实、虚假等等的事实。"① 他当然认为逻辑学可以成为"严格逻辑"(exact logic),但他所理解的严格逻辑与我们在本书中提到的那种形式演算意义上的标准现代逻辑之间有着重大不同:"不仅在严格逻辑的阵营之外,甚至就在它内部,都有人似乎认为逻辑学的目标是产生一种演算或准机械的方法,用以开展所有的推理或所有的演绎性探究;但是,这样一种工程并不与那些严肃逻辑学者的观念一致,倒是更符合那些反对严格逻辑之人的想法,我们有理由认为它永远不会实现。严格逻辑真正的目标应该是借助于数学寻找一种不可或缺的推理论。"② 他承认,正如数学对于诸多其他科学的功用一样,代数对于推理分析有重要帮助;但是,他同时提醒我们注意两种"代数化危险":"逻辑学研究中的代数运用容易陷入一种危险,即退变为一种既过于基础而不具有数学兴趣又过于肤浅而不具有逻辑兴趣的无聊琐事。它还容易走向另一种危险,即,其中所运用的符号规则可能被当作逻辑学的第一原理。"③

皮尔士、詹姆斯和杜威三人与现代数理逻辑学家一样认为传统逻辑需要革新,但他们显然并不认为数理逻辑是真正意义上的"逻辑现代化",实用主义作为对最新科学方法的逻辑提升,倒被看作一种更好的选择。皮尔士在他的"经典两篇"中表示,实用主义不仅代表了一种比"clear & distinct"(清明)更加高级的概念明晰之法,更是科学上"探究方法"的精髓所在。④ 詹姆斯在《实用主义》一书中也曾表达过类似的看法。他结合"归纳逻辑"和"三段论"谈到自己对于旧式科学逻辑的失望以及对于席勒和杜威所引领的新式科学逻辑(即实用主义研究)的期待:"我们时代最成功构建的哲学分支之一就是所谓的归纳逻辑,它研究我们的科学得以演化的条件。……当第一批数学上、逻辑上和自然上的齐一性被发现时,人们对由此所产生的明晰、美感以及简单性激动不已,他们相信他们自己已经真正破译了万能上帝的永恒思想。他的心灵也是按照三段论的节奏颤动和回响。……但是,随着科学的深入发展,一种观念开始被接受,即,我们大多数(或许是所有)规律都只是一些近似值。而且,这些规律

---

① C. S. Peirce. "Logical". in *Dictionary of Philosophy and Psychology*, J. M. Baldwin (ed.), The Macmillan Company, 1925.
② CP 3.618. 强调字体为引者所加。
③ CP 3.619. 强调字体为引者所加。
④ 皮尔士的实用主义理论更多是在其被称为"指号学"(Semiotics)的"逻辑科学"下展开的。参看张留华,《皮尔士哲学的逻辑面向》,第四章,上海人民出版社2012年版。

本身已经变得如此之多，数不胜数。各个科学分支之下都有许多竞争性的说法被提出来，研究者开始适应于一种观念，即，没有什么理论能绝对成为实在之复本，它们中的任何一种理论从某一观点来看都是有用的。它们的重要作用是把旧事实加以总结从而引出新事实。它们都只是人工语言，一种我们用以书写自然报告的概念速记法……现在，正是迎着科学逻辑的此种新浪潮，席勒和杜威先生带着他们关于真理在各处意谓何物的实用主义论述出现了。这两位老师告诉我们，我们观念和信念中的'真理'与它在科学中具有一样的意思。"① 至于杜威，他以作为实用主义实质的探究理论来推进传统逻辑之现代化的意向，显现在他的《逻辑学：探究的理论》一书中。正如他所言，"对于逻辑学的革新要求，是在要求一种统一的探究理论，借此，各种真正属于科学的实验型和作业型探究模式，都可以拿来规制我们在常识领域中开展探究、获致结论、塑造和检验信念所用的那些方法习惯。"② 杜威甚至在该书的序言中专门提到了此种实用主义版本的"逻辑现代化"相对于当时流行的"符号化逻辑"之优势："在逻辑学的当今状态下，[本书]没有试着给出符号形式，这无疑会在许多读者心中引起严重异议。本书缺乏符号形式，并不是因为厌恶此种符号化东西。恰恰相反，我确信，接受本书所提出的一般原理将使得我们能够达到一套比当前所存在的更为完善和一致的符号形式。之所以没有谈到符号形式，第一点是因为……我们需要发展一套总的语言理论，使得形式和内容在其中不再彼此孤立。第二点是因为一种事实，即，要有一套合用的符号，我们得先确立有关那些加以符号化处理的概念和关系的有效观念。若没有完成这种前提条件，形式的符号化将只会（正如当前经常所做的那样）通过看似赋予它们科学地位来强化那些概念和关系，从而使得现存的错误永远存在下去。"③ 杜威在此表达的对于形式符号的态度，与皮尔士对待逻辑研究中代数之用的态度是雷同的，即，尽管对逻辑研究有益处，但它们本身并不是真正意义上的"逻辑现代化"所迫切需要的。

对待本章第二节中所提到的实证心理学工作，古典实用主义者也持有审慎的态度。古典实用主义者都曾从事某种意义上的"实验心理学"工

---

① William James. *Pragmatism*. New York：Dover Publications, Inc., 1995, pp. 22 – 23. 强调字体为笔者所加。

② John Dewey. *Logic：The Theory of Inquiry*. New York：Henry Holt and Company, 1938, P. 98.

③ John Dewey. *Logic：The Theory of Inquiry*. New York：Henry Holt and Company, 1938, P. iv.

作，尤其是詹姆斯，他甚至被视为美国现代心理学的奠基人。但是，正如我们曾在第二章第二节中指出的，《心理学原理》并不能简单地视为詹姆斯的一部狭义心理学著作，其中有所谓哲学心理学的大量工作，甚至也可以从认识论等视角加以研究。① 因此，对于曾经支配于哲学领域的心理主义与反心理主义论战，我们应该谨慎区分其不同版本。如果所谓心理主义是指以实证科学关于心灵的描述研究否定并取代哲学上对于推理的规范研究，那么，古典实用主义者并不属于很多哲学家（包括皮尔士本人）所批评的心理主义者，甚至不带有任何所谓的"自然主义谬误"，因为他们更多只是同时从事哲学和自然科学研究并将不同领域的研究成果相互印证而已，从未打算放弃哲学追求，只做当代认知心理学家那样的纯科学家。另外，如果所谓心理主义是指要在哲学上强调心灵研究的相关性，那么，古典实用主义者可以坦诚自己就是一类心理主义者，因为当他们在哲学上用怀疑和信念等刻画推理时，必定已经预设了"人的心灵"这一要素。② 事实上，实用主义哲学的要义之一就是：哲学研究不能脱离人的动机、需求和意图等所谓"主观维度"，因为离开这些东西，所谓"实效"将会是空洞而无所指的。

总之，在推理的规范研究方面，古典实用主义哲学家既没有采取现代逻辑那样的数理路线，也没有完全倒向认知心理学那样的实证路线。他们之所以对两条流行于当时乃至今天的主流路线表示异议，是因为他们相信在两者之外理应有"第三条道路"的存在空间。这第三条路正是哲学所独有的一种研究方式。关于它的独立性和合法性，可以用皮尔士的科学分类法给出解释。根据皮尔士，数学、哲学和特殊科学（即当今通常所谓的"科学"，包括自然科学和社会科学诸门类）同属于发现型科学（区别于述评型科学），但三者分属不同的领域：数学是无关事实的最抽象科学，哲学和特殊科学虽都关注真实的现实世界但它们的研究方式又有区分。为了表示哲学研究之不同于特殊科学，皮尔士引入了边沁（Jeremy Bentham）的一组术语：cenoscopy 和 idioscopy。cenoscopy（词根 scopy 意为"观看"，前缀 ceno 意为"共同"；因此可译为"通视科学"），意指哲学所采用一种共通的观察方式，即，这种观察是每一个正常人在大部分清醒时不必运

---

① 参看 Andrew J. Reck. "Epistemology in William James's Principles of Psychology". in *Dewey and His Influence*: *Essays in Honor of George Estes Barton*, edited by Robert C. Whittemore, The Hague: Martinus Nijhoff, 1973, pp. 79 – 115.

② 对于哲学史上心理主义与反心理主义之争的更多梳理，可参看张留华《皮尔士哲学的逻辑面向》第三章第五节，上海人民出版社2012年版。

用任何工具仪器都能经验到的:之所以有些人留意不到这种方式,主要是因为它弥漫于我们整个生活中,犹如一直戴着蓝光眼镜的人很快就看不到蓝色调一样。idioscopy(前缀 idio 意为"专门",因此可译为"专视科学"),意指特殊科学采用一种专门的观察途径,即,观察者通常要通过勘探或某些感官辅助工具并以高度的细心才能收集到新事实。由此,我们可以看到,对存在于生活世界里的同一个问题(譬如推理),至少有哲学之作为"通视科学"的进路和(特殊)科学之作为"专视科学"的进路两种。而当推理被(如数理逻辑学家)认为可以脱离现实世界来考察时,另外还会有数学之作为抽象科学的进路。

在推理论问题上,古典实用主义者并不是要否定数学进路和特殊科学(心理学)进路在各自范围内的研究价值,但它坚决抵制那种试图以两者取代哲学研究之位置的观点。因为不论在任何问题上,哲学作为"通视科学",其工作方式是独特的,即"探明所有可从我们每个人在生命中每一清醒时刻所面对的那些普遍经验中找到的东西",尽管"哲学这门科学奠基于那些极其渺小的普遍现象,但每一门特殊科学只要想达到某种结果的话,它就应该在运用显微镜、望远镜或任何拿来作为获致真理的特殊手段之前把这点东西考虑在内。"① 因为,通视科学虽然不采用显微镜、望远镜、航海旅行、发掘术、透视眼、异常经验见证等这些"科学家的工具",但它所观察到的事实是任何人都难以真正产生怀疑(当然不是仅仅停留在纸上的伪怀疑)的日常事实;从某种意义上,它们恰恰是任何有价值的怀疑所由以开始的地方。皮尔士曾从五个方面来刻画哲学研究方式的独立性:(1)其与数学的差别在于,它是对于实在真理的探求;(2)它从经验中获得前提(premises),而非如数学那样仅仅从中获得暗示(suggestions);(3)它与特殊科学的差别在于,它不把自己限于现存实在,而是同时涉及潜在性存在;(4)它用作前提的那些现象并非可用显微镜或望远镜观测到或者需要训练有素的观测本领才能探查到的特殊事实,它们乃处处渗透于我们所有经验之中以至于不可能看不到的一些普遍现象;(5)由于哲学前提所基于之现象的普遍性以及其理论对于潜在性实在的关注,它的结论便具有某种必然性,即它们所告诉我们的并非仅仅是事物实际上如何如何,而是从存在本性上看事物必定

---

① CP 1.246,强调字体为引者所加。这种独特性,当代有些哲学家或许希望冠以"先验"之名或归为所谓的"先验论证";但是,按照皮尔士的理解,通视科学正是对于人类最为基本的经验的观察,因而并非"先于经验"。倘若我们在现代科学意义上理解"实验",毋宁说它是"先于实验的"。

（must）如何如何。①

二、如何回应克里福德的"充分证据"格言？

我们已经知道，对比皮尔士和杜威而言，詹姆斯并没有专门的以推理论或逻辑学命名的作品；但这并不意味着他对于推理规范问题的关注就少。为了表明詹姆斯在这方面的鲜明立场，我们这里对于古典实用主义"第三条路径"的正面论述，就先从他对于著名的"克里福德格言"的回应讲起。

我们在经验中看到、听到或感觉到什么，这并不意味着我们就相信什么。当我们说相信什么时，往往意味着我们已经超出所见所闻所感之界线在断定什么。此乃信念之不同于纯粹感知的本质。但是，信念之超越经验范围，并不意味着我们可以随便相信什么。因此，标准逻辑学教材常常向我们强调证据的重要性：我们应该把我们的信念建立在充分的证据之上。对于此种流行推理观念的最精辟到位且铿锵有力的表述方式或许是来自詹姆斯同时代的英国应用数学和力学教授克里福德的论文《信念的伦理》的名言："任何时间，任何地点，任何人，基于不充分的证据而去相信某种东西都是错误的。"② 而詹姆斯也正是在对克里福德相关观点的回应和质疑中有力表达了实用主义气质的推理新观念。

在1877年《信念的伦理》一文的开头，克里福德讲述了一个类似思想实验的故事。一位船主准备派一艘船送一批移民出海。他知道：这艘船老旧，在一开始建造时就不怎么好；还知道这艘船曾驶向很多海域，遭遇过各种天气，也经常做一些必要的修补。他一直怀疑，或许这艘船不应该再出海了。然而，在起航前，他成功克服了此前因为怀疑而产生的忧郁心情。他心想，这艘船很多次航行，经历暴风雨，可一直都是安全返航的，因此没必要认为这次出海就不能安全返航。最终，他心悦诚服地确信：他的这艘船是完全可以出海的。看到他的船离开时，他心情轻松愉悦，希望船上那些背井离乡的人能在全新的家园梦想成真。后来，这艘船沉没在大海中，杳无音信。船主拿到了他的保险金。

我们会对这位船主说什么呢？克里福德告诉我们："毫无疑问，他对

---

① 参看 C. S. Peirce. *Reasoning and the Logic of Things*: The Cambridge Conference Lectures of 1898. Kenneth Laine Ketner, ed., Cambridge: Harvard University Press, 1992, P. 115.

② 在至今已连续再版十余次的赫尔利《简明逻辑导论》中，我们可以看到克里福德的这句话出现在显明的位置——书前题词页上。参见 Patrick J. Hurley and Lori Watson. *A Concise Introduction to Logic*. Thirteenth Edition, Cengage Learning, 2017.

船上所有人的死难感到十分愧疚。应该承认，船主真的相信他的船安全可靠；但是他内心的真诚确信丝毫不能帮助他，因为基于他所面对的证据他无权去相信（no right to believe）。"① 这里重点不是船主会不会因为灾难而感到愧疚，而是他有没有权利去那样相信。为此，克里福德补充说："假设这艘船最终并没有出现不可靠的情况，那次航行安全到达，而且后来很多其他航程也都安全。这可以让船主的愧疚减少吗？丝毫不能！行动一旦完成，它就永远是对的或错的；任何一次偶然未出现某种好的或坏的结果，都不可能改变这一点。这个人不可能会是无辜的，他只是尚未被调查到。对错问题与信念的源头有关，不涉及信念的内容；与当时的信念是什么无关，只与他如何获得信念有关；与信念最终被发现是真还是假也无关，只与基于所面对的证据他是否有权相信有关。"② 正是在经过类似的实例及一系列分析之后，克里福德道出了那句在逻辑学者中广为传颂的话："总而言之，任何时间，任何地点，任何人，基于不充分的证据而去相信某种东西，都是错误的。"③ 当然，《信念的伦理》是一篇内容较为丰富的论文。从整篇文章来看，这句话并不是克里福德的全部结论。此外，他还重点论述了权威的分量等相关问题。不过，出于本书这里的目的，我们将就此转入詹姆斯对于这句话的回应。

在《相信的意志》一文中，正如文章标题所示，詹姆斯试图至少在某些场合下以"相信的意志"（will to believe）来取代克里福德所谓的那种"相信的权利"。詹姆斯截取了克里福德文中以上述名言结束的一长段激情洋溢的文字，④ 以表明后者属于自然科学家阵营中处处强调怀疑之责任（the duty to doubt）而反对意志力于信念之作用的典型代表。⑤ 他承认，自由意志和单纯的愿望的确似乎对于我们相信什么而言不过是"马车的第五个轮子"，"然而如果有谁由此便认为，理智见识就是愿望、意志和情感偏好除去之后所余下的东西，或者在此之后确定我们意见的就是纯理性，那

---

①② William Kingdon Clifford. *Lectures and Essays*. volume 2, edited by Leslie Stephen and Frederick Pollock, New York: Cambridge University Press, 2011, P. 178.

③ William Kingdon Clifford. *Lectures and Essays*. volume 2, edited by Leslie Stephen and Frederick Pollock, New York: Cambridge University Press, 2011, P. 186.

④ 虽然在这篇文章中主要是批评克里福德，但詹姆斯并不掩饰对于他本人的赞赏，称之为"delicious *enfant terrible*"（一位经常让大人难堪但却令人开心的诚实孩子）。

⑤ 文中詹姆斯同时还提到了赫胥黎（Thomas Henry Huxley），后者倡导一条类似于克里福德名言的朴实规则，即"不要假装相信没有理由加以相信的任何东西"。

么，他就是罔顾事实而空谈了。"① 因为，"实际上，我们有发现自己相信东西，却几乎不知道如何或为何相信。……譬如，我们对于真理的相信，相信存在着真理，相信我们的心灵与真理是彼此匹配的……我们想要拥有真理；我们想要相信，我们的实验、研究和讨论必定能把我们不断推向一种越来越接近真理的立场，而且我们同意沿着这样的路线把我们的思想争论到底。但是，如果一位皮浪主义怀疑论者问我们是如何知道这一切的，我们的逻辑能给出答复吗？不，当然不能。这只是一种意志力在对抗另一种意志力——我们想要基于一种信任或设定而追求我们的生活，而对他来说，这种信任或设定却是他所不愿意做出的。"② 基于这些常被忽视但却的确人人会接受的事实，詹姆斯提出了一种新的观点："我们的激情力量不仅可以合法地而且必须去在不同命题之间做出选择，只要那是一种本性上无法基于理智根据而决定的真实选择；③ 因为，在这些场合之下，说'让问题开放着，不作决定'本身就是一种带有激情的决定——就像肯定或否定之类的决定——而且它同样伴随有失去真理的风险。"④

在意见问题上，我们常常就面临着类似的选择："我们一定要知道真理"，或者"我们一定要避免错误"。两者通常被认为是同一条探究法则，但是，詹姆斯告诉我们："'相信真理！''避开错误！'……是具有实质差异的两条法则；当在它们之间选择时，最后会对我们整个理智生活赋予不同的色调。我们可以认为追求真理是首要的，避免错误是次要的；或者，我们也可以转而把避免错误视作更具必要性的，而真理只是碰运气。克里福德……劝告我们要走后一种路线。他告诉我们，什么也不要相信，让你的心灵永远悬着，不要因为基于不充分的证据下结论而招致可怕的风险，使得我们相信谎言。不过，你也可以认为，出错的风险与真正知识的福

---

① William James. *The Will to Believe and Other Essays in Popular Philosophy*. New York: Dover Publications, Inc., 1956, P. 8.

② William James. *The Will to Believe and Other Essays in Popular Philosophy*. New York: Dover Publications, Inc., 1956, pp. 9 - 10.

③ 所谓"真实选择"（genuine option）就是活的（living）、被迫的（forced）而且事关重大的（momentous）选择。所谓活的选择，是指两个选项对于你来说都存在证据或理由因而是有可能的，否则就是"死的"（dead）选择。所谓被迫的选择，是指你除了所列选项没有其他的出路因而陷入"两难"，否则就是"可避免的"（avoidable）选择。所谓事关重大的选择是指不论哪一选项对你来说影响都很大，否则就是"微不足道的"（trivial）选择。经过如此界定后的"真实选择"，类似于汉语中有时所谓的"抉择"。——引者注

④ William James. *The Will to Believe and Other Essays in Popular Philosophy*. New York: Dover Publications, Inc., 1956, P. 11.

祉相比属于很小的事,因而准备好在你自己的研究过程中多次受骗,却不愿把猜对的机会无限期推延下去。我本人发现是不可能追随克里福德的。……从生物学上考虑,我们的心灵可能产生错误也可能产生真实,那些说'永远什么也不相信,也比相信谎言好!'的人,不过是表明了他们自己特别害怕成为上当者。……对于我自己来说,我也害怕受骗;但是我相信,在这个世界上会发生很多比受骗更糟糕的事情:因此克里福德的劝告在我听来是完全不切实际的。他就像是一位将军通知他的士兵:宁可永远不要投入战斗,也不要受一次伤。我们对于敌人的胜利或是对于大自然的胜利,都不是这样取得的。我们的错误,肯定不是那么十分庄重的事情。在一个我们尽管加倍警惕但肯定依然会出错的世界上,某种轻松心态似乎要比他们那样过于紧张更加健康些。"①

在詹姆斯指出不同于克里福德的另一种选项之可行性之后,很多人将不得不承认在探究一开始的确存在"为避免受骗而思考"还是"为获得真理而思考"这样的由意志力参与的"初始"选择。但在此之后,或许有人想说:即便一个人可以凭着意志力而拥有另一种选项,毕竟克里福德那样的选项应该更好一些,因为我们可以完全不必考虑"为避免错误而错失真理"的机会成本,晚一点相信一个真理也无所谓,只要我们坚持在所有客观证据就绪之前绝不做任何决定,这样至少可以避免我们相信虚假的东西。对此,詹姆斯指出:在科学研究以及一般的日常事务中,我们的确差不多可以这样"不计后果"。② 譬如,科学研究中,对于一个假说,我们可以一直等待充分的证据材料,并不必急着下结论或直接就相信它,并不担心"错失真理"会带来什么重大结果。事实上,相信或不相信这个假说,对于当事者的生活是无关紧要的,根本不存在"基于虚

---

① William James. *The Will to Believe and Other Essays in Popular Philosophy*. New York: Dover Publications, Inc., 1956, pp. 18 – 19.

② 这里之所以有限定词"差不多",是因为詹姆斯提醒我们:"出于发现的目的,并不太推荐如此对于结果漠不关心,倘若个体渴望证实他们自身信念的激情被完全抑制,科学将远不会有今天这样的进步。"(William James. *The Will to Believe and Other Essays in Popular Philosophy*. New York: Dover Publications, Inc., 1956, P. 21.) 他相信,具体的研究人员通常总会有属于他自己的"心爱假说"(pet hypothesis)。因此,只是为显示一种让步,詹姆斯才说"我们姑且同意:只要是在不存在强迫选择的场合下,不偏爱任何假说,不动感情地理智判断,确实至少可以让我们避免受骗,它应该是我们追求的理想。"(William James. *The Will to Believe and Other Essays in Popular Philosophy*. New York: Dover Publications, Inc., 1956, pp. 21 – 22.) 哲学家范弗拉森(B. van Frassen)也认为詹姆斯是出于辩论目的才姑且承认科学研究的路线如克里福德所建议的那样,参看 B. van Fraassen. Belief and the Will. *Journal of Philosophy*, Vol. 81, No. 5, 1984, P. 235 n. 2. 有关科学研究中的非证据因素,也可参看本书第六章第三节中谈到的皮尔士认知经济论思想。

假信念而行动也比什么也不相信要好"的情况。类似这样的场合,显然不同于一位追求胜利的将军所在的战场,甚至也没有法庭上的判决时效性。① 不过,詹姆斯提醒我们注意:在科研之类的情境下,我们面对的选择都不是时间紧迫或事关重大的,因而并非属于所谓的"真实选择"。而当谈到我们的道德生活和宗教信仰时,我们相信或不相信,往往都是一种真实的选择情境。② 在这些情况下,你的选择(即相信与否)本身会带来不容忽视的后果,进而产生新的事实。"譬如,'你喜欢我吗?'③ 你到底是否喜欢我,这取决于是否在大量的场合下我对你让步,愿意假设你一定喜欢我,并向你表示我的信任和期望。在这些情况下使得你对于我开始喜欢的,正是我之前对于'你的确喜欢我'的相信。而假若我疏远你,拒绝做出任何让步,一直到我掌握了客观证据,一直到你做出绝对主义者所谓的那种倾向于迫使我赞同的事情,那么,十有八九你永远不会喜欢我。有太多女人的心就因为某一位男人乐观地坚信她们一定是爱他的而被他征服!这样的男人不会认同'她们不可能爱他'这样的假说。"④ 总之,鉴于"真实选择"情境下不同的选项(假说)时间紧迫且事关重大,我们显然值得冒险,可以在"科学证据"之前先相信一些东西。⑤

带着詹姆斯的例子,再次回到克里福德的那句名言,我们现在可以说:在承认意志力的作用下,正如我们无法从理性上阻挡"绝对怀疑论"一样,我们也无法从理性上阻挡克里福德坚持只有等到充分的证据之后才有权相信。不过,只要我们的选择是有结果的,而且我们在乎结果,我们发现,克里福德关于相信权的"规条"并不普遍适用,至少在有些场合下我们有权在所谓充分证据出现以前而相信一些东西。至于克里福德的那个船主故事,我们首先需要确定船主所面对的的确是一个"真实

---

① 从司法审判实践来看,法庭上的法官必须基于当前所能够获得的证据,在审判期限内及时做出判决,然后转入下一个案件。

② William James. *The Will to Believe and Other Essays in Popular Philosophy*. New York: Dover Publications, Inc., 1956, pp. 19 – 20.

③ 这是一般地问一个人是否喜欢另一个人("Do you like me or not?"),而不是问是否曾在某时某刻喜欢过("Did you like me or not?")。——引者注

④ William James. *The Will to Believe and Other Essays in Popular Philosophy*. New York: Dover Publications, Inc., 1956, pp. 23 – 24.

⑤ 当然,詹姆斯对于克里福德的批评,也曾遭到其他人(如罗素)的反向批评。关于罗素对詹姆斯"相信的意志"的批评以及实用主义者的回应,可参看本书第六章第四节。

选择"，① 否则的话，他可能根本不考虑做移民船的生意，也可能另外选择拒绝这一批移民搭船或让他们改换另一艘船，也可能因为毫不关心结果而压根儿不会感到愧疚。然后，我们需要衡量船主基于不同的信念（"相信船是安全的"或"相信船是不安全的"②）而行动会带来什么样的不同后果（包括收益和代价）。而即便如此衡量之后船主最终选择了相信船是不安全的，那也不只是因为克里福德所谓的"充分证据"，而主要是因为基于"船是不安全的因而要去检修船"而行动，具有更好的结果预期，于是甘愿冒险一试（此处的"险"在于错过一笔原本可能赚钱的移民船生意）。③ 也就是说，在此种"真实选择"的紧迫情境下，我们选择基于什么信念而行动，其实是"如何冒险才更值得"的问题，它主要是与信念（后来）的"实用主义"效果有关，而不是如克里福德所言只与信念（之前）的源头有关。

对于詹姆斯所代表的古典实用主义者与克里福德所代表的标准逻辑学家之间在回答"何谓可靠推理？"问题上的上述分歧，或许会有人想进而断言：这正好说明，实用主义要求太低了，或者形式逻辑要求太高了。但是，需要我们特别注意的是，詹姆斯并不认为形式逻辑标准相比实用主义标准更高，他反倒是认为逻辑学标准并不能担保人们正确推理。"逻辑科

---

① 关于"真实选择"的一个并非虚构的典型例子，我们可以提到 2005 年诺贝尔生理/医学奖得主巴里·马歇尔（Barry Marshall）的故事。他基于幽门螺旋杆菌与消化性溃疡疾病之间的相关性数据，猜测可能是前者导致了后者，但在当时其他科学家看来并不存在这方面的"充分证据"。糟糕的是，他的科研经费即将用尽，他必须尽快找到更多证据以说服更多科学家，否则他的职业前途会受到严重影响。在这种情况下，他选择相信两者之间存在因果关系，并基于此种信念拿自己来做实验：他吞下了一瓶幽门螺旋杆菌，然后便生病了。通过对于他本人身体症状及活组织检查，他最终令人信服地证实了幽门螺旋杆菌就是消化性溃疡疾病的病原体。参看 Alexander Klein. "In Defense of Wishful Thinking: James, Quine, Emotions, and the Web of Belief". in *Pragmatism and the European Traditions: Encounters with Analytic Philosophy and Phenomenology Before the Great Divide*, edited by Maria Baghramian and Sarin Marchetti, London: Routledge, 2018, pp. 228–250。

② "不相信船是安全的"，即"相信船是不安全的"。在詹姆斯那里，不相信（disbelief）也是一种信念状态。因为"我们从来不会不相信什么东西，除非是因为我们相信了与第一种东西相冲突的其他某种东西。"参看 *James and Dewey on Belief and Experience*. edited by John M. Capps and Donald Capps, University of Illinois Press, 2005, P. 60。

③ 需要指出的是，说"我们最后选择某一假说主要是因为对于预期效果的衡量"，这并不意味着我们无视证据，而是说当前所获得的证据是冲突的，可以同时支持多个不同假说，却不能压倒性地让我们相信其中任何一个。以前面詹姆斯提到的交友时宁愿选择相信对方喜欢自己的例子来看，倘若你已经知道某一位女性歧视你甚至辱骂你的情况，你当然不会去相信对方爱你的，因为当时的情境根本不是詹姆斯所谓的"真实选择"情境。另外，当我们选择相信某一假说之时，并不意味着在后来发现其他方面的决定性证据时仍会继续相信。譬如，即便你当时真诚地相信对方爱你，但经过一段时间交往后，你完全有可能不再继续相信对方爱你了。更多对于可能出现的误解或质疑声的回应，可参看本书第六章第四节。

学从未曾使得一个人正确推理，而伦理科学（如果有这种东西的话）也从未曾使得一个人正确行事。此类科学所能做到的顶多是，在我们即将出现推理或行事错误时，能帮助我们抓住并抑制自己；在我们已经犯下错误后，能帮助我们以更为清楚的表达方式批判自己。"① 所以，这里詹姆斯对于克里福德批评的实质在于：对于规范我们相信什么不相信什么，逻辑学教条不合用。

三、古典实用主义论推理的有效性

作为一种既不同于现代逻辑又不同于实证心理学的推理规范研究进路，古典实用主义在关于"推理有效性"的观点毋宁说是基于认识论之上的。我们说它是基于认识论之上的，并不意味着仅限于认识论，因为在古典实用主义的哲学视域里，逻辑学、认识论和方法论具有内在的统一性（参看本书第六章第二节）。不过，仅就从认识论上界定"推理有效性"而言，此种做法就具有不小的革新性。因为曾经在反心理主义的浪潮下哲学家为避免认识论问题滑入心理学而想方设法从现代逻辑上开展认识论研究。当古典实用主义在此尝试从认识论上界定逻辑学上的"有效性"时，尽管我们今天有哲学家会与之呼应，② 但至少在当时显然已经背离了很多逻辑学家和哲学家的惯常做法。

古典实用主义关于推理有效性的看法，是与其关于何谓推理的看法密切相连的。如第三章所述，推理是人在特定情境下的一种由怀疑到信念的探究过程；与此相应，所谓推理的有效与否，也要置于现实的认识和实践过程中去考察。可以简单说来，一个推理是有效的，当且仅当，在特定的问题情境下，推理之人从已有的信念集出发，基于一定范围内可接受的规则以及可获取的资源，得出一种既能化解已有问题（即解释既有"惊奇现象"）又免于合理怀疑（reasonable doubt）的新信念。需要指出的是，这里所谓"推理的有效性"，不仅是针对特定的问题情境，而且是相对于某

---

① William James. "Talks to Teachers on Psychology and to Students on Some of Life's Ideals". in *Writings 1878 – 1899*, The Library of America, 1992, P. 717.

② 古典实用主义"一反常态"从认识论解读逻辑有效性的做法，至少在当代逻辑哲学研究领域并非无法理解。譬如，英国哲学家艾丁顿（D. Edgington）就主张从认识论上出发来重新理解"逻辑有效性"："有效的［推理］是指接受其前提而否弃其结论是不理性的"；"一个［论证］是有效的当且仅当其结论的不确定性不可能超过其所有前提的不确定性之和。"参看 Dorothy Edgington. "Do Conditionals Have Truth – Conditions?". in *A Philosophical Companion to First – Order Logic*, edited by R. I. G. Hughes, Indianapolis：Hackett Publishing Company, Inc., 1993, P. 48 以及 Dorothy Edgington, Validity, Uncertainty and Vagueness, *Analysis*, Vol. 52, No. 4, 1992, P. 196.

一共同体内部的对话而言的。是否化解问题，什么规范是可接受的，可获取到哪些资源，是否不存在合理怀疑，这些都要基于对话来评判。不经过对话，推理的有效性，顶多只是潜在的。毋庸置疑，与现代形式逻辑中标准的"有效性"观念（即结论相对于前提的保真性）相比，古典实用主义所理解的"有效性"更多地接近于人们日常所谓的"可靠性"，不过，此种有效或可靠的推理依旧不保证结论是绝对正确或不可修正的。关于古典实用主义的这种基于认识论（同时也关乎逻辑和方法论）的"推理有效性"，我们可以试着从以下四个方面进一步把握。

1. 由于形式并非与内容完全隔离，前提内容并非对于推理效力无关紧要。

按照流行于现代逻辑乃至当代分析哲学中一种观点，凡是有效的推理（valid reasoning）都是可靠的推理（sound reasoning），凡是可靠的推理也都是有效的推理。所谓有效性并不要求前提的真实，而是特指形式上的有效性，即，结论相对于前提的保真性（如果前提为真，结论也一定为真）。由此，正如哲学家安斯康姆（G. E. M. Anscombe）所言，"'完全可靠的实践推理可能会导致糟糕的行动。'是的，的确是这样，就像的确有'完全可靠的理论推理可能会导致虚假的结论'一样。如果我们把'可靠性'的意思限定为所谓的'有效性'，这两种说法都是正确的。"[1] 通常来讲，在古典实用主义那里，推理的有效性与可靠性之间也不作区分。与现代标准逻辑的做法不同的是，它更多谈论的是"推理何以可靠"而非"推理何以有效"。这当然是表面上的。背后本质上的不同是：古典实用主义在理解可靠性或有效性时不会把形式与内容完全隔离开来。也就是说，在它那里，有效性并不限于纯形式上的，[2] 直接是置于特定经验之中的推理整体上的可靠性。不确定前提的具体内容，我们甚至都不知道如何刻画形式。如果推理者压根儿不相信某个前提，他甚至就无法开启推理；即便是

---

[1] G. E. M. Anscombe. *Human Life*, *Action and Ethics*. edited by Mary Geach and Luke Gormally, Imprint Academic, 2005, P. 146.

[2] 现代逻辑文献中通常所用的"有效性"（validity），只是"形式有效性"（formal validity）的一种简略称法。除了"形式有效性"外，哲学家同时还关注"实质有效性"（material validity）或"实质上正确的推理"（materially good/correct inference），譬如可以提到当代的塞拉斯和布兰顿，参看 Wilfrid Sellars. Inference and Meaning. *Mind*, Vol. 62, No. 247, 1953 以及 Robert Brandom. *Making it Explicit*. Cambridge and London: Harvard University Press, 1994, pp. 97 – 102, pp. 104 – 105, pp. 125 – 137. 笔者尚不能断言两人所谈论的"实质有效性"就属于古典实用主义所谓的"推理有效性"，但至少可以明确：他们在强调"实质有效性"之不同于"形式有效性"而且前者不能通过省略三段论还原为后者时，显然不仅是在关注推理的形式，更重要的是在关注推理的内容。

归谬法，其实也是从某种被称作归谬原理的条件信念出发的。因此，内容和形式，就面向实际的推理论视域而言，是无法分开的。这倒不是说：在古典实用主义那里，逻辑史上的一些推理规则随之就失效了，① 而是说它们的应用（就像任何其他规则或习惯一样）一定要结合推理所在语境以及前提的内容来考虑。另外，需要警惕的是，对于古典实用主义的有效性观念，我们不能理解为它认为凡是有效或可靠的推理其前提一定得是真实的。② 因为，根据本书第二章第四节中谈到的，古典实用主义并不要求推理的前提一定是真命题，而是说在推理者或推理各方当时真的相信了，这并不排除他们在后来的新经验中修正原来的信念。

正因为内容与形式紧密相连，把握"前提的具体内容到底有哪些"就成为古典实用主义在追求推理可靠性时所关注的一个重点。在实际推理中，推理的出发点往往并不是数学上提前交代的一组"已知条件"清单，而是推理者所在的生活世界本身。置身于此种生活世界进行推理，到底都有哪些"前提"，并不是任何人一眼望去之后都能拿出一目了然、无可争议的"穷尽的清单"，他必须首先要从所面对的"生活现象"中决定自己所相信的"事实判断"，③ 然后才能启动由之得出结论的"推理进程"。正如詹姆斯所言，"所有的推理都依赖于人心有能力把所要推理的总体性现象拆分为一些局部的要素或成分，然后从这些东西之中挑选出特定的一种，从而使得我们可以在现有理论或实践的迫切性之下得出某一专门的结论。另外的困境将需要另外的结论，而且要求我们挑选出另外的要素。……推理不过是那种看似只属于心灵自发性的选择活动的另一种形式而已。"④ 推理活动中的此种"自由决定"，当然会掺杂个人的"价值因素"，也就是詹姆斯所谓那种带有不确定性和冒险的"真实选择"。正是

---

① 不过，当代逻辑哲学的诸多讨论已经表明，如果我们在运用逻辑规则是完全只考虑句法形式而不关注内容，即便是被认为具有显明性的规则也会出现违背直观的结果。参看 Vann McGee. A Counterexample to Modus Ponens. *The Journal of Philosophy*, Vol. 82, No. 9, 1985, Ernest W. Adams. Modus Tollens Revisited. *Analysis*, Vol. 48, No. 3, 1988, and Dorothy Edgington. On Conditionals. *Mind*, Vol. 104, No. 414, 1995.

② 在国内，一些受马克思主义哲学思想直接影响的逻辑教科书会在推理的正确性（correctness）与有效性（validity）之间做出区分：正确的推理要求前提真实而且前提与结论之间符合逻辑要求，但有效的推理并不要求前提真，仅限于形式上的"保真性"。参看彭漪涟（主编）《逻辑学基础教程》（第三版），华东师范大学出版社2017年版，第53 – 54 页。

③ 关于"事实"对于推理有效性的相关性，当今一些现代逻辑学家也开始有所意识。但是，他们理解"事实"之重要性的"反心理主义"视角更多的是经验科学上的，而不是我们这里所谈到的哲学进路。参看 Johan Van Benthem. Logic and Reasoning: Do the Facts Matter? . *Studia Logica: An International Journal for Symbolic Logic*, Vol. 88, No. 1, 2008, pp. 67 – 84.

④ William James. Are We Automata? . *Mind*, Vol. 4, No. 13 (Jan., 1879), P. 12.

通过它，我们的"前提内容"或"作为推理出发点的信念"才得以确定。尽管此种选择可能在后来显示为不好，但"在普通人中，信任（trust）的能力，即在字面证据之外稍作冒险，是一种必需的功能。"① 我们敢于"相信"，正是为了我们的探究能够继续；我们后来可能会修正信念，但这并不是什么坏事，因为正如克里福德本人所相信的那样，我们的信念集"从来不会因为探究而受害"。②

2. 不管是科学领域还是日常领域，我们在追求有效的推理时不仅承诺"逻辑本能"之用，而且需要采用多样化的推理形式。

古典实用主义在追求一种系统化的推理论（作为 logica docens 意义上的"逻辑理论"）的同时，从来不否认普通人在一开始（在学习逻辑或哲学之前）已经具有某些有关推理规范的"常识"，即 logica utens 意义上的"逻辑本能"，③ 甚至古典实用主义者在做这样的哲学研究时已经预设自己先有一种"逻辑本能"。此种"逻辑的二元性"④ 不仅适用于日常生活，也适用于科学家的实际推理。古典实用主义者当然不认为"一个人只有事先拥有一套推理论或逻辑学才能正确推理"，当然也不认为"人的推理本能就足够了因而不需要借助于任何推理分析而完善"，其所主张的推理论要义在于：通过一种实用主义气质的推理论，可以理解我们实际做出的推理何以正确或不正确，从而帮助我们进一步区分推理之好坏。

在推理实践的规范问题上，除了"逻辑的二元性"之外，更重要的是推理形式的多样化。古典实用主义不认为任何一类推理形式（不论是演绎推理还是归纳推理）有可能完成人类全部的推理目标。如果说现代逻辑认为一种好的推理过程总是由一环紧扣一环的演绎推理链条组成的话，古典实用主义则认为：我们的很多推理要想取得成功，不仅需要某一种基本推理形式的累计叠加，更需要多种不同推理形式的彼此补充，从而构成一条"推理之绳"，而非"推理之链"。此种"绳式推理"的隐喻最早由苏格兰

---

① William James. Rationality, Activity and Faith. *The Princeton Review*, Fifty–Eighth Year, July–December, 1882, P. 71.

② William Kingdon Clifford. *Lectures and Essays*. volume 2, edited by Leslie Stephen and Frederick Pollock, New York: Cambridge University Press, 2011, P. 188.

③ 需要注意，此种"逻辑本能"尽管尚未理论化，但其所关注的并不是那种非过程性的"直觉"，而仍是真正意义上的推理，因此，一套完整的推理论中理应有其相应的位置。

④ 美国现代逻辑学家、实用主义哲学家雷谢尔（N. Rescher）用经过皮尔士得以在现代逻辑和哲学中恢复的中世纪 logica docens 与 logica utens 之分来表示"逻辑"这门学问自古以来所呈现的"二元性"。参看 Nicholas Rescher. "The duality of Logic". in *Logical Inquires: Basic Issues in Philosophical Logic*, Berlin/Boston: De Gruyter, 2014, pp. 1–9.

常识学派哲学家里德在1785年的《论人的理智力》一书中采用，用来表示有关事实问题的或然性推理之不同于数学证明的独特之处：数学证明好比一条链子，其强度取决于其中最弱的一环；而我们实际常用的事实推理却好比一条缆绳，虽然该绳索之中的每一条线单独来看是脆弱的，但当它们缠绕在一起组成绳索时，绳索的力量却大于其中任何一条线。① 皮尔士很可能是借用了里德的隐喻，他在1868年发表的一篇文章中指出："哲学应该在方法上模仿成功科学，这意味着只从那些能够经受仔细审查的实际前提出发，诉诸大量且多样化的论证而不是任一决定性的论证。其推理不应该构成一根强度不高于当中最弱一环的链条，而是应该形成一条由众多纤丝拧成的绳索，只要那些纤丝数量上充足并能将紧密联系在一起。"②

那么，到底都有哪些不同的推理形式呢？在皮尔士看来，至少有三种基本的推理形式：演绎推理证明出（prove）某物一定是（must be）什么；归纳推理显示出（show）某物事实上是（actually is）可行的；外展推理（abduction）③ 仅仅建议（suggest）某物可能是（may be）什么。④ 而在詹姆斯和杜威那里，虽然没有有关推理形式的正式分类，但他们都同样认为不应拘泥于逻辑学家高扬的某一种推理形式。譬如，詹姆斯针对类比或隐喻在推理过程中的合法使用有这样的评论："为了回答'为什么雪是白的？'我们说'它的理由就跟肥皂泡或搅拌过的鸡蛋何以是白的一样'，这时并没有给出一种事实的理由，而是给出了用以显示同一事实的另外一个例子。如此提供类似的例子而不是给出理由，经常被批评为人类逻辑败

---

① 参看 Thomas Reid. *Essays on the Intellectual Powers of Man*. Cambridge：Cambridge University Press，2011，pp. 674 – 675，P. 690.

② C. S. Peirce. *The Essential Peirce：Selected Philosophical Writings*. Volume 1 （1867 – 1893）edited by Nathan Houser and Christian J. W. Kloesel，Bloomington and Indianapolis：Indiana University Press，1992，P. 29.

③ 作为推理形式的 abduction，直接源于词根 abduce。abduce 的前缀词 ab – 在拉丁语中意为"away from（外离，离开）"。其后缀词 – duce 与 retroduce、deduce、induce 中的一样，都源于拉丁语 dux，意为"lead（引导、推导）"。因此，abduction 有"向外引导"之意，现存中文哲学文献有时翻译为"溯因""假设""设证"等；笔者认为，根据词源学上的解释，并考虑与 deduction、induction 等译名的协调，可将 abduction 译为"外展"。关于外展推理的更多介绍，参看张留华《皮尔士哲学的逻辑面向》第五章，上海人民出版社 2012 年版。

④ Charles S. Peirce. *The Essential Peirce*. vol. 2，edited by the Peirce Edition Project，Bloomington and Indianapolis：Indiana University Press，1998，P. 216. 值得注意的是，外展、归纳、演绎三者各有优势和不足，因为它们在推理形式的安全性和多产性方面存在着一定程度上的反变关系：从外展，到归纳，再到演绎，三种推理的安全性逐渐上升，多产性却逐渐下降。另外，在主张基本推理形式不外乎外展、归纳和演绎时，皮尔士并没有否定类比等其他常见推理类型的合法性，他只是认为类比等不过是三种基本推理形式的某种复合罢了。

坏的一种表现形式。但是，很显然它并非不正当的思想行为，而只是未完成的。提供类似的例子，这对于我们抽象出暗藏于它们之中的理由来说是必要的第一步。"①

3. 当我们谈论推理的有效与否时，一定不能把推理主体仅限于单个人（哪怕是逻辑学家或所谓的天才），而是应该在共同体的意义上加以理解。

在古典实用主义看来，当我们谈论推理的规范性时，并不意味着有某个人或群体掌握着有关推理合理性的立法大权。事实上，正是因为推理者不是"孤独的鲁滨逊"，正是因为人人都有推理出错的风险，我们才需要谈论推理的规范性。当笛卡尔说"我思故我在"时，正确告诉了我们推理是有主体的，是要借助于一个一个真实的人才能实现的；但是，如果对于个体所产生的推理之好坏的评估也是局限于开展此种推理的个人，那就等于是把推理有效性等同于个人的主观感觉了。② 个人偏狭利益的存在，要求我们在推理有效性上关注人类团结（solidarity）或共同体（community）的重要性。如皮尔士所言："简单来说，我们每一个人都是一个保险公司。现在，假设一个保险公司发现有一种风险在程度上超过所有其他风险之总和。很显然，它也就没有任何安全性可言了。……假若一个人具有一种超越一切的私人利益，远远超出所有其他利益，那么，根据我们所提出的有关推理有效性的理论，他就没有任何安全性可言了。由此能够得出什么呢？可以得出的是：逻辑学最为强硬地要求任何与人自我有关的确定性事实都不能对他来说高于其他一切。凡是不愿牺牲个人灵魂而拯救全世界的人，就他所有推理放在一起来看，都是不合逻辑的。因此，社会性原则内在地根植于逻辑学之中。"③ 关于作为推理规范理论的逻辑学所要求的社会性，杜威在《逻辑学：探究的理论》中也有专门论述，同时还对某些"符号逻辑学家"的不彻底性提出质疑："逻辑学是一门社会性学科。……人类天然就是一种与他者相连而生活的存在物，他们从属于各种拥有语言因而也带有传承文化的诸共同体。探究是一种具有社会性限定条件及文化后果的活动模式。……那些关注'符号逻辑'的人并不是总能认识到我们有必要对符号［在共同体社会文化上］的指称和功能做出说明。虽然符号之间

---

① William James. Brute and Human Intellect. *The Journal of Speculative Philosophy*, Vol. 12, No. 3, 1878, P. 271.
② 如果是这样来看，我们将发现，根本就不会存在所谓的谬误，因为当某个人做出某种推理时，总是感觉它是合理的之后才开始的。
③ CP 5.354.

的关系是重要的,但符号本身最终必须根据符号化用以达到的[社会文化]功能才可以得以理解。……那些仅仅作为不可交流的符号而存在的观念或意义,是无法想象的荒诞东西。"①

值得注意的是,即便是在共同体之下确认了某一推理的有效性,但此种关于"推理"的有效性,并不等同于"结论"的不可错或结论所指代之事件不可避免发生。如果是实践推理的话,该推理的有效性,也不意味着接受推理结论之行动者不会改变注意或不会受挫。② 有效性,并未排除"意外"或"风险"的可能性,它更多只是在既有资源之上所做的一种值得冒险因而可得到共同体接受的尝试。

4. 没有不可解释的"先天"推理规范,基于生动经验的探究之法才是一切科学得以成功的逻辑原理。

现代物理学、化学、天文学等自然科学的成功实践,可以理解为:现代意义上的科学家通过推理而获得了举世瞩目的成就。虽然这一点是无可争议的事实,但到底如何理解自然科学家选择"好的推理"而抛弃"坏的推理",并不容易。通常认为,正是他们自觉或不自觉地遵循了推理规范,现代自然科学家才会取得如此巨大成功;而推理规范在哪里,是由逻辑学(尤其是现代逻辑)来告诉我们的!于是,自然科学之所以成功,在推理论上最后被归功于逻辑学所提供的推理规范。至于这些逻辑规范本身从何而来,很多人(包括我们本书提到的大多数现代逻辑学家和推理心理学家)不再追问,似乎默认它们是先天的或先验的"不可解释之物"。与对于成功自然科学之教训的此种流行解读不同,古典实用主义并不认为有什么不可解释的"先天"推理规范才使得现代自然科学如此成功。恰恰相反,它认为,生生不息的经验生活是推理规范的源头,人类对于推理规范的认识一直在随着推理实践本身的最新推进而变化,而自然科学的最新成功实践,正好为我们提供了修正和完善现有推理规范理论的机会,因此,我们需要做的首先是面对和把握现代科学探究本身的特点。整体而言,古典实用主义哲学家在推理论上所有的思考都是围绕对于科学探究本身的,事实上,作为他们共同标签的"实用主义准则"原本就是对于现代科学成功经验的总结和提炼。

当然,总结和提炼成功科学的经验训诫并不能拘泥于任何单一的科

---

① John Dewey. *Logic: The Theory of Inquiry*. New York: Henry Holt and Company, 1938, pp. 19–20.

② 参看张留华《推理与做事》,刊于《思想与文化》第二十辑,华东师范大学出版社,2017年6月,第1–14页。

学,所得"训诫"必须是能适用于所有科学过去的成功实践,而且能帮助其他科学走向类似的成功。也正因为如此,任何单一领域的科学家都无法完成这项跨领域的任务,而只有哲学家才能做到。关于此种一般意义上的"科学训诫",皮尔士在《信念的确定》一文中将之概括为人类用以确定信念的一种新方法。他认为,历史上关于信念的确定,曾先后以固执之法（method of tenacity）、权威之法（method of authority）和先验之法（a priori method）占据支配地位。如果意见的确定是探究的唯一目标,而且如果信念本质上是一种习惯,有人会倾向于把任何可设想的东西作为问题的答案,然后闭上眼睛,不断重申,详述所有有助于这一信念的东西,同时学会鄙视和愤怒地抛弃可能与之违背的任何东西。此即第一种,固执之法。然后,采用第一种方法的人会发现,其他人的想法不同于他,而且他很容易在较为明智的时刻看到发生这样的事情:他们的意见完全与他自己的一样好,而这会动摇他对其信念的信任。事实上,除非自我隐退出社会,我们必将影响相互的意见;因此问题变成了,在共同体那里（而非仅仅在个体那里）,我们如何确定信念?这个时候,如果让政府意向起作用,就会代替个体的一切活动。此即第二种,权威之法。再后,当人们意识到其他国家和其他时代的人所持有的"权威"完全不同于他们自己受教育时所要求相信的"权威",开始尝试在共同谈论和不同见解的基础上逐步形成与自然原因相和谐的信念。这样产生的信念通常并不依赖于任何观察事实,它们之所以被采用,只是因为它们的根本命题看起来"适合于理性",即它们并不一定要与经验相一致,只要我们自身倾向于相信它们。此即第三种,先验之法。前述三种方法都不是现代科学家用以取得成功的那种方法,他们所采用的是另外的一种新方法,即,探究之法（method of inquiry）。科学家意识到,为消除由先验方法所产生的怀疑,有必要发现一种新方法,借此我们的信念可不由人们而由某种外部的永恒事物——由我们的思维不会在其上造成效果的某种东西——所决定。在我们的感觉中,我们之外的永恒事物并不是无关于感觉的,它必然影响我们每一个人。虽然这些影响必定会如个体条件一样多种多样,然而这一方法必然能使得每一个人的最终结论将趋于同一个。这种方法就是科学方法的精髓所在。在这种方法指引之下,探究者从经验出发基于探究者共同体的合作去寻求真理或接近实在;最终的真理性认识可能并不是由现存某某探究者所发现,但只要是遵循这种方法、运用先前的结果,无论多少不同的人在刚开始可能持有极其对立的观点,持续下去的深入研究必将以一种外在力量把他们引向同一个结论。①

每一门科学或者说每一项成功的科学工作都有自己的基本原理，而体现在这些基本原理中的首先是它所采用的"探究之法"。这种"探究之法"也正是皮尔士所提出的实用主义准则的原型。作为一种准则，皮尔士认为，实用主义所标识的"探究之法"同时包含着对于成功科学推理实践所谓"好推理"的一种总结提炼。根据此种"实用主义"的推理论，科学探究中所采用的推理不外乎外展、演绎和归纳三种推理形式，三者共同作用方使得科学探究活动实现了自我修正，从而促进了知识进步。其中，外展推理置于首位，是科学探究程序的第一步，其目的在于发现和形成假说。假说是为解释违反规律（或习惯）的意外事实而产生假说的创造性过程，它能产生新信息，是所有科学研究甚至是所有常人活动的中心。但这种假说并没有提供安全可靠的结论，它必须要接受检验。于是，还需要演绎，需要通过由假说推演出一系列结论即得出诸多预言；再后由归纳回归到经验，旨在通过观察被演绎出的结果是否成立或在多大程度上与经验一致来证实或否证那些假说，即检验假说的可信赖度。在这前后相继的三种推理形式中，外展从意外事实推到对事实的可能性解释，演绎从假说前提推到相应结论，归纳则从实例推到一般化概括，三者分别完成了科学的三大任务："发现原因""预言结果""发现规律"。经过如此反复不断的科学探究，科学共同体将能不断接近真理。由此来看，所谓的演绎、归纳、假说以及类比等逻辑推理类型不过是实用主义这一总方法之下的"下级方法"。

尽管从哲学上对于成功科学经验的推理论总结需要兼顾所有真正意义上的科学探究，但这并不妨碍古典实用主义哲学家在不同的时候重点以某一门科学作为范例来谈论科学家推理的一般观念。如果说皮尔士经常以化学作为科学方法的例示的话，② 詹姆斯则是经常从心理学出发，而杜威则是常常以生物学为例。对于如此从成功科学实践中总结出的"实用主义"推理论，古典实用主义哲学家认为，应该在充分广泛的意义上来理解和推广。一方面，那种标识"探究之法"的实用主义准则不仅可以应用于各种尚不够成功的自然或社会科学领域，同样也可以应用常识、道德、教育、宗教等领域，"应该尽可能广泛地加以应用，应用到各种不同的争议、信

---

① 参看 CP 5.377 – 387。对于这四种方法，柯亨和纳格尔的《逻辑与科学方法导论》在第 10 章"逻辑与科学方法"中曾给予详细而通俗的解读，参看 M. R. Cohen & E. Nagel. *An Introduction to Logic and Scientific Method*. London: Routledge and Kegan Paul, 1934, pp. 191 – 196.

② 事实上，皮尔士是一位多面科学家，仅论其做出过实质性贡献的科学研究领域，他的思想活动就涉及天文学、物理学、度量衡学、测地学、语言学、经济计量学和实验心理学等。

念、真理、观念以及对象",① 因为实用主义作为一种思想方式,它所刻画的是所有的真正"好的"推理的精神实质。虽然各种自然或社会科学在有关程序的贯彻上存在程度上的差别,但各门科学之间在探究之法的运用上并无本质差别,它们是连续性的关系;不仅如此,科学与常识之间也是连续性的,都可以往好的方向追求实用主义所刻画的那种"探究之法"。另一方面,当本着符合科学精神的实用主义准则去开展各式各样的推理时,并非一定要采用流行于特定领域的科学实验程序。对此,詹姆斯曾经有评论:"现在有很多人似乎认为,任何结论必定是科学的,假若支持它的论证全都是来自蛙腿抽动——尤其是去头的青蛙;另一方面又认为,任何主要是用人类感情来担保的学说都一定是无知的迷信。……他们似乎还认为,来自一位科学家的任何奇思怪想(不论有多么未经证实)都必须构成了科学本身不可或缺的一部分;譬如,当赫胥黎把感情排除在生活游戏之外而只是称之局外的多余的东西后,问题就解决好了。……就我所知,最令人感到可悲的事情莫过于如此不加区分地把一切物质上的东西统统当作是科学所独有。"②

四、从古典实用主义观点回看推理心理学的"科学发现"

前面我们在论述古典实用主义所谓"有效推理"的观念时,大多是对照现代形式逻辑来讲的。现在,我们已经大致了解古典实用主义如何看待推理的好坏,是时候回过头去对照它与当代推理心理学之间的异同。

在当前学术界,人们提到现代逻辑所提供的推理规范,通常将其归为先验主义或约定主义的东西;与之相比,推理心理学和古典实用主义两者对于推理规范的谈论似乎同属于"经验主义"这一大方向,即,注重从人类真实的推理活动(而非某种理想化的标准)出发。正因为如此,我们也已看到,推理心理学领域的诸多"科学发现"在实证数据的层面印证了古典实用主义关于推理的基本主张。譬如,前者关于理性$_1$与理性$_2$之间的区分暗合了后者关于当代标准逻辑所关注之推理与日常实践意义上的推理之间的区分,前者关于系统1与系统2之间的区分与后者所强调的"逻辑本能"与"逻辑理论"之间的区分似乎不谋而合,前者关于有限理性的论

---

① John Dewey. *The Middle Works*, 1899 – 1924. *Vol.* 4, edityed by Jo Ann Boydston, with an introduction by Louis E. Hahn, Southern Illinois University Press, 2008, P. 101.

② W. James. "The 1878 Lowell Lectures". In *The Works of William James*: *Manuscript Lectures*, F. Burkhardt, F. Bowers, & I. K. Skrupskeis (Eds.), Cambridge, MA: Harvard University Press, 1988, P. 29.

点很容易让我们联想起后者关于资源可得性和经济性的论述，前者所提出的人类推理具有环境适应、社会交互、论证等功能的见解更是显然接近于后者把推理有效性视作立足社会共同体成功化解问题情境进而消除怀疑、获致新信念的实践过程的做法，等等。

然而，对于推理心理学与古典实用主义之间在某些结论上的相似性，我们要正确看待。不能由此认为两者是在重复研究，更不能由于看到在类似观点上推理心理学提供了远比实用主义哲学更为详尽的数据和个案便认为古典实用主义推理论已被当代推理心理学的实证研究所取代和超越。之所以如此说，从根本上是因为：两者虽然均注重对于经验的观察，但它们的研究定位或观察方式并不一样。我们在本节前面已指出，古典实用主义所谓的经验观察，是哲学家对于日常生活中每个人共通经验的省察；推理心理学所谓的经验观察，是当代实证科学家借助于人为工具或仪器对于特定环境下专门人群所做的观察记录。由此来看，被当代推理心理学家宣称为"科学发现"的某些结论，往往并不意味着它们在历史上第一次为人类知道，也不意味着它们是只有推理心理学家才"发现"的结果，毋宁说推理心理学家以一种不同于哲学的方式（即所谓"科学的"或"实证的"的方式）再现了关于人类推理的一些基本事实。当然，这些"科学发现"为哲学家在推理问题上的探究提供了"新材料"，但这绝不是说古典实用主义所开展的那种哲学方式的推理研究就失去了独特价值。对于其独特价值，我们可以从以下三个方面来看：

第一，哲学家对于人类推理现象的思考能力并不依赖于实证科学家的心理实验，很多时候倒是能为后者提供一些基本原则。以心理学上的"邓宁—鲁格效应"（Dunning Kruger effect）为例。它以实验的方式揭示了人类在推理时经常出现的一种认知偏差，即，认知能力不足的人（在统计学上）倾向于错误地高估自己的实际能力，而认知能力较高的个体则（在统计学上）倾向于认为自己精通的问题其他人也会一样精通。这在哲学上很容易让我们联想到苏格拉底的格言"认识你自己"。但苏格拉底以及其他哲学家[①]在这方面的哲学省察并不依赖于当代心理学家，甚至也不能说当代心理学家说出了与哲学家一样多的实质内容。哲学家（以哲学的方式）观察到人们容易高估或低估自己，由此反复强调"认识你自己"的重要性。

---

① 譬如，皮尔士曾有过类似的思考："很少有人愿意研究逻辑，因为每个人都自视已经足够精通推理艺术。但是，据我观察，这种满足感仅限于某人自己的推理活动，并不会拓展至其他人的推理活动。"（CP 5.358）

这种判断，无需等到实证科学家公布研究成果才算得以证实。哲学观察的可信度在于：它是每一个正常人在大部分清醒的时候不必运用任何工具仪器都能经验到的，尽管很多时候这些判断听上去有些笼统。哲学上对于人类推理现象的观察结果，不仅独立于特定的心理实验，而且由于并非人类推理的任何方面（至少从当前阶段来说）都适于开展实验室研究或调查统计，心理学家在实验设计时往往已经无意识接受了它们中的一些（譬如，推理是一种过程而非直觉，题材内容上的变化可能影响个体的推理能力，等等）。

第二，立足于哲学对于经验的总体性把握，使得我们有可能甚至比实验研究者本人更为谨慎或冷静地看待有关推理现象的实验结果。推理心理学的确是为哲学思考提供了新材料，但是此种新材料到底如何解读，并非只有实证科学家本人说了算。倒不是说哲学家在对实验结果的解读分析上有什么特权或超能力，关键的一点是：哲学家对于日常推理现象的观察并不局限于某一特定群体或现实样本。他们不仅关注常见的范例，也会关注罕见的跨界例子，甚至会借助于所谓"思想实验"设想一些虽非现实但并非不可能的情形；他们在看到实证科学家把推理之人看作可以简单计算其答案的孤立个体时，也不会忘记：每一个推理之人都生活于特定的共同体或社会文化之中，并受到诸多价值因素的影响。这种哲学式的总体省察，当我们注意到现存实验结果出现令人困惑的表述或多样化解读时，尤其显得必要。譬如，卡尼曼在《思考：快与慢》一书中承认系统1之作为本能认知力具有某种不可取代性："不断地质疑我们的思考，将会极其冗长乏味，系统2太过于缓慢和低效，在开展常规性决策时无法取代系统1的功用。我们所能有的最好办法是折衷：学会认清那些容易发生错误的场景，当有风险时竭力避免犯下重大错误。"① 然而，我们在该书中同时看到作者经常把"偏见"（bias）视作源于系统1的"系统性错误"（systematic errors）。现在的问题是：此处的"偏见"一词该如何理解？卡尼曼本人没有直接回答但在哲学上显得重要的是：所谓"偏见"并非日常所用的那种显示人之主观缺陷的贬义词，或许最好理解为一种中性化表达。再如，新近的推理心理学研究领域，关于人类推理的"双过程"理论，有人提出系统1与系统2之分，有人提出类型1与类型2之分，还有所谓"旧心智"（old mind）与"新心智"（new mind）之分。② 这些并非仅仅是用语不同，

---

① Daniel Kahneman. *Thinking, Fast and Slow*. Penguin House, 2011, P. 23.
② Jonathan St. B. T. Evans. *Thinking and Reasoning: A Very Short Introduction*. Oxford: Oxford University Press, 2017, pp. 109 – 115.

各路心理学家对于两类"推理过程"之特征的刻画也存在差异。在这种情况下,无法指望某一位推理心理学家的解读就是公正的,我们需要从哲学层面上结合日常观察对于现有的多样化解读进行批判性考察。

第三,来自哲学的关照,还会覆盖有关推理心理学等实证科学的方法论,尤其是它们的一些理论预设。任何一门实证科学的最初确立,往往依赖于不加反思地接受某些假设或特定方法作为理论基石。但是,随着该门科学以及相关其他科学的发展,当前流行的一些假设或方法或许有必要予以重估,这个时候往往需要哲学式的省察。譬如,吉仁泽(Gerd Gigerenzer)在《人类理性:人们如何应对不确定性》一书中对于当前包括心理学在内的社会科学研究试图以"统计仪规"(statistical rituals)取代"统计思维"(statistical thinking)的趋势提出批评:"统计思维所要怀疑的不只是确定性幻相,同时还有对待统计学的方式。有必要区分统计思维和统计仪轨这两种形式。统计思维是自我反思的,它要考察何种方法或模型在什么场景下是最适合的。……[然而,]不像分子生物学、原子物理学和其他自然科学中那样,统计仪轨普遍存在于社会科学中。当同样一种方法被自动地应用于每一个问题时,我们所看到就是统计仪轨。……研究者感觉有一种压力,要应用其他每个人所用到的那种方法,否则便有一种赤裸的感觉。……其他可供选择的统计方法……很少被人知道,似乎也很少有人愿意了解它们。[一些]统计学家已经反复批评对于同样一种统计方法的盲目使用,但那些被涉及的学者要么不曾注意到要么直接压制这一事实。"① 这里提到的虽是统计学家对于统计方法之使用方式的批评,但其实已不再只是统计学本身的事情,而属于典型的哲学反思。②

当然,以上所说推理心理学与古典实用主义之作为哲学理论之间的差别以及后者的独特价值,只是从学科分工来看的。从实际工作来看,同一个人可以同时做推理心理学和哲学两个学科的工作。譬如,詹姆斯对于推理的研究在很大程度上(皮尔士和杜威的推理研究也在一定程度上)兼具哲学省察的方式与实证科学的方式。为叙述方便,本书虽然区分了数学、实证科学以及哲学的推理研究进路,但笔者呼吁当今学者对于人类推理现象多做"论题导向"(topic - oriented)而非"学科导向"(discipline - ori-

---

① Gerd Gigerenzer. *Rationality for Mortals: How People Cope with Uncertainty*. Oxford University Press, 2008, pp. 149 – 150.

② 对于心理学实验方法的集中反思,斯坦诺维奇的《这才是心理学》一书提供了更多实例,譬如,著名的"大二学生"问题,参看 Keith E. Stanovich: *How to Think Straight About Psychology*. 10th edition, Pearson Education, 2013, pp. 115 – 121.

ented）的研究，并期待这样跨越学科界限或曰综合多学科方法的研究成果，能够在推理论领域多多出现。这种多学科交叉综合的研究，不仅仅意味着来自多个领域的不同学者之间的合作研究，有时也可以是同一学者综合运用多种方法、立足多个视角的多维度研究。

第四节 科学时代的普通人在日常生活中应该如何推理？

在本章最后一节，我们将谈谈如何依据古典实用主义有关推理规范的精神来看待"当今科学时代的普通人在日常生活中应该如何推理？"之所以谈论这样的问题，主要是因为在当今所谓的科学时代里，当现代逻辑学家和心理学家谈论推理问题时通常都被当作是科学家在说话，[①] 因而经常受到大众读者重视，而当哲学家谈论推理问题时，尤其是脱离现代逻辑或实证心理学而单从哲学上论道之时，读者往往以怀疑的语气称之"空谈"。既然我们已经看到实用主义所代表的本质上是成功科学的"探究之法"，我们不妨结合具体日常推理的一些具体例子来看，哲学家的话如何与现代逻辑学家之不同，他独立于心理实验室的说法又如何值得严肃对待？

为便于从日常语境下讨论，同时为了去除哲学与科学之分所可能带有的褒贬色彩，[②] 我们下面将采用"专家思维"和"常识思维"分别代表"科学家依据标准现代逻辑在科学实验中的专业推理"和"普通人在非专业语境下选择做的日常推理"。[③]

一、专家的"科学"思维

根据当前在一定范围内（可能是某一小部分专家也可能是某些敬畏专家的社会大众）流行的一种观点，所谓"科学"思维应该是一种符合科学的、成功的、令人满意的专家推理，至少具有下列五个标识特征。

[①] 在当代学术界，"现代逻辑"甚或"逻辑学"被归为数学或科学而不是归在哲学之下，这种做法并不难发现。

[②] 在科学主导的话语体系中，"科学的"（scientific 或 of science）时常带有明显的褒义色彩，几乎已经成为"正确的"（right）或"好的"（good）的代名词。与此相对，作为"非科学工作"的"哲学思考"容易被视为某种消极、不足甚或低级的东西。

[③] 这里所谓"专家"和"普通人"并不一定在人群或个人身份上有着截然而固定的划界，"科学家"和"普通人"之间的区分主要是以具体问题研究的专业性或科学知识丰富性为标准的：由于现代科学知识的专业分工，某人就问题 A 来讲，可能明显是科学家，但对于问题 B 来讲，可能就因为属于外行，而算作普通人了。

（Ⅰ）专家推理追求结论的精确性。如果某一天天气很糟，专家或许告诉我们：当天气温 30～39 摄氏度，风力 2～3 级，相对湿度 35%～80%；或者，当天 PM2.5 指数高达 456。如果某地民众生活得很好，专家会用幸福指数讲：当地"幸福者"百分比 82，"生活困窘者"百分比 17，"受苦者"百分比 1，"日常生活感受"7.9。当然，普通人讲话推理也运用数据，也进行"二加二等于四"那样的简单计算，但是，专家的精密性远远超出耳目之下、手足之力，他们更多的是在普通人无法历数而只能估测的地方进行计算，从而显示出专家独有的精密仪器或评价工具在推理中的"威力"。这一点，被认为是科学或专家推理的最大优越性。与此相关，专家推理还有其他一些显著特征。我们会看到，为了追求推理结论的精确性，专家推理通常还需要特征（Ⅱ）和（Ⅲ）。而为了确保特征（Ⅰ）、特征（Ⅱ）、特征（Ⅲ）能够顺利无碍，还要求特征（Ⅳ）和特征（Ⅴ）。

（Ⅱ）专家推理要求前提的绝对真实性。专家推理之所以能声称结论的精确性，其中一个理由正是其已有前提的绝对真实。专家推理所运用的概念要明晰可辨，不能有丝毫模糊，最好是一词一义；与此同时，由这些概念所组成的命题，如果要作为推理前提，一定得是绝对的"事实"或公理、定理、推论等"科学规律"，一定得是"已证明为真的信念"意义上的"知识"。也就是说，为了能够最终获得精确的结论，从一开始就必须在"前提"处下功夫，确保专家推理是建立在牢不可破的基础之上的，是从知识开始"推"起的。笛卡尔哲学的第一前提"我思故我在"，非常好地代表了专家推理所要求的那种前提。当然，这样的前提并非总是能轻易获得的，所以，专家推理常常凭借精密仪器或评价工具，以获取确定无疑的前提。即便此种仪器设备是昂贵的，即便此种评价过程是复杂的，但绝对是值得的。因为，只要保证了推理中最基础的部分是不可错的"前提"，专家便可以放心推理、一往无前了。

（Ⅲ）专家推理要求推理形式具有数学可演算性。专家推理之所以能声称结论的精确性，除了是因为其已有前提的绝对真实外，还因为他们所运用的推理形式是严格保真的，即能够由绝对真的前提必然地推出绝对真的结论，或者，能够由具有精准概率的真前提必然地推出精准概率的真结论。专家推理的此种严格保真性，主要体现在推理形式上的可演算性，即他们是从前提"算"出结论的，而绝不是"猜"出来的。在他们看来，一切科学的东西都可以进行数学处理，甚至推理中诸多语句之间、词项之间的每一种逻辑关系就是数学演算，所谓逻辑词不过就是一种算子或函数。譬如，"或者……或者……"所表达的相容选言关系，其逻辑功能相当于数学上的加法或并运算；"不仅……而且……"所表达的联言关系，其逻辑功能相当于数学上的乘法或交运算；"如果……那么……"所表达的充分条件关系，其逻辑功能则类似于数学上的小于等于号。于是，引用莱布尼兹当年的说法，"当不同人之间有争议时，我们就可以说：不用再麻烦了，让我们来算一算，看谁是正确的！"①

（Ⅳ）专家推理不掺杂任何价值因素。为了能够掌握绝对真实的前提并能由此必然得到精确的结论，专家声称并强调：推理者必须"超然于世"（impersonally），保持中立，做到赤裸裸的"就事论事"和"实事求是"，不能带有任何先入之见，更不能掺杂任何情感好恶、意向目标等价值因素。换言之，推理者必须想尽一切办法排除自身所可能有的主观偏见，脱掉任何有色眼镜。在专家看来，唯有如此，才能确保推理的客观性；也唯有如此，才能彰显专家推理的科学性。因为科学所代表的理性，绝对不涉及任何个体或主观意义上的价值。即使有时谈到"价值"，譬如，气象预报中的"体感舒适度"，社会心理学中的"幸福指数"，那也都是统计或计算出来的"客观"结果，并非通常所言的价值因素。

（Ⅴ）专家推理预设个体推理的独立性。对于掌握绝对真实的前提并由此必然得到精确的结论，专家相信这是每一个理性健全的人都能做得到的，而且只要足够冷静，最终每个人的推理都会完全一致。根据专家推理的观念，任何推理都是个体的静思冥想、细心计算，而且也唯有单个人的冷静思维最能确保推理的连续，因此，推理只能单个人独立进行。但由于理性的共通性或先天性，专家一个人推出的结论并不影响其权威，任何其他专家只要掌握他的那些材料和数据，也都会得出同样的结论。譬如，每一个人只要头脑健全，凭借冷静推理，都可以如笛卡尔那样，明确无误地找到"我思"，然后从"我思"推出"我在"，再推出"他人在"，再推出"世界在"，最后推出一切存在物。如此说来，专家推理虽然是分别由单独个体进行的，但只要行业内专家都具有专家推理的能力，就永远不可能产生真正的分歧，反倒是专家个体思维冷静而连续的计算保证了推理前提的确定性和推理结论的精确性。

需要强调的是，前述专家推理的特征，基本上就是专家所拥有逻辑学知识的一种体现。不论是翻阅当前国际上流行的"逻辑导论"教材，还是根据本书前面章节所阐明的"现代逻辑"观念，我们不难发现：从主体结

---

① G. W. Leibniz. "The Art of Discovery". in *Leibniz Selections*, ed. Wiener, New York: Charles Scribner's Sons, 1951, P. 51.

构来说，数理化、符号化、公理化、形式化为当今主流逻辑学的基本特征。且不论此种"逻辑学知识"所存在的争议，它在当今科学时代的流行，无疑间接佐证并放大了前述"专家"推理的品质和重要性。

二、专家眼中的常识思维

或许正是因为专家在推理知识上与"逻辑科学"相符，所以，他们似乎有资格而且实际上也经常以科学的名义评判身边的常识思维。总体来说，在各路科学家（包括我们在前面看到的很多研究推理的心理学家）看来，与专家推理相比，常识思维受本能习惯的主宰，算不上严格的推理；而如果作为推理看待，它会因为缺乏专家推理的那些品质而暴露出一系列谬误。

与特征（Ⅰ）相对，常识思维在结论中总是使用含混不定的概念，譬如，对于某天气温30~39摄氏度，风力2~3级，相对湿度35%~80%，普通人常常以"今天天气非常闷热"作为"天气怎么样？"的答案；对于某天PM2.5指数高达456，普通人常常以"今天天空灰蒙蒙"作为"天色如何？"的答案。什么叫作"闷热"，又是什么叫作"非常闷热"？什么叫作"灰"，又是什么叫作"灰蒙蒙"？这些都没有精确性可言，因此，看似"结论"一样的断言，其实什么"信息"也没说。根据专家推理的标准，此种常识思维的模糊结论其实是一种无知的表现，从根本上说是错误的。而之所以如此，则首先是因为普通人局限于感官之知，缺乏科学家那些特制的精密仪器或评估工具。

与特征（Ⅱ）相对，常识思维经常使用不能确定属实的常识命题作为推理前提，甚至还一人拥有相互矛盾的多个命题。譬如，普通人会从"老天爷的存在"，推出自己的某次幸运之事属于"天公作美"，或者某次不幸之事属于"天公不作美"。由于"老天爷的存在"本身就是一个讲不清、道不明的东西，由此单纯的"相信之物"作为前提进行推理，即便推理过程严密，也无法避免错误结论。再如，普通人有时会从"人性善"为自己对某人的同情心辩护，并由此推断"这个人只是一时糊涂，以后会变好的"；有时又会从"人性恶"为自己对某人的厌恶心辩护，并由此推断"这种人真是坏透了，本性难改"。但这明显有违专家推理的要求，根本上与逻辑科学不符。因为，逻辑学告诉我们，严格的、专家式的推理是从已有知识（作为前提）推出新知识（作为结论）。什么是知识？知识就是"已经证明为真的信念"。就此而言，推理的前提都必须是绝对为真、确定属实、不容怀疑、永远相信的，这是逻辑推理的基石。而假若不是从"知识"出发进行推理，无异于以一个假命题作为前提，譬如"人性善"由于不符合知识标准，就是一个假命题（甚或伪命题）；同一个人有时接受"人性善"有时又接受"人性恶"，这更是等于承认了一个彻底为假的命题（即矛盾命题）。逻辑学中（至少是在经典逻辑系统中）的一条公理"由假得全"或曰"爆炸原理"说的正是要防止从假命题出发进行推理，因为所谓"由假得全"，就是指：如果由一个明知为假的命题（即知识的负命题）作为前提，便可以推出一切一切的命题（不论它多么荒谬，甚至包括原本为假的那个前提命题，还包括矛盾命题）都为真，由此相当于彻底失去真假之别，此即逻辑坍塌、系统爆炸。

与特征（Ⅲ）相对，常识思维充斥着或然性推理，甚至纯粹是猜测。专家推理是数学化的演绎，这主要是为了保证推理的必然性，即从严格为真的前提必然能推出精确为真的结论。但是，常识思维却运用了大量不严格或不规范的推理形式，从而使得推理品格下降为"或然性"。譬如，普通人从大量黑乌鸦的个案，归纳得出"天下乌鸦一般黑"；或者，从大量奸商的个案，归纳得出"无商不奸"。这些归纳都是不完全归纳（不同于逻辑学中作为必然"演绎"的完全归纳法），其结论的得出都不是演算的结果，结论的或然性使得它们都算不上真正的知识。再如，普通人从"鸟有两翼，车有两轮"类比得出"男女不可缺一"，即便这里的前提和结论都可以接受，但类比并不能担保前提与结论之间的必然联系，也就是说，结论所作的断言并非"推理"而来。的确，类比思维在某些文化环境中相当流行，譬如，"中国哲学家关于用名言隽语、比喻例证的形式表达自己的思想……明晰不足而暗示有余"，① 但是，这恰好说明中国古代思想不重逻辑，缺少理性论证。再如，普通人早上开门发现地面湿了，基于"如果天下雨那么地面湿"这样的常识，便通过溯因得出"昨夜下过雨"。即便那个常识条件句是真的，这显然也是不合乎逻辑规则的推理，因为逻辑学中"肯定后件式"（即由后件"地面湿"成立，无法必然得出前件"天下雨"为真）是一种无效式。

与特征（Ⅳ）相对，常识思维总是受到主观因素干扰。普通人往往会主观地考虑问题，譬如，既然花2元钱去买彩票就会中奖100万元，干嘛不去试试呢？但，这在逻辑学上属于典型的"一厢情愿"（wishful thinking）谬误。普通人之所以把一种美好的想象当作现实，之所以相信自己花2元钱去买彩票就会中奖100万元，全都是因为受到主观因素的干扰。要知道，逻辑学最大的敌人就是心理主义。按照逻辑学的要求，推理者绝

---

① 冯友兰：《中国哲学简史》，涂又光译，北京：北京大学出版社1985年版，第16－17页。

不能凭着自己的意志或兴趣，而要以超我的态度考虑客观事实，特别是要评估事件概率的高低，并以此为行事依据。譬如，花2元钱去买彩票就会中奖100万元，这种事情的概率到底有多大？如果大多数人在大多数情况下都失败了，并且可以计算出成功的概率近乎0％，那么，明智的推理结论就应该是"不要去尝试！"常识思维常常强化主观上的某种愿望或想法，并以此作为做事"理由"，但那几乎就算不上推理。试想，一个人想当总统，由此就应该推出"他当上总统"吗？

与特征（Ⅴ）相对，常识思维不必要地考虑了社会因素。"人多力量大"这句话的真实性并不高于"真理掌握在少数人手里"。因此，任何在推理中拿他人或大众或"民主"来说事的做法，都是不合乎逻辑的谬误：或者是"诉诸权威"，或者是"诉诸大众"，或者是"诉诸传统"等等。一个正确的推理结论，仅仅取决于推理形式的有效与推理前提的真实，与实际上多少人得出了此种结论并无任何逻辑上的关系。你自己的论点与某名人雷同，或与你周围人很多人相仿，或与谚语古训相符，或与社会习惯一致，这并不意味着你的观点因此而成为正确推理的结论。因为那些东西对于正确推理而言，既不是充分的也不是必要的条件。逻辑上的真，是无国界、无阶级差别的，具有典型的非政治性、非社会性、非历史性。

三、普通人实际的推理取向

前述对于常识思维的轻视与指责，在当今时代常常能响亮听到。它们的出现甚至流行，很好地印证了我们在本节第一部分所概括的专家推理至少是存在于有些人头脑中的。但是，令他们意想不到的是，普通人尽管不大有科学无用论的反指责（因为，以下将看到，科学有用，也是普通人常识的一部分），却未曾也从未打算接受他们的"说教"，而是相信普通人自有成功的、令人满意的"日常"推理。因为，可以看到，普通人照旧说着"天气闷热""天公作美""无商不奸"之类的话，照旧做着"买彩票""随大流"之类的事，在很多情况下并不认为有何不妥。

直面普通人的实际推理现象，对比专家对于常识思维的指责，我们发现，普通人基于独特的推理取向，不仅提出了对于一系列所谓谬误的补救办法（表明日常推理并非总是犯错，并非总是低下），而且对于推理有一套不同于专家推理的是非好坏准则（表明日常推理自有明辨是非之法，自有理性空间上的地位）。

（Ⅰ′）日常推理满足于恰当性结论，恰当的感官之知毫不逊色于精确数值。面对气象专家的报告："气温 30～39 摄氏度，风力 2～3 级，相对湿度 35%～80%"，普通人的态度通常不是怀疑其数值上的精确性，这很多时候是他们做不到的，因为这方面的怀疑意味着他们得有能力正确使用那些仪器，从而成为一位气象学家或至少是气象员（而这可能也不是他们所想要的职业）。毋宁说，普通人怀疑的是那些数值用来表征生活事实时的恰当性或相干性。什么是事实？事实是在此种天气下有些人所穿衣服的多少，有些人工作时所流的汗水，有些人在此种天气下的不适反应，等等。普通人相信自己对于这些事实的掌握并不亚于气象专家，因而他们可能会对照昨天的那些事实和数值之后说："今天比昨天热多了，怎么最高才 39 摄氏度呢？"或者，普通人会无视气象专家的数值，直接说："今天非常闷热！"并相信，这种看似模糊的断言比那些气象数值更能满足自己的好奇心或有效表达自己的意见。因此，模糊不模糊并不重要，关键在于人们所关注的是什么。① 当一个人考试考完后，说"他考得很好"相比于说"他考了 90 分"，不仅不属于无知性谬误，而且有时比后者（譬如当满分值为 150 分时）更加恰当，更富有意义。

当然有人会说，"普通人的那些结论都是感官之知，是些浅见。"但这里的重点不是深浅，而是由于恰当性而生的可信性。而且，我们会发现，此种感官之知的可信性即便是在科技时代，即便是在科学家的实验室中，依然是最为基本的共识。科技手段测定的 PM2.5 数值可以用于特定的统计或计算目的，但这丝毫不意味着抹杀感官之知，因为即便是读取仪表上的符号也是依靠感官知觉的可信性，要不然，我们如何确定自己没有看错呢？换句话说，只要实验仪器是人用手操作的，用五官识别的，就不可能不在获取所谓精确数值之前预先承认感官之知的恰当性和可信性。这一点本应该是自明的道理，可惜很多时候被淹没于技术话语的洪流中了。如果有人坚持认为，在科技时代里对于"今天这里天蓝吗？""现在是否感觉冷？""今天是否像春天？"这些问题都一定要去问气象学家才说得清，那只能说明这个人已经被作为意识形态的科学技术束缚或异化，从而丧失了健全的常识。正如当代哲学家威廉姆森所提醒我们的那样，"即便是极富

---

① 需要指出，这里的"模糊"并不意味着"有歧义"，而是接近于摩尔那里一种表达式所明确具有的"日常意义"。摩尔曾经谈到，我们可以只关注一句话（如"大地已经存在很多年了"）的"日常或普通的意义"（the ordinary of popular meaning），而不关心它在各种具体场景下被赋予何种指定意义（如不同人对于"大地""存在""年"等词可能给出不同的分析）。参看 G. E. Moore. "A Defense of Common Sense". in *G. E. Moore: Selected Writings*, Thomas Baldwin (ed), London: Routledge, 1993, P. 111.

经验的自然科学家也必须预设它们自己的感官没出毛病。至少可以说，它们仍旧在依赖常识的认知方式。"①

（Ⅱ′）日常推理承诺可错论，认为推理应该是非单调的、可修正的。专家推理相信知识是永恒而固定的，假若一开始已经做出了足够努力确保某种信念为知识，以此种知识作为前提就可以担保推理勇往直前，永远不必回头。但普通人从未奢求过这样的绝对前提，他们非常清楚要把一种信念绝对地确定为真有多么困难！很多时候，为了求证一条信念（譬如"人性本善"），我们要耗费很长时间的讨论和研究，甚至至今也不能证明。我们不能等到这种信念被证明绝对属实之后才去将之作为推理前提，那将意味着以此为前提的推理永远无法启动。有鉴于此，普通人大多满足于"可靠的信念"（plausible belief），并认为只有满足于此，才有机会往前"推理"。如此"推理"得出的结论显然可能在后来表明为错，但这并不稀奇。"人非圣贤，孰能无过！"只要是基于诚实信念所得出的结论，我们都可以在将来负责任地回过头去修正原有的信念。须知，能够自觉认识到错误并有能力自我修正错误，这本身就是高度的自制力或规范性的体现！更重要的还有："新"认清的错误是在我们大胆往前推理之后才发现的，若是永远止步不前，我们是发现不了这种错误的。所以，在此过程中，虽然我们明显没能"防止错误"，但我们在"追求真理"方面确实前进了一步。

现代经典逻辑系统（当然普通人是不会关心这种形式系统的）容不下任何一个错误前提，但这在普通人实际推理中表明只是一种无法实现的理想。一个说理系统不必是爆炸性的，即不必承认"由假得全"原则。我们不会因为发现一个错误或矛盾，就认为整个说理系统就"爆炸"了。一个人是不应说谎，但这并不意味着，我们得确保他只说过实话而且将来只说实话之后才相信他的话；也不意味着，一旦发现这个人说谎（与事实不符的话，或自相矛盾的话），就要否定他所说过的一切，甚至今后彻底不再相信他了。普通人思维的原理是：我们本身就生活在一个不确定的世界上，我们不必也无法获得绝对属实的完美前提，但这无妨我们在承诺可错论的同时以非单调之路不断接近真理。而且，很多时候会发现，此乃我们"凡夫俗子"获致真理的唯一可行之路。

（Ⅲ′）日常推理追求可靠性，认为好的推理形式不拘一格。专家推理

---

① Timothy Williamson. *Doing Philosophy*: *From Common Curiosity to Logical Reasoning*. Oxford University Press, 2018, P. 7.

推崇数学演绎的必然性，把其他所谓"归纳""类比""溯因"的推理形式视作或然的，似乎有推理形式上的高低之分。但在日常推理中，却没有这样的高低之分。首先，在日常生活中，由于并不存在绝对属实的前提，任何演绎推理的结论都不再是绝对属实的，而是依赖于前提命题能在多人程度上得到后来的证实。因此，关键的不是必然性与或然性之分，而是可靠性的强弱。其次，如果说各种推理形式之间有什么差别的话，可以说是：演绎推理具有最高的安全性，但多产性上最低；而归纳推理、类比推理、溯因推理虽然在安全性上低于演绎推理，却在多产性上明显高于演绎推理。普通人看重的是能由已有信念可靠地推出新的信念，他们不会拘泥于某一种推理形式，而是试图将各种推理形式合股拧成一根绳。总体上，这样的推理过程不保证具有数学必然性，但并不因此就是谬误，反倒可以追求合情合理（reasonable）的好推理，就像是侦探查案或公共辩论时所用的那样。譬如，普通人在通过推理来判断某商人是否为奸商时，首先会基于"归纳上"的理由暂时接受"无商不奸"这句话，预设这个商人可能是奸商，因此与之打交道要当心。同时，他会观察这个商人是否真的有奸商所具有的某些特征。如果没有，就可以"演绎地"得出这个商人不大像是奸商；而如果有，则可以"溯因地"得出这个商人像是奸商。当然，如果需要，他还可能会将"无商不奸"这句话与"天下乌鸦一般黑"的用法作"类比"，由此说服自己：所谓"无商不奸"的谚语只是一般而言，并非普遍适用。

  需要指出的是，实际生活中，对于判断像某商人是否为奸商那样的例子，单靠任何纯粹的数学演绎都是无法做到的。譬如，1 人做某件事需要 5 秒钟完成，数学计算的结果告诉我们：5 人一起来做这件事只需要 1 秒钟便能完成。但在实际作业中，这样的事情可能是人越多反而越耗时，因而"工作报告"反倒达不到"教人做事"的目的。当然，激进的科学家可能认为这并不能够表明数学演绎失灵，那顶多说明数学推演时需要引入更多的参数（譬如，把人们所做的事情分为合作省时的与合作不省时的两种，甚至每一种又有内部的程度细分）。事实上，生活中的一些棋艺游戏（如国际象棋）不就是一种复杂的数学推演吗？如果我们把函数做得足够复杂，甚至可以具体推演出某商人是否为奸商，譬如，对这位商人的以往交易行为作统计，把他在私下的言行逐一记录下，再把奸商的特征指标化，相信一定可以精确地算出他是否为奸商。但这种函数化设想的前提之一是，生活中其他活动都像下棋游戏那样规则透明、信息完全、语境明晰、语义封闭①。不可否认，现代社会管理中，为了实现所谓"未来生活的可预期性"，管理当局确实在通过更多制度上的设计让被管理者只去做规则公式所适用的那些事情，譬如，为了准确统计 GDP，可以要求每一笔产出都伴有市场交易的可查账目；为了准确获知人均收入，可能要求每个人都申报个人收入状况；为了计算人口贫困率，规定人均年纯收入低于 2300 元才可以称作贫苦户并有资格领取救济补贴。然而，这种试图以固定的语义系统来框定多彩生活的"治理"模式，② 不论设计多么精巧，不论多么用心良苦，在日常推理者看来，它常常伴随对更大的善、更重要的价值（例如，人的隐私和自由）的牺牲。我们接下来将看到，与专家推理不同，价值关怀从未不曾置于日常推理之外。

（Ⅳ'）日常推理强调推理的合目的性，认为事实与价值之间是连续的。不论专家推理如何防范价值因素的渗入，但在日常推理中，推理者一定是无法超然于"前见"（pre‐judice）的，甚至我们人之所以选择推理这条路子做事，就是基于一种价值考虑。普通人在推理时所面对的，都是原有本能习惯不足以应对的、杜威所谓的那种"问题情境"，而推理的第一价值或直接目的就是化解具体而微的"问题情境"。此乃一切"探究"或"求真"的基本要义，不用避讳，也不能掩饰。普通人明知买彩票中奖是运气之事，但为什么还要买呢？一种比较少见但可能属实的"问题情境"是：某人当时认为有必要验证自己的"运气"。但更为可能的"问题情境"是：这个人不知为了什么急需一笔钱，而短时间内没有其他办法凑到那么多钱，于是宁愿相信自己当时有足够的运气，人生头一回去花 2 元钱买彩票，希望由此能中奖 100 万元。这个人的推理形式为："如果我现在花 2 元钱去买彩票，那么就会中奖 100 万元。我现在花 2 元钱去买彩票。因此，我会中奖 100 万元。"虽然根据专家推理的标准，这是"一厢情愿思维"，是谬误的一种，但在日常推理中，并没有什么不妥。③ 这个

---

① 这里是在塔斯基真理论的意义上拓展使用"语义封闭"一词，意思是说：游戏参与者的任何一种做法都只能用游戏规则中的既定语义概念来断定。譬如，在某个语义封闭的游戏活动中，你对某一行为的反应或态度只能是"赞成"或"反对"或"弃权"，而不能是"既赞成又反对""既不赞成既不反对"或"起先赞成后来反对"或"起先反对后来又赞成"，因为后面那些是游戏规则所缺少的概念，因而是"违规的"或"不合法的"。

② 这些"治理"模式有时被称为关于科学的"乌托邦"，并在文学和电影中催生了所谓的"反乌托邦"艺术类型。根据本书的论证，日常推理者完全可以而且很多时候正是站在反乌托邦的一方的。

③ 当然，这是他在"输得起"的赌注上所做的冒险。倘若"代价"不是"2 元"本钱而是有更重大价值的东西，他或许会认为不值得去冒险。

买彩票之人如果最后没有中奖，并不意味着他不应该那样推理，反倒是推理后果告诉了他：既然自己当时没有足够的运气，就应该再去想其他的办法来弄钱。至少来说，那种推理暂时化解了当事人所面对的"问题情境"，或者说，他已经沿着化解"问题情境"的道路迈出了第一步。在当时的情境下，当事人真的很渴望自己（运气足够好）花 2 元钱买彩票就会中奖 100 万元，这样的"信念"或"愿望"很重要！① 相比之下，至于统计概率上到底有多少比例的彩票最后中奖了，倒显得不那么重要。② 试想，一位贫困农村学生说，"如果我努力读书，一定能考上重点大学。"到底全校每年考上重点大学的统计概率有多低，并不重要；重要的是，他相信了这句话，并且认为这样的信念对他很要紧。同样的道理，战争中一位士兵觉得一定要采取某种行动，否则就会丧生，因此他就需要而且应该相信：他能够借此挽救自己的生命。③

与日常推理对于推理合目的性的关注相连，普通人在日常生活中对于事实与价值并没有截然的二分法。与前例中彩票当事人的强烈信念相对应的是一种价值判断，例如，"我现在很想要一笔钱"，或"突然的一笔钱对于我很重要"。对于日常推理者来说，这种价值判断虽然与主观心理状态紧密相连，但同通常所谓的事实"我现在去买一张彩票"并无质的差别。当事人或别人看到了自己去买彩票，因此"我现在去买一张彩票"是真的；虽然当事人没有"看到"（别人更看不到）但却真切感到突然的一笔钱对于当事人很重要，因此"突然的一笔钱对于我很重要"也是真的。由此，再来看日常生活中的一个省略三段论："他不是科学家，怎么会有

---

① 需要指出的是，我们说：一个人可以让主观"意愿"影响自己的行为选择，绝不是说：一个人想要什么为真，它就是真的，也不是说：一个人希望什么属实，他就能合理地相信什么。根据哲学家哈曼的说法，"意愿"可以合理地影响一个人的"实践推理"（即推断自己要做什么），但并不能直接影响一个人的"理论推理"（即推断自己要相信什么）。也就是说，我们虽然不能用"一厢情愿的理论思维"，却可以有"一厢情愿的实践思维"。不过，即便是在做"理论推理"时，一个人的"意愿"也可以合理地影响一个人准备用"理论推理"回答什么样的问题。譬如，就彩票案例而言，由于他当时"急需一笔钱"这样的意愿，他从中奖概率所作的推理其实不是相信"自己中奖的概率很大"，而是相信"自己有中奖的可能性"。关于哈曼的区分，参看 G. Harman. "Rationality". in *An Invitation to Cognitive Science*, *Volume* 3：*Thinking*, edited by Edward E. Smith and Daniel N. Osherson, The MIT Press, 1995, pp. 179 – 181.

② 有必要提醒读者，我们这里提到的"赌注"例子与经验证据统计意义上的"概率"有一个很大的不同点，即，前者大多是不可重复的事件（至少是对于冒险之人来说），而统计学上计算概率时总是预设同样的事已经重复发生了很多次（因而才可以统计）。

③ C. S. Peirce & Welby – Gregory Victoria. *Semiotic and Signifcs*：*The Correspondence between C. S. Peirce and Victoria Lady Welby*. Edited by Charles S. Hardwick with the assistance of James Cook. Bloomington and Indianapolis：Indiana University Press, 1977, P. 141.

研究成果呢!"其中应该补充的大前提是什么？专家根据"逻辑科学知识"会认为，既然可以省略掉，肯定是客观的事实判断（如"所有科学家都有研究成果"），不是主观的价值判断（如"所有研究成果都是科学家做出来的"）；而既然可以确定省略掉的是前者，这个三段论一定是无效式。但从说话人所处的日常情境来看，只要他是在真诚交际，我们就不能说他省略掉的一定是"所有科学家都有研究成果"，相反，他省略掉的倒很可能是"所有研究成果都是科学家做出来的"。毋庸置疑，前后者之间的事实与价值之界线在他那里模糊了，他一定是将后者至少视为同样"显明的"事实，要不然也不会轻易省略掉。①

（V′）日常推理重视推理过程的经济考虑，认为推理是社会性的。每一位普通人都深知，推理不是像站在两垛草堆之间的布里丹之驴那样，仅仅用大脑静静沉思，它是根植于动态生活的一种"经济活动"，即要花费时间、精力②和资源。譬如，你一个人要想基于经验论证"无商不奸"，你得设法与各种不同的商人打交道，但很多时候，你是付不起这么多时间和精力的；另外，由于所能用时间、精力和资源的不同，每个人最后论证的结果并不会完全一样。所幸的是，个体天生的有限性可以基于社会合作来弥补。人是社会性动物，因而我们日常推理时并不必单兵作战，我们可以凭借社会共同体来节约推理成本，追求最大化效益。我们无法超越自己的时空局限，但可以参考他人的视域；我们无法亲历过去，但可以求诸历史传统；我们无法懂得一切，但可以借助权威之说。所有这些都构不成谬误，正如我们可以相信科学共同体所提供的专家知识有用一样，我们也可以相信其他的"共同体"有用。因为不像专家推理所设定的那样，日常推理者不会赋予任何一种大众观点、历史传统或权威之说确定不移的绝对性。这些东西均进入日常推理中，但并不意味着它们就不会在动态推理中被驳斥或削弱可信度。

与此同时，我们说普通人重视推理过程的经济考虑，还意味着：如果发现独自判断反倒是更加节约成本时，日常推理者会毫不动摇地诉诸自身常识，或是暂时悬搁判断。这里有两种情况：一是，如果独立推理足够用。譬如，从太阳当头照，晴空万里，可以直接推断暂时不会下

---

① 哲学家罗蒂曾在这方面提醒我们，事实与价值的二分法掩盖了很基本的一点，那就是："采用一组真语句来描述我们自身，这已经等于是选择了一种对于自身的态度；而采用另一组真语句，也等于是选择了另一种态度。"参见 Richard Rorty. *Philosophy and the Mirror of Nature*. Princeton: Princeton University Press, 1979, pp. 363 – 364。

② 这种"精力"包括人的注意力、计算力等。

雨；从自己吃过某种食物后出现呕吐现象，可以直接推断以后对于这种食物要当心。二是，如果求助于大众、传统或权威反倒是不能节约推理成本。譬如，你自己对于法语是否易学不能确定，便去找周围或者网络上的其他人求助，而他们反馈回来的意见不一致，这时自己的独立推理就应该是最为经济而高效的做法；或者，你对于拿破仑的历史地位不确定时，便去求助于历史文献资料，而它们的记载或评价严重分歧，这时也唯有自己的重新评判才显出经济性；再或者，你对于转基因食物的安全性不确定时，便去求助于各类行业权威，而他们各自有各自的说法，这时最经济而高效的做法也是回到自己，或者悬搁判断，或者继续观察。

四、从古典实用主义推理论来看：竞争，还是合作？

基于本书前面章节的论述，读者应该不难看到，普通人在回应专家对于日常推理的指责以及为自己实际推理取向的合理性辩护时，其立场和思想资源大多归于我们在此前章节所阐述的古典实用主义推理论。当然，这并不是说普通人必须先掌握古典实用主义或宣称为一位古典实用主义者才能如此回应和辩护。毋宁说，古典实用主义比起很多"专家"更深入地（同情）理解了普通人在日常生活中的诚实推理，或者说，古典实用主义可以帮助普通人更清楚地表明他们自己有关推理是非好坏的思想路线。需要强调的是，普通人成功抵御了专家基于形式逻辑的"无礼"指责，同时却没有援引另外一群科学家（譬如推理心理学家）所提供的任何实验证据。之所以能做到这一点，其所凭借的正是我们在古典实用主义那里所看到的一种被称为"通视科学"的哲学式省察，即，对于常人（包括专家和普通人）共通经验的观察。虽然我们在当代推理心理学文献中不难找到有关推理经济性、合目的性、社会性等的类似结论，甚至可以援引心理学实验结论来为我们自己对于日常生活的哲学省察提供"佐证"，但这丝毫不意味着前者就强于或先于后者。事实上，普通人"通视科学"式的日常反思自有其独立的理性空间。① 任何一个普通人，只要你诚实面对常人共通经验（包括自身经验中的挫折和成功，来自他人的同意或异议，对于专家研究成果的解读和认识，等等），至少在科学之外的日常事务中（譬如，

---

① 一个人为了开展理性思维，并非一定拥有"专业知识"才行，反倒是在其缺乏专业知识的领域内最能考验他的逻辑思维能力（而非专业知识储备量）。就此而言，"专业知识"对于推理能力测试而言应是不相关的。

作为生活环境一部分的空气质量、食品卫生、幸福感、社会风气等)有资格以"非专家"的身份(却像一位"哲学家"那样)谈论推理之好坏,即,普通人在科学专家之外有着理性上的自治(autonomy)。①

当我们谈到专家对于常识思维做出批评而普通人反过来回应此种指责时,这很容易给人一种印象,即,科学家与普通人在推理观念上是相互竞争甚至对抗的。然而,我们在第三节已经讲过,古典实用主义哲学并不反对科学方法,甚至它本身正是对于成功科学"探究之法"的总结提炼。因此,这里我们需要站在古典实用主义的立场上澄清一个问题,即,科学家基于实验室或工具仪器的推理与普通人基于日常共通经验省察的推理之间,到底是竞争关系,还是合作关系?对此,笔者想回答两点:

第一,当我们在本节第一部分以五个特征刻画所谓"专家思维"然后让普通人基于实际推理取向来驳斥"专家思维"时,可以预想有读者(尤其是实际从事严肃科学研究的人)立即提出一种异议,即,你所谓的与常识推理相对立的专家推理并不是真正的科学推理,因为真正的科学是源于日常生活的,科学家并不绝对地高于普通人。尽管这种异议将使得本节此前的讨论成为"与风车作斗争",即所谓的"稻草人谬误",但笔者要很欣慰地说:如果你一开始就认为"科学源于日常生活,科学家并不绝对地高于普通人",本节顶多只是提醒你注意,我们身边还有很多人有意无意地持有相反意见,因此,你的意见需要如前面那样分解与辨明;而如果你一开始认为"但凡科学的推理总是高于常识推理",但为了驳斥本节关于常识推理与专家推理的比较分析,你逐步意识到"真正意义上的科学是源于科学生活的,真正的科学家并不鄙视普通人",那么,本节的目的——基于古典实用主义推理论改变你对于日常推理的看法从而也改变你对于科学的观念——也算达到了。②

---

① 当然,我们说普通人在日常推理时自有"理性上的自治空间",并非意味着普通人在实际推理中就不会出错了。毫无疑问,正如不同科学家在"专家思维"上存有好坏对错之分一样,普通人在"日常思维"中也同样有好坏对错之分。这里的关键点是:"日常思维"的合理性标准与"专家思维"的合理性标准之间存在分歧。

② 实际上,当我们谈到有关某科学领域的"专家"时,通常既包括面向同行、致力于前沿问题探索的研究者,也包括面向大众、致力于科学理论推广和普及的研究者。本书这里谈到的那种贬低常识思维的"专家"大多是指后者。一位向"大众"介绍物理学的"专家",如果不懂得尊重"大众"的常识思维及其所用词汇的独特性,很可能是在误导(而不是教育)"大众",对此可参看 Stephen Toulmin. *The Philosophy of Science*: *An Introduction*. Hutchinson's University Press,1953, pp. 167–170。

第二，如果我们愿意回到科学实践本身来看问题，如果我们没有一开始就把科学家相对于普通人看作是褒义词，两者之间在理性空间中的关系与其说是竞争，还不如说是合作呢！

总体上，两者采用不同"范畴"的词汇或概念，关注并回答不同的问题形式，可以说很多时候"交错而行"（cross purpose），但即便如此，它们仍是"行走在同一条大道"上的推理之争，是对于同一对象（subject matter，即我们这个世界）的合作"探究"。从前面的讨论，我们应该能认识到，实际的科学实验工作中不仅有精密的仪器，而且还有科学家个人用普通的眼、普通的手对于仪器的运用，更有科学家作为普通人的内心感受参与到科学结论的判定中去。当我们注重实验室中专家本人的知觉和意识时，我们在很大程度上就是信任日常推理；而看重普通人日常生活中的观察和思路，就等于信任实验室里一切与感官相关的判断和操作。因此，至少可以说，专家推理与日常推理之间是连续的，并无截然的分割线。

显然，这种连续性并不意味着科学仪器或精密工具与手眼之力之间无差别，但以连续性的观点来看，专家推理相对于日常推理来讲就是哈克（Susan Haack）所阐明的那种"长臂"（long arm）而已。[①] 有些时候，长臂之人可以做到普通手臂之人所不能完成的事情，然而这丝毫不意味着前者在所有事情上都优于后者。毋宁说，他们之间的关系犹如寓言故事中长颈鹿和小羊那样：尽管长颈鹿在体形上比小羊又高又大，但毕竟"各有所长，相互补益"。譬如，普通人在推理时如果无法获得某些材料或不能确信自己的结论时，会寻求传统习惯，当然也会寻求相关专家推理的"科学数据"作为参考之一，并在自己进一步推理时加上"有鉴于……专家的说法，我认为……"之类的限定；专家推理中所要解决的难题如果是现实社会生活中的问题，一定也首先会倾听或搜集普通人的对于该生活问题的概念、判断和推理，然后才将其还原为相应的专家系统，以确保专家推理没有在一开始就偏离真实的问题本身。同时需要提醒的是，我们这里说专家推理与日常推理各有所长，决不能简单地理解为："大事归专家推理，小事归日常推理。"其实，对于任何日常事务，不论大事或是小事，专家推理与日常推理都是各有各的方式，各有各的优势：譬如，关于天气质量（这是可大可小的问题）的判断，普通人当然没有摄氏度变化或 PM2.5 值

---

① Susan Haack. *Defending Science – within Reason: Between Scientism and Cynicism.* Amherst, NY: Prometheus Books, 2003, pp. 93 – 121.

的精确变化，① 但对于穿多少衣服才感觉舒适，对于什么时候天空最为透亮，对于什么才是符合人们需要和利益的天气，专家推理无论如何都不能忽视普通人的感受，甚至要对既有测量值设法选择合适的解读方式以便与普通人感受相符。② 再如，关于某一个人是否就某事在撒谎，专家可以用所谓的测谎仪及其背后的一整套科学理论得出某种结论，但处于被测谎者所说之事中的其他当事人以及被测谎者的亲人朋友也总是有一定的发言权，尤其是当组织测谎之人并非事先知晓过去的某某事情也无法找到事后物证等行为痕迹时，若要确定测谎仪最后到底是否真的测对了，往往需要普通人的常识判断来帮助印证。

对于前述存在于科学思维与常识思维之间的互补关系，我们可以借用当代逻辑哲学讨论中凸显出来的"保守扩充"（conservative extension）概念来澄清。一套形式语言或自然语言如果原本是融贯的或可用的，我们可以通过引入新的算子或词汇来丰富原有语言系统或理论，但此种扩充绝不是随意而为的。其中的"约束性"首先体现在"保守性"上，即"虽然在新理论中我们可以证明很多原本在旧有理论上甚至都不能表达的东西；但它得是原有理论的'保守扩充'，凡是由原来有限词汇所表达却不能在原有理论得到证明的命题，同样也不能在新理论中得到证明。"③ 将之适用于我们的科学思维与常识思维之分，可以说：即便科学术语试图对于日常用语进行扩充，从而更加充分或精确地表达事实或观念，但引入新词汇后所形成的那套"丰富的""科学的"语言必须确保不能否认在日常语言中明确视为真的判断，否则此种扩充就不具有保守性，因而也就是失范的。举例来说，孩子的语言，可谓最为朴素的，但它自有规范性，即其中总有一些是明确为真的（如"人是要吃饭的"），另一些明确为假的（如

---

① 普通人没有以数学值刻画的"概率"，并不意味着他们在谈到"可能性"（probablity）时就是含糊不清的。对此，图尔敏曾表示："[可能性一词]的日常用法，尽管未用数值表示，却同样是明确的（definite）；这个词的科学用法倒是产生自其中，以一种远比[有些人]所意识到的更为复杂的方式。我们可以指出，数理型科学中的说法相比而言具有一种精确性，即，数学精密性，而科学以外的话语中相比而言缺乏此种精密性。但是，若把如此缺乏数值精确性解读为明确性意义上的那种精确性的丧失，进而批评科学以外的谈论实质上都是含糊不清的，这就迈出了高度可疑的一步。"（Stephen E. Toulmin. *The Uses of Argument*. Cambridge, England: Cambridge University Press, 2003, P. 82.）

② 有时还要向小孩子解释，譬如，假若专家认为有所谓看不见的"皇帝的新装"，他必须主动向小孩子解释明白，以不违背小孩子的感受。从哲学上辩护，普通人甚至小孩子的感受之所以不容怀疑，主要是因为那些是每个正常人只要清醒都能发现的现象学事实，而非任何主观随意的心理状态。

③ Michael Dummett. *The Logical Basis of Metaphysics*. Cambridge, MA: Harvard University Press, 1991, pp. 217–218.

"人可以不吃饭")。大人的语言可以把孩子的意思表达得更加准确(如"正常人需要有规律进食才能保持健康或存活下去",这相对于孩子的语言来讲是一个新增的真命题),但它却不能把在孩子那里明确为真的话(如"人不可以不吃饭")说成是假的。同样,科学专家的语言可以把孩子的意思表达得还要细致(如"人作为一种生物体需要通过食物来补充营养,维持新陈代谢",这相对于孩子的语言来讲是一个新增的真命题),但它也不能把在孩子那里明确为假的话(如"人可以不吃饭")说成是真的。也就是说,虽然孩子的语言总是处在学习与成长之中,但大人的语言甚至科学专家的语言并非否认孩子的话,在理想状态下,前两者应该是对于后者的"保守扩充",后者应该是前两者得以"扩充"的基础。正如母语并不会因为你新掌握了某一科学理论的"语言"后从此永远退场一样,常识并不会在你成为专家之后立即就不再需要。

这里所揭示的道理,与本书第二章第三节中谈到的古典实用主义所理解的"科学"与"常识"之关系完全吻合。熟悉当代科学哲学的读者,一定听说过著名的"纽拉特之船"(Neurath's Ship)。作为一种比喻,它说的是:我们的知识进步,犹如一艘在远海航行的船,往往需要在航海途中做出局部修补,而不是"全新打造"。① 其实,类似于此但更早于此且更为精致的隐喻,我们在詹姆斯1907年的罗威尔学院讲演中已经看到:"我们的知识是以点状(in spots)增长的。这些点可大可小,但知识增长从来都不是彻底遍布的(all over):总有一些旧知识保持原来的样子。……就像油渍一样,这些点可以扩展。但是,我们要尽可能少地让它们扩展:我们尽可能多地保持旧有知识不变,尽可能多地保持我们的旧有偏见和信念。我们做些修修补补,而不是重新开始。新东西被吸收进来,它浸染了原来那块东西,同时也被吸收它的那些东西染上色。我们过去的东西把新东西包含在内(apperceives)并与其开展合作。在每一步往前的学习过程达到新的平衡之时,很少发生有新事实是生硬地增添进来的情况。更为常见的,或许可以说,新的事实都是经过烹饪后埋置进来的,或者说,是在老汤之中炖煮过的。"② 毫无疑问,正如任何其他方面的知识进步一样,

---

① 纽拉特1921年的原始说法是"我们就像是海员,不得不在远海上修船,永远不能够把船底翻过来重新修复。一根船梁被冲走后,一根新的必须立即放回去,而且这样做时必须把船只的其他部分用作支撑。通过这样的方式,借助于破旧的船梁和浮木,船只可以完全修造成新,但只能是逐渐加以改造。"参看 Otto Neurath. "Anti‐Spengler". in *Empiricism and Sociology*, M. Neurath and R. S. Cohen, eds., Dordrecht: D. Reidel, 1973, P. 199.

② William James. *Pragmatism*. New York: Dover Publications, Inc., 1995, P. 64.

任何"科学"相当于"常识"而言的进步也主要体现在此处所谓的"局部修补"。但基于古典实用主义的观点，我们更应意识到的是，这种"局部修补"，不只是会针对某些"常识"类知识，也会针对当前的某些"科学"类知识。故而，我们不能把"科学思维"与"常识思维"之间的互补关系仅仅理解为前者用前者修补后者。一如前所述，科学研究工作常常（尽管有时没有意识到）借助于常识。

本章小结

相对于"如何才算推理？"，"如何推理才是好？"属于典型的规范问题。尽管现代逻辑常被视为评估人类推理好坏的科学"权威"，但此种"权威"不仅在当代逻辑学内部逐步削弱，而且面临着来自新近认知心理学研究的挑战。古典实用主义不承认任何先验的"逻辑规范"，反倒认为现代成功科学的推理实践蕴藏着一种有关推理有效性的新观念。它有关推理规范的诸多判断与许多来自实证心理学的实验结果一致，但其研究进路是独立于后者（可谓"科学路线"）以及现代逻辑（类似"数学路线"）的"第三条道路"（即"哲学路线"）。古典实用主义强调对于常人共通经验的"诚实"省察，并由此赋予普通人在现代逻辑和实验心理学之外的一种"理性上的自治"，从而能帮助我们思考科学时代的普通人到底应该如何推理才好。

第五章 推理的语言：何以表达我们的"理"？

"跑垒员把对球门的思考当作在不同阶段上调节自己速度等等的手段；弓箭手则结合对于方向和风力的观察，把对靶子的思考当作射靶的一种导引或指示。"目的"（end）的两种意义，即，视野的终点与作为客观界标（termination）和完结点（completion）的目的，两者之间的不同显著地证明了一个事实，即，在探究中，界标并非只是如实得以领悟和宣称，而是被陈述为一种程序之路。正是由于混同"目的"的这两种意义，有人才认为：实践判断要么是纯宣告式的，要么是毫无逻辑地位的纯粹实践。"

——杜威《逻辑学：探究的理论》（1938）①

理性依存并受制于语言。不仅是推理，推理所选用的语言也关乎理性的施展。从汉语字面来看，所谓"道理"者，是要把"理"道出来；"推理"者，是要把"理"推出来。很多"理"是推出来的，但除非它们以特定的方式"表达"出来，否则其中便无"道理"可言。这只是推理所涉及的表达问题的一个方面。另一方面，当我们在共同体中开展推理或是以推理作为谈论对象时，还要看"表达是否恰当"的问题。在本书第四章中，对照着当代标准逻辑，我们指出古典实用主义追求一种有别于形式有效性的推理规范。写到这里，读者可能会有疑问：古典实用主义所谓的"推理"，还是推理吗？换言之，本书是否是在混淆概念？关于这个，其实我们在第三章第一节中已经看到关于"推理"之名的各种历史争议，古典实用主义的推理观念只是对历史上一种逻辑传统的继承和发挥。尽管如此，有人还会以当代标准"逻辑"的"推理"观念来反对古典实用主义

---

① John Dewey. *Logic*: *The Theory of Inquiry*. New York: Henry Holt and Company, 1938, P.167.

的"推理"之名。这时,古典实用主义该如何证明自己所谓的"推理"更有资格称作真正的推理呢?笔者认为,这涉及当代逻辑哲学乃至整个分析哲学中的一个关于哲学方法论的深刻争议。为了正视和看清这一问题,本章将在前两节考察"推理所用之语言"问题何以在数理逻辑及当代哲学中至关重要以及何以产生争议,在第三节中以"推理"一词为例探讨语词何以合法地具有某种确定意义,第四节试图从皮尔士的术语伦理思想发掘出古典实用主义处理"推理语言之争"的方法论见解。

第一节 从日常语言到理想语言

如果说凡推理不可避免要借助于语言进行的话,哲学家认为我们可以选择的是决定用哪一套语言作为基本媒介。每一民族都有自己的母语,个人出生后在日常生活中自然习得这种语言,此可谓"自然语言"或"日常语言";然而,当我们在某一特殊领域开展推理时,出于便利,有时希望有一套不同于自然语言但却适于特定目的的语言被人为设计出来,此可谓"人工语言"或"理想语言"。以哲学研究为例,近代以来很多哲学家感到日常语言不利于开展严格的哲学论证,终于在19世纪末催生了一套被称作"数理逻辑"或"符号逻辑"的理想语言,此后一大批哲学家优选这种新型语言从事逻辑分析。然而,也并不是所有哲学家都愿意以理想语言取代日常语言,那些希望把哲学研究奠基于理想语言之上的哲学家也面临着质疑。这场关于究竟哪一类语言更适合作为哲学语言的讨论,或许无果而终,但它的确让哲学家深刻意识到语言的选用如何可能影响到我们开展推理。

一、日常语言的"原罪":含混

近代以来,科学所取得了迅猛发展及令人瞩目的成就。相比之下,哲学研究似乎是原地不动,至少远非令人满意。这种反差,激励着一批又一批的现代哲学家思考应该从中学习些什么。观察、实验,是首先想到的;但可能不止如此。有许多哲学家意识到,哲学若要真正取得科学那样的进步,还必须关心哲学自身的语言,设法拥有科学术语(包括数学符号)那样的"行业语言"。因为哲学讨论所习惯性依赖的日常语言,一直被发现因为含混而有令我们思想失范的风险。

譬如,培根在《新工具》中论及四类假象时,曾以"市场假象"专指日常语言的弊病:"人们相信其理性支配着语词,但也出现有语词反过来把它们的力量施加给人类理智的情况，这使得哲学和科学走向诡辩进而失去效力。因为语词通常是依照普通能力而设定的，它们沿着在日常理智看来最为显明的界线对万物做出划分。而每当有一种更为敏锐的理解力或更为细致的观察力想要改动那些界线以令其合乎自然时，语词却又将其淹没了。因此我们可以看到学者中间那些盛大而庄重的讨论常常在最后变成了关于语词和名字的争辩……"。① 洛克在《人类理解论》一书中也指出："语词的误用乃诸种错误的最大原因——人倘若愿意好好考虑一下这个世界上由于语词使用不当而散播的那些错误和含糊、混淆和误解，他将有理由怀疑，我们一向所用的语言，究竟是促进了人类的知识，还是阻碍了人类的知识。"② 他认为，尽管理性之功能很强，但在很多情况下我们会无法施展理性的力量，这其中的原因之一就是我们推理所用的言语经常模糊不清。"正如含混而不完善的观念常常卷入我们的理性那样，可疑的语词和不确定的符号也经常卷入对话和论辩，一旦不曾留意，就会令人的理性陷入困境，不知所措。后面这两种情况都是我们的错，并非理性之错。然而，它们所产生的后果却显而易见，它们为人类心灵所带来的混乱和错误随处可见。"③ 除此之外，霍布斯在《利维坦》一书"论语言"一节中也对语言滥用的四种情况作了明述；④ 贝克莱在《人类知识原理》中为了避免知识被语词滥用和寻常说法所混淆和蒙蔽甚至提出："由于语词很容易欺骗我们的知性，因此，不论考察什么样的观念，我尽量将它们赤裸裸地呈现于眼前，尽可能把因那些经常使用而与它们密切关联的名称排除在我的思想以外……。"⑤

日常语言的这种缺陷，在后来出现的分析哲学家群体里，愈加得以凸显：不只是某些词语的含混不清，而是体现在语法结构上的系统性含混。以英语中的 be 动词为例，其中经常混杂着多种不同的用法。弗雷格在《论概念与对象》一文中指出：人们在用日常语言断言某一东西时，会说

---

① Francis Bacon. *The Instauratio magna Part II : Novum organum and Associated Texts*. Oxford：Clarendon Press, 2004, P. 93.

② John Locke. *An Essay Concerning Human Understanding*. collated and annotated by Alexander Campbell Fraser, Volume II, New York：Dover Publications, Inc. , 1959, P. 149.

③ John Locke. *An Essay Concerning Human Understanding*. collated and annotated by Alexander Campbell Fraser, Volume II, New York：Dover Publications, Inc. , 1959, pp. 406 – 407.

④ Thomas Hobbes. *Leviathan*. edited byEdwin Curley, Indianapolis and Cambridge：Hackett Publishing Company, 1994, pp. 15 – 28.

⑤ George Berkeley. *Principles of Human Knowledge and Three Dialogues*. edited with an Introduction and Notes byHoward Robinson, Oxford：Oxford University Press, 1996, P. 21.

"it is green"（那是绿色的）或"it is a mammal"（那是哺乳动物），也会说"it is Alexander the Great"（它是亚历山大大帝）或"it is the number four"（那是数字4）或"it is the planet Venus"（那是金星）。但前两句话中的"is"（是）在用法上显然不同于后面三句话：前者是语法上通常所谓的系词，表示某一对象具有某种性质，是一种不可逆的关系；后者却类似于数学上的等号，表示两个对象乃同一个东西，是一种可逆的关系。① 也正是因为类似这样的情况存在，弗雷格告诫我们："在逻辑问题上，语言是不可靠的。实际上，在一定程度上可以说，逻辑学家的任务就是指出思想者通过语言所设置的陷阱。"② 在《数学的原则》一书中，罗素区分出更多关于 Be 动词的用法："'is'这个词极其含混不清，为了不至于混淆其各种不同的意思，我们有必要格外当心。其意思：一是断定存在（Being），就像说'A 存在'（A is）时那样；二是等同之意；三是谓述之意，就像说'A 是人'（A is human）；四是类如'A 是某一个人'（A is a-man）之意，非常接近于等同。除了这些之外，还有不太常见的用法，如'好就是幸福'（to be good is to be happy），这里所指的断言关系如果存在的话，其实已经产生了形式蕴涵。"③ 此类言语之事，绝不是小事。在《我们关于外部世界的知识》一书中，罗素把弗雷格发现的诸如"苏格拉底是可朽的"（Socrates is mortal）与"所有人都是可朽的"（All men are mortal）中两个"is"之间的用法不同，称作"自古希腊以来第一个真正逻辑上的重大进步"：不区分两者，"不仅使得整个关于判断和推理形式的研究难以理解，而且搞混了物体与其性质之间、具体存在与抽象概念之间以及感官世界与柏拉图理念世界之间的关系"。④

前述对于以 Be 动词为范例的日常语言模糊性的批判，被当代哲学家辛迪卡称作"弗雷格—罗素含混性论题"（the Frege–Russell ambiguity thesis）。⑤ 它在早期分析哲学家中间广为传颂，几乎成为一种"教条"。譬如，维特根斯坦《逻辑哲学论》中就曾写道："在日常语言中，常常发

---

① Peter Geach and Max Black (eds.). *Translations from the Philosophical Writings of Gottlob Frege*. Oxford: Basil Blackwell, 1960, pp. 43–44.
② Michael Beaney (ed.). *The Frege Reader*. Blackwell Publishing, 1997, P. 354.
③ Bertrand Russell. *The Principles of Mathematics*. Second Edition, New York: W. W. Norton & Company, Inc., 1996, P. 64.
④ Bertrand Russell. *Our Knowledge of the External World: As a Field for Scientific Method in Philosophy*. London: George Allen and Unwin, 1914, P. 50.
⑤ Jaakko Hintikka. *Semantical Games. the Alleged Ambiguity of "Is". and Aristotelian Categories*, Synthese, Vol. 54, No. 3, 1983, pp. 443–468.

生的事情是：同样一个词具有不同的意谓方式因而属于不同的符号，或者说，具有不同意谓方式的两个符号用在命题中时呈现出表面上一样的方式。例如'is'一词用作系词，也用作等号，还用于表达存在；'exist'用作像'go'一样的不及物动词，'identical'用作形容词；我们会说起某事，但也会说起某事的发生。……就是通过这样的方式，非常根本性的混淆很容易就产生了（整个哲学中满是这样的混淆）。"① 对于自然语言含混性的警惕和消除，也成为卡尔纳普等逻辑经验主义者的主要目标之一。他在《世界的逻辑构造》一书中甚至提及：我们日常所用的语言至少存在三个层次的含混性。第一层次是字典中作为同音同形异义词出现的那些简单直接的含混现象（如"cock"、"spring"等）；第二层次是日常生活、科学和哲学中出现的那些较为难辨的含混性，如"representation""value""object""idea"等；最麻烦的是第三层次的，它涉及对象领域的混淆，譬如，"thankful"看似无歧义，但它有时用来说一个人，有时也用来说这个人的性格，抑或是一种表情、一封信、一个民族。其实，当它如此用于不同领域的对象时，已经出现了五个不同的概念。② "在日常语言（甚至在科学中），几乎每个单词都表示来自不同领域的多个概念。此种'领域混淆'造成了很多逻辑上的因而也有哲学上的困惑。"③

二、理想语言及其哲学上的地位

与具有"含混"原罪的日常语言相对的，是一种被称作"理想语言"的人工语言。这种语言明确作为哲学家的"理想"，至少可以追溯到被誉为现代逻辑先驱的17世纪哲学家莱布尼兹。他有一种著名的设想：我们所有世界的知识都以一套普遍适用的形式语言来表示，然后我们人类的推理以及哲学家之间的交流就可以转变为一种"理性演算"。关于这个设想的吸引人之处，他曾如此介绍："一旦实现了这个，每次有争议发生时，两个哲学家之间的争辩就只需要像两个数学家那样。他们只需要用手拿起笔，坐在算盘前，然后对彼此说道（倘若他们同时希望叫来一位朋友帮忙

---

① Ludwig Wittgenstein. *Tractatus Logico-Philosophicus*. translated by D. F. Pears & B. F. McGuinness, London: Routledge & Kegan Paul, 1974, P. 18.
② Rudolf Carnap. *The Logical Structure of the World and Pseudoproblems in Philosophy*. Translated by Rolf Rolf A. George, Chicago and La Salle, Open Court, 2003, P. 53.
③ Rudolf Carnap. *The Logical Structure of the World and Pseudoproblems in Philosophy*. Translated by Rolf Rolf A. George, Chicago and La Salle, Open Court, 2003, P. 167.

的话):我们大家来算一算吧。"① 另一段同样著名的话是:"矫正我们[关于实际问题的]推理的唯一办法是让这些推理变得像数学家的推理那样清晰可见,以至于一看便能找出错误,而且当人们之间发生争论时,我们可以直接说'让我们计算吧',不必费周折,就能看清谁是对的。"② 此后很长一段时期里,一批又一批的数学家和哲学家致力于实现莱布尼兹的这种设想。布尔(George Boole)、皮尔士、施罗德(Ernst Schröder)等逻辑代数学家通过把逻辑推理代数化,比较早地实现了莱布尼兹所谓的"理性演算",但直到弗雷格在1879年《概念文字》一书中建立一套被认为优越于日常语言的、不仅具有可演算性而且能普遍应用于科学理论的"通用语言"时,莱布尼兹意义上的"理想语言"才真正出现。

弗雷格的这项革命性工作,被认为标志着"现代意义上的逻辑学"的正式诞生。事实上,人们对于现代逻辑及其所催生的分析哲学的了解与接受,常常都是通过将弗雷格所创立的理想语言与我们的日常语言对比进行的。相比于日常语言,这套理想语言的完美性主要在于:作为一种新的语言范式,它可以更为有效地帮助哲学家统一性地分析各门科学理论及其概念。正如罗素所言,"日常语言完全不适合表达物理学实际所断定的东西,因为日常生活的词汇并不够抽象。唯有数学和数理逻辑[即现代逻辑]才能尽可能简洁地说出物理学家意图表达的内容。"③ 之所以能做到日常语言所做不到的事情,根本上是因为:现代逻辑所提供的"理想语言"坚持"不用同一记号表达不同的符号,不让本具有不同意谓方式的符号呈现出表面相似的使用方式;换言之,它是一套由逻辑语法即逻辑语形规则所支配的记号语言。"④

关于此种被称作现代逻辑的符号语言如何帮助哲学家们理解和把握科学理论,卡尔纳普在《符号逻辑及其应用导论》一书中进行了介绍。他把逻辑分为纯逻辑与应用逻辑两部分:前者是未加解释的符号系统,后者则是对于符号系统的各种解释,主要包括各式各样的科学理论。"如果要对某些科学要素(概念、理论、断言、推演等等)进行逻辑分析,最好的办

---

① Quoted in Wolfgang Lenzen. "Leibniz's Logic", in *The Rise of Modern Logic: From Leibniz to Frege*, volume 3 of *Handbook of the History of Logic*. edited by D. Gabbay and J. Woods, Elsevier, 2004, P. 1.

② G. W. Leibniz. "The Art of Discovery", in *Leibniz Selections*, ed. Wiener, New York: Charles Scribner's Sons, 1951, P. 51.

③ Bertrand Russell. *The Scientific Outlook*. London and New York: Routledge, 2009, pp. 56–57.

④ Ludwig Wittgenstein. *Tractatus Logico-Philosophicus*. translated by D. F. Pears & B. F. McGuinness, London: Routledge & Kegan Paul, 1974, P. 19.

法经常是：将它们翻译为符号语言。在这套不同于日常文字的语言中，各个记号都是无歧义的，各种表述都是严格的。因此，借助于这套语言，我们可以更为方便和精确地检验一种推演过程是否纯正无误。如果一种推演只利用了那些明确指定下来的预设，它就是纯正的。而运用文字语言所作的推演经常包含一些未加明述却悄悄潜入的设定。……用人工符号替代文字，另一个优点在于符号公式的简洁透明。一个需要多行文字完成（因而透明性也差）的句子经常只需要一行符号或一行不到的符号来表示。此种简洁透明，极大方便了我们的运算、比较和推断。严格性与简明性这两个优点也出现在通常的数学记法中。……符号方法给予数学一种优势，使得它可以便利地研究数字、函数等等；而符号逻辑所追求的则是把同样一种优势普遍推广，用于处理任一类概念。"① 卡尔纳普在《世界的逻辑构造》中为我们更为具体地展示了此种"应用逻辑"何以可能；后来的哲学家奎因大致继承了卡尔纳普的此种工作思路，通过引入语义上行、语言整编等技术，试图加以改进和完善。

三、理想语言使用者之间的争议

虽然一开始被哲学家定位为"理想语言"，但现代逻辑所提供的这套语言，并非像通常或最初以为的那么完美。首先，弗雷格一开始雄心勃勃的逻辑主义方案（即整个数学可以建立在现代符号逻辑的基础之上，甚至可以由其推导而来），很快因为罗素悖论的发现而严重受挫，后来的哥德尔不完全性定理更是彻底宣告了逻辑主义方案的破产。当然，现代逻辑在数学奠基上的失败，更多只是意味着它或许并不适合作为数学的基础，倡导这种"理想语言"的哲学家依然可以让它在科学和哲学上保有重要地位。然而，随着现代逻辑本身的发展和演化，一个愈加明显却难以消解的新问题出现了。那就是，所谓"理想语言"，并非唯一。从此种语言的倡导者和使用者来看，它的"非唯一性"至少体现在两个层次：

第一，正如由标准命题逻辑拓展至标准谓词逻辑一样，有逻辑学家选择在经典一阶逻辑之外继续引入新的符号，由此形成一批非标准的逻辑系统。譬如，当把模态算符引进来之后所形成的模态逻辑系统，把时态算符引进来之后所形成的时态逻辑系统，把认知算符引进来之后所形成的认知逻辑系统，等等。尽管奎因对模态逻辑之类的扩充系统表示反对，认为经

---

① Rudolf Carnap. *Introduction to Symbolic Logic and Its Applications*. New York：Dover Publications, Inc., 1958, P. 2.

典一阶逻辑才是最简洁好用的逻辑,但并不是所有当代逻辑学家都买奎因的账。毕竟,这些逻辑在某些方面也能显示出对于经典一阶逻辑的优势(如时态逻辑更符合人们的时间直觉)。退一步讲,即便是都采用一阶逻辑作为理想语言,逻辑学家和哲学家对于其具体构造方法也存在分歧。譬如,不同于罗素那里的一阶逻辑形态,戴维森(Donald Davidson)把事件作为一类个体变元,区别于人、物体等普通个体对象,刘易斯(David Lewis)增加大写的 W 作为谓词常项(表示"所有可能世界的集合")、小写的 w 作为一类个体变项(表示"可能世界"),等等。①

第二,即便是对于同样的一些符号,不同逻辑学家也可能给出相互竞争的规则或语义解释。哲学家一度认为,与现代逻辑相比,传统逻辑对当方阵(不正确地)带有所谓的"存在含义"(existential import),譬如,从"所有神都是不朽的"可以推断"有神是不朽的",尽管无神论者并不认为"有"(存在)神。这在某种意义上是对的,因为现代逻辑学家把全称直言命题"所有神都是不朽的"理解为量化条件句"对于任何对象来说,如果它是人,那么它是可朽的",也就是:"如果某个东西是神,那么它是不朽的";但是,由于"某个东西是神"是条件句前件,其本身并未被断言为真,因此,也就不能断言"某个东西是神而且是不朽的"(即"有神是不朽的"的逻辑结构)。这其中的道理,类似于我们无法从"如果 P 那么 Q"有效推断"P 且 Q"一样。但是,当我们说在现代逻辑这种"理想语言"中不允许我们从"所有神都是不朽的"推断"有神是不朽的"时,并不意味着所有现代逻辑学家都不带有任何的"存在含义"。事实上,根据后来一些逻辑学家的观点,罗素等人所奠基的现代标准逻辑(经典逻辑)存在着不同于传统逻辑的另一种"存在含义"问题。当标准谓词逻辑把全称例示规则(UI,即由"所有 x 具有属性 F"可推断"某个体对象具有属性 F")和存在概括规则(EG,即由"某名字的东西具有属性 F"可推断"有 x 具有属性 F")作为有效式时,其本身带有"存在含义"预设,即,每一个单称词项(singular term)或名字(name)都指称定义域中的存在个体。然而,这种预设绝不是必需的,一种免于此种预设的逻辑系统可以限制 UI、EG 等规则的适用范围。此即自由逻辑和超赋值逻辑的思路。除此之外,多值逻辑、直觉主义逻辑、相干逻辑、弗协调逻辑、量子逻辑等,也均在不同的路线上提出了与现代经典逻辑相竞争的

---

① 参看 Mark Sainsbury. *Logical Forms*: *An Introduction to Philosophical Logic.* second edition, Malden, MA: Blackwell, 2001, pp. 175 – 178, pp. 304 – 324.

"理想语言"。甚至是早期逻辑学家和分析哲学家经常提到的 Be 动词的不同用法，当代逻辑学家辛迪卡已指出：借用一种与博弈论语义学相结合的多类逻辑（many-sorted logic），我们可以表明：Be 动词在日常语言中的不同用法并不意味着它是含混不清的。①

四、正确看待"理想语言"之用

鉴于在"理想语言"使用者之间所存在的前述争议，我们在承认现代逻辑对于哲学发展具有推动作用的同时，有必要回头反思一下此类理想语言之作为普遍语言（包括哲学语言）的作用限度。

第一，现代逻辑凸显形式语言的价值，但就实际推理而言，这种"理想语言"与其说解决了难题，不如说是转移了难题。

逻辑学因为特别关注思维"形式结构"而有"形式逻辑"之别称。②也正因为这样，"形式语言"成为"逻辑语言"的一个核心部分。从推理的视角来讲，"形式"的价值主要在于便于推理者观察其中的结构，类似于欧拉图、文恩图为我们所提供的图示。正如皮尔士所揭示，"逻辑学家在讲一种三段论时为何喜欢把大前提写在一行然后把小前提写在下面，还用字母来替代主项和谓项呢？那只是因为这样的图示能凸显那些前提诸构件之间的一种关系，而那是推理者必须注意到的。倘若推理者利用三段式得出结论，他就要在心中看到这样的图示或构造，然后观察消去中项之后有什么结果。"③与此种形式语言相比，日常语言有时过于简洁明了（类似于对话场景中的句子）：要完全理解它，必须考虑到各种语境和常识；它有时又过于繁琐（类似于文学修辞）：加入了许多强调性的或修辞性的但对于推理结论而言显得多余的信息，或者多次替换同义概念，重申某一观点。正是因为看到这一点，现代逻辑比亚里士多德逻辑更为彻底地形式化了推理所用的语言，使得每一个符号都恒定地拥有唯一而独特的意思。

前述动机完全是可以理解的。然而，在强调形式语言的特定功用之时，我们不能忽视关于人类实际推理的一个重要事实，那就是：我们一开头所遇到的问题往往是以日常语言出现的，甚至你脑子里闪出的念头大多

---

① Jaakko Hintikka. Semantical Games. the Alleged Ambiguity of "Is", and Aristotelian Categories. *Synthese*, Vol. 54, No. 3, 1983, pp. 443–468. 弗雷格、罗素以来所流行的经典一阶逻辑，设定一个统一的个体域，所有个体变元不区分类型，因而属于一种单类逻辑（single-sorted logic）。

② 为此，有当代逻辑学家甚至认为"非形式逻辑"（informal logic）之名显得怪怪的，参看 John C. Burgess. *Philosophical Logic*. Princeton and Oxford: Princeton University Press, 2009, P. 2。

③ CP 3.560.

是以母语呈现的（除非你把符号语言作为"母语"），因此，在我们想要借助于符号语言进行推理之前，必须先设法理解那些用日常语言呈现的"问题"本身。假设我们推理中涉及"凡人皆有死"这句话，你需要先将其整理为"如果有一个对象是人，则它是会死的"，然后才能转变为符号公式：$(\forall x)(Sx \rightarrow Px)$。这个看起来不难，但我们所要面对的句子并非总是如此容易理解。以中世纪著名的驴句子为例："Every farmer who owns a donkey beats it"（每一位拥有驴子的农夫都打它），对此该如何理解呢？与之相对应的、广为接受的符号公式被认为是：$\forall x(Fx \wedge \exists y(Dy \wedge Oxy) \rightarrow \exists y(Dy \wedge Oxy \wedge Bxy))$。[1] 但是，为了达到此种形式化结果，你必须得先学会把原来的那个英文句子所表达的意思整理为："对于每一位拥有驴子的农夫来说，不论其拥有多少头驴子，他至少会打其中的一头"。当然，类似这样的日常语句本身可能是含混的因而允许有多种理解方式。不过，这里所要讲的重点是：为了要把日常语句转变为被认为简洁透明的形式语言，中间需要有一个"翻译"（paraphrasing）的步骤，它类似于我们日常语言中为了理解某句话所做的"换言之"。但究竟如何理解才合适，究竟哪些理解方式才被允许，这是符号逻辑本身未告诉我们的。

长期以来，在当代大学的逻辑教学中，很多逻辑教师忽视这一点，从而导致学生们尽管能在数学技术层面实现形式符号的变形转换却依旧难以就实际问题开展推理。因此，以下告诫值得引起每一位逻辑教师始终铭记："正如在基础代数中那样，我们经常发现最困难的一部分就是把日常语言中的问题翻译为符号逻辑语言中的问题。"[2] 由于现代逻辑没有给我们提供任何这样的"翻译"法则，当我们试图以形式语言解决日常推理所面对的困难时，并非像表面看上去那样轻而易举解决了难题，毋宁说正在以新的难题（即不知道如何恰当地理解日常语句）取代一个旧的难题（即因为语词含混而在不同的推理者那里产生歧义）。

第二，即便承认理想语言在某一科学理论内部的作用，但它并无法取代日常语言本身，因为我们并非总是在科学理论内做推理，哲学研究也不只针对科学概念。

回到现代逻辑的奠基人弗雷格，他之所以创设一种"概念文字"的确是因为他认为此种人工语言在很多地方优于我们的日常语言，并把两者的

---

[1] 其中的谓词字母 F 代表 Farmer（农夫），D 代表 Donkey（驴子），O 代表 Own（拥有），B 代表 Beat（打）。

[2] W. Salmon. *Logic*. Second Edition, Englewood Cliffs, NJ: Prentice–Hall, Inc., 1973, P.79.

关系比作显微镜与肉眼的关系，但须知显微镜的优势往往仅限于"科学目的"。倒是日常语言这种"肉眼"，"由于其应用范围广而且可轻易适用于极其多变的环境，大大优于显微镜。"① 关于这一点，后期维特根斯坦也有清晰的认识："……看上去似乎我们在逻辑上所谈论的东西属于一种理想语言。……然而我们最多只能说我们是在建构诸多理想语言。这里的'理想'一词容易致人误解，因为听起来这些语言好像要比我们的日常语言更好、更加完美一样，似乎只能由逻辑学家才能最终告诉人们真正的句子是什么样子。"② 他甚至认为我们日常语言中自有一种秩序："一方面，很显然我们语言中的每个句子都'自有原本的秩序'。也就是说，我们并不准备追寻某一种理想，似乎我们日常所用的模糊语句尚未获得无懈可击的涵义因而仍有一种完美的语言等着我们去构造。——另一方面，也很显然，只要有意义的地方，就必定有完美的秩序。——因此，即便在那些极其模糊的句子中仍旧有完美的秩序。"③

尽管日常语言与现代逻辑中的人工语言各有优势，但为了显示这套人工语言整体上更有优势，或有逻辑学家、哲学家想试着用它帮助我们识别和评价日常语言中的推理。他们的做法是：遵循从弱原则，即，把逻辑符号视作日常联结词的一种最弱解读。如果如此解读后的推理形式能在符号语言中被证明是有效的，便意味着日常语言中的推理也是有效的。这种做法看上去可行，在现代逻辑教学实践中也有很多教师采用。但这里有很多需要当心的地方，尤其是对于从弱原则的理解。通常，当有人指责说逻辑符号"∧"（合取）、"∨"（析取）等并非等于日常语言中的"而且""或者"等时，逻辑学家会拿出"从弱原则"进行辩护：日常联结词实际上有多种用法，而逻辑学只取其中最弱的一种解读，并用这种最弱的解读来间接表达该联结词的其他用法。譬如，日常语言中的"或者"可能表示相容选言，也可能表示不相容选言。而现代逻辑只用"∨"表示"两者之中至少一个为真"，至于 p 和 q 两个选项之间的不相容关系，它是一种更强的关系，可以间接表示为：$(p \lor q) \land \neg (p \land q)$。这意味着：当日常语言中说到类如"p 或者 q"的话时，即便其实际所表达的是一种不相容

---

① Gottlob Frege. *Conceptual Notation and Related Articles*. ed. by T. W. Bynum, London: Oxford University Press, 1972, P. 105.

② Ludwig Wittgenstein. *Philosophical Investigations*. translated by G. E. M. Anscombe, P. M. S. Hacker and Joachim Schulte, West Sussex: Wiley - Blackwell, 2009, P. 43e.

③ Ludwig Wittgenstein. *Philosophical Investigations*. translated by G. E. M. Anscombe, P. M. S. Hacker and Joachim Schulte, West Sussex: Wiley - Blackwell, 2009, P. 49e.

关系，但如果我们将其形式化为"p∨q"，并能由此推出某一结论 r，那么，日常语言中的这句"p 或者 q"也一定可以推出结论 r，不论 p、q 之间是相容还是不相容的关系。这背后的一般性道理是：如果根据对于前提语句的一种最弱的解释，我们能从中推出特定结论，那么，根据另一种更强的解释，也一定能从中推出该结论。这当然是可以理解的。然而，这只是我们借助形式语言进行推理时所遇到问题的一个方面。有时我们不止是要把日常推理的前提进行形式化，对于其结论部分也要进行形式化。而如果在解释日常语言所表述的推理时，不仅对于前提而且对于结论均遵循从弱原则，那么，从形式化之后的某一推理有效就无法判定原有推理是否有效了。因为，为了通过形式层面的有效推理来推断原有日常语言推理有效，我们在对其结论部分进行形式化时不是要遵循从弱原则，反倒需要遵循"从强原则"了。目前，我们所谈到的还只是"如何由形式层面的有效推理去判定原有日常语言推理的有效性"这一方向，倘若是遇到"由形式层面的无效推理去判定原有日常语言推理的无效性"，所谓"前提从弱结论从强"的原则可能还要倒过来了。

另外，日常联结词与逻辑符号之间的关系也并非简单的强弱关系。以"∨"为例，它果真是最弱的"或者"吗？逻辑符号"∨"限定于两个选项之间（即二元关系），两个选项要至少一个为真，选项之间还要语义上彼此独立。但日常语言中的"或者"可能是三个乃至更多选项之间的多元关系（如"最后赢的人是张三、李四或者王五"），各选项之中也并非至少一个必定为真（如"他现在可能是在图书馆，或者是在酒吧"），选项之间也可能是其中一个在语义上包含另一个（如"他在上海或者是在中国的某个城市"）。因此，对于逻辑符号与日常联结词之间的关系，我们并不能简单地说前者是对后者的最弱解读，毋宁说前者是在一套新语言之下所约定的全新词汇。

第二节 定义，还是规约？

从今天的使用情况来看，"理想语言"显然并未如莱布尼兹所预想的那样成为我们人类的通用语言，甚至也没能成为当代哲学研究的主导语言形态。不过，它的确影响了当代哲学乃至整个学术界对于语词的使用习惯，尤其是对于术语的界定方式。考虑到很多人把定义作为我们（尤其是严肃的）推理的第一步工作，定义方式往往是关于推理语言之争的一个焦点。推理中所涉及的某一个词究竟在表达什么样的概念以及它应该表达什么样的概念？要回答这个问题，对话各方往往诉诸定义。但是，我们如何获得一个词的定义呢？对于同一个词，我们是否允许有多种不同定义呢？这些问题的答案，并非像初看上去那样显而易见。

一、实质定义与名义定义

提起定义，通常会追溯到古希腊哲学家苏格拉底。对于定义法在苏格拉底哲学中的地位，柯林伍德（R. G. Collingwood）曾如此描述："事实上，人们相信，正是因为苏格拉底对于定义法的坚持为他在哲学方法史上赢得了独一无二的地位。但是，我们在理解苏格拉底所教给我们的东西时，出现一种令人好奇的悖论。他相信所有哲学概念都应该被界定，但这种相信所表达的并非一种成就，而是一种理想。按照此种理想，他被迫承认除了自知无知外其他什么也不知道。因为，虽然他自己想要找到对于哲学概念的充分定义，却发现自己并没有做到。"① 关于这里所提到的苏格拉底定义法，我们可以在柏拉图《对话篇》中看到很多。譬如，在《游叙弗伦篇》中，苏格拉底想通过游叙弗伦知道什么是"虔敬"（piety），因为当时苏格拉底正面临"不虔敬"指控而游叙弗伦自己却声称自己状告父亲谋杀的行为是虔敬的。一开始游叙弗伦向苏格拉底说：像我那样控告他人罪行的做法就是虔敬的，不管这个人是自己的父母亲还是什么人。但苏格拉底很快指出：这只是虔敬的一个例子，我想要的是关于虔敬的定义，以便用于判断你我所做的任何事情是否属于虔敬。于是，游叙弗伦试着下定义：被神所喜爱的就是虔敬的。然而，苏格拉底指出这个定义不恰当，因为（古雅典）我们有很多神，他们的意见并非总是一致，有些行为可能是某个神所喜爱而另一个所憎恶的。在苏格拉底的启发之下，游叙弗伦试图把定义修改为：所有神都喜爱的就是虔敬的，所有神都憎恶的就是不虔敬的。但是，苏格拉底随后指出，这种新说法是在绕圈子。一种行为并不是因为被众神喜爱便成为虔敬的，而是反过来，因为它是虔敬的才被众神喜爱。也就是说，"被众神喜爱"并非虔敬之本质而是一种属性。就这样，两人寻求定义的征途不得不一次又一次地继续下去，直到最后游叙弗伦表示有事要结束对话时，他们仍未达到令人满意的定义。②

---

① R. G. Collingwood. *An Essay on Philosophical Method.* Oxford: Clarendon Press, 2005, P. 92.
② 可参见 Plato. *Euthyphro.* in *The Dialogue of Plato.* . Volume 2, translated into English with Analyses and Introduction by Benjamin Jowett, 3rd edition revised and corrected, London: Oxford University Press, 1892.

很显然，根据柏拉图所记录的苏格拉底这种定义法，当我们追问一种东西的定义时，是在试图揭示其本质。这种定义，应该只有一个，或者至少可以说，正确的定义只有一个。亚里士多德《论题篇》讨论定义时采用了这种观念，并将其概括为"属+种差"的形式。也正是在此意义上，亚里士多德表示："很显然，所有事情中最容易的就是推翻定义，而确立定义却是最困难的。"①

这种源于苏格拉底的定义观念在中世纪乃至近代的教科书中被称作"实质定义"（real definition），以区别于"名义定义"（nominal definition）。② 根据《波尔·罗亚尔逻辑》一书中的区分，在诸如"人是理性动物"之类的实质定义中，被定义项是通常所用的概念，而在"所谓灵魂是指我们的思想原则"之类的名义定义中，我们只是决定用某个符号来表示通常用其他词所表达的某个概念。两者之间至少存在三点差别：（1）名义定义是任意的：在警告别人的情况下，你可以用一个符号任意指代某一特定的东西。而实质定义却不依赖于我们的意志，如果有谁想在定义某一概念时包含其本身并不包含的东西，那一定会出错。（2）名义定义是无可争议的，因为那是一个人自己对于某一符号的特定用法，他事先已经警告过我们。而实质定义由于可能是错误的，因而我们有权对之争论。（3）名义定义由于是无可争议的，因此可以用作一条原则。而实质定义却不可以用作原则，因为有人可能会提出异议，它必须得到证明才行。③

不难看出，相比那种以任意性为特征的名义定义而言，实质定义是更严肃、更有挑战性因而也更值得哲学家追求和讨论的东西。至少就哲学的核心工作来说，名义定义应该是无关紧要的"临时手段"。然而，这里有一些复杂情形需要注意。首先，关于名义定义，除了那种完全任意型的，还有一种基于言语实际用法而提出的名义定义，即通常所谓的"词典定义"。这种名义定义至少在某种程度上是可以争论的。另外，在我们的哲学话语和研究文献中，的确存在着名义定义不当使用的风险。在《波尔·罗亚尔逻辑》的作者看来，此种风险至少包括：（1）我们经常发现，哲学家可能尝试提出了上百种关于某种东西的"实质定义"，它们却并不能

---

① Aristotle. *The Complete Works of Aristotle*. the revised Oxford translation, vol. 1, edited by Jonathan Barnes, Princeton: Princeton University Press, 1984, P. 260.

② 之所以形成此种区分，一部分原因可能是：后来的学者在解释亚里士多德作品时发现，亚里士多德《工具论》除了介绍实质定义，还（主要是在《后分析篇》）提到了另一种定义，即，陈述一种名称的意思。

③ Antoine Arnauld and Pierre Nicole. *Logic or the Art of Thinking*. translated and edited by Jill Vance Buroker, Cambridge: Cambridge University Press, 1996, pp. 60 – 62.

解释事物的本质或我们通常所拥有的那种概念，因此都属于错误的定义。不过，后来有哲学家或希望将这些定义视作不可反驳的原则。一旦有人对之异议，他们会说这没什么可讨论的，定义是自由的。如此做法，等于是将实质定义混同于那种无可争议的名义定义了。(2) 由于对很多产生混淆的名字不作定义，哲学家的大多数分歧变成了纯粹的语词之争，即，对同样的语词，我如此理解，你却是另一番理解。而倘若能够充分利用名义定义来使得所谈论的问题被清晰地理解，就可以避免一些无用的争论。①

总而言之，实质定义与名义定义代表着人们关于定义的一种古老而基本的区分，尽管其中有一些复杂性需要当心。在很长一段历史时期里，实质定义一直被视作哲学工作的核心所在。然而，后来随着现代逻辑所创设的"理想语言"对哲学研究方式产生冲击，更广泛地讲，随着整个当代哲学出现所谓的"语言转向"，实质定义与名义定义的区分逐步变得不那么重要了。很多当代哲学家提到定义时，大谈特谈名义定义，所谓"实质定义"似乎已经消失了。之所以如此，或许跟实质定义与名义定义在有些情形下（如关于"哲学""唯物主义"等所谓抽象对象的定义）难以区分有关，但最根本的原因还是得从现代逻辑和分析哲学奠基人弗雷格那里去找。

二、弗雷格论"定义"

作为第一位成功构建现代"理想语言"的逻辑学家，弗雷格关于定义的看法主要体现在他对这套形式系统的建构方式上。为了能够在系统内开展推理，我们不仅需要推理规则，还需要有推理的出发点。推理的出发点，从系统内部来看，一个是公理或公设，另一个就是定义。他说："在建构系统时，同样的一组符号，不论是声音、声音组合（言说符号）还是书写性符号，可能反复出现。为此，我们有理由引入一个简单符号去替代这样一组符号，并规定这个简单符号可以处处替代那一组符号。……当如此引入一个简单符号来替代一组符号时，这样一种规定就是定义。由此，这个简单符号便获得了跟那一组符号相同的意义。……定义实际上仅仅涉及符号。我们将把那个简单符号称作被定义项（definiendum），把它所要取代的那个复合的符号组称作定义项（definiens）。被定义项仅仅从定义项获得意义。此种意义是由定义项的各个部分之意义建构而来的。"② 很

---

① Antoine Arnauld and Pierre Nicole. *Logic or the Art of Thinking*. translated and edited by Jill Vance Buroker, Cambridge: Cambridge University Press, 1996, pp. 62–63.

② G. Frege. *Posthumous Writings*. H. Hermes et al (eds.), Chicago: University of Chicago Press, 1979, pp. 207–208.

显然，这里说的是典型的名义定义。不过，弗雷格并不认为除此之外还有其他可以在逻辑上称作定义的东西。"我们由各个组件构成一种意义，然后引入一个全新的符号来表达此种意义。这可以称作'构造型定义'，但我们更愿意直接称之为'定义'。"①

对于把他所谓的"构造型定义"这种名义定义法称作唯一的定义，弗雷格注意到可能有人反对。譬如，有这样一种情形：我们的某个简单符号具有一种长期稳定的用法。有人相信，通过对其意义进行某种逻辑分析，可以获得一个被认为具有相同意义的复合表达式。但这个表达式的意义与那个我们长期使用的简单符号的意义相符，并不是任何人任意规定的，而是源于我们的一种直接洞见。对此，弗雷格回应："无疑，我们在这种情况下也会说是定义。它或许可称作'分析型定义'，以区别于[构造型定义]。但对于此种情形我们最好完全避免'定义'这个词，因为我们这里想要称作定义的东西实际上要当作一种公理看待。在这种情况下，不存在可以任意规定的地方，因为那个简单符号已经拥有了一种意义。唯有尚未拥有意义的符号才可以被任意指派一种意义。因此，我们将坚持我们原来的说法，只把构造型定义称作定义。"② 他还表示：通过分析某个长期使用的简单符号 A 所获得的复合表达式到底是否具有与 A 完全一样的意义，其实我们是不确定的。也就是说，我们无法确定自己的分析是否正确。因此，我们无法用 A 处处替代那个复合表达式。"倘若我们想要提出一个真正的定义，我们没资格选择原本具有意义的符号 A，而必须选用新符号 B。B 基于此种定义，将仅仅拥有那个复合表达式的意义。现在的问题是：A 与 B 是否具有相同的意义？不过，假若我们是从头建构新系统，我们可以忽略这个问题；届时，我们将不再使用符号 A——我们将只使用 B。基于一种任意约定，我们引入符号 B 以取代所谈论的那个复合表达式，由此我们也赋予了它一种意义。这是真正意义上的定义，即，构造型定义。"③

需要同时指出的是，弗雷格认为，从逻辑的观点来看定义并非必需不可。"定义对于系统来说并非绝对不可或缺。我们用原来的一组符号照样可以。引入简单符号并不增加内容；它只是使得表达更为容易和简单。"④

---

①② G. Frege. *Posthumous Writings*. H. Hermes et al (eds.), Chicago: University of Chicago Press, 1979, P. 210.

③ G. Frege. *Posthumous Writings*. H. Hermes et al (eds.), Chicago: University of Chicago Press, 1979, pp. 210-211.

④ G. Frege. *Posthumous Writings*. H. Hermes et al (eds.), Chicago: University of Chicago Press, 1979, P. 208.

这种关于定义的"现代逻辑"观点,很快被后来很多具有逻辑学家气质的哲学家接受下来,譬如,罗素在《数学原则》一书中指出:就其数学上的意义而言,定义不过就是"对于一种符号缩略的陈述"。① 奎因在《数理逻辑》一书中也写道:"从形式上定义一个符号,就是用它作为某种已经在用的记法形式的速写法。……对一个符号下定义,就是表明如何可以避免它。"② 后来他还专门撰写"定义"词条,并再次强调:"对于一种表达式下定义,略显悖论的说法是,解释在没有它时如何照样可以。定义就是消除。我们定义一个表达式(被定义项)时提出另一个具有同等效果的表达式(定义项)。定义项是可用的,这使得被定义项不必要,除非打算将其用作方便的缩写。"③ 为了表明可以把弗雷格所谓的构造型定义作为唯一真正的定义,奎因还不忘提醒我们:有时人们谈到定义时所涉及的似乎不是表达式,而是对象,譬如,我们问,"什么是人?""什么是数?"但这种关于定义的谈论方式,可以还原为对表达式的定义,因为我们通过定义"人"而定义人,通过定义"数"而定义数。"对于表达式的定义是更广泛的一种观念,因为它同样可以适用于诸如'或者'(or)之类不指称任何对象的表达式。只是,当人们对于某一表达式之用法的困惑少于对所表达对象之本性的困惑时,人们倾向于在所指对象的意义上谈论定义。"④

弗雷格以及以现代逻辑作为哲学研究之根基的哲学家把此种名义定义视作主导性的逻辑定义方式,避而不谈实质定义,这并不难理解。因为,现代逻辑出现以来,很多哲学家愈发强调消除含混性,而传统上实质定义所谓的"本质"(essence)一词几乎成为众矢之的。正如亨佩尔(C. G. Hempel)所言,"依据传统逻辑,'实质'定义并不是用以决定某一表达式之意义的一种规定,而是对于某种实体之'本质特征'或'本质属性'的一种陈述。然而,本质特征这一概念非常模糊,使得此种刻画无法用于严格探究的目的。"⑤ 与之相伴,很多哲学家开始批判亚里士多

---

① Bertrand Russell. *The Principles of Mathematics.* Second Edition, New York: W. W. Norton & Company, Inc., 1996, P. 429.

② W. V. O. Quine. *Mathematical Logic.* Revised edition, Cambridge: Harvard University Press, 1981, P. 47.

③ W. V. Quine. *Quiddities: An Intermittently Philosophical Dictionary.* Cambridge: The Belknap Press, 1987, pp. 43–44.

④ W. V. Quine. *Quiddities: An Intermittently Philosophical Dictionary.* Cambridge: The Belknap Press, 1987, P. 44.

⑤ Carl G. Hempel. *Fundamentals of Concept Formation in Empirical Science.* Chicago and London: The University of Chicago Press, 1952, P. 6.

德所强调的那种被认为适用于刻画实质定义的属加种差法，改而倡导更适用于名义定义的函数/功能定义法、语境定义法或语用定义法。譬如，莱辛巴赫（H. Reichenbach）在《符号逻辑原理》一书中写道："现代逻辑已经认识到，[属加种差法]是一种非常受限的定义形式，在科学以及语言交谈中，我们通常使用其他形式的定义法。一般而言，' $=_{Df}$ '两边是句子，而非单词或短语。譬如，我们定义'一个人的新陈代谢是正常的'这句话时借助于一组关于他血液所含特定物质之百分比的句子。因此，此种定义的通用形式是 $a =_{Df} [b, c, \cdots]$，其中方括号表示句子'b''c'等等之间的某种组合。在此种组合中，各个句子可以经由以'而且''或者''蕴涵'之类的词所表达的各种逻辑算子组合起来。……此种程序之所以可以允许，是因为实际上我们并不会孤立地使用'新陈代谢'一词，而是使用其中出现该词的某些句子；知道这些句子的意义，对于所有实践意图而言，就足够了。由于它们涉及用法，此类定义经常被称作语用定义（definition in use）。这些定义的重要性在于一种事实，即，它们使得我们可以通过具体词项来界定抽象词项，而经院哲学家借助临近属和种差所作的定义却是通过更为抽象的词项来界定一个抽象词项。"①

三、卡尔纳普的"阐发法"

在弗雷格的观念中，定义是系统内的一种任意规定。这在古代多称为名义定义，在当代文献中则称为"规约定义"（stipulative definition）。不过，后来有些哲学家并不甘心让定义沦为一种完全任意性的约定，他们试图找到某种不同于传统"实质定义"但也不至于太随意而是显得更为"真实"的定义方式。譬如，亨佩尔就曾指出：虽然传统的"实质定义"已不可行，"然而我们常常可以换种不要求涉及'本质特征'或'本质属性'的方式重新解读对于真实定义的那种追求，即，寻求对于某种现象的经验解释，或寻求一种意义分析。"② 关于经验解释，这个属于科学家们的事情；哲学家们能做的主要是"意义分析"。所谓"意义分析"，也就是前面弗雷格提到的"分析型定义"。与弗雷格的构造型定义相比，它所关注的同样是语言表达式的意义，不同的地方是：构造型定义是引入新表达式并为其规定一种意义，而分析型定义所关注的是已经在用的某个表达

---

① Hans Reichenbach. *Elements of Symbolic Logic*. New York: Dover, 1980, P. 22.
② Carl G. Hempel. *Fundamentals of Concept Formation in Empirical Science*. Chicago and London: The University of Chicago Press, 1952, P. 6.

式（被分析项），希望为之提供一种同义表达式（分析项）从而达到阐明其意义的目的。正如弗雷格所担心的那样，亨佩尔也注意到了，此种定义所面临的一个麻烦是：我们无法确保分析项与被分析项之间是否真的具有同一性。因此，我们只能就那些在某语境下已知具有统一用法的概念提供分析型定义，然后根据分析项在多大程度上符合此种统一用法，来判定该分析型定义是否恰当。①

在亨佩尔所谓"意义分析"路线之外，另一条试图从弗雷格定义理论出发但希望达到某种显得更为"真实"定义的是卡尔纳普所倡导的"阐发型定义"，或者直接称作"阐发法"（explication），② 即，把我们广为熟悉却多少有些不够严格的概念（"待阐发项"）转换为一种严格化的、可组织进入概念系统的新概念（"阐发项"）。③ 在一定程度上，这种做法更加忠实于弗雷格关于定义的基本精神，因为卡尔纳普明确把阐发项作为与待阐发项相区别的新概念，尽管它们在语形声音上基本一样（即看上去属于同一表达式）。④ 弗雷格曾提到：从真正定义的角度来看，我们在对某个长期使用的符号 A 分析之后所达到的复合表达式，应该用新符号 B 来定义，"然而我们可能觉得这时用符号 A 比用符号 B 便利。不过，假若我们这样做，我们必须将它视作在这次定义之前不具有任何意义的全新符号。因此我们必须解释一下，该符号在新系统构造之前所使用的意义不再为我们所关心，它的意义需要单纯地从我们所给出的构造型定义来理解。"⑤ 或许也正是因为与弗雷格"构造型定义"的此种联系，卡尔纳普有时也把他的定义法称作"理性重构"（rational reconstruction）。正如他在《世界的逻辑构造》一书第二版序言中所说的那样，"理性重构，是指寻

---

① 参看 Carl G. Hempel. *Fundamentals of Concept Formation in Empirical Science*. Chicago and London：The University of Chicago Press，1952，pp. 6 – 10.

② 根据《牛津英语词典》（OED），"explication"一词有"发展或引出暗含在某一观念、命题、原理等之中的东西的过程"之意，也有"详细的陈述或描述（或此类过程或行为）"之意，还有"去除某个词语、说法或符号之意义的难点或含糊不清之处或是使得它们清晰的行为或过程"之意。对照卡尔纳普，他本人对于这个词的实际用法应该更接近于这里的第一重意思。据此，本书将采用"阐发"而非"阐释"的译名。

③ 尽管奎因认为唯一真正的定义是弗雷格那种具有可消除性的"构造型定义"，但他在《经验主义的两个教条》中把卡尔纳普的"阐释法"视作（广义）定义型活动的一种。参看 W. V. Quine. "Two Dogmas of Empiricism". in *From a Logical Point of View*，Harvard University Press，1961，P. 25。

④ 读者可以看到，卡尔纳普这里是通过新概念与旧概念之间关系来看待被定义项与定义项之间在语词层面的变化，因此他经常会把所要界定的词语（词语用法）直接称作概念。

⑤ G. Frege. *Posthumous Writings*. H. Hermes et al（eds.），Chicago：University of Chicago Press，1979，P. 211.

求对于旧概念的新型定义。那些旧概念最初产生时通常未得到审慎表述，而或多或少属于未加反省的自发产物。新型定义在明晰性和严格性上应该优于旧概念，最重要的是，应该将其编织进入一套系统化的概念结构中。此种对于概念的明晰化过程，如今经常称作'阐发法'……。"①

卡尔纳普本人的逻辑学和哲学工作，都可以看作是对其阐发法的践行。譬如，他曾构造"L-真"（L-truth）这一概念作为哲学家通常所谓"逻辑真理"（logical truth）、"必然真理"（necessary truth）或"分析性真理"（analytic truth）的一种阐发项，②把"L-蕴涵"作为我们通常所谓"蕴涵"（implication）或"逻辑蕴涵"（logical implication）或"隐含"（entailment）的一种阐发项。③ 他的《概率的哲学基础》一书也相当于是对日常所用的两个"概率"概念（即他所谓的"概率$_1$"和"概率$_2$"）的阐发。④

需要注意的是，卡尔纳普并不认为对于某一概念只存在唯一可行的阐发，阐发项也并非等同于被阐发项。因为，"……待阐发项并未用精确术语加以表达；否则也就没必要进行阐发了。既然有待阐发的东西是不严格的，我们的阐发任务本身也就未加精确表述，而我们却被要求提出一种精确的方案。这是关于阐发工作令人困惑的特点之一。由此会出现，当有一种阐发方案被提出来后，我们无法严格地决定它是正确的还是错误的。严格说来，阐发方案的正误是一个无意义的问题，因为对此并不存在明确的答案。我们应该问的是：所提方案是否令人满意，是否比另一方案更加令人满意，如此等等。"⑤ 根据他的"阐发"理念，"总体而言，我们不要求阐发项尽可能接近待阐发项乃至与其具有相同的意思，它与待阐发项的相合性仅在于它能取代后者而加以使用。"⑥ 具体来说，只要达到以下四个要求就可以算作"一种恰当的阐发项"：（1）阐发项要与待阐发项相似，

---

① Rudolf Carnap. *The Logical Structure of the World and Pseudoproblems in Philosophy.* Translated by Rolf Rolf A. George, Chicago and La Salle, Open Court, 2003, P. v.

② Rudolf Carnap. *Meaning and Necessity: A Study of Semantics and Modal Logic.* Chicago: University of Chicago Press, 1947, P. 7.

③ Rudolf Carnap. *Introduction to Symbolic Logic and Its Applications.* New York: Dover Publications, Inc., 1958, P. 20.

④ 参看 Rudolf Carnap. *Logical Foundations of Probability.* 2nd edition, Chicago: University of Chicago Press, 1962。

⑤ Rudolf Carnap. *Logical Foundations of Probability.* 2nd edition, Chicago: University of Chicago Press, 1962, pp. 3 - 4.

⑥ Rudolf Carnap. *Meaning and Necessity: A Study of Semantics and Modal Logic.* Chicago: University of Chicago Press, 1947, P. 8.

即，在很多运用待阐发项的地方换作阐发项也能用，但允许它们之间有相当大的差异；（2）要以精确的形式刻画阐发项的使用规则，以便能将其引入一套严密的科学概念体系中；（3）阐发项要"富有成果"（fruitful），能用来表述许多普遍命题（如经验法则或逻辑定理）；（4）在满足前述三条要求的前提下要尽可能地简单。[1]

四、约定主义的困境：定义何以具有外部规范性？

受现代逻辑的影响，弗雷格以来很多逻辑分析派的哲学家或者具有逻辑学家倾向的哲学家大多强调定义是一种系统内部的约定；而且，由于卡尔纳普的"阐发法"已经尽可能保留了弗雷格原有的定义观念，卡尔纳普工作的广泛影响反过来等于又强化了此种观念。这种在当代英美哲学界广为采用的、可统称为"约定主义"的定义路线，以严格性、可操作性强著称。然而，它至今无法走出一种困境，那就是，一个人单独约定而来的定义，何以能实现人们所渴望的某种外部规范性。因为，毕竟，不论是科学还是哲学上，我们之所以关心定义问题，不只是为了能使得自己在定义之后开展严密推理，而且是为了能让别人接受我们的定义进而从外部承认我们推理的安全可靠（而不只是某种纯形式上的有效性）。

必须承认，如刘易斯（C. I. Lewis）所言，"正确理解一个词在使用时所要表达的东西——它所被界定的或能得以界定的意义，这是一种无法由经验事实所决定的事情。"[2] 也必须承认，弗雷格等人经常所谈到的规约定义，尽管都是由系统建构者本人所规定的，其规定并非毫无章法。当他们说到此种定义具有任意性时，只是指不同的系统建构者在定义时可以有属于个人的自由选择，但不管选择的是什么定义，它都必须满足系统建构本身的要求。这一点，亨佩尔已经看到。"有些时候，名义定义……是任意性因而完全可以照我们喜欢的样子去选择。就科学中的名义定义而言，可以说此种刻画所给予人的误导要大于启迪。因为，在科学上，选择概念是为了让其在科学理论中发挥功用，而这一点对定义的任意性施加了明确限定……。而且，名义定义一定不能产生矛盾。"[3] 然而，这些所谓的限

---

[1] Rudolf Carnap. *Logical Foundations of Probability*. 2nd edition, Chicago: University of Chicago Press, 1962, pp. 5–7.

[2] C. I. Lewis. *An Analysis of Knowledge and Valuation*. La Salle: The Open Court Publishing Company, 1946, P. 24.

[3] Carl G. Hempel. *Fundamentals of Concept Formation in Empirical Science*. Chicago and London: The University of Chicago Press, 1952, P. 18.

制大多停留在理论内部的一致性上，它们只能保证任何规约定义都属于数学上所谓的"良定义"(well-defined)。此种看似可靠的程序，有时会产生意想不到的荒唐或困境！

让我们先以当代逻辑哲学领域依照上述程序所定义的联结词"tonk"为例来看。Tonk 完全是一个新造的词，其意义由它的如下用法/规则严格决定：(1) 如果 p，那么 p tonk q；(2) 如果 p tonk q，那么 q。不要问为什么，这只是一种规约定义。需要注意的是，此种定义并不产生矛盾，实际上它是逻辑学家普莱尔模仿现代逻辑中合取词、析取词等常用联结词的定义方式而做的，即，一条用法/规则告诉我们在什么情况下可以引入这个新符号，另一条告诉我们在什么情况下可以消去这个新符号。然而，当我们把 tonk 增加到某个承认传递性法则（由"如果 A 那么 B"和"如果 B 那么 C"，可以推出"如果 A 那么 C"）的逻辑系统中后，会发现一种荒唐的结果出现，即，在任一命题 p 为真时，任一其他命题 q 也会是真的。①对此，或许有人指出：一个同时包含 tonk 和传递性法则的逻辑系统，不会具有亨佩尔所提到的那种理论功用；也有人可能指出：tonk 这个词在我们日常概念中找不到卡尔纳普所谓的"被阐发项"，而合取词、析取词等逻辑联结词却有相对应的日常语词"而且""或者"等。这些回答或许是对的，但普莱尔的 tonk 只是约定主义所可能产生之诸多困境中的一个极端情形而已。

作为一个不至于像 tonk 明显荒唐但也同样引起困惑的规约定义例子，我们可以提到道德上的"错误"(wrong)这个词。假设两个人各有一套道德理论，在其中一个人的理论中，"错误"的用法借助于"谋杀是错误""撒谎是错误的"和"堕胎是错误的"之类的范例来规定；而在另一个人的理论中，"错误"的用法借助于"谋杀是错误""撒谎是错误的"和"堕胎并不是错误的"之类的范例来规定。一方面，我们会觉得两人所定义的"错误"并不一样，可以分别表示为"错误$_1$"和"错误$_2$"，因此，当第一个人认为"堕胎是错误$_1$"和第二个人认为"堕胎不是错误$_2$"时，两者并不冲突。但我们并不满足于只使用加下标的"错误"，我们想知道：作为定义，"错误$_1$"和"错误$_2$"谁才是更好的，谁才有资格让其他人遵从。

---

① Tonk 的首次提出，参见 A. N. Prior. The Runabout Inference Ticket. *Analysis*, 21 (1960): 38-39；哲学家们从现代逻辑角度所作的回应，可参看 J. T. Stevenson. Roundabout the Runabout Inference Ticket. *Analysis*, 21 (1961): 124-128 以及 Nuel D. Belnap. Tonk, Plonk, and Plink. *Analysis*, 22 (1962): 130-134。

这个例子或许仍不够，因为有人会提出，人的道德理论并没有如此简单。那么，接下来让我们看一个（至少在学术研究领域）更为真实的例子：现代逻辑领域中经典逻辑与直觉主义逻辑对于否定词的定义。在现代经典逻辑系统中，否定词是由"p∨¬p"和"p↔¬¬p"之类的公式所规定的，而在直觉主义逻辑系统中，否定词则是由"p→¬¬p"之类的公式所规定的。这里对于否定词的两种不同界定，使得直觉主义逻辑并不接受在经典逻辑中成立的排中律和反证法。需要注意的是，这两类系统，在当今逻辑学领域都很流行，均被认为在科学理论上具有广泛的应用价值。如果我们决定讨论排中律和反证法在理性思维中的地位，而且不打算说它们就"否定_{经典逻辑}"来看成立而就"否定_{直觉主义逻辑}"来看并不成立，那么，我们对于"否定"这个词该持有哪种定义呢？更为具体地，哪种定义应该成为经典逻辑倡导者与直觉主义逻辑学家彼此交流的基础呢？鉴于经典逻辑与直觉主义逻辑之间的长期竞争关系，这个问题似乎并不是无关紧要的。

实际上，我们观察和评论早期分析哲学家斯特劳森与罗素各自对于"当今法国国王是秃子"之类句子的分析时，也经常会遇到此类困境，假若我们坚持约定主义的定义观念的话。罗素在他自己的一套理论中主张"当今法国国王是秃子"这句话是假的，因为当今法国并没有秃子国王；而斯特劳森依据他对于语言表达式与其用法之间的区分，主张"当今法国国王是秃子"既不真也不假，除非将其用于特定的语境下。① 当代哲学家达米特（M. Dummett）已经注意到，两者之间的分歧涉及对于"真""假"这些词的用法或定义：在罗素那里，"假"这个词适用于那些包含空名（如"当今法国国王"）的句子；而在斯特劳森那里，适用于它们的却是"既不真也不假"这个表达式。② 如果说罗素理论的逻辑基础是现代经典逻辑的话，范弗拉森的超赋值逻辑或某种版本的自由逻辑则可以作为斯特劳森理论背后的形式语言。在这种形势之下，我们该如何定义"真""假"呢？理论系统之间的分析评价，如何指望基于系统内部的规约定义而得到解决呢？

当然，当我们想要超越系统内部约定去寻找更为"真实"的定义时，有学者或指出："定义"（define）原本就只是为了做出某种程度的区分，

---

① 相关内容，可参看本书第六章第二节。
② 参看 Michael Dummett. *Frege: Philosophy of Language*. New York: Harper & Row, Publishers, 1973, pp. 414–415.

就像确定一块田地的边界那样，因而我们应该允许有程度不同的多种定义。① 但是，需要明确，面对来自多个系统的、对于同一词语的不同规定，当我们想要追问一种跨系统的用法时，这并不意味着我们在追求一种绝对正确、永远不变的"唯一定义"，我们主要是在为解决系统间交流沟通而追求一种明晰且公共的合适表达。因此，即便是承认定义可以有程度不同的好坏；但我们总是希望达到一种至少当前公认比较好的定义。为了确定哪种定义更好或曰"令人满意"，前面提到的卡尔纳普所设立的关于"阐发项"的四条标准或许是一种努力方向。然而，这四条标准是否就是所需要的全部"考虑因素"呢？卡尔纳普本人回避了这个难题，而且他的理论框架似乎也不容许给出恰当回答。我们将看到，古典实用主义哲学家深刻意识到了约定主义路线的此种困境，转而从理论与实践互动的角度阐述一种具有实用性或曰真正"富有成果"的定义观念。

第三节　"推理"的元语言问题：名何以符实？

对于理想语言的追求以及伴随而来的规约定义在很多哲学及科学讨论中占据支配地位，产生了一个一般性的难题，即，各自拥有独立系统的不同建构者之间如何对彼此说一个词应该是什么意思（而非实际上都有哪些意思）？这个一般性问题，不止体现在推理中所用的语词上，甚至还突出体现在学术共同体对于"推理"本身的谈论上（talking about it）。最能说明我们理性受制于语言的场合是，当我们在元语言层面上谈论或争议何谓推理时。那也是最能体现语言问题之深刻和棘手的场合。

一、从"蛋形人谬误"谈起

人类是语言的创造者，但并不意味着个人就是语言的创造者。语言作为一种社会建制，倘若不能得到全社会成员的遵循，实质上就无法称之为语言了。如果说某人造了一个新词或重新界定了一个旧词，总是因为他首先给出了理由，而且后来社会认可了这种新词（如网络上的新词），否则便无法达到交流之目的。所以，言语的创新，并不意味着一个人可以随意界定一个词。假设一个人主张"所有志愿者都是自私的"，并给出理由："他们之所以做义工，不过是为了满足自己的愿望。"追问之下，可能发

---

① R. G. Collingwood. *An Essay on Philosophical Method*. Oxford: Clarendon Press, 2005, P. 94.

现：这个人其实已经把"自私行为"界定为一种"为了满足自己的愿望所做的事情"。站在约定主义的角度，他似乎可以肆无忌惮地界定任何他所用到的词，但他的这种"定义"指鹿为马、颠三倒四，已经违背了我们语言规范中关于"自私"的固定或通行用法（即"只为了个人利益而不顾及他人"），在某种意义上已经失去人类语言所必备的"公共可交流"特征。

  前述关于不能随便称谓一种东西的道理，放在日常生活中，大多数人都不难明白。然而，正如我们在本章第一、第二节中看到的那样，随着"理想语言"被列为与日常语言并存甚至与之相竞争的另一种语言，也随着这种"理想语言"渗透到哲学和科学研究领域，在有些理论家（尤其是受现代逻辑影响的哲学家）看来，有关用词恰当与否的争论是无意义的，因为语词根本上只是一种约定性符号，使用者有权对其进行界定。即使某人出现一些看似奇怪的用法，通常也被认为是"无害的"，因为那只是在用同一个词表达跟你所想不一样的新概念。① 而我们在理论上应当允许概念的多样性，很多时候还要鼓励概念创新。我们在第二节结尾部分已经看到这种约定主义的定义观念如何在理论陷入困境，而现在我们还可以从日常语言实践的角度来看：过分强调语词界定的个人自由，会出现所谓的"蛋形人谬误"。② 这种谬误集中体现在卡罗尔（Lewis Carroll）小说《走到镜子里来》中角色"蛋形人"（Humpty Dumpty）的一种狡辩。小说中相关的段落，摘录如下：③

> "我不懂你说的'荣耀'（glory）什么意思，"爱丽丝问道。
>
> 蛋形人轻蔑一笑。"你当然不知道——除非我告诉你。我的意思是'你有一个漂亮有力的论证（a nice knockdown argument）'！"
>
> "但是，'荣耀'的意思并不是'漂亮有力的论证'，"爱丽丝反驳。

---

① 奎因在著名的《约定为真》一文中指出这方面的一个极端例子，即，你甚至不能基于"一致性要求"去指责一个人说"命题P与它的否定可以同时为真"，因为那顶多表示他用"否定"这个词表达了我们通常不用来表达的意思。W. V. Quine. "Truth by Convention". in *Quintessence*: *Basic Readings from the Philosophy of W. V. Quine*, edited by Roger F. Gibson, Cambridge and London: The Belknap Press, 2004, P. 21.

② 在当代哲学文献中，"蛋形人"经常用来代指那种肆意篡改语言用法的学者。譬如，F. C. S. Schiller. The Principles of Symbolic Logic. *The Journal of Philosophy*, Vol. 29, No. 20, 1932, pp. 551 – 552.

③ Lewis Carroll. *Alice's Adventures in Wonderland & Through the Looking - Glass*. Illustrations by John Tenniel, Introduction and Notes by Michael Irwin, Wordsworth, 2001, P. 223.

蛋形人带着鄙夷的语气说道:"当我使用一个词时,它的意思就是我选择的那个意思——不多也不少。"

爱丽丝说:"关键是你能否让语词带有如此不同的意思呢。"

蛋形人说:"关键是其主人是哪一方——就这样!"

这个对话能够给予我们的启示在于:尽管就一个人自己的理论构设而言,你可以被认为是该理论的"主人",因而你可以规定其中任何一词语或符号的意思,只要你能在思想层面自圆其说即可,然而,倘若你是在与另一位不知道或不认可你所拥有之理论构设的人开展一场对话(而非自言自语),当别人指责你不该用某个词语表达某某意思时你拿出"我是该词的主人"的姿态讲话,这无异于阻止了对话,也阻碍了一种本应可以继续下去的探究,即,我们大家(而非某一方)应该如何使用词语以保障对话的顺利进行?对话中的关键点是:当爱丽丝与蛋形人争论"荣耀"的意思是不是"漂亮有力的论证"时,他们是在两人各自理论的元语言层面上对话。注意到这一点之后,我们将能清醒地意识到:尽管我们经常说语言是约定的产物,但它首先而且最终是共同体所用的一种交流工具,或者,所谓"语言的约定性"主要是在共同体层面上的约定而非单个人的自行规定。每一个人作为言语使用者,他的自由和权利主要在于选择自认为合适的词来表达什么他心中的概念,但是,他所选定的这些词究竟什么意义,并不是只是他个人说了算,而是应该放在共同体层面来评判。就此而言,"蛋形人"自视其主人的那一套"语言",非常类似于维特根斯坦在《哲学研究》一书中所设想的"私人语言"(private language),但由于他宣称其中语词的意义只有他自己知道因而只有他自己才能判断是否用词恰当,它就无法算作交际意义上的语言。

长期以来,尤其是在知识界和学院生活中,人们习惯于强调思想高于语言,似乎只要自己在思想上合乎逻辑并且有新意,语言这种表层的东西,无关紧要。之所以如此认为,从深层次上看很可能是因为没有意识到皮尔士曾经给予我们的一种告诫,即,语言符号之于思想好比洋葱皮与洋葱的关系:当我们剥去一层一层的洋葱皮之后,最后会发现什么也不剩下了。① 没有语言符号,何来思想?当所有符号被剥离后,思想已荡然无存。这至少成为非柏拉图主义者的共识。而假若有人意识到了语言是思想

---

① C. S. Peirce. *The Essential Peirce: Selected Philosophical Writings*. vol. 2, edited by the Peirce Edition Project, Bloomington and Indianapolis: Indiana University Press, 1998, P. 460.

的载体却依旧只去关注思想，那么，他就可能是把自己的语言默认为了理想语言因而无需修改或调整的。然而，即便是在深受现代逻辑和"理想语言"观念影响的哲学家和科学家实际所用的语言那里，那种"一词一意""一意一词"的"理想"也未能处处实现。一种令人遗憾但却普遍存在的情况是：我们每个人所设想的意义（概念）很多，可惜词汇不够多，于是经常见到有人有意改变语词既定用法以试图表达所谓"新"概念的事情出现。

按说，当代哲学历经所谓"语言转向"，这种元语言的关怀本是它的应有之义。至少那些向来强调证据的分析哲学家，应该格外关注语言。如艾耶尔（A. J. Ayer）所言，"证据的研究包含着对于言语的研究，因为，为了发现一类命题为另一类命题提供了何种支持关系，我们需要知道那些命题各自表达所用的语句是什么意思。这两种工作经常一起进行。"① 然而，很多分析哲学家并没有进一步意识到"每当我们试着界定'证据'（evidence）时……我们发现非常困难"，② 由此导致他们无视我们现在所谈论的"名实问题"。

二、"推理"的名分之争：数理逻辑 VS 推理心理学

与爱丽丝故事中的"蛋形人"类似，每一个研究推理的理论家似乎都可以说"我是'推理'一词的主人！"然而，这句话的效力仅限于理论家自己所在的系统之内。如果他意识到有人持有不同于自己的系统，而且自己是在与这些人对话，那么，他使用"推理"一词时就要慎重考虑谁才是"推理"一词的真正主人，甚至要想到，或许"推理"一词是我们使用者的主人呢。否则，我们就可以在阻碍探究的意义上说他犯下了一种"蛋形人谬误"。

关于"推理"这个词在当前理论家之间的不同用法，其实是非常突出的。本书第三、第四章在论述数理逻辑学家与推理心理学家关于推理之描述与规范时，已经间接涉及他们对于"推理"一词用法上的差异。这种差异，单纯从理论建构的视角来看，或许并无不妥，甚至会被认为是显示思想进步的一种多元化。很多时候，每一方各自限于特定圈子（即拥有相同系统的理论家们）讨论，大家可能相安无事。不过，从整体和长远来看，各方理论家都有一种冲动：逻辑学家圈子想说自己所论述的推理就是我们人类真正意义上的推理，而心理学家圈子也说既然我们实际所做的推理是

---

① A. J. Ayer. *Philosophy in the Twentieth Century*. New York：Random House，1982，P. 18.
② R. G. Collingwood. *The Idea of History*. Oxford and New York：Oxford University Press，1994，P. 279.

如此这般，我们对于推理的规范也应该基于此种考虑。正是在这种冲动的驱使下，他们双方会试着开展对话，即，把圈内的推理论说给圈子之外的其他理论家听。这里，我们将通过一个具体例子来看他们何以争论以及双方争论何以集中在"推理"之名义上。

哲学家麦基（Vann McGee）曾提出一个貌似 MP 规则反例的日常推理。① 假设一个人处在 1980 年美国大选前夕。他从最新的民调结果得知，共和党候选人里根大幅度领先于民主党候选人卡特，作为第三名遥遥落后于他们的是另一位共和党候选人安德逊。据此，这个人有理由相信这样两句话："如果共和党人赢得大选，那么，倘若不是里根赢得大选，就会是安德逊""共和党人将赢得大选"。通常，从逻辑上的 MP 规则来看，从这两句话出发作为前提，可以有效推出第三句话"如果不是里根赢得大选，就会是安德逊赢得大选"。因为，从逻辑形式来看，两个前提和一个结论分别可以刻画为"$P \to (Q \to R)$""P"和"$Q \to R$"。但是，处在当时情境的这个人很可能不会相信这第三句话，因为，根据民调显示，他更有理由相信的应该是"如果不是里根赢得大选，就会是卡特"。这到底是不是 MP 规则的一个反例呢？②

有同时熟悉形式逻辑和推理心理学的学者已经敏锐地发现：上述关于是否存在 MP 反例的争论，一个重要的根源就是，各方如何称谓"推理"，即，所谓"推理"到底意味着什么。③ 根据数理逻辑学家的通行做法，当把命题 P（"共和党人将赢得大选"）视作推理前提时，其实是将其处理为一种"设定"（assumption）。作为一种设定，它在推理过程中不容怀疑，更不能置之不顾。因此，在推出结论"如果不是里根赢得大选，就会是安德逊赢得大选"时，其实是在承认 P 的情况下而言的。在这种情况下，不存在任何民主党人当选的可能性。相比之下，假若是根据很多推理心理学家（以及古典实用主义者）的做法，当把命题 P 视作推理前提时，其实是将其处理为一种可以合理接受的"信念"（belief）。作为我们的一种信念，我们相信 P，但并不认为它一定会发生。因此，在推出结论"如果不是里根赢得大选，就会是安德逊赢得大选"时，我们并没有设定 P，而是

---

① 参看 Vann McGee. A Counterexample to Modus Ponens. *The Journal of Philosophy*, Vol. 82, No. 9, 1985.

② 鉴于 MP 规则在日常思维及逻辑历史上的牢固地位，可以想象，有一些学者试图从非经典逻辑的角度重新刻画相关推理而消除所谓的"反例"。譬如，E. J. Lowe. Not A Counterexample to Modus Ponens. *Analysis*, Vol. 47, No. 1, 1987.

③ 最早公开发文表达此种看法的，可能是 D. E. Over. Assumptions and the Supposed Counterexamples to Modus Ponens. *Analysis*. Vol. 47, No. 3, 1987.

对之保持开放态度。既然没有设定 P，那么，我们似乎就没有理由承认该结论。所有这些不同，让我们不禁反思：我们是应该争论 MP 是否存在反例，还是应该争论"推理"的名义呢？或许，前一争论的落脚点就是后一争论。在不确定什么才算推理时，我们何以确定所谓的推理是否有效呢？

三、推理论之争中的更多"元语言"问题

一个人谈论推理现象所选用的语言，直接关系到他所要展现的理性是什么。所以，本书在前面几章谈到实用主义对于"推理"的理解时，多次强调了他们所谓"由怀疑到信念的探究"，其中所涉及的一定是"真正的怀疑"而非"伪怀疑"，一定是"真正的信念"而非"伪信念"。与关于"推理"的名分之争一样，这些当然也不只是语词之争，因为我们已经看到，它们关乎古典实用主义关于"何谓推理？"的独特看法：既不认同有些人（如某些心理学家）把"推理"等同于"正确的推理"的做法，也不认同有些人（如某些现代逻辑学家）把"经过数学化的推理"等同于"实际的推理活动"的做法。

在推理论中，与"怀疑""信念""推理"等词一样常用但却麻烦的关键词还有"逻辑""理性""真理"、"证成""知识"等。我们在对当代心理学领域推理实验的不同解读中，可以看到这些元语言层面的争议如何制约我们的说理成效。譬如，面对一系列"选择任务"实验结果，有人说它们证明了人的不理性，有人说只是证明人不合逻辑而已，还有人说什么也证明不了（理性不是以此来判定的），还有人可以说这并非全部甚至也不是大多数的实验或经验记录。各种说法是否说得通，取决于省略的"大前提"（如"凡是只使用 MP 规则而没有使用 MT 规则的人都是不理性的"）；而此类"大前提"能否被相信，取决于其中直接或间接涉及的关键词或术语（如"理性""逻辑""证明""实验"）的用法。另外一个可以阐释语言何以制约我们说理的例子是知识的定义问题。在谈论推理时，哲学家总是有意无意地将其与"知识"联系在一起：譬如，很多人认为，能够帮助我们得出知识的，就是好的推理；不能帮助我们得出知识的，就是不好的推理。这种讲法是诱人的，因为很多人已经习惯了将知识（knowledge）看作一种"成功词"（success term）：不仅是"真"的，而且是凭借理性证成的（即 justified）。[①] 但是，knowledge（知识）、truth

---

① Robert B. Talisse and Scott F. Aikin. *Pragmatism: A Guide for the Perplexed*. London and New York: Continuum, 2008, P. 28.

（真理）、justification（证成）哪一个能比其他讲得更清楚从而可以用来界定其他呢？按照学术界既有的不同用法，三者都既可以从个人角度也可以从非个人的"客观"角度来理解，澄清其中任何一个似乎都可以通达整个知识论。换言之，我们在探究中所追求的既可以说是"真正或成功的知识"（genuine/successful knowledge），也可以说是"真正或成功的真理"（genuine/successful truth），还可以说是"真正或成功的证成"（genuine/successful justification）。① 也就是说，尽管现代哲学家都在大量使用"真理""知识""证成"这些词来表达其哲学主旨，但事实上三者已经被赋予太多意思以至于我们不能分清什么时候是"非法使用"了。或许正是因为意识到这些词的棘手和麻烦，我们看到，古典实用主义试图想用一种（至少在日常语言中）较少具有歧义的"信念"一词来表达其立场。从信念的角度来看，"真理"或"知识"作为一种终极意义上的"希望"或"规范"仍是有用的，② 但其对于探究的重要性已经明显下降，"证成"也只在一种比较弱的意义上使用。

除此之外，当我们在推理论中谈到某种理性观（如第六章中的笛卡尔主义理性观）时，也经常使用"基础"（foundation）一词。可它也存在类似的语言烦恼。最初，理论家把笛卡尔那种坚持以某种牢固不变的东西作为认识基础的观点称为"基础主义"。但是，在当代哲学上，不同哲学家事实上已经在不同意义上使用"基础主义"一词，以至于有哲学家被迫用不同字体的 foundationalism 来区分它们。③ 有哲学家提出所谓"不带基础主义的基础"（foundation without foundationalism），④ 还有哲学家希望将自己的"奠基工程"（the foundational project）区别于传统的"基础主义策略"（the foundationalist strategy）。⑤ 可以理解，他们是希望重构"基础"一词，使其摆脱对于笛卡尔基础主义的联想。不管这样做能否被更多哲学家所接受，我们至少可以明显看到，选择或不选择"基础主义"一

---

① 当然，这里更深处的一个语言难题或许是：何谓"真正"（genuine）或"成功"（successful）？
② 杜威曾明确表达了此种看法，参看 John Dewey. *Logic: The Theory of Inquiry*. New York: Henry Holt and Company, 1938, pp. 7–8。
③ 参看 Susan Haack. Recent Obituaries of Epistemology. *American Philosophical Quarterly*, Vol. 27, No 3, 1990, pp. 199–212。
④ 参看 Stewart Shapiro. *Foundations without Foundationalism: A Case for Second-Order Logic*. Oxford: Clarendon Press, 1991。
⑤ 参看 Gila Sher. The Foundational Problem of Logic. *The Bulletin of Symbolic Logic*, Vol. 19, No. 2, 2013, pp. 145–198.

词，选择哪种用法的"基础"，关乎我们对于重大理性问题的谈论。

四、哲学家何以可能为"推理"正名?

需要再次申明：我们说理论家对于"推理"及相关语词的使用存在着名分之争，当然不是指他们不可以对之提出某种构造型定义；现在的问题是：当我们在元语言层次上看待这场名分之争时，我们已经跳出某种科学理论或哲学学派内部的系统建构，而走向一种跨学科的高阶考察。这里面有一种专属于哲学关怀的东西。尽管不是每一位哲学家都会关注或重视，但当哲学讨论中一方指责另一方"转移论题"或"偷换概念"时经常会把我们引向它。那部分拥有此种关怀的哲学家，穿梭于各类话语系统的荆棘丛中，尝试在元语言层面上对于它们说些什么，从而为哲学家共同体（包括我们读者在内）指明道路或方向。①

那么，我们哲学家如何有资格为"推理"正名，如何有资格指责"伪推理"呢？这至少初看上去是一个需要回答的问题，尽管我们在第三章看到包括古典实用主义在内的哲学家已经在争论何为真正的推理。毕竟，哲学家相对于科学家和数学家（包括数理逻辑学家）并没有天然的权威，而且像弗雷格、卡尔纳普之类的哲学家也在倡导各个理论可以自行规定。为了回答这个问题，笔者认为，关键在于我们需要认识到：哲学家所谓的名实问题，并不全是一个系统建构的事情，甚至主要不是系统建构而是系统建构之前或之后的"逻辑分析"（或曰"概念/语词分析"）工作。如果说数理逻辑学家、推理心理学家以及弗雷格卡尔纳普之类的哲学家所作的"推理"定义主要属于前者，那么，关注"推理"之正名的哲学家所追求的定义则属于后者。

这种不同于"系统建构"的"逻辑分析"，弗雷格曾称之为"把意思讲清楚"（to articulate the sense clearly），②但完全处在他所谓"建构型定义"之外。卡尔纳普也曾明确表示，他通过系统建构所做的"阐发法"，主要是使得我们日常语言以及科学家所用的词语"更为精确"（more precise），而不是"使之明晰"（make it clear）。③他在试图阐发"概率"这

---

① 这种致力于元层次思考的哲学工作，代表着哲学原初意义上的"meta-physics"（"元物理学"或"物理学之后"）追求，也更能彰显哲学相对于诸多具体科学而言的独特魅力。
② G. Frege. *Posthumous Writings*. H. Hermes et al (eds.), Chicago: University of Chicago Press, 1979, P. 211.
③ Rudolf Carnap. *Logical Foundations of Probability*. 2nd edition, Chicago: University of Chicago Press, 1962, P. 2.

个词时，也是首先对于它的用法做出"明晰化"工作，即，区分为"概率$_1$"和"概率$_2$"两个被阐发项，然后才是对这两个日常概念的"理性重构"或曰"阐发"工作。① 所有这些意味着，关于某个词的定义问题，除了可以对之进行各式各样的理论建构之外，还有一种"系统外"的思考。事实上，这些思考一直有哲学家在做。在《数学原则》一书中，罗素主张可以在形式系统中把"p的否定"定义为"p蕴涵任意命题"，同时也承认可以在此种系统建构完成之后对该定义提出一种哲学层面的批评。② 在当代，对于标准逻辑系统中把"逻辑后承"（consequence）界定为"在所有模型下的保真性"，也经常见到有逻辑哲学家指出此种定义并未抓到真正的逻辑后承。③ 还有，卡尔纳普在《概率的逻辑基础》中试图"阐发"他认为我们日常所用的两个"概率"概念，即，他所谓的"概率$_1$"和"概率$_2$"；而哲学家图尔敏在《论证的用场》一书中却批评卡尔纳普所谓的概率（不论1还是2）并非我们通常所用的概率。④ 经过如此不断的反思和讨论，倒不是说我们一定会在某位哲学家那里找到一个标准化的"日常概念"，也不是说我们要守护一种永远不变的日常语言，这里的重点是：如果我们大家在使用某个词时的确表达不同的概念，那么，我们为何不首先在语词层面（譬如，新造一个词或换用其他词）将它们区分开呢？因为，语词层面的区分呈现着概念之间的不同，它原本可以避免一些所谓的语词之争。另外，倘若每一位理论建构者都不愿意放弃原来的那个被认为表达不同概念的语词，这似乎的确又意味着有一种概念（而非其他概念）真正属于这个词所表达的东西。哲学家的"逻辑分析"工作，相当于是把各路理论家汇聚一起，共同面对这个颇为棘手但又迫切需要解决的问题。这项工作不是词典编纂者所能做的。毋宁说，词典编纂者需要参考这方面的思考成果，方能编出令人满意的好词典。

由此来看，当我们追问谁是真正的推理时，并非要否定来自数理逻辑、推理心理学或某些哲学家的理论阐释，而是在它们之外的一种二阶反思。这种二阶思考，是我们评判各路推理论的先决条件；因为，如果不存

---

① Rudolf Carnap. *Logical Foundations of Probability*. 2nd edition, Chicago: University of Chicago Press, 1962, P. 164.

② Bertrand Russell. *The Principles of Mathematics*. Second Edition, New York: W. W. Norton & Company, Inc., 1996, P. 18.

③ 参看 H. Field. Pluralism in Logic. *The Review of Symbolic Logic*, Vol. 2, No. 2, 2009, P. 348 以及 T. Sider. *Logic for Philosophy*. Oxford and New York: Oxford University Press, 2010, P. 3, pp. 7 - 8.

④ 参看 Stephen Toulmin. *The Uses of Argument*. Cambridge, England: Cambridge University Press, 2003, pp. 69 - 77.

在"何为真正推理"的问题,各路推理理论可以原样不动:它们在各自的意义上正确,而且仅仅在此意义上正确。

在认可了哲学家有可能为"推理"正名之后,接下来所要问的是:古典实用主义作为一种推理理论,它如何贡献自己的视角?我们在本章第二节中看到,为了表明一种定义是令人满意的,卡尔纳普提醒我们要有"富有成果"的阐发项。哲学家达米特在《弗雷格:语言哲学》中也曾提到:我们之所以不把定义为"德国籍人士"的"Boche"引入我们的现有语言,可能是因为它所引起的贬抑后果,即,让我们以为德国人野蛮而且比其他欧洲人显得残忍。① 这些在一定程度上可谓包含实用主义的成分。我们在下一节将看到,古典实用主义在名实问题上,考虑得更多。特别是,它倾向于把探究者共同体及其利益放在突出地位,而且后者本身是所谓"实用性"的一个重要维度。

第四节 术语伦理:来自古典实用主义的贡献

不论学者喜欢与否,一个经常被忽视的"学术"事实是:各路研究推理论的学者往往在不同的意义上使用同一关键词,从而造成难以逾越的交流障碍。这是一个我们必须首先诚实面对然后才有望改观的"学术现状"。或许,当不同人在不同意以上使用"推理""逻辑""理性""基础""知识"、"真理"等元语言来为他们彼此竞争的立场辩护时,身处学术共同体的我们希望能"据理"指出这些词的哪些用法是好的而哪些又是不好的,或者哪些概念更有资格被这些词所表达。由此,便涉及一个关于语词名分的理性维度。毫无疑问,这种"理性"并非弗雷格、罗素、卡尔纳普等所强调的那种逻辑系统内的"合规则性"或"理论一致性",而代表着一种更广泛的、属于系统外的规范性。我们可称之为"语言的伦理维度"。这可谓是古典实用主义在推理语言问题上为我们提供的最大贡献。说它是古典实用主义的贡献,首先,是因为皮尔士从现代科学家共同体关于术语使用规范中获得启发,在哲学史上第一次提出了"术语伦理"这一说法;其次,也是因为它其实代表着古典实用主义学派为今人所提供的一种反面教训。

---

① 参看 Michael Dummett. *Frege: Philosophy of Language*. New York: Harper & Row, Publishers, 1973, P. 454.

一、"术语伦理"的提出：换一种视角向科学家学习

我们在本章第一节中提到，在认识到语词歧义乃自然语言中常见现象之后，哲学家希望也像科学家那样创制带有术语的理论语言（或曰技术语言）来减少歧义。这应该是很容易得到理解的努力方向。然而，正如我们第三节所看到的，在承认理论语言可以自行约定之后，我们的语言争议在元层词上再次升起。亚里士多德和中世纪有他们所谓的推理或理性，笛卡尔和现代逻辑学家也有自己所约定的理性，甚至每一位系统建构者都可以在特定的系统内理解逻辑词（如"与""或""非"等）的词义。心理学家也在建构属于他们自己的"推理"词义，尽管他们内部也不统一。当我们承认规约定义乃真正的定义时，似乎他们的做法都是合法的，大可你说你的"推理"我说我的"推理"。但是，他们彼此之间何以跨领域对话交流？如果跨领域的对话交流，是值得追求的，那么，所谓合法化的"语词约定"做法似乎也不应该是纯粹的任意性，至少应该有些约定性的用法比另一些更好。

这意味着，本章第一节所讲的哲学家像科学家学习的初衷，并未很好地实现，至少还有余下的难题（即，莫衷一是的符号约定阻碍了元层次上的对话）需要解决。对于此种失败，有一种解释是：科学创建术语的做法，不值得哲学去学习。或许，有些哲学家正是看到这一点便认为哲学应该回归日常语言。但除此之外，还有一种可能的解释，那就是：哲学家的语言问题未能令人满意地解决，或许是因为他们向科学家学习时，不够彻底，不够全面。譬如，就现实中最生动而典型的科学工作而言，科学家往往并不是单个行动的，而是作为科学家共同体中的一员在从事科学研究。每一位科学家不仅仅考虑要有一套专门语言来建构理论，同时希望其他科学家认同他对于那些基本和关键术语的定义，从而可以跟他们一道研究和交流问题。简言之，科学本身是一种社会性建制，这种社会性首先体现在科学共同体所用的语言上。当然，科学家们也并不是一开始就直接意识到这一点的。历史上，化学这门科学的语言曾经一片混乱，著书立说之人经常为着某种个人习惯而有意改变物质名称，直到拉瓦锡（Antoine Lavoisier）的化学命名系统得到遵循。生物学的语言状况同样也曾经阻碍科学研究，直到林奈（Carolus Linnaeus）奠定了现代生物学的分类命名。不过，经过规范统一的科学术语为科学共同体合作开展研究带来的巨大便利以及由此推动相关科学走向成功，激励了后来很多领域的科学家都把通用术语问题作为关注点，甚至专门成

立命名委员会予以协调。

正是受化学、生物学、地质学等所有较为发达科学所提供的启示，皮尔士提出：作为哲学家向科学家学习所获得的一种训诫，我们在哲学上应该有（本书第一章谈及的）"术语伦理"。他以异常严肃的口吻唤醒我们："语词有其义务，同样也有其权利，它们不容践踏。存在一种关于语词的伦理学，因为词语是一种社会构制。科学本身也是社会性事务，如果没有对于所用术语意义的公共理解，就不可能实现科学的繁荣。"① 由于科学家共同体庞大无比，而协作又是科学活动得以正常开展的关键条件，违背科学术语之伦理准则的人，就是在破坏"科学语言"因而阻碍科学活动的顺利开展，其他人也就有理由视之为不道德的行为而加以唾弃、谴责甚至将其从"科学家共同体"中驱逐出去。以此为鉴，对照现代逻辑诞生以来流行的规约定义法，哲学家似乎需要以一种新的视角重新学习科学家的语言。这种新视角，需要把每一领域内科学共同体的语言放在首要地位，并自觉站在探究者共同体的利益去评价单个科学家所构建的语言及其系统内约定是否足够好。

皮尔士在现代哲学史上第一次总结出有关哲学术语的七条伦理准则。② 我们不必指望皮尔士的"准则"清单是完整而无遗漏的，更何况他还只是谈到了英语哲学。重要的是，皮尔士迈出了由"元层面的语言歧义现象"走向"理论语言的伦理维度"的第一步。基于我们在推理论研究中所遇到的交流困难以及其他古典实用主义者的相关洞见，笔者认为，皮尔士本人涉及的以下两条准则应得以强调：第一，尊重传统。语言是流传而来的，哲学语言也不例外。当人们说"现代哲学孕育于古代哲学"时，这句话所指的不止是思想的连续性，更应是哲学语言（包括我们的"理性""逻辑""真理"等术语）的继承性。譬如，truth（真理）一词是源于形容词 true（真的），而后者又是指我们观念所具有的某种属性，于是，詹姆斯强调："倘若不起作用之观念为假跟起作用之观念为真都是由对象的存在所解释的话，把'truth'一词从观念之上转移到所存在对象之上，

---

① 转引自 Kenneth Laine Ketner. Peirce's Ethics of Terminology. *Transactions of the Charles. S. Peirce Society*, Vol. 17, Issue 4, Fall 1981, P. 337.

② 参看 Charles S. Peirce. *The Essential Peirce*. vol. 2, edited by the Peirce Edition Project, Bloomington and Indianapolis: Indiana University Press, 1998, pp. 263 – 266. 有哲学家考虑到新出现的交叉科学情况，在皮尔士的"七条规则"之外又增加另外三条规则，参见 Torkild Thellefsen. "Charles S. Peirce's Ethics of Terminology Revisited." *Semiotica*, Vol. 2004, Issue 151, 2004, pp. 72 – 73.

至少来说就是一种语言滥用。"① 第二，术语对应概念。哲学语言所承载的是哲学思想，任何术语都要求对应着明确的概念。因此，以适当的术语表达相应的概念，对于首次提出某种新概念的人来说，不仅是一种特权，也是一种义务。譬如，当杜威把"目的"作为其探究理论中的一个基本概念时，特别区分了两种不同意义上的"目的"："跑垒员把对球门的思考当作在不同阶段上调节自己速度等等的手段；弓箭手则结合对于方向和风力的观察，把对靶子的思考当作射靶的一种导引或指示。"目的"（end）的两种意义，即，视野的终点与作为客观界标（termination）和完结点（completion）的目的，两者之间的不同显著地证明了一个事实，即，在探究中，界标并非只是如实得以领悟和宣称，而是被陈述为一种程序之路。正是由于混同"目的"的这两种意义，有人才认为：实践判断要么是纯宣告式的，要么是毫无逻辑地位的纯粹实践。"②

  本章前面提到，对于一个词究竟表达什么概念，或者说，究竟什么样的定义是令人满意的，卡尔纳普等人曾提出"严格性""富有成果""简单性"等标准。这容易让我们想到实用主义的方法论，即，从实践效果来判断。然而，卡尔纳普等人所谓的"实用"，仅仅局限于特定个人的理论体系，忽略或至少是轻视了"共同体"这一维度。当皮尔士基于科学共同体实践而提出"术语伦理"时，这相当于让我们注意到了：当我们看待不同理论家基于系统内部约定所作的定义时，不仅要看该"定义"在特定系统内部所起到的"理论成果"，更要看它是在推动特定领域共同体的合作探究方面的"实践效果"。从广义上看，这些"伦理准则"只是古典实用主义所谓"实用性"或"经济性"的一个维度而已。

  与弗雷格、卡尔纳普等人的约定主义定义观念相比，这里所谓的"术语伦理"并不是否弃或禁止任何的约定性成分，而是要用共同体层面的公共约定——一些伦理准则——来引导、调整和限制个体层面的私人约定。

---

① William James. *The Meaning of Truth: A Sequel to "Pragmatism"*. New York: Longmans, Green & Co. 1909, P. 136, P. xvi. 很显然，杜威在理解"真理"时接受了詹姆斯的此种建议，他指出："就像知识一样，真理是有关万物特有性质的一种经验关系。在此关系之外，它毫无意义可言。这就像是我们对于一些形容词的使用一样。我们把'舒适'适用于住所，把'正确'适用于言语，把'有说服力'适用于演讲人，如此等等。但脱离开所适用的那些具体事物，它们毫无价值可言。倘若我们总是能把'truth'回译为'true'进而又回译为'truly'，这在逻辑学和认识论上将大有裨益。"参看 John Dewey. The Experimental Theory of Knowledge. *Mind*, New Series, Vol. 15, No. 59, 1906, P. 305.

② John Dewey. *Logic: The Theory of Inquiry*. New York: Henry Holt and Company, 1938, P. 167.

另外,"术语伦理"也不同于奎因后来在《约定为真》《卡尔纳普与逻辑真理》等文章中所表达的"反约定主义"论证。① 我们需要看到,"术语伦理"不反对甚至倡导(像奎因一样)通过引入作为缩略语的"新词"来表达某种原本用复杂表达式才能表达的概念(意义),但这仅限于用"新"词来表达"新"概念。同时,它却主张通过奎因那种狭义定义之外的约定方式(就像卡尔纳普等人那样)去划定我们关于"推理""信念"等所谓初始词的意义。奎因对于"默会约定"的批评,并不适用于"术语伦理",因为后者强调的约定是共同体层面的公共约定,而且此种约定并非仅仅默会于探究者的行为中,而是以明述可见的形式呈现为一些"伦理准则"。

二、古典实用主义自身所提供的反面教训

皮尔士提出"术语伦理",除了是受科学家共同体的启发,还有一点是因为他亲眼见证了一些自称实用主义的哲学家对于"实用主义"一词的无约束使用,让他感到哲学家共同体对于一些术语的使用应该有一些规范。众所周知,皮尔士曾经想用 pragmaticism 一词来取代 pragmatism(实用主义)。之所以这样,正是因为他认为詹姆斯和席勒等人所"营造出"(不论有意还是无意)的对于"pragmatism"的流行用法不好。正如他所言,"目前这个词开始在文学杂志上偶尔被碰到,在那里它受到了无情的滥用,正如语词一旦落入文学之手就所能想象到的那样。有时,也会发生英国人式的礼貌,斥责这一词语选择不好——选择不好,就是说,表达了某种它宁愿排斥掉的意义。因此,笔者发现他的小孩'pragmatism'被如此推销,于是感到是时机跟他的孩子吻别将其交与其命运之神了;而正是为了达到表达其原有定义的目的,他开始宣告'pragmaticism'一词的诞生,这一词语相当丑陋,可以放心不被诱拐。"② 而他之所以尝试用"pragmaticism"替代"pragmatism",其实是对于科学家共同体一种通行命名方法的借鉴。他向我们解释道:"正如在化学中那样,赋予某些前缀和后缀确定的意义,可能是明智的做法。譬如,或许这样可以得到共识:prope - 表示对于其所予以前缀之词的意义的一种广泛而不太确定的拓展;

---

① 参看 W. V. Quine. "Truth by Convention", "Carnap and Logical Truth". in *Quintessence: Basic Readings from the Philosophy of W. V. Quine*, edited by Roger F. Gibson, Cambridge and London: The Belknap Press, 2004, pp. 3 –30, pp. 64 –87.

② Charles S. Peirce. *The Essential Peirce*. vol. 2, edited by the Peirce Edition Project, Bloomington and Indianapolis: Indiana University Press, 1998, pp. 334 –335.

一种学说的名称一般以 – ism 结尾，而 – icism 可以表示对于那一学说的一种更加限制性的接受，等等。"①

不仅皮尔士选择放弃"pragmatism"，甚至杜威也在怀疑当时所流行的这个词是否能恰当表达自己在《逻辑学：探究的理论》一书中真正的实用主义立场："我认为，全书中未出现有 Pragmatism 一词。或许，这个词容易遭受误解。不论如何，围绕这个词已经累积了太多误会和相对无用的争论，似乎最好是不要用它了。但是，就 pragmatic 一词的正确解读而言，……全书彻彻底底属于实用主义的路线。"② 联想到"pragmatism"一词的提出本来是为了作为"术语"以表达皮尔士等人所主张的一种独特的方法论哲学，这种连实用主义奠基人也反过来希望放弃这一术语的局面的确令人尴尬。古典实用主义哲学家们对于"pragmatism"一词所表现出的如此分歧，更像是对所谓"术语伦理"的一场讽刺。而之所以出现如此情况，与一些实用主义者（尤其是詹姆斯）不够严肃对待哲学用语是直接关系的。

抛开一些明显的误解不论，③ 就其所呈现在哲学家面前的文本而言，詹姆斯似乎无论如何也逃脱不了"有些地方用词过于松散"的指责。即便是同情詹姆斯哲学思想的艾耶尔，他在《二十世纪哲学》中也多次提到，詹姆斯对于实用主义方法的描述由于过分追求生动而没有花工夫在容易引起争议的地方谨慎区分，甚至在某些地方以生动性牺牲精确性。④ 事实上，詹姆斯本人曾在《真理的意义》序言中坦诚表示：自己在《实用主义》一书中因为使用"不设防的语言"而让人觉得我们的宗教信念之所以为真只是在于它们让我们"感觉不错"而与其他任何东西都无关系。⑤ 他在该书其他地方，还提到："从我与他人的谈话中可以判断，我在使别人相信我的真理观念时几乎是完全失败的"；"我确信有缺陷的是我蹩脚的表述方式而不是我的学说。"⑥ 遗憾的是，他在该书中所作的很多释疑，并未怎么减轻批评者的指责或误解。他有时似乎在抱怨对方完全不熟悉实用主义从而导致他们"总是在每一个单词上踌躇不前，拒绝从精神上而非

---

① CP 5.413. 强调字体为引者所加。
② John Dewey. *Logic*: *The Theory of Inquiry*. New York: Henry Holt and Company, 1938, pp. iii – iv.
③ 本书第六章第四节将展示和澄清这方面的一些具体误解。
④ A. J. Ayer. *Philosophy in the Twentieth Century*. New York: Random House, 1982, pp. 69 – 83.
⑤ William James. *The Meaning of Truth*: *A Sequel to "Pragmatism"*. New York: Longmans, Green & Co. 1909, P. viii.
⑥ William James. *The Meaning of Truth*: *A Sequel to "Pragmatism"*. New York: Longmans, Green & Co. 1909, P. 136, P. 137.

字面上理解我们的论述"。① 但是，在经过语言哲学洗礼的当代哲学家看来，这或许怪不得别人，更多要怪论文作者自己表述不严。

詹姆斯有时似乎觉得每一个人可以自由界定词语，甚至他愿意在特定的意义上承认自己是"反实用主义者"。② 他可以基于自己对信念和信仰的定义权，答复别人："你把'相信你所意愿的东西'的自由应用到某种明显的迷信；然后，你所想到的'信仰'又是小学生说'信仰就是你相信某种你知道并不为真的东西'时所界定的那种信仰。我只能再一次说，这是误解。"③ 但是，当他因此而忽略了母语共同体时，就可能被人指责"对英语施暴"。④ 更何况，哲学家不仅要向说英语等母语的知识大众传播思想，还特别要在哲学家共同体内（尤其是不同流派的哲学家之间）开展学术交流。

所有这一切，不论对于詹姆斯本人，还是对于整个实用主义哲学，都是惨重的代价和教训。它应该让今天的实用主义者以及其他作为对话者或旁观者的各路哲学家意识到术语伦理的"无形"存在及其力量。

三、评论：语言的保守与进化

立足今天，当我们试图从古典实用主义当时的术语争议中汲取教训时，不必认为实用主义者（包括皮尔士）自身的术语使用就是最好的，因为即便它们内部也时有分歧。关于他们的语词使用，我们能从中得到的最为重要的一点"教训"应该是：尽管各路理论家已经设计了术语以减少误解，但当各流派或领域的学者试图对话时，一些核心词汇仍旧存在不容忽视的歧义现象以至于阻碍进一步对话，对此我们需要诚实面对。这可以看作是皮尔士后来提出"术语伦理"的内部动因之一。当我们说诚实面对不同理论之间的"术语"歧义现象时，这正是本书把古典实用主义推理观归结为"诚实推理"时所要强调的一点，即，不回避任何事实，即便那是看上去有点残酷的、暗示人之有限性的"困难"。

对于古典实用主义所贡献的"术语伦理"这一洞见，我们需要着力推

---

① William James. *The Meaning of Truth: A Sequel to "Pragmatism"*. New York: Longmans, Green & Co. 1909, P. 181.

② William James. *The Meaning of Truth: A Sequel to "Pragmatism"*. New York: Longmans, Green & Co. 1909, P. 163, P. 167.

③ William James. *The Will to Believe and Other Essays in Popular Philosophy*. Dover Publications, 1956, P. 29.

④ Quoted in Cheryl Misak. *Cambridge Pragmatism: From Peirce and James to Ramsey and Wittgenstein*. Oxford: Oxford University Press, 2016, P. 105.

进的是其基本精神。从基本精神上看,它正好回应了哲学家关于自身语言一直困惑和纠结的一个问题,即,哲学家应(向科学家那样)致力于发展一种远离日常语言的理想语言,还是应该(像文学家那样)固守于日常语言?这个问题的本质其实是:一套好的、适用于公共推理的语言,应该是保守不变的,还是应该不断进化?笔者认为,"术语伦理"为我们回答这个问题指明了大致方向。这些方向,可以从它"实际主张什么"和"未主张什么"两个方面结合着来把握:

第一,"术语伦理"主张的是:对于哲学术语所表达的确切概念,哲学家共同体最好给出或核准一种哪怕是临时性的"公共约定",并以此来约束共同体成员仅仅在此意义上使用这个术语,即,不要再用同样一个术语去表达其他不同的概念;但它并未主张:哲学家在某一话题上不能拥有彼此不同的概念,或者将来不可以有更多新的概念出现。当我们借助于"术语伦理"力求工作于同一领域的理论家(包括哲学家、科学家等)之间的对话沟通并希望由此减少可能的言语歧义时,这里所强调的是一切探究的"共同体"意识,即,探究(包括对于推理以及理性问题本身的研究)不是单个人的孤立行为,而是在共同体内进行的。也正是在此意义上,我们在第三章看到,古典实用主义者指责有些所谓的推理不过是"伪推理"而已。

如果说弗雷格、卡尔纳普等许多理论家只是把定义当作一个人的单向约定的话,这里则是强调一个好的定义应该是共同体之下的多方约定。尽可能减少各路理论家之间在元语言层次上的误解,这不仅是语言的社会本性所要求的,更是直接关乎共同体为快速实现探究目标所需要的"方法论"考虑。① 当皮尔士强调"语词也有其权利"时也正是出于探究者共同体的利益而说的,他并不是说"语言"是某种人格化的上帝或其他主体,也没有否定人类是语言的创造者。"术语伦理"这种表面上的"保守",从未抑制共同体语言不断走向丰富。因为,根据"术语对应概念"的术语伦理,如果探究者共同体选定某一语词表达特定概念后又发现有相关的新概念需要使用时,必须创造出新的表达式来对应这些新概念。假若这些

---

① 有当代哲学家,沿着不同的方向,正在接近这个话题。譬如,有学者提出的"概念工程"或"概念伦理",包含着与这里所谓"术语伦理"相近的一种方法论关怀,参看 Alexis Burgess and David Plunkett. Conceptual Ethics(Ⅰ and Ⅱ). *Philosophy Compass*, Vol. 8, No. 12, 2013。表面看来,"概念伦理"与"术语伦理"应有差别:一个规范的是概念,另一个规范的是术语。不过,当哲学家争论哪种概念应该对应于或赋予特定术语时,其实相当于在争论这个术语所表达的概念应该限定于哪一种。

"新的表达式"过于冗长，需要用简化的单个词语来替代，那么，就必须造出全新的单词，哪怕是最初看起来比较奇怪。人类思想的进步，仍旧伴随着语言的此类"创新"或曰"进化"，只是现在这种思想进步是在"术语伦理"的推动下获得的。

第二，"术语伦理"主张的是：各路理论系统的建构者在相互交流时迫切需要一种元语言层面上的共同术语，而哲学语言应该回应这种需求；但它并不主张：哲学语言要照搬或建构某种理想语言，或是回到日常语言。首先，所谓"理想语言"本身具有多样性，并不能消除不同"理想语言"之间的交流障碍，而且正是因为意识到这一点，才有必要倡导"术语伦理"。至于日常语言，必须承认哲学相比科学而言与它有着更紧密的联系，但是，哲学研究中不能只是日常语言，还需要有自己的术语。正如皮尔士所言，"理想的术语对于不同［领域的探究而言］将有所不同。说到哲学，其非常特殊的地方在于它绝对需要通俗意义上的通俗语词——但不是将它们作为自己的语言（虽然它经常都要用到那些语词），而是作为它的研究对象。因而，它尤其需要一种与普通语言截然分开的语言。"① 对照前面提到的对于詹姆斯语言的指责，从"术语伦理"来看，他的错误倒不在于对日常"英语"做出某种改变，而是他没有尽量去使用为哲学家共同体所能认可的哲学术语去表达自己的思想。就像各门科学所用的理想语言一样，日常语言自有其特定的用途，但这并不意味着它适合哲学探究的目的，尤其是当我们期待哲学为我们提供那种元层次上的思考和分析时。

四、未决难题：如何适当地谈论"实践推理"及其有效性？

在本书所设定的推理论场景下，我们已经注意到心理学家、哲学家、（数学家意义上的）逻辑学家、人类学家在推理描述及规范上合作研究的必要性和趋势。如果要想形成可持续的长期合作，一种突破单个流派或学科的共同体探究就不可避免。而此种共同体能否建立，其中一个因素将是我们能否借助于术语伦理约定一些歧义性明显减少的元语言。任何人无特权要求别人在他的定义之下使用任何关键"术语"，除非遵循术语伦理。我们从实用主义自身的教训中看到，这并非总是容易的。这不仅是说：术语伦理的制定和实施，有赖于理论之外的皮尔士所

---

① C. S. Peirce. *The Essential Peirce: Selected Philosophical Writings*. vol. 2, edited by the Peirce Edition Project, Bloomington and Indianapolis: Indiana University Press, 1998, pp. 264–265.

谓"第二性"① 的推动力量，还主要是因为：我们要考虑何为对于探究者共同体的最大利益，而它在当下哲学界或许是最为棘手的课题。其中的棘手程度，让我们通过哲学家谈论"利益"时经常涉及的"实践推理"来看：

所谓的"实践推理"（practical reasoning、practical inference、practical argument 或 practical syllogism），最早曾在亚里士多德那里偶尔提及。这是一个极其困难的哲学问题。之所以被很多哲学家视为困难，其中一个主要原因是术语。鉴于长期以来，现代科学家和哲学家似乎都是在"纯理性"的框架下谈论"理论推理"，因此他们所掌握的词汇也仅适用于"理论推理"，而通常认为"实践推理"又是与"理论推理"不同的推理形态，于是，很多人不知道该用什么样的语言来刻画它，更不知道如何在元层次上谈论实践推理的有效性问题。这其中的"言语困难"，当代逻辑学家和哲学家冯赖特似乎深有感触。

我们在本书第一章中曾提到冯赖特用以下述型式来刻画一种有效的实践推理：

从现在起，X 意欲在时间 t 引发 E。

从现在起，X 考虑，除非他最迟在时间 t′做 A，他不能在时间 t 引发 E。

因此，最迟在他认为时间 t′到来的时候，X 动身去做 A，除非他忘记了那个时间或受阻了。

冯赖特相信，此种精心构建的推理型式，其结论应该是具有约束力或曰定论的，因为对于其结论的证实与对于其前提的证实是相互预设的，不会出现肯定前提而不同时肯定结论的情况，也不会出现否定结论而不同时否定前提的情况。不过，他随后却指出，我们在实践中，确实可以设想某种"前提真而结论却没发生"的情况，譬如，某一主体意欲引发某事（譬如射杀暴君）并考虑到为此目的有必要做另外某事（譬如开枪）。他也认为是时候该行动了。他站在这位凶残的人面前，用装有子弹的手枪瞄准他。但是，什么也没发生，可以说，他真实来讲什么也没做。对照上述

---

① 这种"第二性"的力量主要是指来自外部世界的一种强力，譬如，不遵循术语伦理的作者将不允许在学术期刊发表论文，或同行们拒绝与之展开讨论，等等。这些东西常常不会成为理论家的研究主题，但的确影响着实际从事理论工作的每一位学者。

型式,我们可以弄清楚:第一前提和第二前提仍旧维持为真,他并没有因为"瘫痪"等原因而受阻,也没有忘记时间,然而,就是没有出现"开枪"这一行为,他压根儿就没开始做。① 于是,我们听到他最后谨慎地表示:"实践推理的前提并非逻辑必然地推致行为。……只有在行动已经出现而且构建了实践推理去解释它或为其辩护时,我们才具有一种逻辑上的定论。我们可以说,实践推理型式的必然性是事实出现之后所认识到的必然性(a necessity conceived *ex post actu*)。"②

这里,冯赖特选择用以刻画实践推理有效性之不同于理论推理有效性的措辞是:"事实出现之后所认识到的必然性"。根据通常对于必然性推理的理解,它应该意味着"前提一旦成立,结论随即出现"。可这里显然不是的,因为正如他的限定词"事实出现之后所认识到的"所暗示的,上述实践推理型式之结论中提到的"行动A"应该是"已经出现的事实"!此处所涉及的一个重大"言语困难"是:所谓实践推理的"必然性"(或逻辑有效性)到底是指一种可预见的行动不可避免,还是仅仅指我们事后回看时已经成为过去的"行动""可以被理解得通"?如果(正像本书第一章所表明的那样)仅仅是指后者,那么,通常作为实践推理之结论的行动其实就是用来表达既定事实的命题而已,于是,整个推理结构和理论推理或许并无本质差异。而如果所指的是前者(这是本书第一章未认可但却是很多研究实践推理的哲学家更加关心的),便意味着:即便是有效的实践推理也无法做到"前提成立,结论也一定成立"。既然如此,实践推理的规范性又何在呢?我们该用什么来谈论它呢?冯赖特本人没有回答这些问题,事实上他本人似乎已经陷入了措辞矛盾。③ 笔者也不认为自己目前能回答这一问题,除了指出它可能间接支持了古典实用主义关于"理论推理"与"实践推理"并非截然二分的见地。④ 但是,我愿意通过这样的问题在本章末尾把读者引向一个事实,那就是:作为我们哲学中最困难部分

---

① 参看 G. H. von Wright. *Explanation and Understanding*. Ithaca and London: Cornell University Press, 1971, pp. 116 – 117.

② G. H. von Wright. *Explanation and Understanding*. Ithaca and London: Cornell University Press, 1971, P. 117.

③ 参看张留华:《推理与做事》,刊于《思想与文化》(第二十辑),华东师范大学出版社2017年版,第1 – 14 页。

④ 不过,可以确定,时间是这个难题的核心。关于"过去"之对于我们思想的强制性与通常所谓自然法则或思想规律的必然性有何不同,皮尔士提供了深刻的洞见,参看 CP 5.459。关于新近哲学家对于"实践推理"的推进研究,当代新实用主义者布兰顿的巨著《使之清晰》(Making it Explicit)值得关注,笔者未来将在其他作品中专门讨论布兰顿这方面的贡献。

的实践推理研究，要取得突破，需要我们在遵循共同体术语伦理的前提下实现现有语言的创新。正如詹姆斯借用克尔凯郭尔（Soren Aabye Kierkegaard）的话所讲的那样，"生活是向前的，而理解是向后的。"① 当我们无法用现代逻辑的实质蕴涵来刻画日常条件句时，并不意味着我们的日常语言实践应该"削足适履"紧跟现代逻辑之路做出修改或调整。② 同样地，我们用既有"理论推理"的语言无法理解"实践推理"及其有效性，但这并不意味着我们应该就此停止探究。恰恰相反，我们需要不仅在语言上而且在理论上实现突破。古典实用主义强调我们从实践的维度上去理解和把握一切真正意义上的"推理"（即便是所谓的理论推理），这或许是一种新方向。不论如何，逻辑学从未也不应该限制我们继续探究。如皮尔士所言，一条"值得镌刻于哲学之城每一面墙壁上的"理性规则是："不要阻碍探究之路！"③

本章小结

人类推理，总是借助于语言进行的。人们曾经渴望寻求一种像数学那样普遍的无歧义语言来替代日常语言，从而避免或减少推理出错的机会；然而，现代逻辑诞生以来的发展趋势表明，这种"理想语言"不仅有相互竞争的多种版本，而且经常出现一个新的难题，即，如何把日常语言翻译为理想语言。除了开展推理需要借助于语言，推理论家也经常在元语言层次上使用"推理"及其他相关语词；遗憾的是，数理逻辑学家和推理心理学家各自经常在不同意义上使用"推理"这个词，由此造成交流障碍。由于长期以来哲学和科学上所流行的规约定义法并不适用于"推理"等元语言词汇，我们很难对于不同推理论之间的得失进行比较和评估，这相当于阻碍了探究之路。古典实用主义所贡献的"术语伦理"，在这方面迈出了重要一步，值得当前各路推理论研究学者共同关注。

---

① William James. *Pragmatism*. New York: Dover Publications, Inc., 1995, P. 86.

② 当然，我们的日常语言曾经而且将来也会发生各种调整，但调整的原因一定不是因为日常条件句无法像实质蕴涵那样实现某种数学上的一致性或完备性。那种以实质蕴涵来取代日常条件句研究的做法，类似于社会生活中的某种本末倒置的思维倾向，即，每当遇到形式规则（僵硬）与现实生活（灵活）不一致时，不是设法根据生活理想来改进形式规则，而是设法框定生活以更好地"落实"规则。

③ Charles Sanders Peirce. *Reasoning and the Logic of Things: The Cambridge Conference Lectures of 1898*. Cambridge: Harvard University Press, 1992, P. 178.

第六章　超越笛卡尔主义理性观：我们可以追求什么？

> "……假若思想不是永远站在那里指着宇宙，徒有无助的惊奇感，那就必须把思想活动的关注点转离开那种不看结果的纯理论省思……。我们的心灵一直在纯省思的道路上受到查验、阻碍和抑制，而一种可以赋予心灵自由运动的世界观念将由此使得我们的世界重显合理性。"
> ——詹姆斯《合理性、行动和信仰》（1882）①

在前五章中，我们主要是横向对照现代逻辑和实证心理学来阐述古典实用主义之作为第三条道路——推理研究的哲学进路——的可能性及主要内容。而在哲学的视域下，推理论往往只是理性研究的一部分而已，② 可以说，一位哲学家的推理论最终是为其理性观服务的。有鉴于此，我们将在本书最后一章中纵向考察古典实用主义的理性观在哲学上的对手和友邻。总体来说，古典实用主义推理论试图追求和展现一种超越笛卡尔主义的理性观图景，它要求我们回到生活世界，诚实面对人类理性的能力和缺陷以及希望和困境。抓住这一点，我们将能更好地理解早期分析哲学家何以误解了古典实用主义以及当今分析哲学何以能把古典实用主义纳入视域。

第一节　笛卡尔主义理性观

从理性观上看，当今哲学中占据支配地位的当属笛卡尔主义理性观。

---

① William James. "Rationality, Activity and Faith". *The Princeton Review*, July – Dec 1882, New York, pp. 58 – 59.

② 关于"理性"一词的用法，冯赖特曾区分了 rational 与 reasonable，参看 G. H. von Wright. *The Tree of Knowledge and Other Essays*. London: E. J. Brill, 1993, pp. 172 – 173。其实，还有一个词是 logical。本书这里的"理性"更接近于 reasonable 及其同源词 reasonableness。

我们这样说，应该不会令哲学家感到吃惊，因为笛卡尔在"现代"世界中一直享有"现代哲学之父"（Father of Modern Philosophy）的称号。①然而，由于我们这里涉及的主要是理性观，还是让我们看看其理性观到底包含什么基本主张，然后它又是如何影响了后来现代哲学的发展路径。

一、笛卡尔的《方法谈》及其理性范式

论起"现代哲学"，在笛卡尔那个时代，并非只有他一位重要哲学家。事实上，现代早期哲学通常是分为经验主义和理性主义两条脉络的。那么，为什么只有笛卡尔被称为现代哲学之父呢？有当代学者认为，那是因为"笛卡尔是反叛亚里士多德的掌旗官（standard - bearer）。……霍布斯和洛克创立了英国经验论以对抗笛卡尔理性主义，但是他们与笛卡尔所共有的设定要远比用以分化他们的那些议题重要得多。"② 不过，在本书的语境中，我们要指出：他的"现代哲学之父"身份并非只是因为他相对于同期经验主义者更加重视理性之地位，从根本上是源于他对于一种非亚里士多德样式的、支配后来几乎所有"现代哲学"的理性范式的确立。这种理性范式，集中展现在笛卡尔出版于1637年的《方法谈》（Discourse on the Method，全称为"谈谈用自身理性追求科学真理的正确方法"）一书中。这本书表面上看是笛卡尔的思想传记，但他以极其凝练朴实的语言概括了自己的哲学体系和科学方法，不仅在职业哲学家中而且在整个思想文化史产生了深远影响，成为堪比柏拉图《理想国》、康德《纯粹理性批判》的哲学经典，甚至还要比两者更为简洁、更具可读性。③

在《方法谈》一书中，笛卡尔指出：（当时）逻辑学中的三段论以及大部分其他技术更多的用处不是用来学习东西而是向他人解释已经知道的东西，于是他在吸收逻辑学、几何分析和代数学三门学科各自优点并抛弃它们各自缺点的基础上，构建了自己的一种方法。相比于（他那个时代）逻辑学中数量巨大的规则体系，这种方法要求我们仅仅遵循以下四条就够

---

① 这在很多哲学史教程中都可以看到，譬如，Bertrand Russell. *History of Western Philosophy*. London and New York：Routledge，1996，P. 511 and Samuel Enoch Stumpf and James Fieser. *Socrates to Satre and Beyond：A History of Philosophy*. seventh edition，New York：The Mc Graw - Hill Companies，Inc.，2003，P. 223.

② Anthony Kenny. *A New History of Western Philosophy*, Volume Ⅲ：*The Rise of Modern Philosophy*. Oxford：Clarendon Press，2006，P. xiii.

③ Anthony Kenny. *A New History of Western Philosophy*, Volume Ⅲ：*The Rise of Modern Philosophy*. Oxford：Clarendon Press，2006，P. 35.

了。第一，永远不要认可任何东西是真的，假若我们不是拥有有关它的真实性的显明知识的话。第二，把我们所考察的每一个难题都划分为尽可能多的部分，以便其能得到更好的解决。第三，把我们的思想按照次序排列，从最简单最容易认识的对象，逐步上升，直到最为复杂的。第四，列举要完整，评论要全面，确保不遗漏任何东西。①

简单来说，笛卡尔的方法就是"直观+演绎"的方法。② 他的第一条规则其实交代的是作为我们一切认识之基础的"直观"。为了认清此种"直观"，我们只需要采用"普遍怀疑"的方法，先把一切东西怀疑掉，然后按照自明性标准就可发现。按照他的说法，此种"直观"就是自然呈现于我们心灵中的那些"清明的"（clear and distinct）判断。第二、第三、第四条规则分别从"分析性""建构性"和"穷尽性"三个方面告诉我们如何在"直观"所提供的基础上开展有效的推理，它们共同刻画了何谓数学式的演绎推理。需要指出的是，此种演绎推理只是"数学式"的，并非就是数学领域内的推理。因为正如笛卡尔所指出的那样，当时的代数和几何分析仅仅关注一些高度抽象的东西，并无助于心智培养。③ 而上述规则所概括的演绎推理却可以普遍适用于各种领域各类主题。按照笛卡尔的哲学路线图，从直观的"我思"出发，达到"我在"，进而可以推知有关外部事物及上帝存在的各类真理。

笛卡尔相信，此种"直观+演绎"的方法正是人们"用以探求万物真理而需要的方法"，它"恰如其分地解释了我们应该如何运用我们的心灵直观以避免陷入反面的错误，我们应该怎么做才能找到那种能帮助我们获致无所不包的知识的演绎推理"；他同时认为，直观和演绎是每一个正常人都具有的认知机能，是人人都会因而无需要解释的东西，因为"若没有心灵直观和演绎，我们就不会拥有任何知识。此种方法不可能用来教会我们如何实际地开展直观和演绎，因为这些东西是最为简单、极其基本的东西。如果我们的心智不是预先能够开展直观和演绎，

---

① 参看 René Descartes. *The Philosophical Writings of Descartes*. Volume 1, translated by John Cottingham, Robert Stoothoff and Dugald Murdoch, Cambridge: Cambridge University Press, 1985, pp. 119 – 120.

② 关于此种方法的另一种比较清晰的阐释，也可参看 Samuel Enoch Stumpf and James Fieser. *Socrates to Satre and Beyond: A History of Philosophy*. seventh edition, New York: The Mc Graw – Hill Companies, Inc., 2003, pp. 226 – 227.

③ René Descartes. *The Philosophical Writings of Descartes*. Volume 1, translated by John Cottingham, Robert Stoothoff and Dugald Murdoch, Cambridge: Cambridge University Press, 1985, pp. 119 – 120.

我们就无法理解该方法中的任何一条规则,不论这些规则有多么容易。"①

现在,我们来看,此种方法如何构成了一种与亚里士多德相对抗的一种"现代理性范式"?由于"直观"和"演绎"被认为是每个正常人不可能不会的事情,而我们"探究万物真理"时除了此种"直观+演绎"的方法外再不需要任何其他"附加的方法",由此便产生一个重要的理论结果,那就是:在凭借理性探究真理时,一个人与很多人是一样的效果,因为人人理性都是一样的。关于这一点,笛卡尔讲道:"先分为多个部分然后交由各种不同工匠去生产的作品,相比于单个人所完成的作品,通常并没有多少改善。譬如,我们看到,相比于由多个人试图拼凑完成(即通过改造原来出于不同目的所搭建的墙壁)的建筑,由单独一位建筑师所从事和完成的建筑物通常要更具有吸引力,而且规划更加周密。还有,相比于那些由规划师按照他们所想在平地上设计而来的整齐划一的城镇,古代城邦只是由一些村庄逐步演变为大城镇的,它们通常都是比例不对称的。"② 此种"结果"使得笛卡尔的方法具有一种显著不同于"前现代理性"却引领"现代理性"新风的个体主义特征。有哲学史家把这种差别及其革新讲得非常清楚:"的确,笛卡尔开创了一种个体主义式的哲学新风格。中世纪哲学家自认为主要是在参与传递知识体;在此种传递过程当中,他们可能会做出一些改进,但这些工作必须保持在传统所设定的界限内。文艺复兴时期的哲学家自认为重新发现和推广了所丢失的古代智慧。笛卡尔是自古以来将自己视为总体革新者的第一人,他第一个认为个人自己拥有特权,可以自行阐明有关人及其世界的真理。在笛卡尔走过之地,其他人都追随而来:洛克、③ 休谟和康德他们每一个人都把自己的哲学视作第一次基于可靠科学原理建构而来的新创造。'读我的书,抛弃所有前辈',是 17 世纪、18 世纪思想家和

---

① René Descartes. *The Philosophical Writings of Descartes*. Volume 1, translated by John Cottingham, Robert Stoothoff and Dugald Murdoch, Cambridge: Cambridge University Press, 1985, P.16.

② René Descartes. *The Philosophical Writings of Descartes*. Volume 1, translated by John Cottingham, Robert Stoothoff and Dugald Murdoch, Cambridge: Cambridge University Press, 1985, P.116.

③ 那种一度曾在西方近代哲学史教程中流行的洛克"经验主义"对峙笛卡尔"理性主义"的叙事模式,在近些年已渐被学界抛弃。正如有学者所指出的那样,"很显然,虽然洛克本人自认为在有关观念和原则的源头的重要(而复杂的)问题上对之前的哲学家们表示不满,但在诸多重要的方面,他其实是一位笛卡尔主义者。他与笛卡尔共有的那些基础观点和基本概念已在近期被称作'官方学说'(official doctrine),有人甚至已经提出,英语世界所做的哲学一直以来都大致属于笛卡尔主义。"参看 Willis Doney (ed.). *Descartes: A Collection of Critical Essays*. London: Palgrave Macmillan, 1967, P.10。——引者注

著作家的一个常见主旋律。"①

二、休谟的反神迹论证与笛卡尔的理性观

在强调笛卡尔奠定"现代理性"范式的同时，我们必须承认，并非笛卡尔身后的每一位知名哲学家都继承了他有关理性方法的信条。譬如，苏格兰哲学家里德认为，我们不必去怀疑的自明性"常识"其实有很多，并不需要每一个都从直观的"我思"演绎推理而来。但是，在早期现代哲学中，里德的声音并未成为显学。在里德同时代哲学家中占据支配地位的是休谟。虽然里德敢于挑战休谟的诸多哲学观点，大哲学家康德却支持休谟而否弃了里德。从认识论来看，休谟属于与笛卡尔理性主义对抗的经验主义哲学家，但在理性观上，我们看到休谟只是把笛卡尔的"直观"基础换成了"经验"基础，总体上仍然继承了"笛卡尔方法"中的基础主义、演绎主义和个体主义。② 如果"直观+演绎"是最初版本的"笛卡尔方法"的话，我们可以把其背后预设的基础主义、演绎主义和个体主义作为后世哲学家中"笛卡尔主义理性观"的核心特征。如此来理解，我们将发现，不仅是笛卡尔理性主义哲学的信徒们，即便是其经验主义对手休谟甚至是号称现代哲学集大成者的康德都在哲学上抱有一种笛卡尔主义的理性观，从而使得笛卡尔理性观念不仅从始创者意义上而且从实际影响来看都成为名副其实的"现代理性"范式。③ 为表明这一点，我们不妨从休谟最为出名的反神迹论证来看他如何抱守一种具有经验论色彩的笛卡尔主义理性观。关于这个论证，我们在本书第一章已提及，下面主要做补充阐释：

休谟的论证，主要围绕有关神迹的证词。这种证词的特别之处在于：它所见证的事实是神迹，神迹不仅仅因为很少有人发现而显得奇特，而且完全是"对于自然法则的违背"。譬如，"所有人都会死""火能燃木，水能灭火"，这些都是自然法则，而所谓神迹就是能阻止这些自然法则的事

---

① Anthony Kenny. *A New History of Western Philosophy*, Volume Ⅲ: *The Rise of Modern Philosophy*. Oxford: Clarendon Press, 2006, P. 40.

② 关于笛卡尔对于休谟理性观念的影响，还可参看 David Owen, *Hume's Reason*, Oxford: Oxford University Press, 1999。该书强调的是笛卡尔和洛克对于休谟理性观念的共同影响，但洛克对于休谟的影响主要是赋予笛卡尔主义理性观一种经验论色彩。

③ 类似此种范式意义上的笛卡尔观念，我们还可以提到一度广泛流行的那种有关心灵相对于身体之地位的"机器中的幽灵"观念。它同样源于笛卡尔本人，但其实际影响远超出笛卡尔及其理性主义学派，不仅同时代的洛克等经验主义者甚至可以说后来大多数现代哲学家都在一定程度上继承和接受这一观念，以至于赖尔提到它时竟以"官方学说"（the official doctrine）相称。参看 Gilbert Ryle. *The Concept of Mind*. London and New York: Routledge, 2009, pp. 1 – 5.

情。也就是说,经验即"自然进程"中绝不会出现神迹这样的事情,一切经验场景必然都是否定神迹的,否则它们也不会被称为神迹了。本来,按照他的经验主义原则,休谟可以直接从"自然法则"的稳固经验基础来驳斥神迹的存在。但是,他似乎并不满足于此,为了表明自己论证得彻底和严密,他希望从有关证词的概率演算中"迫使"每一位读书人都放弃对于神迹的信念。而正是在他的这种声称无懈可击的论证中,我们看到了笛卡尔理性观念的影子。他试图从一些基本的经验原则出发,把有关神迹的所有证词纳入严格的演绎推理之中,从而形成他所谓的"比率算法":"任何证词都无法充分确立一种神迹,除非这样一种证词出错之后会比它所试图确立的那个事实更像是神迹;而且,即便在那种情况下,存在着论证之间的相互推翻,我们的确信度要与高阶论证一方扣除低阶一方之后所余下的效力相适应。"① 譬如,有人告诉你:他看见死人复活了,你自己要考虑一下:"这个人是骗你了或他本身就受骗了""他所讲的那个事实际上发生过",两件事哪一个更有可能?你要把其中一个与另一个衡量一下,最后抛弃那个"更像是神迹"的事件。如果他的证词出错倒更像是神迹,那么,这时而且只有这时你才可以相信他所说的话。不过,休谟通过大量的实例详细地表明:对于神迹事件,从来都没有过与"否定其存在的证明"相对立的"支持其存在的证明";对于神迹所已提供的任何现有证词均从未达到某种"概率",更别说是"证明"了。② 如果忽略旁枝末节,只抓思路脉络,休谟著名的"反神迹论证"的结构应该包含以下前提和结论:

前提1:是经验才让有关神迹的证词获得了权威。

前提2:同样也是经验让我们确信自然法则。

前提3:神迹就是对于自然法则的违背。

中间结论1:关于神迹,存在着对立性经验。(由前提1、前提2、前提3产生)

前提4:面对对立性的经验时,我们必须运用比率算法,根据证据比重来建立信念。

中间结论2:对于神迹是否存在,我们要运用比率算法,根

---

① David Hume. *An Inquiry concerning Human Understanding*. edited with an Introduction and Notes by Peter Millican, Oxford: Oxford University Press, 2007, P. 83

② 对此,休谟给出了四个方面的理由:(1)见证人的品性和数量不够;(2)群众原本就倾向于编造和相信离奇的故事;(3)神迹故事在野蛮无知的民族中大量存在,这意味着它们实际上是想象的产物而非事实证明的结果;(4)不同宗教关于神迹的证词之间有矛盾。

据证据比重来建立信念。(由中间结论1和前提4产生)

前提5：对于"自然法则"的有效，存在着齐一性的经验基础。

前提6：有关神迹的现有证词并不能证明神迹的存在，甚至也不能为其提供任何的概率。

中间结论3：对于神迹的存在，并不存在压倒性的经验证据；即便考虑到关于神迹存在可能会有什么新证词，证词出错的可能性也至少与神迹存在的可能性一样高。(由前提5、前提6产生)

总结论：我们无法依据经验相信神迹存在。(由中间结论2、中间结论3产生)

很显然，这本身是一种典型的演绎推理结构。① 但休谟该论证对于"演绎推理"之重要性的抬升体现在"前提4"，即"面对对立性的经验时，我们必须运用比率算法，根据证据比重来建立信念。"需要注意，这个命题有异于前述论证的所有其他前提，它并非对于休谟经验主义原则的阐释或应用，而是对笛卡尔那里数学式演绎推理（即"比率算法"）之绝对性的认可，反映出他跟笛卡尔一样对于数学之作为演绎推理范例的一种迷恋。对此，有人或许解读为休谟对于经验原则贯彻上的不彻底或不一致，但毋宁说：这暴露出休谟作为一种经验主义者对于笛卡尔主义理性观的追从和坚持。或许，他从一开始就没打算像他的经验主义前辈培根那样以"归纳"取代"演绎"，因为我们都知道，恰恰相反，哲学史上所谓的"休谟难题"正是对于归纳之作为推理形式的合法性的怀疑。总之，休谟尽管用"经验"取代了"直观"，但只是另一种"基础主义"而已。这种具有经验论色彩的基础主义，并不妨碍他坚持演绎主义。而由于他认为上述反神迹论证是每一个个体都能独立完成的，个体主义也已然蕴藏于其中。

三、现代数理逻辑中的笛卡尔主义理性观

当我们把笛卡尔称为"现代哲学之父"并把他的理性观念视作"现代理性"范式时，当然意味着笛卡尔对于后世哲学家的深远影响。关于笛卡尔主义理性观的流传，通常可以围绕两条线索来梳理：一是前面我们指出的笛卡尔对于洛克、休谟、康德等哲学家理性观念的"跨流派"影响。由此来看，任何从笛卡尔、洛克、休谟或康德汲取思想资源的后世哲学家

---

① 有关笛卡尔论证的更多细节，参看张留华：《反神迹论证中的推理观念：皮尔士与休谟》，刊于《现代哲学》2015年第4期。

都可能会同时接受某种笛卡尔主义理性观。二是我们在本书第二章第一节所提到的《波尔·罗亚尔逻辑》对于笛卡尔主义的有力传播。该书自1662年出版直至20世纪，一直被认为是逻辑基础的标准教科书。作者阿尔诺和尼科尔作为笛卡尔主义者把笛卡尔的很多哲学思想贯穿和渗透到这本逻辑教科书中，这使得我们无法低估笛卡尔主义理性观在一代一代的大批读者中的影响力。然而，我们对于笛卡尔主义理性观的追溯，并不必限于仅仅这两条线索。事实上，笔者认为，对于当世哲学家来说，笛卡尔主义理性观的影响主要是通过20世纪之后所诞生的现代数理逻辑传来的。

我们断言现代数理逻辑与笛卡尔主义理性观有渊源关系，这或许会让当代某些读者感到有些惊讶。因为既不同于康德，也不同于《波尔·罗亚尔逻辑》，现代数理逻辑似乎是全新的一种观念。从逻辑观念上看，《波尔·罗亚尔逻辑》是典型的一种传统逻辑形态，即以亚里士多德的词项逻辑为主；而当康德说"逻辑学自亚里士多德时代以来再没有前进一步"时也表明他所持有的逻辑观念仍旧是传统的亚里士多德逻辑。与这些传统逻辑不同，现代逻辑有一个显著差别，那就是：传统逻辑认为概念先于命题，而现代逻辑认为命题先于概念。

不过，我们之所以说现代数理逻辑与笛卡尔主义理性观一脉相承，主要是从基础主义、演绎主义和个体主义这三个维度来考虑的。我们不否认弗雷格等现代逻辑奠基者与笛卡尔的工作相比有某种程度上的独立性。我们也不是要否认两者之间存有在其他方面的重要差别，事实上，我们在第三章第一节看到，当代主流逻辑中的推理观念与洛克、休谟等人也不尽相同。但是，就"基础主义""演绎主义"和"个体主义"这些基本特征来看，现代数理逻辑显然是与笛卡尔"直观+演绎"的方法行走在同一条道路上的。

从基础主义来看，如果说在笛卡尔那里作为不变基础的是"直观"而来的自明性概念的话，现代数理逻辑中作为不变基础的则是一些自明性命题。这些命题可能被认为是直观而来的，也可能是外部观察而来的，但其"基础性"地位跟笛卡尔的"清明"观念是一样的。在本书第三章第二节所介绍的逻辑演算系统中，由初始符号所构成的"公理"或"推理规则"扮演着"基础性命题"（或曰"初始命题"）的角色。毫无疑问，这些"公理"或"推理规则"是非常慎重加以选定的"不可错的信念"，是笛卡尔意义上经得起"普遍怀疑"考验的东西。如果现代逻辑学者愿意把克里福德格言（即，"任何时间，任何地点，任何人，基于不充分的证据而去相信某种东西都是错误的"）作为逻辑推理的信条的话，笔者相信，笛卡尔本人的很多话可能是他们共同的源头所在，譬如，"永远不要认可任

何东西是真的，假若我们不是拥有有关它的真实性的显明知识的话";①
"我从不接受任何未能给出确切证明的新意见";② 等等。

　　从演绎主义来看，笛卡尔与现代逻辑学者都同样把数学尤其是几何学作为演绎推理的范例。如果说现代数理逻辑是一种超越亚里士多德的新逻辑，那么，笛卡尔方法原本也是在试图通过借鉴数学推理而超越亚里士多德逻辑，只是他没有引入更多数学工具（函数等）来阐释其关于"数学式演绎推理"的想法。不管怎样，现代逻辑关于"演绎"的"分析性""建构性"和"穷尽性"等核心观念已经包含在笛卡尔主义理性观中了。与现代逻辑学家的动机一样，笛卡尔有意把数学作为以严格推理探求真理的榜样，但并无意掌握所有的数学分支，他真正关注的是数学中那种有望帮助我们通达一切真理的长长的推理链条。相信任何一位现代逻辑学家都会乐于重复笛卡尔《方法谈》中的这样一段话："几何学家习惯于采用那些包含有极其简单和容易的推理所构成的长长链条，以此获致非常困难的证明。这样的推理使得我认识到，所有归在人类知识之中的东西都可以按照此种方式彼此联系起来。我认为，假若我绝不接受任何不属实的东西，总是坚持按照次序由一个东西演绎出另一个，就不会有任何东西是遥不可及的或隐秘到难以发现的程度。……考虑到在所有迄今仍在追求科学真理的人群当中唯有数学家有能力找到一些证明——即确定和显明的推理——我相信我就应该从他们所研究的那些东西开始。然而，我希望从中获取的好处只是使得我的心灵能够容易接受真理的滋养而不是满足于糟糕的推理。我也无意试着掌握所有统称为'数学'的那些具体科学。"③

　　从个体主义来看，现代逻辑学家似乎跟笛卡尔一样认为，不论是"基础性命题"的获得，还是由此开展的数学式演绎，都是无需解释、人人会用的东西，因为由此所构成的"现代逻辑"是自明的"纯数学"，整个数学都曾被相信可以还原为它（即所谓"逻辑主义"观点），任何其他复杂的推理也都可以由此种"逻辑"得以清晰地理解。④ 如果说笛卡尔那里的

---

①③　René Descartes. *The Philosophical Writings of Descartes*. Volume 1, translated by John Cottingham, Robert Stoothoff, and Dugald Murdoch, Cambridge: Cambridge University Press, 1985, P. 120.

②　René Descartes. *The Philosophical Writings of Descartes*. Volume 1, translated by John Cottingham, Robert Stoothoff, and Dugald Murdoch, Cambridge: Cambridge University Press, 1985, P. 142.

④　关于逻辑自明性的此类观点，在标准意义上的现代逻辑学家之外也有不少同时代人持有。譬如，布拉德雷在《逻辑学原理》中说："逻辑学跟其他具体科学一样，既无法也不应该去试着努力解决终极性难题。它有权……采用它发现对其目的而言所需要的任何观念，而且在使用这些观念时不必提供任何进一步的辩护。" F. H. Bradley. *The Principles of Logic*. Volume 2, Second Edition, Revised with Commentary and Terminal Essays, London: Oxford University Press, 1922, P. 599.

"自明性"只是通过"清楚性和明晰性"来粗略界定的话,现代逻辑学家则是把那种他们认为自明的"逻辑"以抽象的形式系统(公理化系统或自然推理系统)精确表现出来了,从而更加便于每一个体领会和利用。如奎因所言,"[现代]逻辑是特别的:每一个逻辑真理都是实际或潜在地显而易见。"① 每一个体运用此种逻辑进行理性思考,只要不出差错,就一定能达到与其他人一样的思考结果。因此,对于同一问题的理性考察,大家最终的结果也应该是一样的。

四、现代分析哲学中的笛卡尔主义理性观

笛卡尔主义理性观通过现代数理逻辑得以系统化"重现",由此使得它在后来伴随现代逻辑而产生的分析哲学运动中产生了深刻影响。根据早期现代逻辑学家对于"现代理性"范式的理解,逻辑代表了人类的理性,而现代逻辑就是真正科学意义上的逻辑,具体来说就是后来被称为经典逻辑的"一阶逻辑"。更为有趣的是,此种"一阶逻辑"被认为代表了人人都会、人人都在用的"逻辑本能",因而弗雷格在建构出第一个现代逻辑系统之后并不反思也不回答"逻辑的基础"这一问题。后来,罗素虽然认识到需要从哲学上对于此种逻辑本身给出系统解释,但他自己坦承:对于"逻辑命题何以为真?"这样的问题,无法回答。"很显然,逻辑最根本的特征是,当我们说逻辑命题依据其形式为真时所显示的那种东西。……然而,我承认自己不能对说'一个命题依据形式为真'时的意思给出任何明晰的说明。"② 或许正是基于此种"逻辑"的特殊地位,现代哲学中出现了罗素在《西方哲学史》最后一章提到的一种所谓"逻辑分析的哲学"——早期分析哲学的主要形态之一。

罗素把此种"逻辑分析的哲学"归属于"现代分析性经验论"(modern analytic empiricism),认为它同早期现代哲学家洛克、贝克莱(George Berkeley)和休谟的差别在于"它与数学相结合并发展出了一种强有力的逻辑技术"。③ 不过,根据我们前面提到的笛卡尔理性观对经验主义、现代逻辑的影响及其对数学推理的推崇,罗素此种讲法不过就是在强调分析

---

① W. V. Quine. *Philosophy of Logic*. Second Edition, Cambridge, MA: Harvard University Press, 1986, P. 82.

② Bertrand Russell. *The Principles of Mathematics*. Second Edition, New York: W. W. Norton & Company, Inc., 1996, P. xii.

③ Bertrand Russell. *History of Western Philosophy*. London and New York: Routledge, 1996, P. 742.

哲学对于笛卡尔主义理性观的最新发展。① 而"逻辑分析的哲学"的另一位倡导者卡尔纳普则直接把笛卡尔主义理性观在分析哲学的影响明确说成是"现代逻辑在哲学研究中的应用"。1931年,卡尔纳普在著名的《旧逻辑与新逻辑》一文中为当时的哲学家介绍现代逻辑之作为"新逻辑"的主要特征并强调其对于整个科学事业的重大意义:"逻辑学不再仅仅是诸多哲学学科中的一种,我们可以直接说:逻辑就是做哲学的工具。……它包含纯粹的形式逻辑,也包含应用的逻辑,或曰知识论。"② "根本没有什么能够作为具有类似于各门科学那样的特定主题的语句系统的思辨哲学。从事哲学,只能是指通过逻辑分析去澄清科学中的概念和语句。而这样做的唯一工具就是此种新逻辑。"③ 此种观点一度流行并深刻影响了后来许多主流分析哲学家,其核心议题可以归结为:现代逻辑对于哲学研究至关重要,以至于(至少是科学意义上的)哲学本身不过就是对于现代逻辑的应用而已。

对于借助此种"现代逻辑"开展哲学研究的人来说,笛卡尔主义理性观中的"基础主义"和"演绎主义"是一种很自然的预设。④ 以逻辑原子主义为例,当它把我们对于世界的描述一步步分析直到原子命题时,不过是反向说明了我们需要如何从原子命题为基础逐步演绎出不论多么复杂的其他命题;不仅如此,根据其图像论观点,由于语言是世界的图像,甚至在世界本身中也存在着作为逻辑建构基础的"原子事实"。在逻辑原子主义之后出现的类似观点是在逻辑经验主义(或曰逻辑实证主义)学派那里。正如该学派的名字所暗示的那样,"逻辑+经验"代表着他们所倡导的"理性",由于其所谓逻辑就是作为形式演绎系统的现代逻辑,这让我们想到它只是以"经验"基础取代了笛卡尔"直观+演绎"方法中的

---

① 哲学家艾耶尔已注意到罗素此种哲学观念与笛卡尔、洛克等人的密切联系,参看 A. J. Ayer, *Russell*, London: The Woburn Press, 1974, P. 36.

② Rudolf Carnap. "The Old and the New Logic". in *Logical Positivism*, ed. A. J. Ayer, The Free Press, 1959, P. 133.

③ Rudolf Carnap. "The Old and the New Logic". in *Logical Positivism*, ed. A. J. Ayer, The Free Press, 1959, P. 145.

④ 很显然,我们这里对于"逻辑分析派"分析哲学的解读与艾耶尔在《二十世纪哲学》中的处理有很大不同。艾耶尔在该书的前言中提及:全书大部分内容都围绕他本人偏爱的两个重要学派展开,一个是美国实用主义,另一个是所谓的"分析运动",参见 A. J. Ayer. *Philosophy in the Twentieth Century*. New York: Random House, 1982, P. ix. 而实际上,他正在试图把美国实用主义归结为某种类似于实证主义的东西,从而拉近了古典实用主义与逻辑分析派之间的距离。与之相反,在本书这里,古典实用主义与逻辑分析派分析哲学家(不包括日常语言学派)之间的距离却是被拉远了:前者被归为反笛卡尔主义理性观,后者被归为笛卡尔主义理性观。

"直观"基础。① 他们把经过经验实证的观察句作为"基础",作为逻辑系统中公理或初始规则的语义解释,并相信由此可以构造出任何领域的科学理论。事实上,卡尔纳普的著作《世界的逻辑构造》就是阐释这样一种笛卡尔主义理性观如何可能和如何展开的。由于以"经验"而非"直观"为基础已成为当时实证科学家乃至哲学家们的共识,卡尔纳普在该书中侧重于告诉哲学家如何从经验出发呈现一种具有普遍性的概念构造系统:"本书的研究旨在建立一套'构造系统',即,一种关于对象或概念的认知—逻辑系统。这里的'对象'总是在最为广泛意义上使用的,用来指任何可以对之加以陈述的东西。……与其他的概念系统不同,一种构造性的系统所要做的不只是把诸概念分成不同种类然后研究这些种类之间的差异和相互关系。除此之外,它还试图从某些基础性概念出发一步一步推演或'构造'出所有的概念,结果所出现的是一套概念谱系学,每一个概念都可以在其中找到特定的位置。构造理论的主旨是:所有概念都可以此方式从少量的几个基础性概念推演而来。这一点是它与大多数其他本体论的差别所在。"②

同样地,我们在借助"现代逻辑"开展研究的哲学家队伍中,也看到了笛卡尔主义理性观的个体主义后果。随着更多哲学家按照现代逻辑的路线从初始词及其所组成的初始命题出发构造关于某类对象的形式演绎系统,人们发现,不同人基于某种特定考虑可能会选择不同的初始命题;尽管这些初始命题看起来是不同的,它们在不同的构造性系统中都同样担当一种"基础"角色。这时,哪一个人的构造才是对的呢?从现代逻辑学的角度来看,只要是遵循构造性方法,他们最终构造出的系统都应予以承认,并无什么好坏之分。这也就是卡尔纳普所提出的"宽容原则":"在逻辑学上,没有道德可言。人人都可自由建构自己的逻辑,即他所想要的那种属于自己的语言形式。他所要做的一切只是,如果他希望探讨它,他必须清楚列出他的方法,并给出语法规则而无需哲学论证。"③ 总之,尽

---

① 有人或已注意到,"逻辑经验论"这一名字先讲作为演绎的"逻辑"而后讲作为基础的"经验"。这只是为了区别于他们自己所理解的传统经验主义。或许他们认为,传统经验主义只重视"经验"而不重视"逻辑",但正如我们前面所指出的那样,即便是休谟等经验论者也是重视理性的而且抱守一种笛卡尔主义的理性观。

② Rudolf Carnap. *The Logical Structure of the World and Pseudoproblem in Philosophy*. Translated by Rolf A. George, Chicago and La Salle: Open Court, 2003, P. 5.

③ Rudolf Carnap. *Logical Syntax of Language*. Routledge, 1937, P. 52.

管哲学家需要像科学家那样分工合作,① 但此种合作并不涉及理性本身,每一个人在遵循"经验+逻辑"这一理性方法上是独立而自主的,是可以百花齐放的。②

第二节 若干"非笛卡尔主义"趋向：另种"现代"逻辑

我们已经看到,笛卡尔主义理性观在现代哲学中有着深远影响,甚至现代逻辑的推广传播就是其影响力的一种集中体现。可以说,"现代逻辑"试图引入新近的数学技术以更为精确可见的形式呈现笛卡尔方法：它从逻辑学上把握现代理性,然后又把逻辑学限定为现代数理逻辑,由此达到一切科学探究所需要的那种所谓"科学化"的理性观念。然而,随着现代逻辑的深入推广和运用,一些哲学家开始对此种标准"现代逻辑"或"科学化"理性感到不满,试图对其加以补充或修改,从而尝试规划另一种意义上的"现代性"逻辑。在这些新的规划中,我们看到了一种可谓"非笛卡尔主义"理性观③的诸多端倪,使得我们的视野开始从标准的"纯逻辑"拓展开来,走向逻辑学、认识论和方法论的统一。

一、现代数理逻辑之外的"理性"问题

弗雷格所开创的现代数理逻辑,经过罗素、卡尔纳普等人的哲学阐发,推动了逻辑分析派分析哲学的产生和蓬勃发展。之所以如此,是因为许多哲学家相信,现代逻辑为哲学研究乃至一切探究真理的事业提供或阐释了我们所需要或一直在运用的理性。不过,后来的实际情况表明,这是一种过于乐观的想法。不少哲学家发现,当人们完美掌握了现代数理逻辑

---

① 卡尔纳普自己归属于一个著名的"维也纳小组",并且倡导哲学家像科学家那样围绕不同的领域分工合作,而不应追求大一统的哲学体系。但他所谓的分工主要是研究领域的分工,而非理性能力上的互补。参看 Rudolf Carnap. *The Logical Structure of the World and Pseudoproblem in Philosophy*. Translated by Rolf A. George, Chicago and La Salle：Open Court, 2003, pp. xvi – xvii.

② 本节关于笛卡尔主义理性观的论述,与图尔敏关于"理性的失衡"的论证,尽管在侧重点和援引材料上不同,但基本精神是相契合的。了解图尔敏这方面的论证,可参看 Stephen Toulmin. *Return to Reason*. Harvard University Press, 2001, pp. 14 – 28.

③ 这里所谓"非笛卡尔主义",在历史时间上处在笛卡尔之后,因而不是"回到亚里士多德"。另外,所谓"非笛卡尔主义"并不意味着它抛弃笛卡尔主义的一切做法,重点是指它在思想风格上试图超出笛卡尔及其追随者的视界,因而总会反对笛卡尔主义的某些基本倾向。

之后，依然有很多问题没有得到"理性"解决，或者说，现代数理逻辑原本就不关心这些问题，① 而它们的确又与理性相关。

关于现代数理逻辑之外的"理性"问题，我们在本书第三、第四章提到的当代心理学有关普通人推理的各种实验结果中多有显现。譬如，尽管从理论上说人人都是理性动物或都会进行逻辑思维，但为何在推理实践中经常发现大多数被试无法正确使用现代逻辑教材中的某些常用重言式或"推理规则"（如MT规则）？然后，我们还看到，当实验设计者不是采用抽象语言而是被试更为熟悉的日常题材来"出题"时，"答对"的被试比例往往会大幅度提高。这些至少可以表明"逻辑"的使用效果（且不论逻辑本身）与具体实践和语言表述是有关系的。我们无法想象只讲求理论而不追求实践可行性的逻辑，我们（包括实验人员和被试）也没办法脱离开语言（抽象的抑或是具体的）而设计推理或开展推理。至于逻辑的使用与言语实践之间到底是什么"理性上"的关系，现代逻辑本身并没有给我们提供现成的说明，似乎遗漏掉了。

不仅是作为被试的普通人群，即便是现代逻辑学者自身，当他们想要由"内"到"外"，试图运用"现代逻辑"去解决各种涉及日常语言或生活实践的问题时，也同样会碰到"逻辑外的理性"问题。譬如，在建构经典一阶逻辑的过程中，逻辑学家无法脱离"母语"而引入任何新的形式语言，所以他们一般会解释说：联结词"→"是用来刻画条件句"如果……那么……"而引入的初始符号，但是，当他们反过来用"→"的逻辑定义或相关重言式（如"¬p →(p → q)"）来帮助我们解读日常语言中的条件句时，所谓的"蕴涵怪论"就出现了，譬如，既然知道"2 + 2 = 3"是假的，就可以从逻辑上推出"如果'2 + 2 = 3'那么雪是白色"为真，但日常生活中人们都不会这样讲，反倒认为那是很傻甚至有点空洞的说法。或许，有逻辑学家会站出来说：这只是说明逻辑中的实质蕴涵"→"相比日常语言中的条件句式"如果……那么……"而言是一种很弱的关系，不去考虑前后件之间真值以外的相干性。但是，这样说，就等于是承认：为了真正合理地用好条件句，除了逻辑上符号语言所规定的那种蕴涵关系，还要在逻辑之外另外懂得有关"相干性"的

---

① 持有这种"不关心"观点的一位代表人物，或许是卢卡西维茨（Jan Łukasiewicz）。他在《亚里士多德的三段论》一书中谈到"何谓形式逻辑？"时曾明确指出："懂得这一点是很重要的……唯有借助于变元所讲的推理规则属于逻辑学，而推理法则向具体词项的应用则不属于逻辑学。"（Jan Łukasiewicz. *Aristotle's Syllogistic from the Standpoint of Modern Formal Logic*. Oxford：Clarendon Press，1957，P. 14.）

道理。① 事实上，这里逻辑学家所遇到的问题非常类似于数学家对于"应用问题"的处理。我们在本书第一章曾提到怀特海的警告语："实际上，面对比较复杂的情况，一种最为常见的错误是认为，因为已经做出了长篇且精确的数学计算，把计算结果应用于某种自然事实，将是绝对确定的了。"② 纯数学内部不会存在此种"错误"，只有应用数学去解决实际问题的人才有此风险；同样地，从逻辑学内部来看或许不存在什么"蕴涵怪论"，只有应用经典逻辑去理解日常条件句的人才有此困惑。但是，即便我们毫不怀疑现代逻辑对于人类理性的重要性，这时我们至少可以相信在它之外仍有其他"理性"（关乎生活实践或日常语言，而非限于数学自身的）问题等待继续探索。

这些来自语言用法和实践相关性的新困惑，不禁让有些哲学家开始思考：既然"现代逻辑"并非涵盖所有的"理性"，或许，它本身并非"自明"的，而是需要另外的解释或辩护。在此意义上，我们在哲学上所需要的绝不只是对于逻辑的应用，同时还需要对于逻辑本身进行哲学反思，此即当代的一门新兴学问"逻辑哲学"（philosophy of logic）。按照现代逻辑的标准，"逻辑哲学"并不能称作"逻辑"，但这并不重要，重要的是它在关注现代逻辑所遗漏掉的"理性"问题，其中之一便是如何从理性上为现代逻辑辩护。正是在此意义上，来自牛津大学的著名逻辑哲学家谢尔在一次访谈中谈到对于"逻辑的自明性"这一流行论题的深度怀疑，是值得我们重视的："我丝毫不认为逻辑是显而易见的。如果逻辑是显而易见的，那么，到底某一理论是否在逻辑上融贯，应该是非常显而易见的。但是，在许多情况下，远远不是显而易见的。我们现在了解到的有些逻辑上的不融贯（譬如罗素悖论），在被发现以前远远不是显而易见的。即便是今天，很少有数学家能确信（更不用说是认为显而易见）当代数学（譬如集合论）在逻辑上是融贯的。再者，甚至是最简单的逻辑规律，譬如排中律，也远远不是显而易见的。这些规律中有些是相当有争议性的，许多人（譬如直觉主义者）不仅认为它们不是显而易见的，甚至是直接拒斥它们。"③

---

① 在当代非经典逻辑中，相干逻辑是一个重要分支；但即便是在此种逻辑中，依然存在很多与日常条件句不符的地方。

② A. N. Whitehead. *An Introduction to Mathematics*. New York：Henry Hold and Company，1911，pp. 27 – 28.

③ 此次访谈以"哲学的位置"为题发表在著名的在线文艺杂志"3：AM Magazine"上，参看 http：//www.3ammagazine.com/3am/the – place – of – philosophy/。与她对逻辑自明性的驳斥相伴，谢尔提出，我们需要一种对于逻辑合理性的一种实质论解释。有关论证，可进一步参看 Gila Sher. Is Logic a Theory of the Obvious？. *European Review of Philosophy* 4（1999），pp. 207 – 238。

有些人之所以要相信逻辑是自明性的"基础",很可能是源于他们对循环论证的惧怕,因为一旦不承认此种作为自明性"基础"的逻辑,我们可能就要有另一种逻辑来为我们的"不承认"提供理性上的论证。但是,正如谢尔所见,从根本上看那不过是他们的"基础主义幻相"在作怪。① 我们有理由认为,这是当代哲学家立足现代逻辑领域对于伯恩斯坦(R. Bernstein)所谓"笛卡尔焦虑"(Cartesian anxiety)② 的再一次反思和批判。

二、另一方向上的逻辑"现代化":实践理性

当人们把现代逻辑作为"现代理性"的化身时,一个很自然的冲动就是:以其解决实践中各种被认为需要理性解决的问题(即 real world problems),而非只是"数学题"那样显然经过理想化设定后的"人为问题"(artificial problems)。回避此种需求的一个办法是,将逻辑学所代表的理性限于纯粹理性,进而可以像布拉德雷那样坚称"任何实践上的用处都不是真正逻辑学的目的和意图所在",③ 或者可以像卡尔纳普那样宣称"逻辑的应用并非逻辑学本身而是方法论的任务"。④ 但是,"实践理性"的呼声在哲学史上从未停歇过。即便是当代认识论,他们也在逐步放弃"纯认识论",转而关注实践对于认识的各种影响因素,譬如,"语用侵蚀问题"(pragmatic encroachment)。⑤ 在这样的形势下,我们就不难理解有逻辑学家或哲学家试图把现代逻辑与实践需求紧密结合起来,而当此种结合遭遇挫折后,他们继而在另一种方向上推进逻辑的"现代化"。

毫无疑问,一旦把任何有关"合理性"的理论放置于实践中考察,这会为我们的思考结果带来很多新的变化。关于这一点,我们在本书第三、

---

① 参看 Gila Sher. The Foundational Problem of Logic. *The Bulletin of Symbolic Logic*, Vol. 19, No. 2, 2013, pp. 145 – 198.

② 伯恩斯坦敏锐地指出,虽然后世哲学家不再坚持笛卡尔的一些具体主张,但他们大多承继了笛卡尔"基础"之喻以及为了寻找"阿基米德点"而在宗教、形而上学、认识论、道德等等方面产生的诸多令人焦虑的难题。伯恩斯坦把弥漫于现代哲学中的此类焦虑概括地称作"笛卡尔焦虑"。参看 Richard J. Bernstein. *Beyond Objectivism and Relativism: Science, Hermeneutics, and Praxis*. Philadelphia: University of Pennsylvania Press, 1983, pp. 16 – 20。

③ F. H. Bradley. *The Principles of Logic*. Volume 2, Second Edition, Revised with Commentary and Terminal Essays, London: Oxford University Press, 1922, P. 621.

④ Rudolf Carnap. *Logical Foundations of Probability*. Chicago: The University of Chicago Press, 1962, P. 208.

⑤ 该问题主要涉及一种事实,即,我们对于主体是否知道某种东西的判断受到各种语用因素的影响,譬如,主体所关心的利益。参看 Brian Kim. Pragmatic Encroachment in Epistemology. *Philosophy Compass*, Volume 12, Issue 5, 2017.

第四、第五章中所提到推理心理学家和古典实用主义哲学家的研究成果中已多次提及。事实上，洛克早在《人类理解论》中就曾告诉我们："［理性］实际上包含两个部分，即，机敏（sagacity）和推衍（illation）。"① 这里的"机敏性"就是典型的实践因素。而詹姆斯在《心理学原理》"推理"一章中的一段话，或许可以为此种"机敏性"何以重要及具体所指提供某种脚注："……我总是有所不公正，总是有所偏狭，总是有点排他。我的借口是必需性——我有限且务实的本性置于我之上的必需性。我思想自始至终一直都是为了我做事，而且我在某一时刻只能做一件事情。被认为与整个宇宙并进的上帝，同时也应该一次性不分主次地看到宇宙所有部分，这不会有损于他的行为。但是，假若我们人类的注意力如此散播，我们将只是茫然地望着大量东西，从而丧失做任何一件事的机会。……我们的视域狭窄，我们必须一件一件地处理事物，先不管大自然各要素所具有的那种坚实完整的存在形式，把它们一个一个连续性地用线串在一起，根据它们每时每刻的变化，去满足我们的各种小兴趣。由此，每一时刻的片段性都通过下一时刻稍有不同的另一种片段性得以弥补。对于现在正在写这些话的我来说，有所侧重和选择，似乎就是人类心智的本质。"②

从具体的科学实践或论证实践出发，很多哲学家发现各种并非"演绎"的推理形态。在自然科学中，从培根到密尔，都是在试图说明归纳对于科学发现的重要性。后来，又有哈曼把本书前面提到的"外展"作为一种典型的非演绎推理形式，并通过将其改称为更加易懂的"最优化解释"（the inference to the best explanation）而令其在科学哲学中得以流行。③ 这些虽然已经足够能让持有演绎主义的现代逻辑学家感到吃惊，但它们并非全部的"异议"。1971年，哲学家威尔曼（Carl Wellman）在《回应与挑战：伦理学中的证成》一书中还提出了一种既非演绎又非归纳的"联导推

---

① John Locke. *An Essay Concerning Human Understanding.* Volume II, Collated and Annotated by Alexander Campbell Fraser, New York: Dover Publications, Inc., 1959, P. 387.

② William James. *The Principles of Psychology.* Cambridge, Mass: Harvard University Press, 1983, P. 960.

③ Gilbert H. Harman. The Inference to the Best Explanation. *The Philosophical Review*, Vol. 74, No. 1. 1965, pp. 88 – 95. 需要注意的是，这不同于波普等人的"科学发现的逻辑"。波普是把科学家所用的一切推理归结为演绎推理，而哈曼等人则强调"外展"相对于"演绎"的独立性。正如科学哲学家汉森所言，在倡导外展推理的人看来，波普等人的工作与其说是在研究"科学发现的逻辑"（Logic of Discovery），不如说是在呈现"已完成研究报告的逻辑"（Logic of the Finished Research Report）。参看 Norwood Russell Hanson. *What I Do Not Believe and Other Essays.* edited by Stephen Toulmin and Harry Woolf, Dordrecht: D. Reidel Publishing House, 1971, P. 289.

理"(conduction):即,用彼此独立相关的多重理由,联合支持同一种结论。① 这种推理形式所强调的是,不仅在伦理辩护中,而且在很多科学研究中,由于人们处在不确定世界中,很多时候只能基于不完全信息和有限共识去推理,所以,当我们想要引用理由去证明某一观点成立时,常常不是像演绎推理那样运用线性结构(即,从某一理由出发一环紧扣一环地推出结论)或组合结构(即,把两个或多个理由组合起来支持结论,但它们每一个并不能单独支持结论)来表示理由与结论之间的支持关系,而是倾向于选择具有收敛结构(即,每一个理由都在某种程度上独立支持结论,而它们联合一起时还能强化对于结论的支持力度)的联导论证。② 为便于理解和推广,有学者已经为这种新型推理形式替换了更加通俗的名称,如"基于好理由的论证"(good reasons arguments)、"基于累积考量的论证"(cumulation of consideration arguments)或"基于平衡考量的论证"(balance of consideration arguments)。③

各路哲学家和逻辑学家从理性思维的现实语境出发,不仅对"只认演绎为推理"的演绎主义表示异议,还对于现代逻辑所预设之基础主义和个体主义提出了挑战。在本书第四章第一节中提到图尔敏等"非形式逻辑学家"的工作时,我们已经注意到:图尔敏模型中的"根据""担保"和"支撑"等理由并不是如数理逻辑中那样牢不可变的"公理"或"基础命题",而是在特定社会、文化和历史条件下得到某种共同体认可的一些共识。这些共识,可能会在未来遭受某种异议,但通过及时回应实际出现的异议,或者增加模态限定词或者加上除外条件,我们推理的"合理性"还是可以在很大程度上得到补救的。这里,推理的单调性消失了,取而代之的是对于推理者所在"理性共同体"或"常识"的强调。在图尔敏等人看来,"常识世界"以及我们所有推理者组成的"理性共同体"才是决定各行各业推理是否可靠的最终裁判。"总的来说,我们熟悉的常识世界和日常经验位于初看起来有点神秘的各种职业专家论证的技术世界之下层,或为其提供了一种根基。更为重要的是,常识——那种经过筛选和消化的来自明智省思之人的经验——位于那些用以说服来自任意背景之听众的论

---

① 参看 Carl Wellman. *Challenge and Response*: *Justification in Ethics*. Carbondale and Edwardsville: Southern Illinois University Press, 1971, pp. 51 – 83.

② 读者或许可以看到,联导论证中的"收敛结构"效果,有点类似于本书前面提到的"绳式推理"之功能,即,不仅每一根细线都有一定程度的支持作用,而且当它们联合起来时更能起到意想不到的增强效果。

③ 参见 Trudy Govier. *A Practical Study of Argument*. Seventh Edition, Belmont: Wadsworth, 2010, P. 353.

证方法之下，并为其提供最终的支撑。只要所有人具有类似的需求并享有类似的生活，他们就共有一种为他们使用和理解类似推理方法所需要的基础。科学及其他职业上的技术推理在细节上可能对于我们其他人来说不清楚或不具有充分的说服力。有关一首流行歌曲之优点的论证对于一位古典音乐爱好者可能难以理解，或者反方向也难以理解。有关政治手腕的讨论只有那些已经知道潜藏的政治策略和目标的人才能理解。同样地，一旦有关趣味目标问题被拿出来公开讨论，各类推理论证也都可以退回到它们在常识和共有经验上的根源。就此而言，我们所谈及的论证的效力和支撑——至少通过足够一般性的说法——可以被来自极其不同背景的人们所理解。因此，论证和推理的世界并非分裂为如此多个彼此不沟通的群体，每一群体都带有自己独特的思想和推理形式。相反，我们全都是同一个'理性共同体'中的成员，因而也是用以最终决定论证可靠性的陪审团中的一员。"① 此种对于推理之共同体意识的强调，也是当前另一种不同于数理逻辑的逻辑教科书模式——"批判性思维"——一直在做的。譬如，在《正确提问：批判性思维导论》一书中，作者提出：推理总是对话性的，我们之所以要追问、理解彼此的预设，正是因为我们所追求的不只是好的个体推理，而且是好的共同体推理："批判性思维必然要涉及跟你关注同样议题的其他人。当你找出一些预设并在与其他人互动中将其阐明时，你同时对于提升我们共同体推理的品质做出了重大贡献。"②

这些迈向不同方向的逻辑"现代化"工作，显然并非数理意义上的"现代逻辑"。我们可以在与当代非经典逻辑"哲学逻辑"③ 不同的意义上，称它们为"哲学逻辑"，即，哲学意义上所追求的现代逻辑。④ 这里提出"哲学意义上的逻辑"，并非意味着"数理意义上的逻辑"就错了，毋宁说它让我们意识到逻辑学家或逻辑学读者在另一个方向的重要关怀，即，逻辑对于实践理性的相关性。

---

① Stephen Toulmin, Richard Rieke and Allan Janik. *An Introduction to Reasoning*. Second Edition, New York: Macmillan Publishing Co., Inc., 1984, pp. 119–120.

② M. Neil Browne and Stuart M. Keeley. *Asking the Right Questions: A Guide to Critical Thinking*. Eighth Edition, Pearson Education, Inc., 2007, P. 55.

③ 现代逻辑教材中的"哲学逻辑"通常是指模态逻辑、认知逻辑、道义逻辑等内涵逻辑，似乎带有哲学意味的逻辑学仅限于这些而不包括命题演算、谓词演算等所谓基本逻辑或外延逻辑。但是，很显然，任何一类逻辑系统都产生相应的哲学问题。

④ 笔者相信，澳大利亚逻辑学家雷斯塔尔（Greg Restall）在《逻辑导论》一书开头部分正是在此意义上说："逻辑学可以两种方式进行研究——既可以形式的方式，也可以哲学的方式。本书同时关注逻辑学的这两个面向。……我们将不仅学会形式技术，同时将对那些技术进行分析和解释。"（Greg Restall. *Logic: An Introduction*. Routledge, 2006, P. 1.）

三、日常语言的"逻辑"

现代数理逻辑之所以被认为有优越于亚里士多德三段论的逻辑表现力,在很大程度上要归功于在弗雷格1879年《概念文字》基础上发展而来的一套精致的所谓"理想语言"或"理性语言"。在弗雷格、罗素、卡尔纳普、奎因等分析哲学家看来,正是此种人工创制的"理性语言"相较日常语言的严格性,使得哲学这一古老的学问开始逐步走上科学化道路。然而,并非所有的分析哲学家都相信这一点。事实上,在逻辑分析派之外有另外一群被称为"日常语言学派"的哲学家虽然同样强调"分析",却不怎么看好"现代逻辑"这套人工语言。① 相反,他们认为,"现代逻辑"只是贫瘠的形式语言,其丰富性和可用性远无法与我们的日常语言相比拟;因此,弗雷格等人通过"现代逻辑"所创制出的其实并非"理性语言",毋宁说日常语言本身就蕴藏着人类的逻辑。

早在"现代逻辑"诞生之初,英国牛津大学的逻辑学教授威尔逊(John Cook Wilson)就极力为日常语言正名。他指出:"对于日常语言中的诸种区分,我们永远无法置之不理而不至于出错。"我们在日常语言中所发现的区分,并不属于任何抽象系统的产物,也不是任何逻辑学家所发明出来的,而是从人类实实在在的经验事实以及天然的思维方式之中发展而来的。所以,他觉得,"任何完全脱离开日常语言而创设技术用语的做法都是令人生厌的"。② 哲学家奥斯汀(J. L. Austin)也指出:"我们日常所用的语词体现了,人类在经过许多世代的生活之后发觉值得做出的所有区分以及他们发觉值得标注的各种关联:毫无疑问,这些东西很可能是更为丰富、更为可靠的,因为它们经受住了长期的适者生存考验,而且至少在所有日常的和合理实践的事务方面,远比你我在某个下午坐在扶手椅之中所想象出来的东西要精致。"③

曾经,如我们在第五章第一节所讲,罗素等人把传统哲学的难题归咎于"日常语言之缺陷",认为只有引入"现代逻辑"才能有效解决这些难题。但日常语言学派试图表明:我们无需借助于"现代逻辑",通过对日常语言本身的谨慎使用,那些哲学难题照样可以解决。譬如,对于罗素提出的有关"当今法国国王是秃子"之真假的"存在"难题,斯特劳

---

① 参看本书第五章第一节相关内容。
② 参见 John Cook Wilson. *Statement and Inference with other Philosophical Papers*. Oxford: Clarendon Press, 1926, P. 46, pp. 712 – 713.
③ J. L. Austin. *Philosophical Papers*. third edition Oxford: Clarendon Press, 1979, P. 182.

森给出了这样的解决方案：日常语言是把表达式本身与表达式在某个语境下的使用区分开的。前者的功能只是给出意义，后者的功能才是指称对象或谈论什么东西。"当今法国国王是秃子"这句话本身，不同于某个场合下有人一本正经地告诉我们的"当今法国国王是秃子"。当我们问这句话是否有意义时，我们针对的是前者；而当我们问这句话是真的或假的时，我们针对的是后者。根据我们的语言约定或习惯，前者当然是有意义的，它并不取决于当今法国是否真的有国王，因为那只与"句子的使用"有关，无关于"句子本身"是否有意义。我们说前者有意义，只是意味着"当今法国国王是秃子"这句话可以在特定情况下使用，并不意味着它的某一次具体使用一定是要么真的要么假的。因为当某人在具体场合下说出"当今法国国王是秃子"时，我们需要先看它所指称的对象是否实际存在，只有在它所指称的对象确实存在时，我们才会评价这个人这次说"当今法国国王是秃子"是真还是假。所以，只要谨慎区分了表达式本身及其具体使用，"当今法国国王是秃子"这句话就是有意义的，不必断定其真假。① 如此一来，完全无需引入"现代逻辑"这种人工语言，哲学上的"非存在"之谜也能在日常语言的哲学框架下得到妥善解决。

类似斯特劳森这样基于日常语言本身的正当使用而解决哲学史上著名难题的做法，在赖尔当年于剑桥大学三一学院所作的塔纳讲座中，我们可以找到更多。他相信每一概念在日常语言中都有相应的边界和位置（即他所谓的"范畴"），很多哲学谜题都是因为哲学家在由一阶思维上升到二阶思维时不经意使用语言而把某些概念误置了，此即他所谓的"范畴谬误"。而哲学分析的作用就是对于"日常语言在哲学中的误用"进行诊断治疗，从而避免范畴谬误。譬如，著名的芝诺悖论"追龟辩"，可谓是"哲学谜团的范式"。赖尔的分析是：日常语言中，我们会以"测度"用语去谈论比赛距离和用时并决定有关事实，另外以"计算"用语来谈论和解答一个算术问题。这两套用语所针对的原本是不同类型的问题。而追龟辩之所以成为"悖论"，从根本上是因为有哲学家妄图越界以"计算"用语去谈论和解决有关具体比赛的测度问题。甚至是像"未来偶然命题"（将来时态的句子）之真假（以及与之相连的命定论）这样至今困扰现代

---

① 关于该难题及罗素所提出的解决方案，可以参看 Bertrand Russell. On Denoting. *Mind*, New Series, Vol. 14, No. 56 (Oct., 1905), pp. 479–493。关于斯特劳森解决方案的更多细节，参看 P. F. Strawson. On Referring. *Mind*, Vol. 59, No. 235 (Jul., 1950), pp. 320–344。

逻辑学家以及部分哲学家的难题,① 在赖尔看来,其症结与芝诺悖论也并无两样,即,把"真假"(true/false)之名用到了本来只有"对错"(correct/incorrect)之分的一种猜测之上或只有"是否实现"(fulfilled/unfulfilled)之分的一种预言之上,把本来只能适用于论证结论的"逻辑必然性"错误植入自然世界上所发生的事件(好比是用"此题得证"来评论某人咳嗽这件事的发生)。②

总体而言,日常语言学派的分析哲学家认为,我们应该在日常语言中寻找我们所需要的"日常语言的逻辑"(the logic of ordinary language),因为"[逻辑学]的首要价值在于它关系到那些有关实在之本性以及人在世界上之地位与命运的终极问题,尽管这些问题初看起来似乎与其相距遥远",③ 而那些根本问题大多是通过我们的日常语言而非任何"形式语言"显示给我们的。或如斯特劳森所言,"与[现代逻辑那样的]形式逻辑研究并行和交叉,我们有另一种研究,即,对于日常语言逻辑特征的研究。第二种研究可以阐明第一种研究,而它可能被第一种研究所阐明也可能被其遮蔽。……日常语言的逻辑提供了一种在丰富性、复杂性和包容能力上无与伦比的理智研究领域。"④ 举例来看,如果说"形式逻辑"会毫无保留地把所有形如"X 是属实的而且 X 不是属实的"的判断视作"不一致"或"自相矛盾"的话,那么,"日常语言逻辑"则显得更加"包容":它会先给予做出此种判断之人一次解释"这样说什么意思?"的机会,只有在他无法提供解释的情况下,才视之为"自相矛盾",否则就不会指责其陷入了逻辑矛盾。"譬如,在回答某一问题时,我们或许会说'他既超过 6 英尺高又不到 6 英尺高',然后解释说:他有一种病使得他驼背,不过倘若他治好病后能够站直的话,他就会达到 6 英尺的标记。"⑤ 对照第三章第三节中心理学家对于"选择任务"实验结果的解读,我们将意识到,早期的推理心理学家正是仅仅凭借"形式逻辑"权威而径直地把所有

---

① 关于此种困扰的更多介绍,读者可以回看本书第一章有关"伪称不可避免"部分。对于该问题在现代逻辑及逻辑哲学上的困境的一种比较浅显易懂的揭示,可参看 Jennifer Fisher, *On the Philosophy of Logic*, Belmont: Thomson Wadsworth, 2008, pp. 91–138.

② 参看 Gilbert Ryle. *Dilemmas*: *The Tarner Lectures* 1953. Cambridge: Cambridge University Press, 1964, pp. 15–35.

③ H. W. B. Joseph. *An Introduction to Logic*. Second Edition, Revised, London: Oxford University Press, 1916, pp. 11–12.

④ P. F. Strawson. *An Introduction to Logical Theory*. London: Methuen & Co Ltd, 1952, pp. 231–232.

⑤ Strawson, P. F.. *An Introduction to Logical Theory*. London: Methuen & Co Ltd, 1952, P. 7.

"选错答案"的被试视为逻辑推理能力差,而后来更多的推理心理学家似乎更倾向于"日常语言逻辑"的做法,认为被试之所以"选错答案"并非就意味着其逻辑推理能力差,事实上在听过被试的"自我解释"之后,我们会发现他之所以"选错答案"只是因为其对题目的理解与实验人员有分歧罢了,并非必定意味着不合逻辑或不理性。①

四、逻辑学、认识论与方法论的统一

当哲学家置身于生活实践来理解如何思考才算合理时,当哲学家认为形式语言只是对于真正体现人类理性之日常语言的一种很不完整的表现时,并未意味着直接抛弃现代逻辑的一切,但至少说明我们无法脱离语言或生活实践而能单独运用好逻辑。一个非常直白的道理是,我们创造出清晰可辨的抽象概念并不是要取代凌乱的事实,尽管不少理论家都有这样的冲动。而"当我们[因为把逻辑思维限定于对截然分出的抽象概念的思考]忽视我们所思考问题的设立条件从而偏离主旨的时候,我们就是在不合逻辑地思考问题。"② 换言之,合理性的本质,不是笛卡尔那样作为纯思想(心灵)的"我思",也不是现代逻辑那样的形式系统"构建"而已,所谓"合理性"总是面向"认识万物、追求真理"这一任务的,总是落实在"寻求方法以破解难题"这一目标之上的。所谓推理,或许有时只是认识世界的一部分而已,而认识世界最终都是为了在实践中获取行动的方案。由此,我们便拥有了逻辑学、认识论和方法论相统一的一种宽广视域,它是哲学家探索非笛卡尔主义理性观的一种重要结果。事实上,关于推理实践中"逻辑学、认识论和方法论的统一",我们在前几章看到的新近心理学研究的结果中可以找到大量的实验支持。当推理心理学家强调"实验室推理不能等同于日常推理"或"推理理论与决策理论应统一处理"时,他们明显正在偏离笛卡尔主义的理性观,试图把人类推理置于逻辑学、认识论和方法论三者相统一的视域下加以看待和处理。对于他们来说,理性问题的关键不在于找到某种可以一劳永逸"获致确定性"(the quest for certainty)的方法,而是学会"适应不确定性"(living with uncer-

---

① 当然,这并不意味着答题者对于题意(包括已知条件和问题)有权持有与出题者原意不同的任何理解方式。言语作为一种思想交流工具,自有其规则。交流的失败,既有可能是出题者也有可能是答题者未遵循某种言语行为规则。不论怎样,当出题者(如实验人员)发现很多答题者(如被试)都答错时,这并非一定意味着答题者的某种思维能力差,它同样也可以作为对出题者的一种警示,即,出题者或许原本可以把题目表述得更少有歧义。

② L. Susan Stebbing. *Thinking to Some Purpose*. Middlesex: Penguin Books, 1939, P. 145.

tainty)。前面我们反复提到的图尔敏模型，也有这方面的取向和旨趣。因为图尔敏在《论证的用场》一书中明确建议：把认识论作为"比较应用逻辑"（comparative applied logic）或是"一般逻辑"（general logic）的一个分支。① 不止图尔敏，当代更为正统一些的分析哲学家哈曼实际上也表达了这种"统一性"关怀，只是他更愿意按照奎因等人的习惯不把那种关注"合理的信念之变"意义上的推理的研究工作称作"逻辑学"而改称为"推理论"。他在为《认识论手册》撰写的"认识论家自画像"中明确表示："我的认识论观点有何独特之处呢？其中之一就是：我关注认识论就是在关注方法论。"与此同时，他强调，自己的认识论主要就是那种不同于标准逻辑研究的推理论。不同于后者对于蕴涵关系的关注，前者关注的核心是推理关系，即，如何从一些信念出发去合理地相信另一些信念。而在这种以推理论为中心任务的认识论研究中，"方法论上的保守主义"是他的一个基本主张："在推理时，你从你当前拥有的信念、计划和目标出发，你从你当前拥有的用以修正这些计划和方法的方法和程序出发。对于你来说，在这些出发点上作任何改变都不合理，除非是为了解决它们之间的紧张关系或是为了回答你有理由予以回答的某些问题。在此意义上，任何合理的方法论都一定得是保守的。"②

在此种"逻辑学、认识论和方法论相统一"的新图景下，我们被要求以谨慎乐观的态度对待理性本能在认识事物和解决问题上的地位。首先，尽管逻辑学发展到今天已经在刻画人类理性上取得了诸多伟大成就，但是，不管何时，处在认识和实践中的我们都依然拥有一种独立于任何逻辑理论的"理性本能"；只有承认这一点，才能解释为何很多人不用专门研习逻辑依旧能在认识事物和解决问题等方面取得成功。否则，倘若认为只有学好逻辑知识才能拥有理性，或只要逻辑学便能解决所有理性问题，那对于人类理智发展将会是一种可悲的设定。正如当代有学者所发现的那样，一种足以令人惊愕的社会现象是：或许因为对于自身逻辑学知识的不自信，"学生及公民整体上越来越依赖'专家'、编课本的人、教师、律师、政客、记者和电视评论员。随着世界似乎变得日益复杂，人们趋于被动地吸收信息，对于所见所闻不加批判地予以接受。……我们许多人对于

---

① Stephen E. Toulmin. *The Uses of Argument*. Cambridge, England: Cambridge University Press, 2003, P. 196.

② John Dancy, Ernest Sosa, and Matthias Steup (eds.). *A Companion to Epistemology*. Malden, MA: Blackwell, 2010, pp. 152 – 156.

接受什么、拒绝什么并不去主动做出个人选择。"① 这里说要敢于凭借理性本能在专家（包括逻辑学家）面前开展批判性思维，并不是不尊重专业知识。问题的关键一点是：某人在一个领域是专家，在其他领域很可能就是普通人。"专家是对某个知识领域有经验的人；他有特殊技能；他对涉及其专业知识的话题，能说出具有权威性的话。当然，有些杰出的人是好几个知识领域的专家。然而，即使这样的人也是'普通人'，因为对于有些问题他的知识也是有限的。例如，物理学家不一定是神学家或政治家，毫无疑问我们每个人都对一些我们并不内行的话题持有许多观点。"② 普通人所拥有的"理性本能"并非就是一种乏善可陈的"前科学的知识"，而是每个人（包括某专业的科学家在自身领域之外时的身份）都不可避免使用的思维能力。③

当然，在不否认"现代逻辑"之外依然有理性本能的同时，我们必须承认这种本能似乎并不够用，因此才显得逻辑理论的存在价值。在"现代逻辑"试图帮助我们更好地理解或发挥人类理性本性的意义上，它有理由在亚里士多德逻辑的基础上推进逻辑理论的研究；但是，我们已经讲过，实际上现代逻辑却试图将该笛卡尔认为人人所具有的那种"充分的逻辑本能"（"直观"+"演绎"）系统完整而且无模糊性地呈现出来，进而以某种标准逻辑系统（如"一阶逻辑"）取代理性本能的位置，或者用前者作为后者的科学化表述。放在逻辑学、认识论和方法论相统一的视域下来看，此种"逻辑"观念必定会陷入自相矛盾的困境。譬如，针对卡尔纳普把现代逻辑等同于理性进而认为哲学不过就是逻辑分析的做法，有学者尖锐地指出："要么'哲学'必须指称少一些却无法符合这位逻辑经验论者的实际用法，要么'逻辑'的意思被暗自拓展以至于涵盖了在他明确表示之限定范围［即现代逻辑］以外的其他东西。不论是哪一种情况，他的做法都跟他的学说不一致。"④ 不过，这样说并不意味着：卡尔纳普的困境就是

---

① M. Neil Browne & Stuart M. Keeley. *Asking the Right Questions: A Guide to Critical Thinking*. Eighth Edition, New York: Pearson Education, Inc., 2007, P. x.

② L. Susan Stebbing. *Thinking to Some Purpose*. Middlesex: Penguin Books, 1939, P. 160. 中译文取自斯泰宾《有效思维》，吕叔湘、李广荣译，北京：商务印书馆1997年版，第160-161页。

③ 把"本能"简单地称为"前科学的东西"，具有一种严重的误导性，它暗示人们在掌握了"科学"知识之后就不再需要或用不上"本能"了。尽管可以在人类进化的意义上认为"本能"与"科学"是前后相继的，但就个体而言，"本能"与"科学"更多则是并行（而且往往是互补）作用于人的理性的。

④ Warner Arms Wick, On the Identification of Philosophy with Logical Analysis. *The Philosophical Review*. Vol. 51, No. 5 (Sep., 1942), P. 509.

因为"用逻辑进行哲学分析"这一做法,所以,我们应该把逻辑分析排除在哲学之外。这里的关键点是如何理解"逻辑",拿什么样的"逻辑"来分析。譬如,我们可以把实用主义准则作为一种逻辑准则,然后以此进行所谓的"逻辑分析",便能避开卡尔纳普困境。这正是杜威在《逻辑学:探究理论》一书中所做的。他也是试图在亚里士多德之后实现逻辑理论的"现代化"革新,但并不是像现代逻辑学家那样以逻辑理论取代理性本能,而是着力于如何帮助理性本能自我完善或更好地发挥探究真理和解决问题的作用。杜威在逻辑、认识论和方法论相统一的意义上把推理理解为探究,此种观点直接源于皮尔士在"经典两篇"中的推理观念。在杜威之后,同样继承皮尔士推理观念的还有当代哲学家威尔曼的"挑战—回应"模型。威尔曼明确表示:"在很多方面,我的分析法明显属于皮尔士的方式。皮尔士暗示我们,'真'意味着'在研究过程的极限上将由全部科学家所相信'之类的某种东西;我认为'真'的大致意思是'在经过无限量的批判之后每一个以正常方式思考的人都会相信的'。我们的分析类似点在于不仅全都强调信念发生和得以确定的过程,而且全都根据'信念'和'认可'之类心理学观念来界定真。"① 与笛卡尔、卡尔纳普等不一样,却与皮尔士、杜威等一样,威尔曼每当谈到一种批评或论证的"逻辑"有效性时,必定将其置于现实的认识和实践过程中去考察,任何在该过程之外的所谓"有效性"都是毫无意义的。

逻辑学、认识论与方法论三者统一的进路,无疑会为当前哲学界关于推理及理性问题的研究带来什么新变化。关于这些变化的后果,或有人倾向于消极地看待,譬如,他可能会说:如此拓展逻辑学研究的范围,等于是开"历史倒车",重回心理主义。如果读者还记得或能回看一下我们在本节中如何一步一步走向"逻辑学、认识论和方法论相统一"这种宽广视域的话,立即会看出此种消极看法的"过于简单化"之谬。不过,为了强调三者相统一的主旨所在,且让我们作两点简短回应:(1)坚持逻辑学、认识论和方法论的统一,与其说是让逻辑变得宽泛了,毋宁说是对于逻辑相关性和可行性的凸显。由于我们一开始对"推理"之名的应用有讲究,即,强调通常所谓的推理有真伪之分,读者会发现,古典实用主义推理论之作为逻辑学,相比于标准现代逻辑,并不能简单地说"前者的逻辑比后者宽泛",因为事实上,古典实用主义会把"现代逻辑研究"中某些无关

---

① 参看 Carl Wellman. *Challenge and Response: Justification in Ethics*. Carbondale and Edwardsville: Southern Illinois University Press, 1971, pp. 99–100.

推理的部分排除在外，在此意义上，我们也可以说古典实用主义推理论所倡导的逻辑比"标准现代逻辑"更狭隘或严格。换言之，从某种意义上看，现代数理逻辑之作为推理规范理论，可能既"显得过宽"（overgenerate）又"显得过窄"（undergenerate）。（2）尽管坚持三者相统一的研究进路，会让我们开始关注实际推理进程中很多关于人类心智特点的因素，但此种对于"人心"的研究，并不会削弱反而会凸显哲学研究方式相对于科学和数学的独立价值。因为哲学家虽然与心理学家一样也关注心灵研究，但此种研究所代表的"心理学"顶多能称作"哲学心理学"，而非那种作为标准科学的"经验心理学"。此种哲学心理学与经验心理学的关系，好比我们之前提到的推理论之作为哲学逻辑与"现代数理逻辑"的关系。

第三节　回归诚实：古典实用主义之作为"新方法谈"

对于前一节中谈到的哲学家在现代数理逻辑之外所做的另种"现代"逻辑的探索工作，或许有读者愿意把这些逻辑称为"后现代逻辑"；但是，这些旨在探究现代数理逻辑之外"理性问题"的研究不仅在时间上与数理逻辑并存于同一时期，而且更重要的是，根据本书的理解，它们仍旧是在刻画现代科学和现代生活中的理性思考，只是与笛卡尔和标准现代逻辑的做法及其结果不同罢了。事实上，正如我们在本书重点阐述的那样，早在现代数理逻辑诞生的初期，古典实用主义就曾像日常语言学派分析哲学家、当代非形式逻辑学家以及批判性思维教程那样对于蕴藏于科学和日常实践（而非只是数学推理）中的理性问题给予格外关注。当它把人类推理现象理解为由实践效果加以限定的、从怀疑到信念的探究过程时，便自然而然地进入逻辑学、认识论与方法论相统一的宽广视野。整体而言，古典实用主义要求在理性问题上不能伪称，要诚实面对科学的可错性、经验的开放性、探究的连续性等基本事实，并由此出发重新撰写一部既能避免笛卡尔《方法谈》之误导又能继续指引我们探究真理的"新方法谈"。

一、皮尔士的反笛卡尔主义纲领

正如（也是因为）皮尔士是实用主义学派的鼻祖，他在理性观上也是第一位旗帜鲜明地撰写"反笛卡尔主义纲领"的人。在1868年发表在《思辨哲学杂志》上的一篇题为"四种无能的若干后果"的论文中，皮尔士开篇便清理了笛卡尔主义理性观，并吸收中世纪经院哲学的实在论观念，提出了一种有异于笛卡尔主义的理性观。这些内容，后来在哲学家柯亨编选的皮尔士哲学文集《机会、爱与逻辑》中充当皮尔士所有其他论文的"引子"（Proem），并以"哲学的规则"这一宏大标题命名。① 称之为"哲学的规则"，或许不无道理，因为我们将看到，它们正是为今后哲学探究所开创的一种"新方法"。

皮尔士把笛卡尔主义精神之区别于经院哲学的特征概括为四点：（1）它教导我们，哲学必须从普遍怀疑开始；而经院哲学从未质疑过任何根本信条。（2）它教导我们，对于确定性的最终检验可以在个体意识中找到；而经院哲学却依赖于圣贤和天主教的证词。（3）中世纪那里各式各样的论证被替换为经常建立在难懂前提之上的单线推理。（4）经院哲学有许多神秘的信仰，却试图解释所有的造物；然而，有许多事实，笛卡尔主义不仅不去解释，而且使得它们变得绝对不可解释，除非是说"上帝让它们如此的"也算一种解释。

在皮尔士看来，就上述各方面或其中某一方面而言，大多数现代哲学家实际上都是笛卡尔主义者。不过，他马上指出：尽管我们无意回到经院哲学，但现代科学和现代逻辑（在他本人所坚持意义上的那种逻辑）需要我们站在与笛卡尔主义极其不同的另一平台之上，此即他的反笛卡尔主义纲领。其中有不少观点，我们已经在本书前面涉及，这里将简略陈述如下：

（1）我们不可能开始于完全怀疑，因为当我们踏上哲学研究时，必须以我们实际上已经拥有的所有前见开始。这些前见不能以一种准则而被驱逐，因为我们并没有意识到，它们可被质疑。我们当然可以在探究过程中找到理由去怀疑之前所相信的东西，但此时的怀疑必定是因为我们拥有了一种实在理由，而不是根据笛卡尔主义原理。（2）笛卡尔的那条准则"凡是我明晰加以确信的东西都是真的"使得单独的个体成为真理的绝对裁判，这是非常有害的。因为，从科学上看，当一理论被提出后，它只是被视为试用的，直到能在科学家中间达成一致意见。我们个人无法期望获致很多人所追求的那种最终哲学，因此我们只能是为哲学家共同体寻找它。而假若很多严格且坦诚的人在仔细考察某一理论后拒绝接受它，这应该在这套理论的作者心中产生怀疑。（3）哲学应该在方法上模仿那些成功

---

① 参看 Charles S. Peirce. *Chance, Love and Logic.* edited by Morris R. Cohen, London: Kegan Paul, Trench, Trubner & Co., Ltd, 1923, pp. 1–3. 对于该部分内容及其所在全文的最新编辑版本是 C. S. Peirce. *The Essential Peirce: Selected Philosophical Writings.* Volume 1 (1867–1893), edited by Nathan Houser and Christian J. W. Kloesel, Bloomington and Indianapolis: Indiana University Press, 1992, pp. 28–29.

的科学,仅从那些经得起认真审查的实际前提出发,同时诉诸大量不同的各种论证式样,而不是让单独某一种论证来决定。(4)很多哲学都设定了某种绝对不可解释、无法分析的终极事实,之所以认为某一事实不可解释总是因为从某种迹象推理而知的,但是对于任何基于迹象的推理,我们所能提供的唯一辩护只能是"其结论能解释这样的事实",设定某一事实绝对无法解释并不是在解释它。因此,我们不能允许有这样的设定。

这四条"新规则"中,第一条是解构性的,是对笛卡尔"普遍怀疑"原则的摒弃;而后面三条则是建设性的,分别对应于我们在本章第二节中看到的"反个体主义""反演绎主义""反基础主义"等所谓"非笛卡尔主义"的理性观念。当然,皮尔士不仅仅是提出了一种纲领,他所有的哲学研究工作中也是按此开展的。有关细节,本书曾多次涉及,这里仅补充两点:

一是他对于本章第一节提到的笛卡尔主义理性观抱守者休谟"反神迹论证"的有力驳斥。尽管休谟的论证在后世哲学中赢得了广泛而持续的欢呼喝彩,皮尔士却直击其理性观的要害:"休谟所要捍卫的那种被认为很符合科学并建立于数学原理之上的推理,从现代严格的逻辑来看,不过是一种特别不牢靠的假设,只适用于一些极端情形下;其中炫耀的数学不过是一张狮子皮,试图去掩盖他所顽固坚守的某些先入之见。"[①] 具体而言,那些可以作为休谟所谓"证据"纳入数学概率计算的东西,所涉及的必须得是基于完全信息的封闭系统(如罐子取球或其他类似游戏)或至少类似于或可人为控制为一种完全信息的封闭系统(如保险业)。在这些领域之内(即所谓"极端情形下"),概率是客观的;但如果在其他领域里不加限定地套用概率之说,由于事先已经把这些领域假定为封闭系统,最终所谓的数学概率不过是装扮上"狮子皮"的"主观可能性",试图粉饰说话人自以为是的"先入之见"。在皮尔士看来,休谟比率算法的演绎主义错误根源是:尽管借用数学上的概率知识来帮助推理,但毕竟"没有解释那些[被视为很不可能即主观概率极低的]证词到底是如何成为现在这个样子的","真正的方法是:在各种情况下都要解释证词,然后,把所得出的解释作各种可能的检验"。[②] 从知识的获取过程来看,我们当然不会把历史证词直接当作知识,但是,面对那些证词所描述的与人们既有信念(包

[①] Charles Sanders Peirce, *Values in a Universe of Chance: Selected Writings of Charles S. Peirce*, Stanford: Stanford University Press, 1958, P. 295.

[②] Charles Sanders Peirce, *Values in a Universe of Chance: Selected Writings of Charles S. Peirce*, Stanford: Stanford University Press, 1958, P. 314.

括自然法则)相违背的"新现象",我们无法也无权以某种数学公式简单地排斥或无视,而是要将其看作科学探究中有待解释的"反常现象"或"惊奇现象",从而为我们在未来探究中发现新法则提供机会。休谟似乎也希望区分关于复活的神迹与科学探究中(如水会结冰)的那些惊奇现象(surprising phenomenon):前者不可信(因为有违自然法则,属于 miraculous),后者却可信(可用于探究新的自然法则,属于 marvellous)。但是,皮尔士提醒我们铭记:唯有探究,而非只是演算,才能真正区分开两者。这也是我们在本书第四章提到实证心理学概率统计结论时提醒读者提防其中"自然主义谬误"风险的原因。近些年,各类认知科学大行其道,在对于"我们身处一个不确定世界"这一点达成共识后,各个领域的科学家都在谈概率,甚至有人已提出"概率主义革命"(probabilistic revolution)一词。① 但是,何谓"概率"?对此,并无一致的看法。根据皮尔士这里的反笛卡尔主义理性观,至少我们应该知道,科学家经常所用的数学概率②或许并非人们日常生活中所用的概率。

二是他关于科学探究之经济性的认知经济理论。皮尔士主张应该把科学探究置于真实的人类情境中来看。而一旦这样做,我们将发现科学探究的"实践理性"中存在很多的经济性因素。譬如,科学家都知道,现有经验材料往往不足以确定应该提出何种理论,因此科学家时常要面对选择,优先选择那些能加以实验检验并能对当前所面对的奇异事实做出解释的"科学假说"。然而,实际上,人们往往发现仍有大量不同的"科学假说"可供选择。正是在这一点上,皮尔士提醒我们注意:科学推理是有成本的,每一次检验或多或少都需要花费资源,而人类资源的有限性决定了只能有比较少的假说能够进行实际检验;我们必须经济地进行推理,必须有所选择、区分先后、掌握策略。于是,经济原则(Principle of Economy),

---

① Gerd Gigerenzer, *Adaptive Thinking*: *Rationality in the Real World*, Oxford: Oxford University Press, 2000, P. 241.
② "概率"一词在数学上最常用的意思是指适用于理想封闭系统的"客观概率"或"经典概率"(就像概率论初级课本中所举的罐子里取不同颜色球的例子那样),这也是本书在提到"概率"一词时的默认含意。除此之外,当代数理性科学中关于"概率"的用法有时是指基于特定经验观察对实际发生频率进行统计而得到的"经验概率"(又叫"相对概率"),有时是指那种刻画个人行为习惯或选择倾向的"主观概率"(也叫"置信度"或"预期值")。三者之间虽然有关联,但在概念上存在明显区分,可参看 Brian Skyrms, *Choice and Chance*: *An Introduction to Inductive Logic*, Fourth eition, Wadsworth, 2000, pp. 137 – 150 以及 John Haigh, *Probability*: *A Very Short Introduction*, Oxford University Press, 2012, pp. 1 – 15。我们日常对话中所用的概率,很少是指"客观概率",大多是指"主观概率"或"经验概率",甚至是其他尚未得到数学刻画的"可能性"。

应该而且事实上已成为科学实践中的一条重要规则。正如他所言,"我们所提出的假说会如洪水般泛滥,然而它们每一个在被严肃考虑甚或可能视为知识之前,所必须经受的验证过程却是相当花费时间、精力和金钱的,因而经济因素将绝对地成为最为重要的考虑,即使还要考虑其他因素的话。事实上,也没有任何别的了。"① 毫无疑问,这些经济因素是笛卡尔主义理性观中从未考虑的问题;一旦我们诚实地面对合理利用资源(节约精力)等经济因素,我们将发现任何基础主义、演绎主义或个体主义的假设都将随之坍塌。②

二、詹姆斯的反笛卡尔主义哲学

相比于皮尔士明确发出的反笛卡尔主义纲领,詹姆斯更多则是将其反笛卡尔主义落实在他对于"恶性抽象法"和"不彻底经验观"的批评行动上。

不论是科学还是哲学上,抽象法都是理性思维中不可或缺的一种基本形态。但是,在高扬其作用的同时,要警惕误用的风险。对此,詹姆斯在《实用主义》一书中这样陈述抽象观念与具体实在之间的关系:"……用水代表由可感事实构成的世界,水上方的空气代表由抽象观念构成的世界。当然,两个世界都是真实的,而且彼此互动;但是,它们只在交界面产生互动,而且不论我们的经验走多远,一切存在或发生于我们身边的事情的所在之地只是那水。我们就像是游在感觉之海下面的鱼儿,受限于上方的那种高级元素,但却无法纯粹地拿它来呼吸,也不能深入其内里。然而,我们从中获取氧气,我们不时触碰它,时而这一部分,时而那一部分。每次触碰之后,我们都以新获得的能量按照重新确定的路线返回到水中。空气所包含的那些抽象观念对于生活是不可或缺的,但它们本身好像是不能用来呼吸的,其积极作用仅仅在于为我们重新定位。"③ 当把此种

---

① CP 5.602. 从经济原则出发,可以很容易解释,推理心理学中所发现的那些"捷思",为何它们不能保证成功却常被人们优先考虑使用。因为它们在很多情况下(尽管不是所有情况下或大多数情况下)可以帮助我们快速解决问题,为我们节省时间和精力。皮尔士更多这方面的思想,可参看 Charles S. Peirce. *The Essential Peirce*. vol. 2, edited by the Peirce Edition Project, Indiana University Press, 1998, pp. 107–111, 也可参看张留华,《皮尔士哲学的逻辑面向》,第五章第三节,上海人民出版社 2012 年版。

② 关于认知经济性的更多考察可以参看张留华《皮尔士哲学的逻辑面向》第五章,上海人民出版社 2012 年版,更广泛的讨论可参看 James R. Wible. *The Economics of Science*. London and New York: Routledge, 1998; Nicholas Rescher. *Cognitive Economy: The Economic Dimension of the Theory of Knowledge*. Pittsburgh: University of Pittsburgh Press, 1989。

③ William James. *Pragmatism*. New York: Dover Publications, Inc., 1995, P. 49.

"不能用来呼吸的"抽象物当作"水"本身一样去看待时,便有了我们在第三章第二节中所提到的被称为"理性主义者的最大原罪之一"的"恶性抽象法",其本质在于:把具体事物的某些共同特征加以抽象出来后,便完全脱离其原来所在且仍在继续发展的那些现象世界,似乎该抽象特征作为一个类名就代表了相关具体事物的所有内容了。① 詹姆斯批判"恶性抽象法"的一个非常著名的具体例子是他在《印度的老虎》一文给出的:我们无法通过某种"自明性"或"缺席性在场"等抽象物来获得对于一种"不在场的东西"(如我们从未当场见过的"印度老虎")的认识,因为"认识一个对象,就是借助于我们世界所提供的语境达到它。"② 正是基于类似的考虑,他认为,"毫无疑问,在真理这块领地上,更可能称为我们宇宙理性的真正捍卫者的是实用主义者,而不是理性主义者。"③

需要强调的是,詹姆斯用"恶性抽象法"一词着实抓住了笛卡尔主义理性观中最为核心的一点。笛卡尔从具体的人那里抽象出"我思",④ 然后从此种"纯思想"独自一个人演绎出种种结论,并反过来以此规定现实的人和世界。正是因为他对于"恶性抽象法"的使用,其中的基础主义、演绎主义、个体主义便随之而来。当此种"恶性抽象法"渗透到某一科学领域时,会立即出现谬误,譬如,詹姆斯所谓的"心理学家谬误":"心理学家最大的陷阱就是将他自身[基于抽象法]的立场混同于他正在报告其心理事实的那种东西。"⑤ 詹姆斯所批评的恶性抽象法,在其他哲学家那里有时被称为"物化"(Reification)。⑥ 它对于提醒同时代乃至今天的科学家和哲学家防止笛卡尔主义理性观的作用,产生了不可低估的积极影响。杜威后来把他这方面的思想以多种方式加以发挥,其中一个即是在哲学上非常普遍以至于可以称之为"哲学谬误"(the philosophical fallacy)

---

① 参看 William James. *The Meaning of Truth: A Sequel to "Pragmatism"*. New York: Longmans, Green & Co. 1909, pp. 249–250.
② William James. *The Meaning of Truth: A Sequel to "Pragmatism"*. New York: Longmans, Green & Co. 1909, P. 46.
③ William James, *Pragmatism*. New York: Dover Publications, Inc., 1995, P. 91.
④ 需要注意的是,詹姆斯虽然没有在"基础"意义上接受笛卡尔的"我思",但他认可"日常信念"意义上的"我思",即作为"我们每时每刻对于自身生活的感受"。参看 William James. The Psychology of Belief. *Mind*, Vol. 14, No. 55, 1889, P. 333.
⑤ William James. *The Principles of Psychology*. Cambridge, Mass: Harvard University Press, 1983, P. 195.
⑥ "Reification"一词从其拉丁语词源上看是"使之成物"(thing-making)的意思,特指将某种抽象东西变成具体事物的做法。

的恶性抽象法:"[它]在于一种设定,即凡是在特定条件下发现属实的东西总是立即可以普遍地或不加任何限定条件地断定。因为一个口渴的人在喝水后得到满足,最大的幸福就在于被淹死。……它忘记了……满足总是对于特定一种需求的实现……。"① 詹姆斯对于恶性抽象法的批评,还在怀特海所谓"错置具体性的谬误"(Fallacy of Misplaced Concreteness)那里产生了回响。②

当然,在他批评"理性主义原罪"的同时,詹姆斯并不是简单地倒向经验主义。根据本章对于笛卡尔主义理性观的解读,经验主义如果把"经验"视作基础,会很容易在理性观上(尽管可能没有在本体论或认识论上)追随笛卡尔。他对作为理性主义原罪的"恶性抽象法"的批评,要求他对于"经验"持有一种不同于传统经验主义的理解——即,他所谓的"彻底的经验主义"(radical empiricism)。詹姆斯不是将"经验"理解为一劳永逸的"与料"或"基础",而是强调经验本身的流动性,"有关我们经验的基本事实就是,它是一种变易的过程。"③ 与此相关,他有两个很形象的隐喻:一个是"经验以种种方式沸溢而出(boiling over)从而让我们修正我们现有的表达式。"④ 另一个是"经验是一种能连续不断给予新材料供我们消化的过程。"⑤ 詹姆斯认为,建立于此种经验观念之上并摆脱了"恶性抽象法"的实用主义能满足人们对于一种"非笛卡尔主义"理性观的双重要求:"它可以像理性主义那样保持宗教情感,同时又能像经验主义那样,保留与事实之间最为丰富的密切联系。"⑥ 如果不是根据那种代表笛卡尔主义理性观的"逻辑",而是根据实用主义理性观,科学与道德信仰(包括宗教)是可以达成和解的。

三、杜威的反笛卡尔主义檄文

在《逻辑学:探究的理论》一书中,杜威批评说那种以几何学为范例的笛卡尔主义理性观已经破产:"合理性(Reasonableness or rationality)一

---

① John Dewey. *Human Nature and Conduct*. New York: Henry Holt & Co., 1922, P.175.
② 参看 Alfred North Whitehead. *Science and the Modern World*. New York: The New American Library, 1948, P.52, P.59.
③ William James. *The Meaning of Truth: A Sequel to "Pragmatism"*. New York: Longmans, Green & Co. 1909, P.89.
④ William James. *Pragmatism*. New York: Dover Publications, Inc., 1995, P.86.
⑤ William James. *The Meaning of Truth: A Sequel to "Pragmatism"*. New York: Longmans, Green & Co. 1909, P.61.
⑥ William James. *Pragmatism*. New York: Dover Publications, Inc., 1995, P.13.

直都被实体化了。逻辑理论上最为古老和持久的传统之一已经把理性转变为一种官能。这种官能当现实化为对于第一真理的知觉时被称为理性（reason），后来又被称为纯粹理智（intellectus purus）。此种作为直观把握先验的终极性第一原理的能力的理性概念一直存在于有关逻辑的哲学之中。不论是否明确加以肯定，它是每一种认为科学方法依赖于逻辑上先验的、外在于探究的逻辑形式的观点背后的根基。此种理性概念的最初那个根基现在已被破坏掉了。此种根基在过去是说：有必要设立一种官能，令其具有直接把握那些充当所有证明型推理之必需基础的公理性（即具有自明性或自我证实性，是自我独立的）'真理'的能力。此种观念源自于在古典逻辑成型时期曾达到最高程度科学化表述的那门学科即欧几里得几何学。这种有关公理之本性的概念如今在数学上或是数学逻辑上都已经不再成立了。公理现在被认为是本身既非真也非假的公设，它们所具有的意义是由从中可以得出的结果所决定的……物理学上，也是同样的原则。"① 在宣告笛卡尔主义理性观的破产之后，杜威构建了自己的作为探究理论的新型逻辑学。根据他自己的概括，这种逻辑学的主要特征包括："逻辑学是一门随着科学方法完善而不断前进的学科"；"逻辑学主题是从作业角度得以决定的（determined operationally）"；"逻辑形式具有公设的性质（因而既非任意规定又非先天外加的）"；"逻辑学是一种自然主义（即注重各种活动之间的连续性）的理论"；"逻辑学是一门社会性学科"；"逻辑学在不依赖于探究之外东西的意义上是一门具有自治性的学科"。②

杜威认为，他同时代的洛采（Rudolf Hermann Lotze）等理性主义逻辑学家或密尔等经验主义逻辑学家都没能完全走出笛卡尔主义的思维模式。"先验主义逻辑的失败其根源与经验主义逻辑（不论是纯粹形式的还是洛采所提出的混合形式）的失败一样。它把具有历史性或时间性起源和意义的那些事物绝对而固定地区分为存在和意义，区分为一种意义与另一种意义。它认为思想就是试图一劳永逸地表现或规定实在，而不是尽量根据它们更为有效且重要的使用而确定它的某些阶段或内容——而不是重构性的。每一种这样的逻辑所撞上的礁石都是：要么存在已经具有思想正试图给予它的那种规定，要么它不具有。在前一情形下，思想是无用的重复；

---

① John Dewey. *Logic: The Theory of Inquiry*. New York: Henry Holt and Company, 1938, pp. 10 – 11.

② 参看 John Dewey. *Logic: The Theory of Inquiry*. New York: Henry Holt and Company, 1938, pp. 14 – 22.

在后一情形下,它是虚假的。"① 还有一些逻辑教材虽然认识到文化环境对于科学探究的重要性,却无法真正落实在它们的理论重构中:它们一方面提到人类的省思源于问题的出现,然后却不关心这一事实对于省思理论的相关性。他强调:"不论是探究还是最为抽象的一套形式符号,都难以逃脱它们在其中得以生活、运行和存续的那种文化矩阵。"② 斯泰宾曾说"即便是物理学家也不能完全独立于他所在社会为其提供的经验语境",③ 而杜威则认为,假若我们把科学工作者所在的共同体包含在"社会"之中,则我们几乎可以说:"物理学家比任何其他人更无法独立于他所在社会为其提供的经验语境。"④

除了以上所有这些批评外,杜威对于笛卡尔主义理性观所发起的最著名的讨伐檄文要算他以康德为靶子在哲学上所做的"哥白尼式革命"。杜威之所以选择康德作为靶子,并不是说他的批评仅适用于康德,而是因为康德可以作为本书所谓笛卡尔主义理性观(杜威在特定的意义上将其概括为"确定性之追求")的典型代表:"他只是把那些陈旧的心智及其认知活动概念重组成一种新的版本,并没有由此发展出一套全新的理论。"⑤他认为康德虽然是哲学上"哥白尼式革命"一语的提出者,但对于有关心智、理性、概念和心理过程之传统观念的真正颠覆并不是由康德所完成的,倒是我们可以康德作为起点来实现真正意义上的哥白尼式革命:"过去的中心是借助于自我完结的能力装置实现认知的心灵,它仅仅作用于本身同样完结了的前期外部材料。新的中心是发生于自然进程中的无限互动,该自然进程本身并非固定或完结的,而是能够借助于意向性作业的介入,引向崭新的不同结果。自我和世界、灵魂和自然(作为隔离出来和终结了的某种东西)都不是中心,正如说地球或太阳并非一个普遍和必然的指称框架的绝对中心一样。存在一个由彼此互动的局部所构成的不断运动的整体;凡是出现有中心的地方,总是会有一种努力,把那些局部朝着特定方向改变。……心灵不再是从外部注视世界、尽在那种自足式的沉思之乐中寻找至高满足的旁观者。心灵处在世界的内部,作为后者本身不间断过程的一部分。……就哲学而言,如此从无关世界而仅涉及认知者的认知

---

① John Dewey. *The Middle Works of John Dewey*, *Volume Two*. edited by Jo Ann Boydston, Carbondale: Southern Illinois University Press, 1976, P. 336.
②④ John Dewey. *Logic*: *The Theory of Inquiry*. New York: Henry Holt and Company, 1938, P. 20.
③ L. S. Stebbing. *A Modern Introduction to Logic*. third edition, London: Methuen, 1942, P. 16.
⑤ John Dewey. *The Quest for Certainty*: *A Study of the Relation of Knowledge and Action*. New York: Minton, Balch & Company, 1929, P. 290.

活动转变为作为世界内部有方向改变的认知活动,它所带来的第一种直接而迅速的效果就是:完全摒弃了我们所谓理智主义谬误(the intellectualist fallacy)的那种东西。"①

四、"新《方法谈》"意义上的实用主义理性观

综观古典实用主义哲学家的反笛卡尔主义理性观念,它不仅要求我们回归诚实(即回到生活世界),与此同时又通过实用主义准则告诉我们回归诚实之后可以追求什么。这种我们通过超越"笛卡尔主义"所追求的"人类理性"(rationality for mortals)②,就是他们所主张的实用主义理性观。笔者认为,古典实用主义可以看作用来取代笛卡尔《方法谈》的一种"新方法谈"。之所以称之为新的"方法谈",可以从三个方面来理解:(1)与笛卡尔当年的《方法谈》类似,古典实用主义试图用非常直白的语言(譬如"实践""效果""行动"等核心概念)来表达自己所主张的理性观念,以期在更广人群中引起共鸣。③(2)与笛卡尔当年在《方法谈》中的思路近似,古典实用主义试图在当时标准逻辑学与过于抽象的数学之间找到一种哲学路线,一种可直接指引我们探究真理的、词源学意义上的"方法"。④维特利、密尔等人曾试图在某一方面超越笛卡尔的此种"方法",尽管不是很成功;而"现代逻辑"并不是超越笛卡尔的方法,毋宁说它抛弃了笛卡尔理性观中的"方法"维度,只追求把其中的理性本能抽离出来加以形式化。古典实用主义所追求的恰恰是此种意义上的"方法",它与逻辑史上亚里士多德、笛卡尔、维特利、密尔等人的追求保持一致,却与现代逻辑的路向分野。也正是在这种意义上,我们看到有学者指出:杜威的那本在当代逻辑学家看来似乎不属于逻辑的《逻辑学:探究的理论》一书,比起现代逻辑来说,倒是更能与逻辑史上对于"新方法"的追求联系在一起。⑤(3)与笛卡尔在写作《方法谈》时的动机类似,古

---

① John Dewey. *The Quest for Certainty*: *A Study of the Relation of Knowledge and Action*. New York: Minton, Balch & Company, 1929, pp. 290-291.

② "Rationality for Mortals"(人类理性)一语曾作为新近一部推理心理学著作的标题,参看 Gerd Gigerenzer. *Rationality for Mortals*: *How People Cope with Uncertainty*. Oxford: Oxford University Press, 2008。

③ 我们在本章下一节将看到,这种看似直白的语言也成为实用主义屡遭误解的原因之一。

④ 词源学意义上的"方法"是 μέθοδος(methodos)。其中,*meta* 意为"在之后"(after),*hodos* 意为"道路"(way)、"运动"(motion)、"旅程"(journey)。因此,它主要涉及对实践探究方式的总结。

⑤ Matthew J. Brown. John Dewey's Logic of Science. *The Journal of the International Society for the History of Philosophy of Science*, Vol. 2, No. 2 (Fall 2012), P. 266.

典实用主义也是因为对现代科学的巨大成功深感振奋从而试图从哲学上把握"科学方法得以成长的理智气质",① 只是它从中得出的"训诫"（即如何才算倡导真正的科学方法）与笛卡尔那时差别很大。不同于笛卡尔及众多笛卡尔主义理性观的抱守者，古典实用主义者通过著名的实用主义准则提醒我们：永远不要忘记把理性问题与生活实践内在关联起来，不要忘记日常语言是人类实践经验的主要载体。而当他们这样重新把握人类理性时，便得出了反基础主义、反演绎主义、反个体主义等可谓反笛卡尔主义的理性观。

当我们把"反基础主义""反演绎主义""反个体主义"等归在实用主义之下时，有人或许会指出：从历史上来看，持有这些新观念的哲学家并非只有古典实用主义者，譬如，我们此前引用的非形式逻辑学家图尔敏和牛津日常语言学派斯特劳森以及本书虽未专门提及但可谓众所周知的逻辑实证主义者纽拉特、当代逻辑分析派哲学家奎因等都曾发出强烈的反基础主义声音，因而都可归为非笛卡尔主义理性观。对此，我们必须予以承认。不过，参照当前研究实用主义学者一种通行做法,② 倘若不是把"实用主义"限定在那些名义上被称作实用主义者的人身上，而是在"新《方法谈》"意义上来界定实用主义，那么，我们不妨也把那些带有非笛卡尔主义理性观的人归为实际意义上的实用主义者。这样处理"实用主义"一名，意味着它并非只是某一历史学派的名称，而是代表一种全新思维方式的类名；而古典实用主义学派的贡献在于：他们把在其他人那里散布的非笛卡尔主义理性观念的点滴或片段囊括或总结起来，从而让人注意到一种非片段、非断续、非特例的、值得更多人沿之探索的新路线。这也是本书第一章在论述皮尔士格言"最大的不理性莫过于伪称"时读者可以看到我们多次援引其他通常并非以实用主义者相称的哲学家（斯泰宾等）思想资源的缘故。

事实上，具有非笛卡尔主义理性观片段的并非只是非形式逻辑学家、日常语言学派哲学家、哈曼、纽拉特、奎因，我们在本书第三、第四章中

---

① "科学方法得以成长的理智气质"一语出自 Bertrand Russell. *Mysticism and Logic and Other Essays*. London：George Allen & Unwin Ltd，1959，P. 42.

② 参看 Robert B. Talisse and Scott F. Aikin. *The Pragmatism Reader：From Peirce Through the Present*. Princeton：Princeton University Press，2011，pp. 3 - 9。该书编者们在导言中驳斥了有关实用主义的"消逝说"叙事，即认为：实用主义在古典时期曾经有过辉煌，但随着"第二次世界大战"后欧洲大陆逻辑实证主义引入美国，实用主义很快消逝，直至奎因和罗蒂把实用主义重新复苏。笔者与该书编者们一样主张实用主义传统的连续性，并强调可以从推理论或方法论上把握其中的"共同旨趣"（common aspiration）。

所提到的新近推理心理学家偏向于哲学的观点大多可归在此处。我们不必说他们就是完整意义上的实用主义者，但至少可以认为他们无疑在接近我们以"实用主义"统称的那些非笛卡尔主义理性观。甚至是曾被我们认为是笛卡尔主义理性观抱守人的罗素，如果我们不只是看其观点而且看其实际做法，我们将发现：虽然他曾经批评实用主义，但他某个地方看待逻辑理论的方式的确在走向实用主义。譬如，他曾说："一个逻辑理论可以通过其处理疑难的能力而得到检验。在思考逻辑时，头脑中尽量多装难题，这是一种有益的方法，因为解这些难题所要达到的目的与自然科学通过实验达到的目的是一样的。"①

还有笛卡尔，如果我们全面看待他本人而非作为流派纲领的笛卡尔主义，也会发现：笛卡尔在表达激进观点的同时，其实也能在其他地方表现得足够"诚实"。据新近的笛卡尔学者研究，我们对于他完全可以有"非笛卡尔主义"的解读，譬如，笛卡尔那里的非先验、非演绎主义的方法理论。② 这样的解读结果，对于深入阅读笛卡尔《方法谈》的读者，或许并不那么令人惊讶。因为我们可以在其中读到他对于那种纯思辨读书人的批判，甚至可以感到他对于"实用主义"的亲近："……待我长得足够大能够脱离老师的掌控时，我便完全放弃了书本学习。我下决心只从我自身或世界这本伟大的书中寻求知识，花费了我青年时期的剩余时间去游历，拜访宫廷和军队，与不同气质和阶级的人民生活在一起，收集各种不同的经验，在拥有财富的情境下考验自身，并坚持从我所遇到的事情反思以便从中获取某种益处。因为在我看来，比起某位学者在书房中针对思辨问题所做出的那些推理，从一个人在他自己所关心的事情上所作的各种推理中能找到更多真理。因为后者推理的后果将立即惩罚一个人，如果他判断错误的话；而前者推理并没有实践后果，对于那位学者而言也不具有重要性，除非是说：它们越是背离常识，或许他就越能从中感到骄傲，因为在试图使它们变得可信时他将不得不使用更多的技能和机巧。"③ 他甚至还承认个体认知的有限性，希望求助于共同体："我想要把一生奉献给对于此种

---

① Bertrand Russell. On Denoting. *Mind*. New Series, Vol. 14, No. 56 (Oct., 1905), pp. 484 – 485.

② Stephen Gaukroger. *Cartesian Logic: An Essay on Descartes's Conception of Inference*. Oxford: Clarendon Press, 1989, P. 131.

③ René Descartes. *The Philosophical Writings of Descartes*. Volume 1, translated by John Cottingham, Robert Stoothoff, and Dugald Murdoch, Cambridge: Cambridge University Press, 1985, P. 115, 强调字体为引者所加。遗憾的是，笛卡尔指望单靠游历而解决问题，却没能像实用主义那样从广泛意义上理解"经验"。

不可或缺知识的追求，并发现了一条我认为必然能引领人通往此种知识的道路，除非受阻于生命的短暂或观察的不足。根据我的判断，对于这两种障碍的最好救治办法是诚心诚意地把我所发现的少量东西跟公众交流，力促最优秀的人去努力获取更多进步。他们可以每个人按照自己的倾向和能力，帮助进行必要的观察，然后把他们所获得的一切传达给公众。由此，建立在我们前辈的工作之上，汇聚所有人的生命和劳动，我们一起合作或许能做出比任何人单个去做时都更大的进步。"① 在他写给当时伊丽莎白公主的一封信中，我们还读到他建议要根据"看似很可能为真"的意见（而不必是清明的观念或经过演绎证明的结论）做出决定："即便我们无法对于所有一切都给出某种证明，我们仍应该有自己的立场，在所有相关事务上，要拥有那些看似很可能为真的意见，以便我们不会在需要行动时永远不会踌躇不定。因为造成遗憾和懊悔的，往往就是犹豫不决。"②

在指出作为"新方法谈"的实用主义理性观已经散布于古典实用主义同时代以及更早时期其他哲学家的工作中时，我们绝不是说：由古典实用主义首次总结和提出的实用主义理性观在当今社会已经了无新意，没有任何批判功能了。恰恰相反！因为，不论在古典实用主义所在的那个时代，还是当今社会，笛卡尔主义的诱惑或曰焦虑依然在。

笛卡尔本人的诸多做法的确与古典实用主义存在相似之点，他强调了对于日常普通经验的观察的重要性，只是他没有走向皮尔士那种"通视科学"的理解方式，而是归结为某种理性直观。譬如，"在一开始，不要去寻求那些比较奇特或高度人为的观察，最好是只诉诸那些自动呈现于我们感官、我们稍加反思便不可能不知道的那些观察。之所以这样做，原因是：当我们还不知道比较常见现象的原因时，越是奇特的现象观察越容易误导我们，它们所依赖的诸多因素往往都是具体和细致的，我们很难认清。"③ 然而，即便如此，我们仍要意识到这与古典实用主义理性观之间的差别是：后者并不是像前者那样将之视为不可动摇的"基础"，而只是一种作为出发点的"常识"，仍然开放于未来经验。同样地，里德虽然反对笛卡尔的"普遍怀疑"原则并与古典实用主义一样相信常识，但如果只

---

① René Descartes. *The Philosophical Writings of Descartes*. Volume 1, translated by John Cottingham, Robert Stoothoff, and Dugald Murdoch, Cambridge：Cambridge University Press, 1985, P. 143. 强调字体为引者所加。
② Lisa Shapiro (ed.). *The Correspondence Between Princess Elisabeth of Bohemia and René Descartes*. Chicago and London：The University of Chicago Press, 2007, P. 113.
③ René Descartes. *The Philosophical Writings of Descartes*. Volume 1, translated by John Cottingham, Robert Stoothoff, and Dugald Murdoch, Cambridge：Cambridge University Press, 1985, P. 143.

是把笛卡尔那里作为"基础"的"理性直观"替换为常识，因而仍处在基础主义的窠臼内，其实也是被笛卡尔主义理性观诱惑了。里德在《论人的理智力》一书中说道："认为在理性与常识之间存在对立，这是荒谬的。实际上，[常识]是理性中最先诞生的部分，而且正如它们在言语和写作中常常联系在一起一样，它们在本性上是不可分割的。"① 这是没问题的，实用主义也承认；但当他接着说"在每一分支的实在知识中，都必须存在一些通过直觉得知为真的第一原理，既不用或然性推理，也不用必然性推理。"② 其中的"第一原理"理解为不可错的"基础"，就成问题了。因为在实用主义那里，此类常识只是作为出发点而非不可动摇的"基础"。

第四节　回应与展望：分析哲学视域中的古典实用主义

在本书提出"非笛卡尔主义"理性观并将其与古典实用主义的"新方法谈"建立起内在联系之后，很多事情并不会即刻变得简单，毋宁说我们因此而懂得了如何诚实面对难题和实现期望。事实上，"过分乐观和急切地追求快捷结果"③，在哲学上往往是危险的。关于"诚实"这种理论品性的重要性，本书开篇第一章已多有论述，本书结尾希望通过考察和反省古典实用主义与主流分析哲学的纠缠关系再次予以强调。我们将看到，自实用主义诞生以来，每一次重大的命运际遇，都跟它与其他哲学潮流（尤其是主流分析哲学家）之间的碰撞和对话密切相关。如果说早期分析哲学家对实用主义的批评与古典实用主义者的回应给今人留下的印象主要是"前者误解后者""后者向前者释疑"的无趣对话，那么，我们在当代分析哲学视域下重新看待此种古典风格的实用主义的相关性时需要铭记的一个教训应该不只是"多一些耐心"，而是要诚实对待此类误解可能性，进而把"误解何以存在"以及"对话何以可能"作为当代哲学中关于思想规范性的深刻议题加以探讨。毕竟，"思想规范性"本身正是古典实用主义推理论及其理性观的落脚点。

---

① Thomas Reid. *Essays on the Intellectual Powers of Man*. Cambridge：Cambridge University Press, 2011, P. 530.
② Thomas Reid. *Essays on the Intellectual Powers of Man*. Cambridge：Cambridge University Press, 2011, P. 690.
③ 这种表达借自 Bertrand Russell. *History of Western Philosophy*. London and New York：Routledge, 1996, P. 738.

一、早期分析哲学家对古典实用主义的批评

从哲学史上看，比起对于皮尔士，早期分析哲学家对待詹姆斯和杜威的哲学思想可谓"很不友好"。① 但这并不能说明在实用主义方向上詹姆斯和杜威的哲学与皮尔士哲学之间有根本差异。早期分析哲学家对于詹姆斯和杜威哲学的回应实质上是对于实用主义本身（而非限于某一位实用主义者）的批评，他们之所以选择这两人而非皮尔士，一方面可能是因为皮尔士著作中包含了其他两人不具有但早期分析哲学家格外看重的数学尤其是数理逻辑方面的原创性研究；另一方面可能是因为当时拥有显赫学术职位且处于美国哲学前沿阵地的实用主义者是詹姆斯和杜威而非皮尔士。早期分析哲学家对于实用主义的批评文章有很多，但思路大同小异。下面我们将仅以罗素、摩尔两人为例，② 展示他们在理性观方面对于实用主义提出的一些有代表性的不满。

罗素对于实用主义的敌意和攻击，是众所周知的。1908~1912年，他每年都会写一些批评实用主义的文章。③ 对于詹姆斯的论文《相信的意志》，④ 罗素认为它对于实用主义者的思想气质提供了很好的介绍，但指责詹姆斯混淆了"基于一种假说行事"（acting on a hypothesis）与"相信一种假说"（believing a hypothesis）。为显示詹姆斯观点有悖于生活常识，他举例说：假设我沿着一条乡村小路走。当走到岔路口时发现没有路标，旁边也没有路人，我"被迫"做出选择：或者选择走这条路，或者走另一条路，否则就别想到达目的地。然后，我基于其中一个假说行动，直到我找到能问路的人。但是，我并不相信这中间任何一个假说。我的行动要么对要么错，而我的信念没有对错，因为我并未持有这两个可能信念中的任何一个。实用主义者以为我相信我所选定的那条道路就是正确道路，这是不对的。他们忽略了一个很直白的事实，即，我们的行动经常是基于概率

---

① 关于罗素对皮尔士的积极评价，可参看 Bertrand Russell. *Wisdom of the West*. London：Rathbone Books Ltd., 1959, pp. 276-277。当罗素和怀特海合著的三卷本《数学原理》出版时，皮尔士仅给出简单且一般的评价语，据说罗素当时很生气，但这并不影响后来他继续赞赏皮尔士的工作，参看 Cheryl Misak. *Cambridge Pragmatism：From Peirce and James to Ramsey and Wittgenstein*. Oxford：Oxford University Press, 2016, P. 105.

② 两人作为英国分析哲学运动的领袖，他们对于实用主义的批评最受关注。实际上，当时很多人（甚至包括今天有些学者）对于实用主义的了解以及态度，可能正是来自两人的评论性文章。

③ Cheryl Misak V. *Cambridge Pragmatism：From Peirce and James to Ramsey and Wittgenstein*. Oxford：Oxford University Press, 2016, P. 104.

④ 参看本书第四章第三节。

之上的，在这些情况下既非接受一种真理，也非失去一种真理，而是在持有一种假说。① 与此相关，罗素对于詹姆斯那种把真理定义为功用性的实用主义真理论也提出了严重批评：他混淆了真理的"准绳"（criterion）与"意义"（meaning），有用性顶多是帮助我们发现真理的一条准绳，但它并非意指真理本身。这就像是图书馆里的编目与藏书的关系：很多情况下，我们可以凭借编目中的记载信息在书架上找到某一本书，但当我们说某一本书在图书馆时，意思并不只是它在图书馆的编目中出现了，而是在图书馆书架上某个地方实际上发现了这本书。因为有时图书馆的某本藏书可能尚未编目，还有些时候编目中出现的书后来可能佚失了。② 不仅如此，罗素继续批评：即便是把"信念效果"作为用来识别真理的"准绳"，它很可能也不是什么有用的标准。因为，为了知道持有一种信念的后果好还是放弃一种信念的后果好，我们必须知道持有之后的效果有哪些，放弃之后的效果有哪些；还得知道什么效果好什么效果坏，什么效果更好什么效果更坏。譬如，罗马天主教信仰那样的信念，其效果或许有坏的一面也有好的一面，但整体上到底属于好还是属于坏呢？这样的问题非常难以回答，甚至比辨别信念的真假本身更加困难。因此，试图通过效果而检验真理，这在实践中是毫无用处的。实用主义者以为可以轻易知道一种信念之效果的好坏，这可谓最为奇怪的知识论假设之一了。③ 其实，还有更进一步的难题：我们何以知道自己对于信念效果好坏的评估是真的呢？根据詹姆斯，说"我们关于效果的信念是真的"，等于是在说"它有好的效果"，而后一说法也只有在它本身具有好的效果时才为真，如此将会无穷倒退。④ 罗素认为，之所以出现此类背离常识的结果，一个重要根源是实用主义者割裂了事实与真理。他们以为，没有人对事实感兴趣，关于"你的朋友 A 存在"这一命题的真理可以取代关于 A 之存在的事实。但是，"A 存在"，假若是真理的话，这一真理所关注的正是 A，此时它就代表事实。我们说一个命题之所以为真，并不是因为相信它之后有什么效果，而是因为这种信念背后的原因。说即便 A 不存在"A 存在"也可以为真，这等

---

① Bertrand Russell. *Philosophical Essays*. Cambridge：Cambridge University Press，1910，pp. 92 – 98.
② Bertrand Russell. *Philosophical Essays*. Cambridge：Cambridge University Press，1910，pp. 136 – 137.
③ Bertrand Russell. *Philosophical Essays*. Cambridge：Cambridge University Press，1910，pp. 135 – 138.
④ Bertrand Russell. *History of Western Philosophy*. London and New York：Routledge，1996，P. 728.

于是让"真理"这个词变得毫无意义可言。毋宁说,那是"主观主义者的疯癫"(the subjectivist madness)。①

摩尔发表在《亚里士多德学会会议录》上长达45页的《詹姆斯教授的〈实用主义〉》一文,尽管是在罗素评论同时期发表因而可能未知罗素评论内容的情况下撰写的,但在很大程度上相当于详细阐发了罗素对于实用主义所表达的基本看法。譬如,摩尔认为,尽管詹姆斯的《实用主义》包含一些可以接受的大白话,但他的下述观点显然是错误的:"功用性是用以区分真信念与非真信念的一种性质,因此,所有真信念都是有用的,而且所有有用的信念都是真的";"功用性乃所有真信念共同拥有的唯一性质,因此,倘若相信詹姆斯存在对于我来说是有用的,该信念就会是真的,即便他其实并不存在;而倘若相信这一点对于我来说是无用的,该信念就会是假的,即便他其实是存在的。"② 这很容易让我们联想到前面罗素对于实用主义真理观的批评。除了这些之外,摩尔特别驳斥了一些在罗素那里没有明示但被认为可归于詹姆斯的"实用主义观点",譬如,真理在某种意义上是变易的,即,一些信念有时为真,有时却为假;再如,真理在一定意义上是人为产物,即,一种信念之为真,在某种程度上依赖于我们自身。关于真理的"变易性",摩尔指出:尽管我们承认世界万物随着时间会有些改变,我们也可以承认同样一句话在不同场合下表达有时为真有时为假,但是,如果我们像詹姆斯那样关心的是"我现在房间里"之类的话语当下所要表达的思想观念,即,我在特定的时间内出现在房间里,那么,任何在过去以及在将来想到这一独特思想观念的人,都可以说是拥有了一种真的思想。这种真理显然是不变的。恺撒大帝死在元老院,这一思想观念在现在是真的,难道在将来某个时候,假若相信恺撒死在床榻上能有利于某一代人的生活,这个思想观念就不再是真的了吗?③ 关于真理的"人为性",摩尔的驳斥是:在某种意义上可以说,我们拥有一种信念(如"明天会下雨"或"明天会出太阳")时受到自己独特的过往经历、当时的兴趣和意志力等等条件的驱使;但是,有人会因此说是我们使得这个信念为真的吗?显然没有人会这样。

---

① Bertrand Russell. *Philosophical Essays.* Cambridge: Cambridge University Press, 1910, P. 140 and Bertrand Russell. *History of Western Philosophy.* London and New York: Routledge, 1996, pp. 728 – 729.

② G. E. Moore. Professor James' "Pragmatism". *Proceedings of the Aristotelian Society*, New Series, Volume 8, Issue 1, 1908, P. 76.

③ G. E. Moore. Professor James' "Pragmatism". *Proceedings of the Aristotelian Society*, New Series, Volume 8, Issue 1, 1908, pp. 69 – 70.

当明天到来时，我们可能做出了一个真信念，但这并不等于是我们使得该信念为真的。①

罗素对于杜威的批评，有不少跟他和摩尔对于詹姆斯的批评是雷同或近似的。② 不过，罗素有一个专门针对杜威"探究"概念的批评。罗素看到，杜威在《逻辑学：探究理论》中最为强调的一个概念是"探究"，而不是"知识"或"真理"；而且，与大多数哲学家不同，杜威没有把探究视作"对于真理的寻求"，而是当作一种独立的活动。这种独立性体现在杜威对于"探究"的如下定义："探究是对于一不确定情境的受控制或有方向的转变，使其中作为构件的诸特性和关系变得如此确定以至于把原有情境中的各要素转变为统一整体。"③ 然而，罗素随后指出：杜威这个定义是不恰当的。如果它反映了杜威的本意，会出现明显违背常识的荒谬例子，譬如，教官把一批新兵转变成一个军团，泥瓦匠把一堆砖头转变为一所房子，他们所做的事情完全符合杜威所定义的"探究"，但他们显然并未在探究什么。因此，罗素猜测这不大像是杜威视作探究的例子。更有可能的是，这表明杜威的定义漏掉了"真"这个要素。为了把探究与"教官练兵""泥瓦匠盖房子"之类的活动区别开来，杜威本应该注明：探究具有一种独特的目的，即，发现真理。可是，对于杜威来说，"真理"是通过"探究"来界定的，即，"所有研究者最终一定会认同的那种意见"；如此一来，我们将完全不清楚研究者在做什么，因为当我们说他们在试图发现真理时等于是在循环。④

二、回应：理性观差异所带来的误解

罗素、摩尔等人对于实用主义者詹姆斯和杜威的严厉批评或曰"攻击"，在哲学史上一度颇受关注，因为它象征着大西洋两岸英国与美国哲学家之间的对话，尤其是前者作为老牌哲学国度对于美利坚这一新兴国家

---

① G. E. Moore. Professor James' "Pragmatism". *Proceedings of the Aristotelian Society*, New Series, Volume 8, Issue 1, 1908, pp. 72–73.

② 参看 Bertrand Russell. *History of Western Philosophy*. London and New York: Routledge, 1996, pp. 734–736.

③ Bertrand Russell. "Dewey's New Logic". in *The Philosophy of John Dewey*, edited by P. A. Schilpp, New York: Tudor Publishing Company, 1958, P. 143.

④ Bertrand Russell. "Dewey's New Logic". in *The Philosophy of John Dewey*, edited by P. A. Schilpp, New York: Tudor Publishing Company, 1958, P. 143 and Bertrand Russell, *History of Western Philosophy*, London and New York: Routledge, 1996, P. 733.

的本土哲学的一种回应。① 然而，由于双方在理性观上的冲突，尤其是因为批评方意识不到或不承认这种理性观分歧，② 这些对话和回应像是把本应属于"外部批评"的事情当作"内部批评"去做了，从而导致它们在一开始就包含着诸多严重误解。有些误解，甚至在很多年之后，才被更多人看清。

或许，曾经有学者追随罗素、摩尔等人认为实用主义在这场争论中失败了；甚至现在可能依旧有哲学家认为胜利属于分析哲学家一方，因为在杜威之后的很长时期内，分析哲学持续繁盛，而实用主义似乎衰落了。但是，当我们弄清楚他们之间的理性观差异以及由此所引起的误解后，再来回看这场争论，可能不禁感想：对于站在分析哲学一边的读者来说，罗素等人对于詹姆斯等人的胜利，到底是赢在文采和风趣（或是漫画式的"恶搞"），还是赢在哲学论证？所谓的胜利，是否只是建立在一方对于另一方的不公正理解之上呢？

其实，自这场争论一开始，双方主要都是在围绕实用主义者到底表达了什么样的新意以及到底有没有隐含某种结论而展开的。詹姆斯后来编辑出版的《实用主义》续篇——《真理的意义》一书，在很大程度上就是回应对于实用主义尤其是真理论的种种误解。遗憾的是，詹姆斯、杜威等人的回应很可能在当时并未消解批评者的主要疑虑。如今，这场争论已经发生过去一百多年了，哲学界对于分析哲学和实用主义的了解比起之前都更加深入和全面，再加上这中间已有很多来自第三方的观察和评论帮助我们冷静看待当时的争论，使得我们当下有机会更好地把握早期分析哲学家与实用主义之间的分歧与共识。以下，笔者将试着从五个方面澄清实用主义在理性观上最经常受到的误解，以回应前面所提到的罗素和摩尔的相关批评。

（1）作为朴素的实在论者，古典实用主义者并非要重新定义"真理"，毋宁说他们是通过引入"效用"使得"真"观念更容易为人把握。很多批评者喜欢孤立地引用詹姆斯的实用主义口号"真理即有用"（the

---

① 更为有趣的是，分析哲学家罗素、摩尔所居住的地区与实用主义者皮尔士、詹姆斯所居住的地区都叫作"剑桥"（Cambridge），只是前者为英国英格兰剑桥，后者为美国麻省剑桥。这是这种有趣的地域重名，启发加拿大实用主义哲学家米萨克（C. Misak）把自己的新著命名为"剑桥实用主义：从皮尔士、詹姆斯到拉姆塞和维特根斯坦"。参看 Cheryl Misak. *Cambridge Pragmatism: From Peirce and James to Ramsey and Wittgenstein*. Oxford: Oxford University Press, 2016.

② 或许正是此种"意识不到"或"不承认"，使得詹姆斯不禁感慨：批评者对于自己的整体观点竟表现出如此"真正的不熟悉"（genuine unfamiliarity）。参看 William James. *The Meaning of Truth: A Sequel to "Pragmatism"*. New York: Longmans, Green & Co. 1909, pp. 180 – 181.

truth is what works),并把这里的"即"(is)简单地理解为数学上的等号或逻辑上的"当且仅当"关系,由此得出:实用主义者要重新定义人们直观上的"真理"。但从使用语境来看,詹姆斯"真理即有用"这句话主要是从意义理论上试图对哲学讨论中经常难以捉摸的"真理"一词给出一种可谓实用主义的阐释。对于"真理"的阐释可以有多个视角,其目的是让读者更容易把握我们通常所谓的"真理"。基于特定的哲学史语境,实用主义者选择并特别强调从"有用"这一视角来阐释"真理",希望由此激活过去那些抽象晦涩的关于"真理"的哲学话语。但这并不意味着詹姆斯等人是在重新界定我们日常生活中乃至科学中所谓的"真理"一词,更不意味着他们要放弃对于"真理"的追求。

在《实用主义》一书中,詹姆斯指出:"任何一本字典都可以告诉你,真理(truth)是我们某些观念所具有的一种属性。它意思是它们与'实在'(reality)保持'一致'(agreement),而假相(falsity)则意味着它们与'实在'不一致。实用主义者和理智主义者全都理所当然地接受这种定义。只有在问到'一致'一词以及(如果实在被视作我们的观念与之相一致的东西)'实在'一词究竟意味着什么时,两派之间才发生争吵。"① 从这些话,我们可以清晰地看出:詹姆斯并不反对直观上可以把"真理"界定为"与实在相一致",而他接受此种定义,这本身就预设了他承认有实在之物是独立于对话各方的。事实上,詹姆斯在多个地方明确表示自己是一位实在论者。② 可以说,那种包含于"真理"定义中的朴素实在论,即,经验对象或事实(而非"真理")是"超然存在于"或"不依赖于"我们认知主体的,是实用主义的一种承诺。也正是因为对于实在论的承诺,詹姆斯以及其他实用主义者非常强调人类认知因为偏离"实在"而犯错的可能性,甚至比前人走向更加彻底的可错论。③ 即便如此,詹姆斯并不放弃对于真理的追求。他曾在《相信的意志》一文中指出人类有"相信真理""避开错误"等两种基本认知目标,而当两者出现冲突时,他宁愿把"相信真理"放在优先地位。④

然而,实用主义认同对于"真理"的直观定义方式,并不意味着他们

---

① William James. *Pragmatism*. New York: Dover Publications, Inc., 1995, pp. 76 – 77.

② 参看 William James. *The Meaning of Truth: A Sequel to "Pragmatism"*. New York: Longmans, Green & Co. 1909, P. xvii, P. 191, P. 195, P. 275.

③ 杜威在一篇回应罗素的论文中也坦承自己承诺一种"符合论真理观",同时强调那是一种不同于罗素版本的符合论,参看 John Dewey. Propositions, Warranted Assertibility, and Truth. *The Journal of Philosophy*, Vol. 38, No. 7 1941, pp. 178 – 179。

④ 参看本书第四章第三节。

跟詹姆斯所谓的理智主义者由此走向一样的真理论。正如詹姆斯所言，关于何谓"一致"和"实在"，实用主义者有着自己独特的把握。他们不认为"实在"只是与人类实践无关的静态世界，也不认为"一致"就是基础主义者所谓的照镜子式的"符合"（correspondence）。我们的观念究竟如何与实在保持一致，这其中有复杂得多也困难得多的细致工作，用詹姆斯的话说，需要有"煞费心思的分析性工作"（analytic and painstaking）①。实用主义强调要通过"有用性"或"实用性"去阐释"真理"，希望为我们完成这项艰巨的工作打开一道方便更多人进入的、更为"具体"（concrete）的门径，由此"指引"（guide）我们往真理论的深处和内里继续探究。因为，毕竟，通常而言，关于"什么管用"（what works），但凡有观察和做事能力的人大多比较清楚，也便于我们大家相互交流和讨论。

一旦弄清詹姆斯是在上述背景和动因下才说到"真理即有用"时，想必没有人会像罗素那样认为实用主义由此混淆了真理的"意义"与"准绳"，也没有人会像摩尔那样认为实用主义由此把一切有用的东西都当作真理或把"明天会下雨""明天会出太阳"之类的信念是否为真完全归因于人的意志。恰恰相反，实用主义者之所以建议我们关注"有用性"，不仅不是要背离科学的"求真"目标，反倒是在设法开辟新路，帮助我们更为有效地接近或获致"客观真理"——假若我们不把此种"客观性"视作一种完全脱离于人类实践的先验之物的话。

（2）实用主义者并不追求通常所谓形而上学意义上的"真理"，他们始终关注的是认识论和方法论意义上的真理。这原本就是实用主义之作为"观念革新"的重心所在。前面我们提到，实用主义建议我们从"有用性"视角来把握"真理"。虽然很多人对"何为有用"比较熟悉或无争议，但这并不意味着确定有用性要比确定真假容易很多。当罗素、摩尔等批评者一上来便直接把"个人满足"当作实用主义所谓"有用性"的全部所指时，其实已经间接表明："实用性"表面简单实则复杂。不过，詹姆斯从来也没有像罗素所说的那样认为"实用效果"的确定总是一件容易的事情。到底哪些效果才具有实用性？有无实用性，如何验证？实用性有多大，如何评估？在某些情况下，这都可能成为棘手难题。② 然而，从人

---

① William James. *Pragmatism*. New York：Dover Publications, Inc., 1995, P. 77.
② 詹姆斯曾坦率承认：如罗素所言，要解决"主教们一直都没犯过错吗？"这一简单的事实问题，比起解决问题"认为主教们没犯过错，这在整体上所具有的效果足够好吗？"，要容易得多。参看 William James. *The Meaning of Truth：A Sequel to "Pragmatism"*. New York：Longmans, Green & Co. 1909, pp. 272–273.

类探求真理之路的实践可行性来说,关键的问题不是哪件事看似简单一些,而是我们在认知顺序上应该谁先谁后才能更有效地获致真理。

初看上去,似乎只要我们设定有一个形而上学意义上的"真理"在那里,然后拿我们的信念与之对照即可。但是,作为经验论者,"我们身上没有东西能鸣钟告诉我们何时确切把握到了真理",① 何以知道自己到底已经拥有了还是错失了真理呢?除了看"信念的效果"外,并无更好的办法。至于一个人最初相信什么为真时是否实际上必须意识到该信念的效果是什么,这并不重要。重要的是,要想让你本人或他人理解自己的信念的确为真,你必须拿出些在不同程度上可捉摸、可验证的"效果"。正是在这个意义上,詹姆斯曾表示,"实用效果"甚至不必成为一个人探知真理是否出现时实际所用的"准绳",它们主要是每一项声称真理之说法内部的"潜在动机"(lurking motive),是我们信念的"存在理由"(causa existendi)而非其"客观陈述或内容"(objective deliverance or content)。② 从探究真理的方法来看,实用主义的要旨是:不妨把信念当作为行动而准备的工具,然后通过对实际或可能的行动效果来推测信念是否接近以及如何接近真理。这种探索过程,由于本质上是由"效果"出发所作的信念评价,即便是有策略的谨慎推断,依然有出错的可能性。但因为实用主义者并不抱守笛卡尔主义理性观,这并不造成困扰。

当实用主义者从形而上学转向认识论和方法论看待"真理"时,核心问题已经从"什么是真理"变成"何以达到真理",而且在他们看来,通过回答后一问题可以更好地回答前一问题:"为何我认为相信某一观念为真是令人满意的,这背后的理由是,我何以获致那一信念,恰恰属于我认为那一观念实际为真的理由。"③ 如皮尔士所言,"我们所有研究者最终全都认同的那种意见,就是我们所谓的真理。"④ 我们人类所能达到的"客观真理",不过是此种长远来看的"主体间性"或"共识"而已。如果有谁不甘心这一点,非要追逐那种先在于人类认知的、形而上学的"真理",他很可能是把"真理"混同于那种代表世界本来样子的"事实"或"实

---

① William James. *The Will to Believe and Other Essays in Popular Philosophy*. New York: Dover Publications, Inc., 1956, P. 30.

② William James. *The Meaning of Truth: A Sequel to "Pragmatism"*. New York: Longmans, Green & Co. 1909, P. 273. 从这段话我们可以顺便看出,詹姆斯在谈论信念的实用性时并不是像实证科学家那样关注一个人实际上如何形成信念,因而并不属于心理主义的研究路径。

③ William James. *The Meaning of Truth: A Sequel to "Pragmatism"*. New York: Longmans, Green & Co. 1909, P. 201.

④ CP 5. 407.

在"了。他或许觉得只有这样完全等同于"实在"的"真理"才永远不可能证明为假,才能做到像罗素所暗指的那样不割裂"事实"与"真理"。殊不知,这在认识论和方法论上是本末倒置的做法:我们认识世界和自己时设法让所形成的看法或观念与实在世界保持一致,但我们不会说:事实是真的,或实在是真的;毋宁说,"事实"或"实在"本身无所谓真假,只有我们关于它们的判断或信念才可称之为真的或假的。借用赖尔的话,说"事实/实在是真的",是一种范畴谬误。或者借用另一位学者的话,那样说其实是混同了"上帝视角"与"人类视角"。① 当摩尔等人在批评詹姆斯的真理观时,他们似乎是在批评人类拥有一条不够理想或纯净的认识道路。不过,在实用主义看来,我们人只有走上这条道路才能指望认清事实、获致真理,而且科学实践已经表明这其实是一条有前途的道路。

(3) 实用主义者自始至终都是以尊重经验、传统、常识以及科学为前提的,他们引入"效用"是要强化而非放松我们理智上的自我约束。对于实用主义者所谓的"管用",太多批评者倾向于用"个人满意"或"对己有用"来加以解释。为了回应批评者,实用主义没必要否认两者之间的联系,需要澄清的只是:这里的"满意"或"有用"都是因为我们的信念一开始指向"实在"并在随后经过经验证实而达到的"进一步结果"。詹姆斯告诉我们:实用主义认识论要求我们的信念指向"实在",这是第一步;然后,正是由于此种指向,才导致令人"满意"的结果。② 他甚至说:"每当我们观念'真实地'断定某一对象时总是有这样的对象存在着,这一点构成了我们观念在无数情形之下成功发挥作用的唯一理由……。"③ 正是由于对"实在对象"的承诺,实用主义非常看重经验对于信念的检验作用。可以说,是经验才使得某一信念为真。但需要注意的是,这里的"经验"并非局限于某一个人的感官经验。

何谓经验?皮尔士说:"生活历程中所形成的某些思想强制力(compulsions of thought),我们将它们合起来称作'经验'"④。詹姆斯说:"经

---

① 参看 Richard A. Hertz, James and Moore. Two Perspectives on Truth. *Journal of the History of Philosophy*, Volume 9, Number 2, 1971. 这种"上帝视角"与"人类视角"的差异,不仅体现在实用主义与其批评者之间,也经常出现在决定论与非决定论者之间。
② William James. *The Meaning of Truth: A Sequel to "Pragmatism"*. New York: Longmans, Green & Co. 1909, P. 191.
③ William James. *The Meaning of Truth: A Sequel to "Pragmatism"*. New York: Longmans, Green & Co. 1909, P. xv.
④ CP8. 101.

验是一种能连续不断给予新材料供我们消化的过程。"① 而为了从思想上应对此种经验，我们需要借助于我们所在共同体已经拥有的大量信念，这些信念中有属于科学的，也有属于传统和常识的。它们本身是经过历史经验所证实过的信念，因此，当我们在面对经验整体而检验某一新信念的"效果"时，也需要把这些共同体信念考虑在内。由此来理解，我们将发现：实用主义所谓的"满意"绝不仅限于私人感官欲望上的满足，而是众多方面整体而言经过经验证实之后所达到的那种"满意"。譬如，"我们会发现，相信其他人心的存在、有独立的物理实在、有过去发生的事件、有永恒的逻辑关系，这些都是令人满意的。我们发现希望是令人满意的。我们也经常发现停止怀疑是令人满意的。最为重要的是，我们发现相容性（consistency）是令人满意的，即，当前观念与我们心智装备其余部分（包括我们的各类感知、对于相似性和相异性的直觉以及我们所有储备的先前所获得的真理）之间的相容性。"②

在经过以上对于信念之"满意效果"或"实用性"的解读之后，现在可以弄清楚：实用主义对于真信念之"效用"的提出，不仅不否认反而正是源于它对于真信念之可验证性的主张。实用主义者不仅没有放弃证据对于信念之真假的检验作用，而且是在过去实证主义或传统经验主义所谓证据之上做加法，从而让自己的信念受制于全方位的约束。正如詹姆斯所总结，"我们要找到一种管用的理论，而这意味着某种极其困难的事情；因为我们的理论必须在全部的既有真理和特定的新经验之间协调。它必须尽可能少地改动常识和先前信念，而且必须能产生某种能严格证实的可感结果。所谓'管用'同时意味着这两方面的事情。如此形成的挤压很紧，很少有什么机会能随意持有某个假说。没有什么能像我们的理论这样受到约束和控制。"③ 读完此段话，真难以想象罗素会因为实用主义倡导"满意效果"而认为它将把我们引向所谓的"主观主义的疯癫"或任何其他对于"轻信"（credulity）的担忧！至于摩尔所说"即便某人不存在却可以发现相信他存在对于我来说是有用的"，要么并不会出现那样的情况，要么并不属于实用主义实际所倡导的那种"实用性"。

（4）与其说古典实用主义者否定了真理和知识的应有价值，毋宁说他

---

① William James. *The Meaning of Truth: A Sequel to "Pragmatism"*. New York: Longmans, Green & Co. 1909, P. 61.

② William James. *The Meaning of Truth: A Sequel to "Pragmatism"*. New York: Longmans, Green & Co. 1909, P. 192.

③ William James. *Pragmatism*. New York: Dover Publications, Inc., 1995, P. 83.

们是要从探究过程中把握它们,让它们保持开放。我们在前面提到,基于实用主义的认识论,唯一可以称得上"客观真理"的只能是所有探究者最终全都认同的一种意见。这种在"极限"意义上得以理解的"真理",就是通常所谓的"大写真理"(Truth)。除此之外,日常语言中对于"真理"还有另一种用法,即,作为探究过程之阶段性成果的、小写的"真理"(truths),大致相当于通常所谓的"知识"(knowledge)。实用主义哲学家并不否认我们在日常生活及科学领域中存有并运用着大量这样的"真理"和"知识",他们与其他哲学家的不同之处在于:始终坚持立足探究过程并通过探究来把握真理和知识。

首先,作为探究主体的人,并非静观式的、笛卡尔所谓的"我思",而是活生生的、抱有目的并参与各类实践活动的社会性的人。相比那种"理性人",他们的观察能力、认识能力显得不够完美,使得他们往往无法一下子认清楚。看似更糟糕的还有,"有关我们经验的一个基本事实是:它是一种处在变化中的过程。"① 不过,他们懂得协作,并特别敏感于经验的"沸溢性"(即,以往经验不断积累,同时又不断有新经验产生),随时准备在经验发生新变化时抛弃旧有信念。其次,探究的过程,并非就是纯省思的知识分析。"知识是得以证成或证明的真信念",这种经典的JTB式"知识分析"并未告诉我们应该如何获致知识,因为"真"和"证成"本身是需要澄清的。在实用主义看来,所有这些倒是需要借助于探究才能获得切实理解。杜威告诉我们:探究是"对于一不确定情境的受控制或有方向的转变,使其中作为构件的诸特性和关系变得如此确定以至于把原有情境中的各要素转变为统一整体。"② 通俗地讲,就是投入实践去解决你所面对的问题。如当代实用主义哲学家泰利斯(Robert Talisse)所言,"所有的知识都始于弄脏你的手,始于去做事情,始于你的指甲下出现泥土。"③ 我们的信念,当然是需要"证成"才有望称作"知识"的,但这种"证成"并不限于某一个人某一时刻所得到的感官证据,而需要指向更广泛的"实用效果"。更多的"实用效果",是需要在探究中才能发现的,而且这可能是一个很长的探究过程,无法说到什么时候就一定

---

① William James. *The Meaning of Truth: A Sequel to "Pragmatism"*. New York: Longmans, Green & Co. 1909, P. 89.

② John Dewey. *Logic: The Theory of Inquiry*. New York: Henry Holt and Company, 1938, pp. 104 – 105.

③ Robert Talisse, "The Best Books on Pragmatism", Interview by Nigel Warburton, https://fivebooks.com/best – books/robert – talisse – on – pragmatism/.

结束了。在此期间的某一阶段，我们会发现有些信念能指引我们成功解决诸多问题，即，能便捷地充当支持我们继续探究的工具。就当前阶段所得到的"实用效果"（即广义上的证据和理由）而言，这些信念是最值得我们拥有的信念，可视作"得到证成的真信念"，并因此可称之为"知识"。

需要注意的是，这些在探究中得以理解的真理和知识都是假言性的判断，其实质是"工作假说"（working hypothesis），① 是"有担保的可断定性"（warranted assertibility），② 是"目前所知的真理"（truth as known as）③，是"关于诸多证实过程的集合名称"④。随着时间推移和情境变化，我们所获得可用以证实信念的"实用效果"会变化，相应地，我们关于某一方面事实的假言判断也可能会改变。譬如，摩尔所提到的"恺撒大帝死在元老院"这句所谓的真理。在实用主义看来，它不过是就迄今为止所掌握到的各类证据而言的真理，但我们无法确保这些证据就是全部的"实用效果"了。如果未来有新的历史文献或考古证据出现，或者有历史研究方法上的某种重大变化，或许会（当然可能性不大）让我们有必要重估这一信念；即便是不放弃该信念，我们也会因为更多正面证据或反面证据的出现而变得更加相信或不太确信了。这就是詹姆斯说到"真理的变易性"。倘若这中间还涉及"真理的人为性"的话，则主要是指人基于经验不断搜集和接受新证据而证实我们的信念，脱离开由我们人所参与的此类证实过程，任何"真理"都是空洞的。如果今天还有人像摩尔那样有什么困惑的，让我们在此重申："任何观念只要能顺利地把我们由我们经验的一部分引向另一部分，把诸种事情令人满意地连贯起来，能稳固运作下去，起到简化作用，节省劳力，它们都因此而言而且就此范围是真的，是工具论上为真的。"⑤ "已经拥有的真理可以具有实践上或道德上的确定性，但在逻辑上它们永远不应失去假言性。"⑥

当我们强调要从探究过程来理解实用主义所谓的真理和知识时，有必

---

① John Dewey. *Logic*：*The Theory of Inquiry*. New York：Henry Holt and Company, 1938, P. 435.
② John Dewey. *Logic*：*The Theory of Inquiry*. New York：Henry Holt and Company, 1938, P. 9.
③ William James. *The Meaning of Truth*：*A Sequel to "Pragmatism"*. New York：Longmans, Green & Co. 1909, P. vi.
④ William James. *Pragmatism*. New York：Dover Publications, Inc., 1995, P. 84. 在詹姆斯看来，不只是"truth"（真理）这个词，所有以 -th 为后缀的英文词都表示一种"创造过程"而非先在的"实体"，如"wealth"（富裕）、"health"（健康）、"strength"（强壮）等。
⑤ William James. *Pragmatism*. New York：Dover Publications, Inc., 1995, P. 23.
⑥ John Dewey. *Experience and Nature*. London：George Allen & Unwin, 1929, P. 154.

要特别回应罗素对于"探究"一词的质疑。对于一位熟悉杜威哲学和实用主义思想的学者，要回应罗素对于杜威"探究"之定义的指责，并不难。只要联系上下文去理解杜威"探究是对于不确定情境的受控制或有方向的转变"这一说法，我们很快会发现：他所谓的"不确定情境"特指那种不稳定的、出现麻烦和困惑的、含混不清的、包含冲突性倾向的情境。而所谓"受控制或有方向的转变"总是运用到既有符号体系作为工具以解决具体情境中的难题。① 而罗素提到的那些诸如教官把新兵转变成军团、泥瓦匠把砖头转变为房子的例子，由于通常情况下它们都有固定的流程，并不属于"不确定情境"因而也不存在"受控制或有方向的转变"，因此，与罗素本人所理解的恰恰相反，它们完全不符合杜威所定义的"探究"；倒是在某些罕见情况下，如果教官练兵时被要求拿出新技术以达到更高的效率，或是在泥瓦匠打算改进施工技术以节省时间时，这些才属于真正的"探究"。遗憾的是，许多人可能连杜威的原文都没看就直接附和罗素，认为他已经"从逻辑上"表明杜威对于探究的定义产生了荒谬结果。正如有学者后来所指出的那样，"仅凭几句俏皮话猛烈地驳斥一套严肃的哲学体系，对此我们的第一印象应该是怀疑。通常可以看到，被攻击的那个人说过的话会被脱离开语境加以引用，而他对其中某些核心概念所赋予的意思不知不觉中被转变成这些概念在批评者思想体系中所具有的意思。罗素的上述那种批评作为一个典型例子包含着此类关于批判的原罪。"② 冷静地看待罗素的批驳，他之所以让"探究"这一概念在读者那里带有一种滑稽效果，不过是因为他在修辞术上采用了漫画化式的恶搞或曰反讽法，在逻辑上犯下了"稻草人谬误"。

在避免原本不应该有的误解的前提下，我们可以说，杜威以及其他古典实用主义者那里的"探究"，不仅不必（像罗素所建议的那样）引入"真"概念加以定义，而且，如前所述，我们倒是可以（而且应该）通过"探究"概念来帮助我们把握"真理"和"知识"这些在不少哲学家那里显得模糊不清的词语。这样做，并不会出现罗素所担心的那种"概念循环"。或许，有反对者会在罗素之后继续质疑：即便承认有些知识是在探究过程中获得的，但我们最初的探究活动总得开始于某种不依赖于探究的"出发点"吧。对此，实用主义的回应是：任何探究当然都是开始于某个

---

① 参看 John Dewey. Logic: The Theory of Inquiry. New York: Henry Holt and Company, 1938, pp. 105 – 106.

② Richard M. Gale. Russell's Drill Sergeant and Bricklayer and Dewey's Logic. The Journal of Philosophy, Vol. 56, No. 9, 1959, P. 402.

地方的，但这个出发点并不是那种脱离于探究活动的"真理"，而是一些在其他探究活动中所形成的、可谓默会性的"常识"或"意见"。不同于有些哲学家因为崇尚"真理"而贬低"意见"的做法，实用主义者主张常识与知识、意见与真理之间的连续性，并将常识或意见视作由以通达知识与真理的必要起点。在《经验与自然》一书中，杜威谈及："当莱昂纳多 [达芬奇] 说真正的知识开始于意见时，他实际上宣告了近代科学方法的诞生。这种说法包含一种革新，没有任何其他说法如此出格于传统逻辑学。倒不是说意见本身不只是意见或不只是未经证实、未作担保的猜测，而是说此类猜测可以加以利用。当用作假说时，它们能导致实验。然后它们会成为真理的先驱，我们被囚禁的心灵也将得以释放，先行拥有一些信念。"① 或许，反对者坚持此种意见不过就是探究者的一种偏见而已。对此，实用主义愿意承认它的确是某种意义上的"偏见"（bias 或 prejudice），但那完全不是致命的，毋宁说是一种必要的"前见"（pre‐judice）。② 或者，如当代认知心理学家所表明的那样，"它是 [人类认知的] 一种特点（feature），而非一种缺陷（bug）。"③

（5）实用主义主张我们要"适应不确定性"，但不能由此认为它放任模糊性或不确定性乃至走向消极的"什么都可以"（anything goes）。有鉴于经验的沸溢性以及人的认知局限性，实用主义在方法论上放弃了基础主义、演绎主义、个体主义等笛卡尔主义设定。毫无疑问，放弃这些设定之后，事情因为种种不确定性而变得似乎更难以处理了。然而，实用主义的要旨并不是消除所有的不确定性，而是要指引我们在不确定的世界上理智冒险、谨慎前行。因此，实用主义要我们直面并适应这些不确定性，并不是一种消极态度。那不仅是一种谦卑，更是一种诚实。只有在诚实看待诸多不确定性之后，我们才可能选择一种更加务实因而也更加谨慎的方法策略，即，一种基于诸种实践效用的、非线性的方法。

在方法论上，实用主义要求我们不仅往回看，更要向前看，善于在思想和行动上做探索和尝试。一方面，我们不能固执于任一信念，要随时准备在将来的新经验面前抛弃旧有信念。另一方面，在现有证据不足的情况下，我们不妨暂时相信些什么以便开展必要的实验。皮尔士说："有一种假说是我们一开始必须要拥有的，不论它看起来如何缺乏证据支持。这种

---

① John Dewey. *Experience and Nature*. London：George Allen & Unwin，1929，P. 155.
② 在这方面，欧洲大陆的诠释学家伽达默尔等人持有类似的观点。
③ Hugo Mercier and Dan Sperber. *The Enigma of Reason*. Harvard University Press，2017，P. 219.

假说就是，眼下的那些事实可以得到理性化处理，而且可以由我们得到理性化处理。我们必须希望那些事实可以如此处理，其理由正如一位定要占领某个阵地否则将遭遇亡国的将军必须假设他可以而且将会找到某种办法占领阵地一样。"① 与此呼应，詹姆斯指出：反倒是那种"通知士兵宁可永远不要投入战斗也不要受一次伤的将军"，就像证据主义者克里福德那样，显然是完全不切实际的。② 如他所总结的那样，在我们被要求选择一种假说马上采取行动的时候，我们可能需要调用本能、激情等所谓"相信的意志"。然而，需要注意的是，当詹姆斯说"相信的意志"时，并不是激进的"你想什么样都可以"之类的意志主义或相对主义论调。因为，此种"相信的意志"仅适用于詹姆士所说的"真实选择"（即活的、被迫的而且事关重大的选择）情境，而这种情境下并不是完全没有任何证据可言，毋宁说是存在着支持多个不同假说的冲突性证据但却不能压倒性支持其中任何一个假说。③ 况且，在依据本能或所谓的激情力选择假说时，也并不是毫无根由的，其实是在遵循着皮尔士所谓的"经济原则"。詹姆斯本人表示："有时有多个不同的理论公式同样符合我们所有已知真理，那么，我们就基于主观理由从它们中间选一个。我们选择那种我们所偏爱的那种理论；我们遵循'简洁性'或'经济性'。"④

对于詹姆斯"相信的意志"之说法，罗素等人提出一种批评，即，我们在日常生活中或科学实验中采用某一假说，只是试用，但这并不等于相信它；基于假说行事，关乎概率，但与信念无关。这里，罗素似乎是把信念当作"要么完全相信要么完全不信"的事情，他宁愿不相信也不要因为轻信而犯错。当他后来于在世哲学家文库《罗素的哲学》中写道"不确定性至少要好于错误的确定性"时，⑤ 应该也是表达类似的担忧。然而，在詹姆斯等实用主义者那里，"信念"并不意味着"确定性"，它本质是一种可以据以采用行动的东西：不管你如何谈论，只要你是据此采取行

---

① CP 7.219.

② William James. *The Will to Believe and Other Essays in Popular Philosophy*. Dover Publications, 1956, P. 19. 当代认知科学家、哲学家丹尼特在《直觉泵及其他思维工具》一书中把"犯错"作为首个推荐的通用工具，并特别引用了詹姆斯关于将军命令士兵的那一段话。参看 Daniel C. Dennett. *Intuition Pumps and Other Tools for Thinking*. Penguin, 2014, pp. 19–28。

③ 参看本书第四章第三节第三小节相关内容。

④ William James. *Pragmatism*. Dover Publications, 1995, P. 83. 强调字体为引者所加。更多关于詹姆斯所谓"实用性"以及与皮尔士"经济原则"相关性的讨论，可看张留华，《信念规范的经济之维：对"实用性"的一种解读》，刊于《社会科学》2020年第9期。

⑤ Bertrand Russell. "Addendum to My 'Reply to Criticisms'". in *The Philosophy of Bertrand Russell*, edited by Paul Arther Schilpp, 1971, P. xx.

动,就代表那是一种信念。正如有当代学者所说的那样,"詹姆斯关于信念的实用主义思想消解了相信某一假说(believing the hypothesis)与基于种种目的好似相信该假说那样去行动(acting as–if for all purposes)之间的任何差别。"① 就此而言,"基于一种假说行事"以及"希望"(hope)、"信任"(trust)、"愿意假定"(be willing to assume that)与直接说"相信某一假说"之间并无本质差别,它们都属于"信念"态度,顶多强弱不同罢了。② 回过头去看罗素所举的岔路口例子。即便看上去他"被迫"走这条路或是另一条路,但照罗素的叙述,他很可能对于结果不太关心,似乎认为走哪一条路都无所谓,总归会走到目的地,因此当时的情境并非足够严肃的"真实选择",也就不适用于詹姆斯所谓的"相信的意志"。此时他是没有相信什么,但显然也不是在"基于假说而行事",毋宁说是在闲逛而已,他甚至在岔路口发呆一阵子也无所谓。当然,罗素的文字很含混,也有可能在某个非闲逛的情况下,他是要尽快赶往目的地否则将有重大损失,他只好姑且基于某一假说而继续往前走,但这时只要他严肃地对待他所选择的假说,他就相当于是暂时相信它了。尽管此种信念可能在后来被验证为错的,但此种纯理论上的可能性并不能成为我们当时不相信一种东西的全部理由。要知道,即便是像罗素所说那样一直不相信任何一条路口直至有路人告诉他,也不能确保他通过路人得到的信念就是不可错的。罗素本人或许安心相信了路人的话,但一位怀疑论者会说:你没有亲自试过这两个路口,怎知这个路人不是在说谎或跟你开玩笑呢?其实,在当代分析哲学中,很多人已经不再如此追求"预防错误",譬如,威廉姆森在《做哲学》一书中这样写道:"人类的境况意味着:我们不能单纯依赖预防,因为,尽管我们百般努力,偶尔出错在所难免。"③

或许,罗素通过岔路口例子所要表达的不只是单个事件上的利害对错,而是担忧因为允许"相信的意志"而对整个人类社会造成危害。他应

---

① P. D. Magnus. "William James on Risk, Efficacy, and Evidentilism". Manuscript, August 13, 2019, P. 9. P13, available at https: //www. fecundity. com/job/james–will. pdf.

② 对于把假说试用与信念等同处理的做法,罗素本人没有提到但很有可能被其他人问起的一个棘手"反例"是:我们有时试用一个假说,目的是排除它这种可能性,因此,当我们试用它时哪怕是最低限度的信念也没有,那其实是一种归谬法。对此,古典实用主义者可以回应:当我们准备要归谬法试用一个假说时,其实已经选择相信它很可能为假了,即,在此种试用过程我们其实是在暂时相信它的负命题:如果该假说后来得出矛盾或被证伪,那就意味着我们的信念得到强化;而如果后来未被证伪或出现其他矛盾情形,那就意味着我们的信念得到弱化。

③ Timothy Williamson. *Doing Philosophy: From Common Curiosity to Logical Reasoning*. Oxford University Press, 2018, pp. 15–16.

该很乐意赞同克里福德所表达的深层次担忧:"这对于全社会所带来的危险不仅在于它将会让我们社会相信错误的东西,尽管这种危险已经很大;而是在于它将让我们社会变得轻信,从而失去检验事物与探究事物的习惯。那样的话,必定会使得人类社会退回到蒙昧状态。"① 但是,实用主义者所谓的信念何时阻止人们进一步探究了呢?他们主张暂时相信一些东西,正是为了更好地开展探究。他们所持有的任何信念,背后通常都有既定的证据(尽管有时尚不足以决定他相信什么),同时又都敏感于未来经验。这样的信念,或可被称作有弹性的或是宽容的。但与其说这是无原则,毋宁说是诚实面对生活中的不确定性。毕竟,在我们日常语言中,一个诚实之人的信念状态本来就允许随着信息量的变化而变化:有时我们姑且相信什么,后来却不再相信;有时我们一开始相信什么,后来却不那么相信了,或者更坚定信念了。诚实,是一种可以作为起点的最低要求,是不撒谎,不欺骗(自己和他人);但这并不意味着诚实之人不会犯错或不会改变想法。正如奥斯汀从语言哲学上澄清的那样:"如果我说'S 是 P'而我甚至都不相信它,我这是在撒谎。而如果我说这句话时相信它却不够确定,我可能会致人误解但严格说来并不是在撒谎。如果我说'我将做 A'而我甚至一点也不希望去做,不带任何一点做事意向,我这时在有意欺骗。而如果我说这句话时并没有完全打算去做,我会误导人但并非同种意义上的有意欺骗。"② 我们在前面已经讲到,至少在实用主义内部看来,所谓的"相信"本身就预设着可错论,所以,一位实用主义者绝不会因为说相信什么而误导另一位实用主义者。唯一需要担心的是不了解实用主义的人会被误导。那么,怎么样才能不误导他人呢?除了奥斯汀所说的在每一句"我相信'S 是 P'"之后加上"但我可能会出错"这种常规策略,③ 对于像哲学家这样从事系统理论工作的人来说,或许更可行的做法是:在显著的位置郑重承诺可错论。这种可错论承诺包括但不限于声明:在实用主义的方法论下,尽管依然用到"真理"和"知识"这些词,但其真正的意涵一定要置于探究过程中得以理解;与之相关,实用主义者自己所用到的"证成"(justificatio)或"基础"(foundation)也应在特定意义上加以理解。譬如,当代实用主义者哈曼在交代自己的认识论时就曾坦言:"在某种(方法论的)意义上,你一开始的信念、计划、目标和方

---

① William Kingdon Clifford. *Lectures and Essays*. volume 2, edited by Leslie Stephen and Frederick Pollock, New York: Cambridge University Press, 2011, pp. 185 – 186.

②③ J. L. Austin. *Philosophical Papers*. third edition, Oxford: Clarendon Press, 1979, P. 99.

法具有一种的缺省型的（default）或曰表面上成立（prima facie）的直接'证成'。它们是你推理的'基础'——在出发点意义上的基础。"①

三、对其他可能质疑的回应

前述对于理性观差异的澄清，并不意味着古典实用主义就不存在困难或没有值得重视的批评声，而是如哈克所言，"那些最有影响力的批评声一直都是基于对于［实用主义］理论的一种非常不恰当的理解之上"。②这些理解之所以"非常不恰当"是因为，如前面所见，只要对实用主义的思想气质多一些同情，甚至只需要联系上下文看整体，就很容易得到纠正，或者实用主义者很容易在面对这些批评时自圆其说。

除了前述提到的那些，古典实用主义所面对的比较温和但却更值得重视的质疑或许有下面两点：

一是杜威等人关于实用主义之作为方法的研究工作即便有其自身价值，也不能称作逻辑学。罗素1919年在《杜威教授的〈实验逻辑文集〉》一文中指出，他与杜威在相关思想上的共识要远大于分歧，而彼此误解的根源之一或在于对术语的使用差异："他所谓的'逻辑'在我看来根本不属于逻辑的一部分，我宁愿称之为心理学的一部分。他认为……逻辑关注的是思想。对于他来说，我们以何种方式拥有我们所谓的'知识'，那是'逻辑'问题。"③三十多年之后，卡尔纳普在《概率的逻辑基础》一书中关于逻辑心理主义的注释中再次提到："……在有些情况下，不仅对于逻辑的总体刻画甚至连对于逻辑问题本身的讨论统统都是主观主义类型的（subjectivistic）。此类研究，即便其作者用'逻辑'来称谓，也不能被当作心理主义加以批判，因为它并没有把异质的成分［即主观主义的与客观主义的成分］混在一起，只是在'逻辑'一词的使用上存在术语差别。在我看来，杜威1938年出版的《逻辑学：探究的理论》属于这一类中的一个例子。这本书所处理的是那种适用于问题情境并能带来'解决问题的方案'的行为，它并不是在讲我们意义上的逻辑（除了几个略显突兀、与全书其余部分没什么关联的小节）。许多逻辑学家，即在我们意义上的逻

---

① John Dancy, Ernest Sosa, and Matthias Steup (eds.). "Gilbert Harman's Self-Profile." in *A Companion to Epistemology*, Malden, MA: Blackwell, 2010, P. 153.

② Susan Haack. The Pragmatist Theory of Truth. *The British Journal for the Philosophy of Science*, Vol. 27, No. 3, 1976, P. 232.

③ Bertrand Russell. Professor Dewey's "Essays in Experimental Logic". *The Journal of Philosophy, Psychology and Scientific Methods*, Vol. 16, No. 1, 1919, P. 5.

辑领域工作的那些人,错误地把逻辑研究当作思想的艺术(the art of thinking),正是这一点才使得实际上研究思想艺术(即关于解决问题情境的理论和技术)的杜威选用了'逻辑学'这一标题。"① 这两段话虽然没有直接批评,但它却包含当时乃至今天很多分析哲学家和逻辑学家更常见的一种抱怨,即,逻辑不能跟认识论和方法论混为一谈。

对于此种质疑,显然并不是无法回应的。正如我们在本章前三节所看到的那样,古典实用主义之所以坚持把逻辑、认识论和方法论相统一主要是因为它对于哲学之作为合理性追求的强调。毋庸置疑,现代逻辑学可以而且已经被很多人作为哲学之外的一门学科加以研究了,譬如,罗素晚年在《人类知识》序言中坦诚表示:"必须承认,逻辑学具有与数学一样的技术性,但我认为,逻辑并非哲学的一部分。"② 然而,只要当代哲学家希望继续把逻辑用作哲学的工具或像卡尔纳普那样认为"哲学不过就是应用逻辑",那么,当前流行的数理意义上的狭隘逻辑就会在多元逻辑时代陷入"自我辩护"困境,即,我们无法从逻辑内部决定哪一种"逻辑系统"才是正确的逻辑。③ 作为实用主义哲学家,皮尔士本人虽然承认有一种数学意义上的"逻辑代数",但他一生执着追求的却是哲学意义上的、与认识论和方法论相统一的意义上的逻辑。而杜威在《逻辑学:探究的理论》等系列著作中所追求的正是这种哲学意义上的、以关注人类理性为核心的逻辑学:"如果思想或智力是有意向地重构经验所用的唯一手段,那么,逻辑作为对思想程序的一种学说就不是纯形式的。它不能抛开主题内容的真假而仅限于形式正确的推理规律。……如果唯有通过思想活动才能达到对于经验的有意向的重构,那么,逻辑就是对于思想程序的明晰化和系统化表述,以便使得所需要的重构得以更为经济和高效地开展。用学者熟悉的话说,逻辑同时是一门科学(science)和一门艺术(art):作为科学,它对于思想实际开展的方式提供一套有组织的、经过检验的描述性说明;作为艺术,它基于这套描述为我们规划诸种方法,借此,未来的思想活动将运用一些操作通往成功并避免导致失败。如此一来,关于逻辑是经验性的还是规范性的、是心理型的还是范导型的争论便得以回答了。它两

---

① Rudolf Carnap. *Logical Foundations of Probability*. Chicago: University of Chicago Press, 1962, P. 40.

② Bertrand Russell. *Human Knowledge: Its Scope and Limits*. with an introduction by John G. Slater, London and New York: Routledge, 2009, P. xiv. 当罗素这样说时是想为自己晚年从事的一种非技术型的、写给知识大众的哲学工作辩护的。

③ 有关此种困境的论证以及可能的两条出路,参看张留华,《重论逻辑学的范围:皮尔士,抑或哈曼?》,刊于《学术月刊》2014年第1期,第62-69页。

者都是！"①

二是詹姆斯、杜威等人在哲学作品中对于语言的使用不够谨慎，甚至有点随意。我们在前一小节看到，假若我们试着把詹姆斯、杜威放在跟皮尔士一致的古典实用主义传统内，不难发现：历史上"著名"的批评和攻击多是误读甚至恶搞。然而，当我们这样为古典实用主义辩护时，批评者即便承认有误读，很可能会反过来抱怨：如此众多误读的出现，或许是表明詹姆斯、杜威等人原本用词不够严谨。这种抱怨声的确并不少见。对于此种批评，古典实用主义者也有可辩解的地方，但显然不是完全无辜的。

公允地看，在一些基本的常用概念上，他们已经多次尝试区分。譬如，詹姆斯曾表示，由于哲学家对于"命题"（proposition）一词的用法经常出现"难以容忍的含混不清"：有时是指信念，有时又指事实。对此，他认为或许最好的办法是"前后一致地坚持你自己的用词"。② 而杜威则强调要把作为探究结果的"判断"与"命题"区分开来。③ 然而，对于一种旨在实现理性观革新的哲学思想而言，单是做一些概念区分还远远不够。实用主义哲学家一方面要防止自己的革新思想被流俗的哲学概念所掩盖，另一方面也要防止在阐发新思想时被指责为"误用语词"。皮尔士、詹姆斯、杜威等人在使用"上帝"（God）、"信仰"（faith）以及"信念""知识""真理""科学常识""经验"等词时已经做了实用主义再造。这在学术上是必要的，但这并不意味着语词使用在哲学研究中可以无拘无束。

事实上，诚如我们在第五章第四节所论，古典实用主义本身在这方面提供了关于术语伦理的反面教训。这里，让我们结合前面提到的实用主义者（尤其是从詹姆斯）经常遭受的误解来重申其中的一些教训：（1）当我们要澄清自己理论中的一个核心概念时，尤其是当你借用某一日常用语来表达这一概念（即作为术语）时，不仅要讲它所表达的概念是什么，更要强调它不是什么，尤其是它如何与相关概念既有联系又有区分。（2）在用自己的理论解释某一日常概念时，要明确表示你是不是在下定义？如果是定义，你是对其日常用法做一种全面描述，是对其原本含混的用法做出

---

① John Dewey. *Reconstruction in Philosophy*. New York：Henry Holt and Company，1920，pp. 134 – 135.

② William James. *The Meaning of Truth：A Sequel to "Pragmatism"*. New York：Longmans, Green & Co. 1909, pp. 282 – 283.

③ John Dewey. *Logic：The Theory of Inquiry*. New York：Henry Holt and Company，1938，P. 120.

一种精确阐释,还是只规定它在该理论中具有特定含义?哲学家习惯于追求一种"当且仅当"型的逻辑定义,但有时这并不容易做到,可能需要不断调整改进表述方式。譬如,古典实用主义者认为,真信念就是那种在探究结束时所有人一致同意的信念;但有当代学者建议修改为:真信念是那种不论我们的探究如何富有成效却总能经受住怀疑的信念,那种不论我们的探究和讨论如何推进,都无法被经验和证据推翻的信念。① 所以,倘若詹姆士说"真理即有用"时不是在提出一种"当且仅当型"的定义,你就有义务交代清楚这种表达的功能何在。

四、新的对话:我们需要什么样的规范?

当代科学和哲学已经在各个分支领域取得积极进展,不必否认实用主义面临着一些新的挑战,甚至有些过去的质疑声正在换种方式重新呈现。不过,且让我们从正面看看实用主义在今天可以为我们提供什么。只有同时认识到实用主义的贡献(而不仅仅是所受到的质疑),分析哲学家与实用主义之间才有望实现真正意义上的对话;也只有在平等对话中,各方才有望获得共同发展。毕竟,哪一个哲学思潮未曾受到质疑,又有哪一种哲学思想不存在有待发展的地方呢!

对于当代分析哲学与实用主义之间的对话以及实用主义在这场对话中的贡献,我们有理由期待。这首先是因为,回到历史上去看,原来的激进批评者自身的哲学中包含着实用主义内部的一些重要东西。譬如,罗素本人的哲学思想,早就被人意识到前后期变化明显:相比于前期的"反实用主义",后期则注重认知与行动的融合。② 虽然他一贯强调"逻辑分析"而非实用性,但在《知识论:1913年手稿》第一篇第九章"逻辑与料"中,他专门论证存在一种所谓的"逻辑经验"(logical experience)或"逻辑直觉"(logical intuition)。③ 而这种本能在人类认知中的地位正是实用主义者反复强调的。至于作为詹姆斯本人实用主义哲学一部分的"中性一元论"(neutral monism),罗素虽然曾经表示犹豫,但晚年还是将其用作解决相关哲学思想的基础。④ 另外,在摩尔那里,我们非常明显地看到他对

---

① Cheryl Misak. *Truth*, *Politics*, *Morality*. London and New York: Routledge, 2000, P. 49.

② Sarah Unna. Bertrand Russell—Then and Now. *The Journal of Philosophy*, *Psychology and Scientific Methods*, Vol. 16, No. 15, 1919, pp. 393-403.

③ 参看 Bertrand Russell. *Theory of Knowledge*: *The 1913 Manuscript*. London and New York: Routledge, 1992, pp. 97-101.

④ 参看 A. C. Grayling. *Russell*: *A Very Short Introduction*. Oxford University Press, 2002, pp. 69-74.

于"常识"的强调。他在著名的《捍卫常识》一文的开头部分对所谓的"常识信念"或曰"常识世界观"作了一个长长的列表,包括"当前存在一个活生生的人体,那就是我的身体";"自从这个身体出生以来,它一直接触着或从未远离过大地表面";"我经常既能感受到这个身体,又能感受到它周围环境中的其他东西,包括其他人的身体";如此等等。① 实际上,这些正是古典实用主义所强调要诚实接受作为"推理出发点"的东西。不只是罗素、摩尔等这些批评者,一度被认为处在同时代分析哲学阵营中的维特根斯坦和拉姆塞(Frank Ramsey),由于他们的哲学思想与实用主义的核心思想极其相似,甚至被列为美国本土之外的著名实用主义者。②

我们之所以对这场新对话抱有期待,还有一点是因为:越来越多晚近分析哲学家拥抱一种方法论上的实用主义,或曰某种"元哲学实用主义"(meta-philosophical pragmatism)。③ 这可以从"证据决定性不足"与"逻辑选择的实用考虑"两条线来看。前者涉及科学哲学研究领域对于科学方法的反思。原本皮尔士、詹姆斯、杜威等都是试图把实用主义作为科学方法之哲学概括的,虽然当时罗素等人曾试图提出异议,还是有分析哲学家明确表示认同他们对于科学方法的理解。④ 越到后来,科学哲学领域越是有更多具体的议题及论证直接或间接地支持古典实用主义的洞见。这方面最典型的当属奎因:受卡尔纳普、杜恒(Pierre Duhem)等整体主义思想的影响,他对于观察性证据对科学理论"决定性不足"问题进行了广受关注的研究和论证。为了弥补这种"不足",他主张:"保守性""追求简单"等实用性考虑实际上一直在科学理论的选择中发挥着重要作用。⑤ 与之相关的还有,20 世纪 60 年代亨佩尔在《科学与人类价值》一文第六节中,基于科学推理中"归纳风险"(inductive risk)的存在而论证价值等所谓"非知识"类因素在科学家接受或拒斥假说时起

---

① G. E. Moore. "A Defense of Common Sense". in *G. E. Moore: Selected Writings*, Thomas Baldwin (ed), London: Routledge, 1993, pp. 106 – 133.

② 参看 Cheryl Misak. *Cambridge Pragmatism: From Peirce and James to Ramsey and Wittgenstein*. Oxford: Oxford University Press, 2016.

③ Philip Kitcher. *Preludes to Pragmatism*. Oxford University Press, 2012, P. 206.

④ 这方面的一个例子是莱辛巴赫对于杜威科学理论的积极评价,参看 Hans Reichensbach. "Dewey's Theory of Science". in *The Philosophy of John Dewey*, edited by P. A. Schilpp, New York: Tudor Publishing Company, 1958, pp. 157 – 192.

⑤ 参看 W. V. Quine. "Two Dogmas of Empiricism". in *From a Logical Point of View*, Harvard University Press, 1961, pp. 20 – 46.

到的作用。① 此类的工作直至今天我们仍在证据领域研究中反对"唯一性"（uniqueness）论题的那些"许可论"（permissivism）作品中看到：它们的基本论点是，从特定的一组证据出发来看待某一命题，我们并非总是只有一种理性的认知态度。② 它们很容易让我们想到皮尔士关于"外展推理"以及"认知经济"的研究，也会让我们想到詹姆斯对于证据主义的驳斥思路。

接下来，我们再看另一条线："逻辑选择的实用考虑"。这主要是在逻辑哲学领域关注的话题。提到分析哲学，很多人会强调现代逻辑的重要性。但这样说，并不意味着实用主义哲学家不可以研究数理逻辑。譬如，皮尔士，尤其是在逻辑代数方面的杰出贡献，被誉为现代数理逻辑的奠基人之一。后来的实用主义者 C. I. 刘易斯，也是现代模态逻辑的开创者。而更值得关注的是，随着现代逻辑本身的发展，尤其是不同于弗雷格—罗素逻辑但依然被视为现代意义上典型逻辑系统的各类变异逻辑或扩充逻辑的出现，很多逻辑学家和哲学家发现我们有时需要在众多"可选项"之间做出选择。这是罗素和摩尔时代不曾遇到甚至也想不到的问题。现在，我们该凭借什么标准去选择一种更好的或正确的逻辑呢？奎因基于简单性等"实用考虑"，选定了经典一阶谓词逻辑，并视之为唯一正确的逻辑。而 C. I. 刘易斯、卡尔纳普则倾向于从更多维度的"实用性"去考虑，认为只要是符合特定目的的逻辑都应该允许，从而走向一种多元论逻辑观。如今，各种逻辑系统的丛生和竞争已经成为现代逻辑研究领域中的一个显著事实。③ 在这个连"逻辑"已出现多元化现象的时代，分析哲学家似乎第一次意识到了自己的"痛点"：既然有多个彼此不同的逻辑类型，哲学家如何用逻辑来规范我们的思想？一种妥协之后的出路或许是：不妨承认每一种现存逻辑都只是代表我们对思想或语言活动的一种建模，而模型在不同领域相对于不同目的完全可以也应该有多种，因此，每一种逻辑系统均有其合法地位，它们对于我们思想的规范作用犹如各个模型对于使用该模

---

① 参看 Carl G. Hempel. "Science and Human Values". in *Aspects of Scientific Explanation and other Essays in the Philosophy of Science*, New York: The Free Press, 1965, pp. 81 – 96. 新近对于亨佩尔工作的推进研究，可参看 Heather Douglas. Inductive Risk and Values in Science. *Philosophy of Science*, Vol. 67, No. 4, 2000 以及 Heather Douglas. *Science, Policy and the Value – Free Ideal*. University of Pittsburgh Press, 2009.

② 参看 Thomas Kelly. "Evidence Can Be Permissive". in *Contemporary Debates in Epistemology*, Second Edition, Edited by Matthias Steup, John Turri and Ernest Sosa, Wiley, 2014, pp. 298 – 312.

③ 尽管大学哲学系里开设的基础逻辑课程大多只涉及经典一阶逻辑，但那顶多意味着现代逻辑学习者的一种出发点，绝不意味着它是唯一的或是更好的逻辑。

型之人的规范一样。① 然而，这种模型之内的规范性可能连科学家也会觉得不够。正如有统计学家所指出的那样，"本质上看所有模型都是错的，但有些模型是有用的"；"一个实际问题是：模型要如何错才会让它变得无用。"② 即便我们不去追求唯一正确的通用模型，但面对所要建模的任何现象，我们显然应该追求有用的甚至更加有用的模型。于是，"是否有用""如何有用"等实用性考虑最终无法回避，将成为逻辑规范性研究的中心议题。

展望未来，当今哲学界两大思潮之间的这种对话将会像布兰顿等人所作的工作那样产生引人关注的新成果。需要注意的是，正在参与或即将参与这场对话的哲学家，可能来自不同的流派（或同时熟悉多个流派），甚至在哲学气质上存在差异，因此，如何可以在允许既有分歧的情况下减少误解，这将是对话中的永恒主题之一。对于实用主义者来说，或许当前已经存在着对分析哲学的"不同回应方式"，③ 但就促成真正意义上的对话而言，一项不容忽视的工作应聚焦于对话本身所应遵循的理性规范。如果说之前各方都是各讲各的理，现在则试着多向对方（而非自己人）讲理。被誉为罗素忠实追随者的艾耶尔曾在《二十世纪哲学》一书中评论："要是多怀点好意的话，[那些轻易就提出批评的人] 本来会发现，詹姆斯实际上的理论尽管易于受到攻击，但远不至于那么简单。"④ 这对于饱受误解的早期实用主义者或许是一种安慰。但是，如何能在今后的对话中减少误解，让理论不再那么容易受到批评，当今的实用主义者有很多工作要反思。当然，我们在说罗素误解詹姆斯和杜威时，并不是说这种误解只会发生在实用主义者身上，也不是说误解在其他的哲学争论中很少见。恰恰相反，从古至今有太多貌似严肃的哲学讨论最终由于误解而变成一种无效或低效沟通。不能忽视，当罗素误解别人时，其他人也可能在误解他。这倒不是说任何人声称被误解时其他人都会认同那是一种误解，也不是说所有的误解都处在同一层次。这里要说的关键点是：关于哲学对话本身的理性规范，应该成为分哲学家和实用主义者共同的关注点。

关于对话本身的理性规范，直接来看，所关注的是"分歧"（disagreement）

---

① 更多这方面的讨论，可以参看张留华《走向建模论的逻辑规范：对现代逻辑"必然性"观念的澄清》，刊于《南国学术》2020年第4期。

② George E. P. Box and Norman R. Drafter. *Response Surfaces, Mixtures, and Ridge Analyses*. Second Edition, Wiley, 2007, P. 414, P. 63.

③ 参看 Michele Marsonet. "Differenct Pragmatist Reactions to Analytic Philosophy". in *New Perspectives on Pragmatism and Analytic Philosophy*, Edited by Rosa M. Calcaterra, Amsterdam and New York: Rodopi, 2011, pp. 101–117.

④ A. J. Ayer. *Philosophy in the Twentieth Century*. New York: Random House, 1982, P. 79.

问题,① 但背后其实是以推理为核心的规范性问题，尤其是涉及不同系统之间相互理解的推理。前述提到的逻辑哲学上的"逻辑选择"问题以及科学哲学上的"证据决定性不足"问题，也都关乎推理的规范，即，如何推理才能得到更多其他人的认可。在对系统之间对话所用的元推理进行评估时，或许很少有人否认"实用性"的相关性，至少会将其作为默会的规范。实用主义推理论坚持把实用因素纳入推理的规范，并认为实用性所带来的规范是极其强硬的。但很多分析哲学家（包括奎因）谈到实用性时往往只是点到为止，不愿或无法继续谈下去。这其中的原因之一或许是如罗素所担忧的那样，"实用性"很难评估实用性。如果单说"实用性"很重要却无法对其进行衡量，这跟其他哲学家笼统地说"尊重证据"或"尊重经验"又有多大差别呢！所以，当代实用主义者应该诚实面对这一点，针对当代哲学家所关切而认为实用主义原本未讲到位的地方，尝试多讲一些，讲细致一些。这当然并不容易，因为深究下去将涉及实践理性中的颇多棘手难题。幸运的是，目前比起实用主义早期已经有更多人看到了这条路是当代哲学必须要走下去的：这条路上有当代哲学家的太多诉求！为了能通过对"实用性"观念的深度挖掘和创造性阐释而拿出一套关乎对话规范性的更有说服力的方案，当代实用主义者既要利用和转化实用主义传统中的已有资源（如"探究""进化""连续主义""认知经济""术语伦理"等），也要吸收和结合当代哲学新涌现的相关研究资源（如"尝试用贝叶斯定理来衡量实用性"②"高阶证据问题"③"概念工程"④等）。本书专注于推理这一维度，算是这方面的一次初步尝试，希望借此能发掘这方面的资源，进而启发更多后续研究。

本章小结

本书最后一章从历时性上考察了古典实用主义推理论作为"非笛卡尔主义"理性观的集中体现，何以区别于从笛卡尔《方法谈》开始，历经休谟和康德，最终在现代逻辑得以形式化呈现的笛卡尔主义理性观。古典实用主义呼吁哲学家回到生活世界，诚实面对人类理性的能力和缺陷以及

---

① "分歧"问题是当代哲学中的一个新热点，参看 R. Feldman and T. Warfield (eds.). *Disagreement*. Oxford: Oxford University Press, 2010。

② 参看 B. van Fraassen. Belief and the Will. *Journal of Philosophy*, Vol. 81, No. 5, 1984。

③ 参看 Maria Lasonen-Aarnio. Higher-Order Evidence and the Limits of Defeat. *Philosophy and Phenomenological Research*, Vol. 88, No. 2, 2014, pp. 314–345.

④ 参看 Herman Cappelen. *Fixing Language: An Essay on Conceptual Engineering*. Oxford University Press, 2018.

希望和困境，并试图撰写一部融逻辑学、认识论和方法论于一体的"新方法谈"，重新阐释现代成功科学的精神实质，以期指引人类在更多领域的探究活动。由此来理解，古典实用主义同时代以及当代诸多哲学家中闪现的反基础主义、反演绎主义、反个体主义思想都可以归在实用主义理性观之下，而历史上曾出现的对于实用主义的所谓尖锐批评大多源于对实用主义"规范性"的无视或不敏感。尽管如此，当代实用主义者应该把来自早期分析哲学家的深重误解作为一种教训，主动回应"误解何以存在"以及"对话何以可能"等问题，着力强化对"实用性"观念的深度挖掘和创造性阐释，提出一套更具稳健性和吸引力的规范理论。

参 考 文 献

［1］Adams, E. W.. Modus Tollens Revisited. *Analysis*, Vol. 48, No. 3, 1988.

［2］Anscombe, G. E. M.. *Human Life, Action and Ethics*. edited by Mary Geach and Luke Gormally, Imprint Academic, 2005.

［3］Aristotle. *The Complete Works of Aristotle*. the revised Oxford translation, vols. 1 – 2, edited by Jonathan Barnes, Princeton: Princeton University Press, 1984.

［4］Arnauld, Antoine et al. *Logic or the Art of Thinking*. translated and edited by Jill Vance Buroker. Cambridge: Cambridge University Press, 1996.

［5］Austin, J. L.. *Philosophical Papers*. third edition, Oxford: Clarendon Press, 1979.

［6］Ayer, A. J.. *Russell*. London: The Woburn Press, 1974.

［7］Ayer, A. J.. *Philosophy in the Twentieth Century*. New York: Random House, 1982.

［8］Bacon, F.. *The Instauratio magna Part II: Novum organum and Associated Texts*. Oxford: Clarendon Press, 2004.

［9］Bailey, Samuel. *The Theory of Reasoning*. London: Longman, Brown, Green, and Longmans, 1851.

［10］Baldwin, J. M. (ed.). *Dictionary of Philosophy and Psychology*. The Macmillan Company, 1925.

［11］Beall, J. C. et al. Logical pluralism, *Australasian Journal of Philosophy*. Vol. 78, No. 4, 2000.

［12］Beall, J. C. et al. *Logic: The Basics*, 2nd edition. London and New York: Routledge, 2017.

［13］Beaney, Michael (ed.). *The Frege Reader*. Blackwell Publishing, 1997.

[14] Belnap, Nuel D.. Tonk, Plonk, and Plink. *Analysis*, 22 (1962).

[15] Benthem, Johan Van. Logic and Reasoning: Do the Facts Matter?. *Studia Logica: An International Journal for Symbolic Logic*, Vol. 88, No. 1, 2008.

[16] Berkeley, G.. "Three Dialogues Between Hylas and Philonous". in A. A. Luce and, T. E. Jessop, eds. , *The Works of George Berkeley, Bishop of Cloyne*, vol. 2. London: Nelson, 1949.

[17] Berkeley, G.. *Principles of Human Knowledge and Three Dialogues*. edited with an Introduction and Notes byHoward Robinson, Oxford: Oxford University Press, 1996.

[18] Bernstein, R. J.. *Beyond Objectivism and Relativism: Science, Hermeneutics, and Praxis*. Philadelphia: University of Pennsylvania Press, 1983.

[19] Boolos, G. S. et al. *Computebility and Logic*. fourth Edition, Cambridge University Press, 2002.

[20] Box, G. E. P. et al. *Response Surfaces, Mixtures, and Ridge Analyses*. Second Edition, Wiley, 2007.

[21] Bradley, F. H.. *The Principles of Logic*, Volume 2, Second Edition, Revised with Commentary and Terminal Essays. London: Oxford University Press, 1922.

[22] Brandom, Robert. *Making it Explicit*. Cambridge and London: Harvard University Press, 1994.

[23] Brandom, Robert B.. *Articulating Reasons: An Introduction to Inferentialism*. Cambridge: Harvard University Press, 2000.

[24] Brent, Joseph L. . *Charles Sanders Peirce: A Life*. revised and enlarged edition, Indiana University Press, 1998.

[25] Brian Kim. Pragmatic Encroachment in Epistemology, *Philosophy Compass*. Volume 12, Issue 5, 2017.

[26] Brown, Matthew J. . John Dewey's Logic of Science, *The Journal of the International Society for the History of Philosophy of Science*. Vol. 2, No. 2, 2012.

[27] Browne, M. Neil et al. *Asking the Right Questions: A Guide to Critical Thinking*. Eighth Edition, Pearson Education, Inc. , 2007.

[28] Burgess, J. C.. *Philosophical Logic*. Princeton and Oxford: Princeton University Press, 2009.

[29] Burgess, A. et al. Conceptual Ethics (I and II). *Philosophy Compass*, Vol. 8, No. 12, 2013.

[30] Burke, Tom. *Dewey's New Logic: A Reply to Russell*. Chicago and London: The University of Chicago Press, 1994.

[31] Burke, F. Thomas, D.. Micah Hester, and Robert B. Tallisse (eds.). *Dewey's Logical Theory: New Studies & Interpretations*, Nashville: Vanderbilt University Press, 2002.

[32] Cappelen, Herman. *Fixing Language: An Essay on Conceptual Engineering*. Oxford University Press, 2018.

[33] Capps, John M. et al (eds.). *James and Dewey on Belief and Experience*. University of Illinois Press, 2005.

[34] Carnap, Rudolf. *Logical Syntax of Language*. Routledge, 1937.

[35] Rudolf Carnap. *Meaning and Necessity: A Study of Semantics and Modal Logic*. Chicago: University of Chicago Press, 1947.

[36] Carnap, Rudolf. *Introduction to Symbolic Logic and Its Applications*. New York: Dover Publications, Inc., 1958.

[37] Carnap, Rudolf. "The Old and the New Logic", in *Logical Positivism*. edited by A. J. Ayer, The Free Press, 1959.

[38] Carnap, Rudolf. *Logical Foundations of Probability*. 2nd edition, Chicago: University of Chicago Press, 1962.

[39] Carnap, Rudolf. *The Logical Structure of the World and Pseudoproblem in Philosophy*. Translated by Rolf A. George, Chicago and La Salle: Open Court, 2003.

[40] Carroll, Lewis. *Alice's Adventures in Wonderland & Through the Looking – Glass*. Illustrations by John Tenniel, Introduction and Notes by Michael Irwin, Wordsworth, 2001.

[41] Cederblom, Jerry et al. *Critical Reasoning: Understanding and Criticizing Arguments and Theories*. 7th edition, Boston, MA: Wadsworth, Cengage Learning, 2012.

[42] Clifford, William Kingdon. *Lectures and Essays*. volume 2, edited by Leslie Stephen and Frederick Pollock, New York: Cambridge University Press, 2011.

[43] Cohen, M. R. et al. *An Introduction to Logic and Scientific Method*. Mumbai: Allied Publishers Limited, 1968.

[44] Collingwood, R. G.. *The Idea of History*. Oxford and New York: Oxford University Press, 1994.

[45] Collingwood, R. G.. *An Essay on Philosophical Method*. Oxford: Clarendon Press, 2005.

[46] Cook, Roy T.. Vagueness and Mathematical Precision. *Mind*, Vol. 111, No. 442, 2002.

[47] Copi, Irving M. et al. *Introduction to Logic*. 14th edition, England: Pearson Education Limited, 2014.

[48] Corrington, R. S.. *An Introduction to C. S. Peirce: Philosopher, Semiotician, and Ecstatic Naturalist*. Rowman & Littlefield Publishers, Inc., 1993.

[49] Cosmides, Leda. The Logic of Social Exchange: Has Natural Selection Shaped How Humans Reason? Studies with the Wason Selection Task, *Cognition*, Volume 31, Issue 3, 1989.

[50] Cosmides, Leda et al. "Reasoning and Natural Selection." in *Encyclopedia of Human Biology*, Volume 6, edited by Renato Dulbecco, San Diego: Academic Press, 1991.

[51] Dancy, John et al (eds.). *A Companion to Epistemology*. Malden, MA: Blackwell, 2010.

[52] de Waal, Cornelis. *On Pragmatism*. Thomson Wadsworth, 2005.

[53] de Waal, Cornelis (ed.). *A Lady of Distinctions: Susan Haack*. edited by, Prometheus Books, 2007.

[54] Dennett, Daniel C.. *Intuition Pumps and Other Tools for Thinking*. Penguin, 2014.

[55] Descartes, René. *Meditations on First Philosophy*. translated and edited by John Cottingham, Cambridge: Cambridge University Press, 1996.

[56] Dewey, John. The Realism of Pragmatism. *The Journal of Philosophy, Psychology and Scientific Methods*, Vol. 2, No. 12, 1905.

[57] Dewey, John. The Experimental Theory of Knowledge, *Mind*. New Series, Vol. 15, No. 59, 1906.

[58] Dewey, John. *Essays in Experimental Logic*. Chicago: University of Chicago Press, 1916.

[59] Dewey, John. *Reconstruction in Philosophy*. New York: Henry Holt and Company, 1920.

[60] Dewey, John. *Human Nature and Conduct.* New York: Henry Holt & Co., 1922.

[61] Dewey, John. *The Quest for Certainty: A Study of the Relation of Knowledge and Action.* New York: Minton, Balch & Company, 1929.

[62] Dewey, John. *Experience and Nature.* London: George Allen & Unwin, 1929.

[63] Dewey, John. *Logic: The Theory of Inquiry.* New York: Henry Holt and Company, 1938.

[64] Dewey, John. Propositions, Warranted Assertibility, and Truth. *The Journal of Philosoophy*, Vol. 38, No. 7 1941.

[65] Dewey, John. *The Later Works*, 1925 – 1953. Vol. 12, edited by J. A. Boydston, Carbondale: Southern Illinois University Press, 1986.

[66] Dewey, John. *The Essential Dewey.* Vol. 2, edited by Larry A. Hickman and Thomas M. Alexander, Bloomington and Indianapolis: Indiana University Press, 1998.

[67] Dewey, John. *The Middle Works*, 1899 – 1924. Vol. 4, edited by Jo Ann Boydston, with an introduction by Louis E. Hahn, Southern Illinois University, 2008.

[68] Dewey, John. *The Later Works*, 1925 – 1953. Vol. 14, edited by Jo Ann Boydston, with an introduction by R. W. Sleeper, Southern Illinois University, 2008.

[69] Doney, Willis (ed.). *Descartes: A Collection of Critical Essays.* Palgrave Macmillan, 1967.

[70] Došen, Kosta. "Logical Consequence: A Turn in Style". in *Logic and Scientific Methods, Volume One of the Tenth International Congress of Logic, Methodology and Philosophy of Science*, edited by M. Dalla Chiara et al., Dordrecht: Kluwer, 1997, P. 289 – 311.

[71] Došen, Kosta. "Inferential Semantics", in *Dag Prawitz on Proofs and Meaning.* edited by H. Wansing, Cham: Springer2015, P. 147 – 162.

[72] Douglas, Heather. Inductive Risk and Values in Science. *Philosophy of Science*, Vol. 67, No. 4, 2000.

[73] Douglas, Heather. *Science, Policy and the Value – Free Ideal.* University of Pittsburgh Press, 2009.

[74] Dummett, Michael. *Frege: Philosophy of Language.* New York: Har-

per & Row, Publishers, 1973.

[75] Dummett, Michael. *The Logical Basis of Metaphysics*. Cambridge, MA: Harvard University Press, 1991.

[76] Dummett, Michael. *The Interpretation of Frege's Philosophy*. Cambridge, MA: Harvard University Press, 1981.

[77] Edgington, Dorothy. Validity, Uncertainty and Vagueness. *Analysis*, Vol. 52, No. 4, 1992.

[78] Edgington, Dorothy. On Conditionals. *Mind*, Vol. 104, No. 414, 1995.

[79] Enderton, Herbert B.. *A Mathematical Introduction to Logic*, Second Edition. Elsevier, 2001.

[80] Etchemendy, John. Tarski on Truth and Logical Consequence. *Journal of Symbolic Logic*, Vol. 53, No. 1, 1988.

[81] Evans, Jonathan St. B. T.. *Bias in Human Reasoning: Causes and Consequences*. East Sussex: Lawrence Erlbaum Associates, 1989.

[82] Evans, Jonathan St. B. T.. *Thinking and Reasoning: A Very Short Introduction*. Oxford: Oxford University Press, 2017.

[83] Evans, Jonathan St. B. T. et al. *Human Reasoning: The Psychology of Deduction*. East Sussex: Lawrence Erlbaum Associates Ltd, 1993.

[84] Evans, Jonathan St. B. T. et al. *Rationality and Reasoning*. East Sussex: Psychology Press, 1996.

[85] Feldman, R. et al (eds.). *Disagreement*. Oxford: Oxford University Press, 2010.

[86] Field, H.. Pluralism in Logic. *The Review of Symbolic Logic*, Vol. 2, No. 2, 2009.

[87] Fisher, Jennifer. *On the Philosophy of Logic*. Belmont: Wadsworth, 2008.

[88] Frege, G.. *The Foundations of Arithmetic*. translated by J. L. Austin, Second revised edition, Oxford: Blackwell, 1953.

[89] Frege, G.. *Translations from the Philosophical Writings of Gottlob Frege*. Peter Geach and Max Black (eds.), Oxford: Basil Blackwell, 1960.

[90] Frege, G.. *Conceptual Notation and Related Articles*. ed. by T. W. Bynum. London: Oxford University Press, 1972.

[91] Frege, G.. *Posthumous Writings*. H. Hermes et al (eds.), Chica-

go: University of Chicago Press, 1979.

[92] Gale, R. M.. Russell's Drill Sergeant and Bricklayer and Dewey's Logic. *The Journal of Philosophy*, Vol. 56, No. 9, 1959.

[93] Gaukroger, Stephen. *Cartesian Logic: An Essay on Descartes's Conception of Inference*. Oxford: Clarendon Press, 1989.

[94] Gigerenzer, Gerd. *Adaptive Thinking: Rationality in the Real World*. Oxford: Oxford University Press, 2000.

[95] Gigerenzer, Gerd. *Rationality for Mortals: How People Cope with Uncertainty*. Oxford: Oxford University Press, 2008.

[96] Goldstein, Laurence. Logic and Reasoning. *Erkenntnis*, Vol. 28, No. 3, 1988.

[97] Govier, Trudy. *A Practical Study of Argument*. Seventh Edition, Belmont: Wadsworth, 2010.

[98] Grayling, A. C.. *An Introduction to Philosophical Logic*. New Edition, London: Duckworth, 1990.

[99] Grayling, A. C.. *Russell: A Very Short Introduction*. Oxford University Press, 2002.

[100] Grice, Paul. *Aspects of Reason*. Oxford: Clarendon Press, 2001.

[101] Haack, Susan. The Pragmatist Theory of Truth. *The British Journal for the Philosophy of Science*, Vol. 27, No. 3, 1976.

[102] Haack, Susan. *Philosophy of Logics*. Cambridge University Press, 1978.

[103] Haack, Susan. Recent Obituaries of Epistemology. *American Philosophical Quarterly*, Vol. 27, No 3, 1990.

[104] Haack, Susan. *Defending Science – within Reason: Between Scientism and Cynicism*. Amherst, NY: Prometheus Books, 2003.

[105] Hacking, Ian. *Why Does Language Matter to Philosophy?* Cambridge: Cambridge University Press, 1975.

[106] Hamilton, A. G.. *Logic for Mathematicians*. Revised Edition, Cambridge University Press, 1988.

[107] Hanson, Norwood Russell. *What I Do Not Believe and Other Essays*. edited by Stephen Toulmin and Harry Woolf, Dordrecht: D. Reidel Publishing House, 1971.

[108] Harman, Gilbert. The Inference to the Best Explanation. *The Philo-

sophical Review, Vol. 74, No. 1, 1965.

[109] Harman, Gilbert. Inferential Justification. *The Journal of Philosophy*, Vol. 73, No. 17, 1976.

[110] Harman, Gilbert. *Change in View: Principles of Reasoning*. Cambridge: The MIT Press, 1986.

[111] Harman, Gilbert. "Rationality". in *An Invitation to Cognitive Science, Volume 3: Thinking*, edited by Edward E. Smith and Daniel N. Osherson, The MIT Press, 1995.

[112] Harman, Gilbert. "Internal Critique: A Logic is not a Theory of Reasoning and a Theory of Reasoning is not a Logic." in *Handbook of the Logic of Argument and Inference: The Turn Towards the Practical*, D. M. Gabbay, R. H. Johnson, H. J. Ohlbach, and J. Woods, eds., Amsterdam: Elsevier Science B. V., 2002.

[113] Harman, Gilbert. "The Logic of Ordinary Language". in *Common Sense, Reasoning and Rationality*, edited by Renée Elio, Oxford: Oxford University Press, 2002.

[114] Hempel, Carl G.. *Fundamentals of Concept Formation in Empirical Science*. Chicago and London: The University of Chicago Press, 1952.

[115] Hempel, Carl G.. "Science and Human Values". in *Aspects of Scientific Explanation and other Essays in the Philosophy of Science*, New York: The Free Press, 1965.

[116] Hertz, R. A.. James and Moore: Two Perspectives on Truth. *Journal of the History of Philosophy*, Volume 9, Number 2, 1971.

[117] Hintikka, J.. Semantical Games. the Alleged Ambiguity of "Is", and Aristotelian Categories, *Synthese*, Vol. 54, No. 3, 1983.

[118] Hobbes, T.. *Leviathan*. edited byEdwin Curley, Indianapolis and Cambridge: Hackett Publishing Company, 1994.

[119] Hopcroft, J. E., R. et al. *Introduction to Automata Theory, Languages, and Computation*. Boston: Pearson Education, 2007.

[120] Horwich, Paul. *Reflections on Meaning*. Oxford: Clarendon Press, 2005.

[121] Howard, Delton Thomas. *Dewey's Logical Theory*. New York: Longmans, Green, & Co., 1919.

[122] Hughes, R. I. G. (ed.). *A Philosophical Companion to First –*

Order Logic. Indianapolis: Hackett Publishing Company, Inc., 1993.

[123] Hume, David. *An Inquiry concerning Human Understanding*. Edited with an Introduction and Notes by Peter Millican, Oxford: Oxford University Press, 2007.

[124] Hunt, Earl. *Thoughts of Thought*. London: Lawrence Erlbaum Associates, Publisher, 2002.

[125] Hurley, Patrick J. et al. *A Concise Introduction to Logic*. 10th edition, 12th edition, 13th edition, Wadsworth, Cengage Learning, 2008, 2015, 2017.

[126] Jacquette, Dale (ed.). *Philosophy, Psychology, and Psychologism: Critical and Historical Readings on the Psychological Turn in Philosophy*. Kluwer Academic Publishers, 2003.

[127] James, William. Brute and Human Intellect. *The Journal of Speculative Philosophy*, Vol. 12, No. 3, 1878.

[128] James, William. Are We Automata? *Mind*, Vol. 4, No. 13, 1879.

[129] James, William. Rationality, Activity and Faith. *The Princeton Review*, Fifty – Eighth Year, July – December, 1882.

[130] James, William. The Psychology of Belief. *Mind*, Vol. 14, No. 55, 1889.

[131] James, William. *Psychology: Briefer Course*. New York: Henry Holt and Company, 1892.

[132] James, William. *The Meaning of Truth: A Sequel to "Pragmatism"*. New York: Longmans, Green & Co. 1909.

[133] James, William. *Collected Essays and Reviews*. edited by R. B. Perry, Longmans, Green and Co., 1920.

[134] James, William. *The Will to Believe and Other Essays in Popular Philosophy*. New York: Dover Publications, Inc., 1956.

[135] James, William. "Talks to Teachers on Psychology and to Students on Some of Life's Ideals". in *Writings* 1878 – 1899, The Library of America, 1992.

[136] James, William. *Pragmatism*. New York: Dover Publications, Inc., 1995.

[137] James, William. *The Principles of Psychology*. Cambridge, Mass: Harvard University Press, 1983.

[138] James, William. "The 1878 Lowell Lectures". in *The Works of William James: Manuscript Lectures*, F. Burkhardt, F. Bowers, & I. K. Skrupskeis (eds.), Cambridge, MA: Harvard University Press, 1988.

[139] Jevons, W. Stanley. *The Principles of Science: A Treatise on Logic and Scientific Method*. London: Macmillan and Co., Limited, 1913.

[140] Johnston, James Scott. *John Dewey's Earlier Logical Theory*. Albany: State University of New York Press, 2014.

[141] Joseph, H. W. B.. *An Introduction to Logic*. Second Edition, Revised, London: Oxford University Press, 1916.

[142] Kahneman, Daniel. *Thinking, Fast and Slow*. Penguin House, 2011.

[143] Kant, Immanuel. *Lectures on Logic*. translated and edited by J. Michael Young, Cambridge: Cambridge University Press, 1992.

[144] Kelly, Thomas. "Evidence Can Be Permissive". in *Contemporary Debates in Epistemology*, Second Edition, Edited by Matthias Steup, John Turri and Ernest Sosa, Wiley, 2014.

[145] Kenny, Anthony. *A New History of Western Philosophy*. Volume III: The Rise of Modern Philosophy, Oxford: Clarendon Press, 2006.

[146] Ketner, Kenneth Laine. Peirce's Ethics of Terminology. *Transactions of the Charles. S. Peirce Society*, Vol. 17, Issue 4, 1981.

[147] Klein, Alexander. "In Defense of Wishful Thinking: James, Quine, Emotions, and the Web of Belief". in *Pragmatism and the European Traditions: Encounters with Analytic Philosophy and Phenomenology Before the Great Divide*, edited by Maria Baghramian and Sarin Marchetti, London: Routledge, 2018.

[148] Kneale, W. et al. *The Development of Logic*. Oxford: Oxford University Press, 1962.

[149] Kremer, Michael. "Representation or Inference: Must We Choose? Should We?" in *Reading Brandom*, edited by Bernhard Weiss and Jeremy Wanderer. London and New York: Routledge, 2010.

[150] Kusch, Martin. *Psychologism: A Case Study in the Sociology of Philosophical Knowledge*. London and New York: Routledge, 1995.

[151] Leibniz, G. W.. "The Art of Discovery". in *Leibniz Selections*, ed. Wiener, New York: Charles Scribner's Sons, 1951.

[152] Lenzen, W.. "Leibniz's Logic", in *The Rise of Modern Logic: From Leibniz to Frege, volume* 3 *of Handbook of the History of Logic.* edited by D. Gabbay and J. Woods, Elsevier, 2004.

[153] Lin, Yutang. *The Importance of Living.* New York: Reynal & Hitchcock, 1937.

[154] Locke, John. *An Essay Concerning Human Understanding, Collated and Annotated by Alexander Campbell Fraser.* Volume II, New York: Dover Publications, Inc., 1959.

[155] Lowe, E. J.. Not A Counterexample to Modus Ponens. *Analysis*, Vol. 47, No. 1, 1987.

[156] Łukasiewicz, Jan. *Aristotle's Syllogistic from the Standpoint of Modern Formal Logic.* Oxford: Clarendon Press, 1957.

[157] Magnus, P. D.. "William James on Risk, Efficacy, and Evidentilism". Manuscript, August 13, 2019, available at https://www.fecundity.com/job/james – will.pdf.

[158] Manktelow, Ken. *Reasoning and Thinking.* East Sussex: Psychology Press, 1999.

[159] Manktelow, K. I. et al (eds.). *Rationality: Psychological and Philosophical Perspectives.* edited by, London and New York: Routledge, 1993.

[160] McGee, Vann. A Counterexample to Modus Ponens. *The Journal of Philosophy*, Vol. 82, No. 9, 1985.

[161] McInerny, D. Q.. *Being Logical: A Guide to Good Thinking.* New York: Random House, 2004.

[162] Mercier, Hugo et al. Why do Human Reason?. Arguments for an Argumentative Theory, *Behavioral and Brain Sciences*, vol. 34, no. 2, 2011.

[163] Mercier, Hugo et al. *The Enigma of Reason.* Cambridge: Harvard University Press, 2017.

[164] Mill, John Stuart. *A System of Logic, Ratiocinative and Inductive.* J. M. Robson (ed.), Toronto: University of Toronto Press, 1974.

[165] Misak, Cheryl. *Truth, Politics, Morality.* London and New York: Routledge, 2000.

[166] Misak, Cheryl. *Cambridge Pragmatism: From Peirce and James to Ramsey and Wittgenstein.* Oxford: Oxford University Press, 2016.

[167] Moore, G. E.. Professor James' "Pragmatism". *Proceedings of the Aristotelian Society*, New Series, Volume 8, Issue 1, 1908.

[168] Moore, G. E.. "A Defense of Common Sense". in *G. E. Moore: Selected Writings*, Thomas Baldwin (ed), London: Routledge, 1993.

[169] Munson, Ronald et al. *The Elements of Reasoning*. 7th edition, Boston: Wadsworth, Cengage Learning, 2017.

[170] Neurath, Otto. "Anti-Spengler", in *Empiricism and Sociology*. M. NeurathandR. S. Cohen, eds., Dordrecht: D. Reidel, 1973.

[171] Over, D. E.. Assumptions and the Supposed Counterexamples to Modus Ponens. *Analysis*, Vol. 47, No. 3, 1987.

[172] Owen, David. *Hume's Reason*. Oxford: Oxford University Press, 1999.

[173] Peirce, C. S.. *Chance, Love and Logic*. edited by Morris R. Cohen, London: Kegan Paul, Trench, Trubner & Co., Ltd, 1923.

[174] Peirce, C. S.. *Collected Papers of C. S. Peirce*. v. 1 – 6 eds. Charles Hartshorne and Paul Weiss, v. 7 – 8 ed. Arthur Burks, Harvard University Press, 1931 – 1958.

[175] Peirce, C. S.. *Values in a Universe of Chance: Selected Writings of Charles S. Peirce*. Stanford: Stanford University Press, 1958.

[176] Peirce, C. S.. and Welby – Gregory Victoria. *Semiotic and Significs: The Correspondence between C. S. Peirce and Victoria Lady Welby*, edited by Charles S. Hardwick with the assistance of James Cook, Bloomington and Indianapolis: Indiana University Press, 1977.

[177] Peirce, C. S.. *Historical Perspectives on Peirce's Logic of Science: A History of Science*. Carolyn Eisele, ed., Mouton De Gruyter, 1985.

[178] Peirce, C. S.. *Reasoning and the Logic of Things: The Cambridge Conference Lectures of* 1898. Kenneth Laine Ketner, ed., Cambridge: Harvard University Press, 1992.

[179] Peirce, C. S.. *The Essential Peirce: Selected Philosophical Writings*. Volume 1, edited by Nathan Houser and Christian J. W. Kloesel, vol. 2, edited by the Peirce Edition Project, Bloomington and Indianapolis: Indiana University Press, 1992 – 1998.

[180] Peirce, C. S.. *Writings of Charles S. Peirce: A Chronological Edition*. Volume Ⅰ 1857 – 1866, Volume Ⅱ 1867 – 1871, Volume Ⅲ 1872 –

1878, Volume Ⅳ 1879 – 1884, Volume Ⅴ 1884 – 1886, Volume Ⅵ 1886 – 1890, Volume Ⅷ 1890 – 1892, edited by the Peirce Edition Project, Indiana University Press, Bloomington, Indiana, 1982, 1984, 1986, 1989, 1993, 2000, 2010.

[181] Piattelli – Palmarini, Massimo. *Inevitable Illusions: How Mistakes of Reason Rule Our Minds.* New York: John Wiley & Sons, 1994.

[182] Plato. *The Dialogue of Plato.* translated into English with Analyses and Introduction by Benjamin Jowett, 3rd edition revised and corrected, London: Oxford University Press, 1892.

[183] Plato. *Complete Works.* edited by John M. Cooper, Indianapolis and Cambridge: Hackett Publishing Company, 1997.

[184] Popper, Karl. *The Logic of Scientific Discovery.* London and New York: Routledge, 2002.

[185] Price, H. H.. *Perception.* London: Methuen, 1932.

[186] Prior, A. N.. The Runabout Inference Ticket, *Analysis.* volume 21, issue 2, 1960.

[187] Prior, A. N.. *Papers in Logic and Ethics.* edited by P. T. Geach and A. J. Kenny, Amherst: University of Massachusetts Press, 1976.

[188] Quine, W. V. O.. *Methods of Logic.* Revised Edition, New York: Holt, Rinehart and Winston, 1959.

[189] Quine, W. V. O.. "Two Dogmas of Empiricism". in *From a Logical Point of View*, Harvard University Press, 1961.

[190] Quine, W. V.. *Philosophy of Logic.* Second Edition, Cambridge, MA: Harvard University Press, 1986.

[191] Quine, W. V.. *Quintessence: Basic Readings from the Philosophy of W. V. Quine.* edited by Roger F. Gibson, Cambridge and London: The Belknap Press, 2004.

[192] Quine, W. V. O.. *Word and Object.* new edition, Cambridge and London: The MIT Press, 2013.

[193] Read, Stephen. *Thinking about Logic: An introduction to the Philosophy of Logic.* Oxford University Press, 1995.

[194] Reck, Andrew J.. The Philosophical psychology of William James. *The Southern Journal of Philosophy*, Volume 9, Issue 3, 1971.

[195] Reichenbach, H.. *Elements of Symbolic Logic.* New York: Dover,

1980.

[196] Reid, Thomas. *Essays on the Intellectual Powers of Man*. Cambridge: Cambridge University Press, 2011.

[197] Rescher, Nicholas. *Cognitive Economy: The Economic Dimension of the Theory of Knowledge*. Pittsburgh: University of Pittsburgh Press, 1989.

[198] Rescher, Nicholas. *Logical Inquires: Basic Issues in Philosophical Logic*. Berlin/Boston: De Gruyter, 2014.

[199] Restall, Greg. *Logic: An Introduction*. London and New York: Routledge, 2006.

[200] Rips, Lance J.. Cognitive Processes in Propositional Reasoning. *Psychological Review*, vol. 90, no. 1, 1983.

[201] Rips, Lance J.. *Psychology of Proof: Deductive Reasoning in Human Thinking*. Cambridge, MA: The MIT Press, 1994.

[202] Rorty, Richard. *Philosophy and the Mirror of Nature*. Princeton: Princeton University Press, 1979.

[203] Rosenfeld, Sophia. Tom Paine's Common Sense and Ours. *William and Mary Quarterly*, Third Series, Vol. 65, No. 4, 2008.

[204] Ruby, Lionel. *Logic: An Introduction*. Chicago: J. B. Lippincott Company, 1960.

[205] Russell, Bertrand. On Denoting, *Mind*. New Series, Vol. 14, No. 56, 1905.

[206] Russell, Bertrand. *Philosophical Essays*. Cambridge: Cambridge University Press, 1910.

[207] Russell, Bertrand. *Our Knowledge of the External World: As a Field for Scientific Method in Philosophy*. London: George Allen and Unwin, 1914.

[208] Russell, Bertrand. Professor Dewey's "Essays in Experimental Logic" . *The Journal of Philosophy, Psychology and Scientific Methods*, Vol. 16, No. 1, 1919.

[209] Russell, Bertrand. "Dewey's New Logic", in *The Philosophy of John Dewey*. edited by P. A. Schilpp, New York: Tudor Publishing Company, 1958.

[210] Russell, Bertrand. *Mysticism and Logic and Other Essays*. London: George Allen & Unwin Ltd, 1959.

[211] Russell, Bertrand. *Wisdom of the West*. London: Rathbone Books Ltd., 1959.

[212] Russell, Bertrand. "Addendum to My 'Reply to Criticisms'". in *The Philosophy of Bertrand Russell*, edited by Paul Arther Schilpp, 1971.

[213] Russell, Bertrand. *Theory of Knowledge: The 1913 Manuscript*. London and New York: Routledge, 1992.

[214] Russell, Bertrand. *History of Western Philosophy*. London and New York: Routledge, 1996.

[215] Russell, Bertrand. *The Principles of Mathematics*. Second Edition, New York: W. W. Norton & Company, Inc., 1996.

[216] Russell, Bertrand. *The Scientific Outlook*. London and New York: Routledge, 2009.

[217] Russell, Bertrand. *Human Knowledge: Its Scope and Limits*. with an introduction by John G. Slater, London and New York: Routledge, 2009.

[218] Ryle, Gilbert. *Dilemmas: The Tarner Lectures 1953*. Cambridge: Cambridge University Press, 1964.

[219] Ryle, Gilbert. *Collected Papers*. vol. 2, London and New York: Routledge, 2009.

[220] Ryle, Gilbert. *The Concept of Mind*. London and New York: Routledge, 2009.

[221] Sainsbury, Mark. *Logical Forms: An Introduction to Philosophical Logic*. second edition, Malden, MA: Blackwell, 2001.

[222] Salmon, W.. *Logic*, Second Edition. Englewood Cliffs, NJ: Prentice–Hall, Inc., 1973.

[223] Savage, C.. Wade, The Paradox of the Stone. *The Philosophical Review*, Vol. 76, No. 1, 1967.

[224] Schiller, F. C. S.. The Principles of Symbolic Logic. *The Journal of Philosophy*, Vol. 29, No. 20, 1932.

[225] Schiller, F. C. S.. *Humanistic Pragmatism: The Philosophy of F. C. S. Schiller*. edited by Reuben Abel, Free Press, 1966.

[226] Schilpp, P. A. (ed.). *The Philosophy of John Dewey*. New York: Tudor Publishing Company, 1958.

[227] Sellars, Wilfrid. Inference and Meaning. *Mind*, Vol. 62, No. 247, 1953.

[228] Shapiro, Lisa (ed.). *The Correspondence Between Princess Elisabeth of Bohemia and René Descartes.* Chicago and London: The University of Chicago Press, 2007.

[229] Shapiro, Stewart. *Foundations without Foundationalism: A Case for Second – Order Logic.* Oxford: Clarendon Press, 1991.

[230] Sher, Gila. Is Logic a Theory of the Obvious? . *European Review of Philosophy* 4 (1999).

[231] Sher, Gila. The Foundational Problem of Logic. *The Bulletin of Symbolic Logic*, Vol. 19, No. 2, 2013.

[232] Sider, T. . *Logic for Philosophy.* Oxford and New York: Oxford University Press, 2010.

[233] Sidgwick, Alfred. *The Use of Words in Reasoning.* London: Adam and Charles Black, 1901.

[234] Simon, Herbert A. . Invariants of Human Behavior. *Annual Review of Psychology*, Volume 41, 1990.

[235] Smedslund, J. . On the Circular Relation of Logic and Understanding. *Scandinavian Journal of Psychology*, Volume 11, 1970.

[236] Staal, G. F. (ed.). Formal Logic and Natural Languages (A Symposium). *Foundations of Language*, Volume 5, No. 2, 1969.

[237] Stebbing, L. S. . *Thinking to Some Purpose.* Middlesex: Penguin Books, 1939.

[238] Stebbing, L. S. . *A Modern Introduction to Logic.* third edition, London: Methuen, 1942.

[239] Stebbing, L. S. . *Logic in Practice.* London: Methuen & Co. Ltd, 1954.

[240] Stevenson, J. T. . Roundabout the Runabout Inference Ticket. *Analysis*, vol. 21, no. 6, 1961.

[241] Stich, Stephen P. . Be an Irrational Animal? . Some Notes on the Epistemology of Rationality, *Synthese*, Vol. 64, No. 1, 1985.

[242] Strawson, P. F. . On Referring. *Mind*, Vol. 59, No. 235, 1950.

[243] Strawson, P. F. . *An Introduction to Logical Theory.* London: Methuen & Co Ltd, 1952.

[244] Stumpf, Samuel Enoch et al. *Socrates to Satre and Beyond: A History of Philosophy.* seventh edition, New York: The Mc Graw – Hill Compa-

nies, Inc. , 2003.

[245] Talisse, Robert B. et al. *Pragmatism: A Guide for the Perplexed*. London and New York: Continuum, 2008.

[246] Talisse, Robert B. et al. *The Pragmatism Reader: From Peirce Through the Present*. Princeton: Princeton University Press, 2011.

[247] Tarski, Alfred. *Logic, Semantics and Metamathematics*. translated by J. G. Woodger, Oxford: The Clarendon Press, 1956.

[248] Tarski, Alfred. *Introduction to Logic and to the Methodology of Deductive Sciences*. translated by Olaf Helmer, New York: Dover Publications, Inc. , 1995.

[249] Thayer, H. S. . *The Logic of Pragmatism: An Examination of John Dewey's Logic*. New York: The Humanities Press, 1952.

[250] Thellefsen, T. . Charles S. Peirce's Ethics of Terminology Revisited. *Semiotica*, Vol. 2004, Issue 151, 2004.

[251] Thomson, Anne. *Critical Reasoning: An Practical Introduction*. 3rd edition, New York: Routledge, 2009.

[252] Thomson, J. F. . "What Achilles Should Have Said to the Tortoise". in *Thinking About Logic: Classic Essays*, edited by Steven M. Cahn, Robert B. Talisse, and Scott F. Aikin, Boulder: Westview Press, 2011.

[253] Toulmin, Stephen. *The Philosophy of Science: An Introduction*. Hutchinson's University Press, 1953.

[254] Toulmin, Stephen. *The Uses of Argument*. Cambridge, England: Cambridge University Press, 2003.

[255] Toulmin, Stephen. *Return to Reason*. Harvard University Press, 2001.

[256] Toulmin, Stephen et al. *An Introduction to Reasoning*. second edition, New York: Macmillan Publishing Co. , Inc. , 1984.

[257] Tversky, Amos et al. Judgment under Uncertainty: Heuristics and Biases. *Science*, New Series, Vol. 185, No. 4157, 1974.

[258] Unna, Sarah. Bertrand Russell—Then and Now. *The Journal of Philosophy, Psychology and Scientific Methods*, Vol. 16, No. 15, 1919.

[259] van Fraassen. B. . Belief and the Will, *Journal of Philosophy*. Vol. 81, No. 5, 1984.

[260] Varzi, Achille C. . On Logical Relativity, *Philosophical Issues*. 12,

Realism and Relativism, 2002.

[261] von Wright, G. H.. *Explanation and Understanding*. Ithaca and London: Cornell University Press, 1971.

[262] von Wright, G. H.. *The Tree of Knowledge and Other Essays*. London: E. J. Brill, 1993.

[263] Wason, P. C. et al. *Psychology of Reasoning: Structure and Content*. Cambridge, MA: Harvard University Press, 1972.

[264] Wellman, Carl. *Challenge and Response: Justification in Ethics*. Carbondale and Edwardsville: Southern Illinois University Press, 1971.

[265] Whately, Richard. *Elements of Logic*. 9th edition, Boston and Cambridge: James Munroe and Company, 1852.

[266] Whitehead, A. N.. *An Introduction to Mathematics*. New York: Henry Hold and Company, 1911.

[267] Whitehead, A. N.. *Science and the Modern World*. New York: The New American Library, 1948.

[268] Whitehead, A. N. et al. *Principia Mathematica*. Volume I, Second Edition, London: Cambridge University Press, 1963.

[269] Whittemore, Robert C.. *Dewey and His Influence: Essays in Honor of George Estes Barton*. The Hague: Martinus Nijhoff, 1973.

[270] Wible, James R.. *The Economics of Science*. London and New York: Routledge, 1998

[271] Wick, Warner Arms. On the Identification of Philosophy with Logical Analysis. *The Philosophical Review*, Vol. 51, No. 5, 1942.

[272] Williamson, Timothy. *Doing Philosophy: From Common Curiosity to Logical Reasoning*. Oxford University Press, 2018.

[273] Wilson, John Cook. *Statement and Inference with other Philosophical Papers*. Oxford: Clarendon Press, 1926.

[274] Wittgenstein, Ludwig. *Tractatus Logico – Philosophicus*. translated by D. F. Pears & B. F. McGuinness, London: Routledge & Kegan Paul, 1974.

[275] Wittgenstein, Ludwig. *Notebooks 1914 –1916*. edited by G. H. von Wright and G. E. M. Anscombe, Oxford: Basil Blackwell, 1979.

[276] Wittgenstein, Ludwig. *Philosophical Investigations*. translated by G. E. M. Anscombe, P. M. S. Hacker and Joachim Schulte, West Sussex: Wiley – Blackwell, 2009.

［277］Zhang, Liuhua. On the Justification Problems: Towards a Peircean Diagnosis and Solution. *History and Philosophy of Logic*, Vol. 38, No. 3, 2017.

［278］冯友兰：《中国哲学简史》，涂又光译，北京：北京大学出版社1985年版。

［279］金岳霖（主编）：《形式逻辑》，北京：人民出版社1979年版。

［280］林语堂：《生活的艺术》，越裔译，上海：世界文化出版社1948年版。

［281］彭漪涟（主编）：《逻辑学基础教程》（第三版），华东师范大学出版社2017年版。

［282］《普通逻辑》编写组：《普通逻辑》，上海：上海人民出版社1979年版，1982年版，1986年版，1993年版，2011年版。

［283］斯泰宾：《有效思维》，吕叔湘、李广荣译，北京：商务印书馆1997年版。

［284］王墨耘：《当代推理心理学》，北京：科学出版社2012年版。

［285］张留华：《皮尔士实用主义的逻辑学语境》，刊于《自然辩证法研究》2005年第9期。

［286］张留华：《皮尔士哲学的逻辑面向》，上海人民出版社2012年版。

［287］张留华：《如何看待皮尔士的"现代逻辑"?》，载于《文化复兴：人文学科的前沿思考》，上海市社会科学界联合会编，上海人民出版社2012年版。

［288］张留华：《重论逻辑学的范围：皮尔士，抑或哈曼?》，刊于《学术月刊》2014年第1期。

［289］张留华：《反神迹论证中的推理观念：皮尔士与休谟》，刊于《现代哲学》2015年第4期。

［290］张留华：《哲学语言及其术语伦理》，刊于《中国社会科学》2016年第12期。

［291］张留华：《推理与做事》，刊于《思想与文化》（第二十辑），华东师范大学出版社2017年版。

［292］张留华：《信念规范的经济之维：对"实用性"的一种解读》，刊于《社会科学》2020年第9期。

［293］张留华：《走向建模论的逻辑规范：对现代逻辑"必然性"观念的澄清》，刊于《南国学术》2020年第4期。

后 记

中学时代，我常被教导"时间就像海绵里的水，只要你愿意挤，总还是有的"，并相信时间就是挤出来的。等长大了，尤其是等生活真正忙起来之后，才发现：这句话或许并没有错，但至少理解会跟从前大不一样。我总是试图挤出来更多的时间，可到头来不过是"为多做某一件事而挤占其他宝贵时间"。换句话说，虽然"挤时间"是做得到的，但它是有成本和代价的。为完成这部书稿，我大多会"挤"晚上或周末的时间去写。这样挤时间的代价之一就是：我挤占了本应属于家庭的个人时间。

对于"挤时间"及其成本代价的思考，不禁让我联系到本书的主题——实用主义。实用主义推理论告诉我们：推理，与我们的生活实践紧密相连，因此不可避免也存在某种经济考虑。而正是这样的经济考虑，让我们更加相信"轻重缓急"的道理。我"挤占"本应用来陪伴家人的时间，以便"挤出更多时间"去完成书稿。对于这种做法的理解和辩护，只能是我写书属于相对比较重要或紧迫的事情。家人不知道我到底在研究什么具体内容，他们甚至无法理解如此晦涩而不时髦的东西究竟有何价值。但他们最终还是信任、包容并支持了我自认为比较重要或紧迫的事情，这让我倍感家庭的温情暖意。

家，是最小的共同体，它教会了我很多"常识"，也让我有机会追求"科学"。我不知道是天生还是后来选择在情感上依赖于家的。倘若是可以这样选择的话，我也坚信这样的选择是理性的，至少是符合古典实用主义版本的理性精神。几年前母亲的离世，让我觉得家庭突然"不完整"，似乎由此而失去了很多精神支撑。幸好，来自其他家人的关爱，弥补了一度感到难以承受的缺憾。我希望把这本辛苦撰写但明显有不足的新作献给我的母亲，是她很早就鼓励我多读书，也是她教会了我真诚做人的道理。一本普通的书而已，但她知道是我写的会很高兴的。

这个世界，发展至今，累积有太多的理论和实践问题，多得眼花缭乱甚至让人觉得"不可救药"。对于诸多难题，不同时代不同人群有不同的回应。毫无疑问，古典实用主义只是诸多可能的回应方式之一。本书聚焦于古典实用主义对于有关推理难题的回应，并试图表明它是有根基有前途的。我希望读者由此对于实用主义有更多维度的了解，并希望借助对人类推理的观念及其论争的总体思考，能对实用主义哲学多一份敬畏。我倾向于把实用主义的精髓之一概括为：不要装而要真诚。只要"不装"，我们就不难意识到，"效果"（实用）其实一直在以各种方式被我们自己和这个社会所倚重，并在每一次重要的选择中扮演角色。有难度的，或许是如何评估效果。但不能因此而认为"效果"是跟严肃理论或方法论无关的浅薄东西。如果足够真诚，如果言行一致的话，我们应该同时正视效用的价值与评估难度。或许实用主义前辈的方案尚不足以应对效用的复杂多变，那更多只是意味着实用主义至今仍是一项未竟的事业。

本书的写作前后历时八年，起初是上海市哲学社会科学规划课题（项目号 2013BZX002）的结项成果，之后列为国家社科基金后期资助项目（项目号 18FZX005）。写作期间，先后有一些内容经过整理或补充后发表在学术期刊上，主要包括：

《可错论视域下的古典实用主义》，刊于《华东师范大学学报·哲社版》2013 年第 3 期；

《关于推理的古典实用主义分析》，刊于《华东师范大学学报·哲社版》2014 年第 6 期；

《重论逻辑学的范围：皮尔士，抑或哈曼？》，刊于《学术月刊》2014 年第 1 期；

《普通人在日常生活中如何推理？》，刊于《工业和信息化教育》2015 年第 7 期；

《反神迹论证中的推理观念：皮尔士与休谟》，刊于《现代哲学》2015 年第 4 期；

《哲学语言及其术语伦理》，刊于《中国社会科学》2016 年第 12 期；

《推理与做事》，刊于《思想与文化》第二十辑（2017 年）；

《论"伪称"及其不理性》，刊于《学术月刊》2018 年第 4 期；

《如何解读冯赖特对于实践推理有效性的理解？》，刊于《华东师范大学学报·哲社版》2018 年第 3 期；

《信念规范的经济之维：对"实用性"的一种解读》，刊于《社会科学》2020 年第 9 期；

《批判性思维教育的一个议题：教人论证，还是教人探究?》，刊于《华东师范大学学报·教科版》2021年第6期。

对于项目资助单位以及期刊社所提供的支持，一并表示感谢。

张留华
2021年9月28日

图书在版编目（CIP）数据

古典实用主义推理论研究：重估人类推理的观念及其论争／张留华著． —— 北京：中国财政经济出版社，2021.9

ISBN 978 - 7 - 5223 - 0623 - 0

Ⅰ. ①古… Ⅱ. ①张… Ⅲ. ①实用主义 - 推理 - 研究 Ⅳ. ①B087

中国版本图书馆 CIP 数据核字（2021）第 124759 号

责任编辑：段　钢　　　　　责任印制：史大鹏
封面设计：卜建辰　　　　　责任校对：张　凡

中国财政经济出版社 出版

URL：http://www.cfeph.cn

E - mail：cfeph@ cfeph.cn

（版权所有　翻印必究）

社址：北京市海淀区阜成路甲 28 号　邮政编码：100142
营销中心电话：010 - 88191522
天猫网店：中国财政经济出版社旗舰店
网址：https://zgczjjcbs.tmall.com
北京财经印刷厂印刷　各地新华书店经销
成品尺寸：165mm×238mm　16 开　20.25 印张　370 000 字
2021 年 9 月第 1 版　2021 年 9 月北京第 1 次印刷
定价：88.00 元
ISBN 978 - 7 - 5223 - 0623 - 0
（图书出现印装问题，本社负责调换，电话：010 - 88190548）
本社质量投诉电话：010 - 88190744
打击盗版举报热线：010 - 88191661　QQ：2242791300